Droemer
Knaur®

S. Fischer-Fabian

DIE MACHT DES GEWISSENS

Von Sokrates bis Sophie Scholl

DROEMER KNAUR

Umschlaggestaltung: Werner Rebhuhn, Cuxhaven
Karten: Karl Schneider, Solms
Satz: Appl, Wemding
Druck und Einband: Freiburger Graphische Betriebe GmbH
Printed in Germany
3-426-26215-0

2 4 5 3 1

Inhaltsverzeichnis

Einleitung

»Gewissen, ein gefährlich Ding ...«

»Wenn ich nicht durch Zeugnisse aus der Heiligen Schrift oder mit klaren und hellen Gründen überzeugt werde – denn weder dem Papst noch den Konzilien allein kann ich glauben, weil sie sich häufig geirrt und sich selber widersprochen haben –, so bin ich an mein Gewissen und an das Wort Gottes gebunden. Ich kann und will daher nichts widerrufen, weil es gefährlich ist und die Seligkeit bedroht, gegen das Gewissen zu handeln. Gott helfe mir, Amen.«

So lauten die historischen Worte, die Martin Luther 1521 auf dem Reichstag zu Worms zu Kaiser Karl V. und den Kurfürsten sprach, nachdem man ihn gefragt hatte, ob er seine Schriften widerrufen wolle oder nicht.

Nicht historisch, sondern legendär ist die Version: »Hier stehe ich. Ich kann nicht anders. Gott helfe mir, Amen«, die bald nach dem Wormser Treffen durch Flugblätter bekanntgemacht und damit landläufig wurde – bis weit in unsere Zeit hinein übrigens. Was nichts daran ändert, daß sie, wie manch berühmtes nie gesprochenes Wort, in schlagender Form eine Art höherer Wahrheit wiedergibt: Luther hätte diese Worte gesagt haben *können*. Er war, als er in die Hofstube der bischöflichen Residenz geführt wurde, fest entschlossen, in nichts nachzugeben. Er reagierte auch nicht, als der Offizial des Erzbischofs von Trier, dem die Befragung oblag, ihn bedrängte: »Laß dein Gewissen fahren, Martinus!« Energisch bahnte Luther sich seinen Weg durch die Menge und streckte, an der Tür angelangt, die Hände mit gespreizten Fingern hoch, wie es bei den Landsknechten Brauch war, wenn sie im Kampfspiel gesiegt hatten.

Als er wieder in seinem Quartier, dem Johanniterhof, angelangt war, rief er jubelnd: »Ich bin hindurch, ich bin hindurch!« Er war nicht hindurch, wie sich bald herausstellen sollte, aber er war tief erleichtert, daß er der Vorladung vor Kaiser und Reich gefolgt war. Unterwegs nach Worms auf seinem Rollwäglein hatte er sich immer wieder Mut machen müssen. »Ich will die Wahrheit sagen und muß es tun, sollte es mir zwanzig Hälse kosten, auf daß mir einst der Spruch nicht gesprochen werde.« Wie alle wirklichen Männer kannte er die Furcht (deren Überwindung ja erst zur Tapferkeit führt). Und sich zu fürchten, hatte er Grund genug.

Zwar glich seine Fahrt von Wittenberg nach Worms einem Triumphzug, aber an Zeichen, daß seine Feinde nicht schliefen, mangelte es nicht. An den Türen der großen Kirchen klebten die kaiserlichen Steckbriefe, auf denen die Beschlagnahme all seiner Bücher und Schriften befohlen und allen Strafe angedroht wurde, die seine Schriften verbreiteten. In den Beifall der die Straßen säumenden Menge mischten sich auch Rufe wie: »Ins Feuer!« Freunde bedrängten ihn, umzukehren oder wenigstens der Einladung des Ritters Franz von Sickingen zu folgen und auf die Ebernburg zu kommen. Der Bannstrahl, den der Papst gegen ihn geschleudert hatte, machte die Reise nicht sicherer. In Frankfurt kamen selbst dem Reichsherold Bedenken, der dem Wagen die ganze Strecke vorausgeritten war, legitimiert mit dem Reichsadler und der Reichsfahne. »Herr Doktor, wollt Ihr wirklich weiterziehen?« fragte er seinen Schützling.

Luther wollte; schließlich hatte ihm der Kaiser freies Geleit zugesichert. Doch im Volk war der Glaube brüchig geworden, wonach es an einem Königswort nichts zu rechten und zu deuteln gäbe. Man hatte nicht vergessen, auch wenn nun schon über hundert Jahre vergangen waren, welches Schicksal dem tschechischen Reformator Johann Hus in Konstanz bereitet worden war. Ihm hatte König Sigismund feierlich zugesichert, frei zu gehen, frei zu verweilen, frei zurückzukehren, und er war dennoch, von der Kirche als Ketzer verurteilt, auf dem Scheiterhaufen geendet. War nicht Luther, dieser Erzschelm, Antichrist, Sendbote der Hölle, Satansknecht, der seine Hände in der Priester Blut zu waschen sich anschickte, ein noch viel gefährlicherer Mann?!

Karl V. höchstselbst sollte im Alter bekennen, daß es ein Irrtum gewesen sei, den renitenten Mönch nicht umzubringen, und so sei dieser Irrtum ins Ungeheure gewachsen.

Luther hatte seine Reise nach Worms *trotzdem* unternommen, trotz der Gefahr, daß es seine letzte Reise werden könnte. Er handelte scheinbar wider jede menschliche Vernunft, aber etwas in ihm war stärker als die (be)rechnende Ratio. Er handelte so und nicht anders, weil er nicht anders konnte. Denn er war, und das hat er nicht nur vor seinem Kaiser betont, an sein *Gewissen* gebunden.

Was ist das für eine Instanz in unserem Innern, die uns Gebote erteilt, uns mahnt, uns quält, die ein Leben lang versucht, uns am Bösen zu hindern, oder, wenn es ihr mißlingt, uns wenigstens die Früchte des Bösen nicht genießen läßt; eine Instanz, die ständig an uns appelliert, gegen jeden Zwang die Grundsätze der Gerechtigkeit und Wahrheit zu verteidigen?

Das Wort Gewissen kommt vom lateinischen *con-scientia,* der *Kenntnis über uns selbst,* womit das Bewußtsein gemeint ist vom sittlich Guten oder Bösen, den moralischen Prinzipien und Verhaltensnormen unserer Umwelt, der Gesellschaft, entsprechend. Bei den alten Griechen wird Orestes, der die Ermordung des Vaters an der Mutter

Klytämnestra und ihrem Liebhaber blutig rächt, von den Erinnyen verfolgt. Er erleidet Gewissensqualen, weil ihm bewußt wird, Entsetzliches begangen zu haben. Und Sokrates bekennt: »Mir ist dieses von meiner Kindheit an geschehen, eine Stimme nämlich, welche jedesmal, wenn sie sich hören läßt, mir von etwas abrät, was ich eben zu tun im Begriff bin; niemals aber mich zu irgend etwas antreibt.«
Marcus Tullius Cicero, der Politiker, Redner und Schriftsteller, der den Römern die griechische Philosophie vermittelte, spricht von der *recta conscientia,* dem rechten Gewissen, von dem man keinen Nagel breit abweichen dürfe. Das Gefühl für das aber, was »recht« ist, sei dem Menschen angeboren als ein natürliches Gesetz; gegeben von den unsterblichen Göttern und vom Menschengeist nicht zu beseitigen, es sei denn, man wolle, daß alles zusammenstürze. Wer auf die *conscientia* nicht höre, der werde von ihr gebissen, womit zum erstenmal der Begriff Gewissensbiß auftaucht. Im Zusammenhang mit einer schwierigen Entscheidung schreibt Cicero einem Freund: »In dieser Sache glaube ich mich nicht darum kümmern zu müssen, was anderen gut dünkt. Mein Gewissen gilt mir mehr als das Gerede der Leute.«
Der Philosoph Seneca, der Nero erzog, ihn, nachdem Nero Kaiser geworden, zum Wohl des Reiches beeinflußte, schließlich von ihm wegen angeblicher Verschwörung zum Selbstmord gezwungen wurde, sagt Ähnliches wie sein Landsmann Cicero: »Es wohnt in uns ein heiliger Geist, der das Gute und das Böse beobachtet und bewacht.«
Das Gewissen also kann uns quälen, aber gleichzeitig dazu dienen, sittliche Entscheidungen zu treffen. Im Alten Testament findet man den Begriff überraschenderweise nur im Zusammenhang mit der Qual, mit der nachträglichen Zerknirschung über begangene Taten. Bisweilen dient das Wort *Herz* als Ersatzbezeichnung, Herz als Sitz der seelischen und geistigen Fähigkeiten des Menschen. In den

Evangelien sucht man ebenfalls vergeblich danach. Der sittliche Wert oder Unwert menschlicher Taten wird auch hier vom Herzen her bestimmt, von der inneren Überzeugung und Gesinnung.

Saulus, der durch die Erscheinung Christi bei Damaskus zu Paulus wurde, aus einem Christenverfolger ein Apostel des Herrn, führt den Begriff *syneidesis,* sprich »das sittlich urteilende Selbst-Bewußtsein«, in das christliche Schrifttum ein. Ein Begriff, der von der stoischen Philosophie der Griechen in die Umgangssprache abgesunken war. Er prägt die syneidesis ins Christliche um, dergestalt, daß sie zum Zeugen und Mitwisser wird, der zum Tun des Menschen anklagend oder anerkennend Stellung bezieht, gipfelnd in der Erkenntnis: »Alles, was nicht aus Überzeugung geschieht, ist Sünde.« Das neu gewonnene christliche Gewissen ist an Gottes Willen gebunden, denn ER vergegenwärtigt sein Gesetz im Menschen. Wenn nun, so der Apostel, das natürliche moralische Bewußtsein mit dem Gesetz Gottes übereinstimmt, ist der Spruch des Gewissens richtig und ermöglicht ein Handeln mit gutem Gewissen. Dieses »gute« Gewissen ist heftig attackiert worden, und das besonders – trotz Paulus! – von den Theologen. Wobei man ihnen nicht boshaft den Grund unterstellen sollte, Menschen mit Schuldgefühlen ließen sich eben leichter führen.

Albert Schweitzer zum Beispiel geht so weit, das gute Gewissen als eine Erfindung des Teufels zu bezeichnen. Wer nämlich behaupte, daß er es habe, besitze vielleicht gar keines, oder sein Verantwortungsgefühl sei völlig abgestumpft. Er ruhe sich aus auf jenem sprichwörtlich gewordenen sanften Ruhekissen; in tiefer Selbstzufriedenheit und Selbstgerechtigkeit stelle er niemanden mehr in Frage und lasse sich von nichts mehr irritieren. »*Ich* jedenfalls kann mir keine Vorwürfe machen«, sage er, und: »*Ich* habe wirklich ein gutes Gewissen.«

In der zweiten Hälfte des 19. Jahrhunderts unternahm ein Mann den Versuch, alle Werte umzuwerten, sie auf den Kopf zu stellen. Friedrich Nietzsche wird daher besonders oft mißverstanden und am häufigsten fehlinterpretiert. »Was ist das Siegel der erreichten Freiheit?« fragte er in den Aphorismen, die unter dem Titel »Der Wille zur Macht« zusammengefaßt worden sind; er antwortete: »Sich nicht mehr vor sich selber schämen.« Und das hieß: gewissenlos sein.

Für Nietzsche war das Gewissen eine Perversion des menschlichen Trieblebens, eine seit Jahrhunderten grassierende seelische Epidemie, welche die Menschen lähme, sie unfähig mache, sich zu freuen, sie daran hindere, ihr Leben zu leben, das freie, wilde, ungebundene Leben des Individuums. Den Erreger dieser Krankheit glaubte er zu kennen: das Christentum mit seinen Regeln, Verboten, Geboten, Vorschriften. Nur wer es wage, sich von dieser Krankheit kurieren zu lassen, dem winke Befreiung, grenzenlose Freiheit.

Nietzsches Machtideologie diente Hitler als ein bequemes Kostüm, in dem er seine fürchterliche Rolle spielte. Die Vorsehung habe ihn dazu bestimmt, den Menschen von den schmutzigen und erniedrigenden Selbstpeinigungen einer Gewissen und Moral genannten Chimäre zu befreien.

»Es war ein entsetzliches Experiment«, schreibt Dolf Sternberger, »dennoch war der Erfolg begrenzt, sowohl hinsichtlich der gesellschaftlichen Reichweite als auch der geschichtlichen Dauer. Sehr treffend ist die Verschwörung vom 20. Juli 1944 ein ›Aufstand des Gewissens‹ genannt worden. Wie in einer äußersten Konzentration trat in dieser Gruppe das ausgetriebene Gewissen historisch in Erscheinung. Diese Männer, Offiziere wie Stauffenberg und Witzleben, Geistliche wie Pastor Bonhoeffer und Pater Delp, Politiker wie Goerdeler, Arbeiterführer wie Leber und Leuschner und viele andere sind im Sinne des Wortes zu Märtyrern ihres Gewissens geworden. Und mit dem schmählichen Untergang dessen, der die Menschheit von einer Chimäre hatte befreien wollen, wird auch das Gewissen und die Fähigkeit der Scham in die Geister und in die Herzen zurückgekehrt sein ...«

Ist das Gewissen für die Kirche gleichbedeutend mit der Stimme Gottes, für die Psychoanalytiker ist sie die Stimme des Über-Ich. Sigmund Freud, dessen Entdeckung des Unbewußten für die Menschheit etwa so folgenreich war wie die Entdeckung neuer Kontinente, teilte den menschlichen Kosmos in drei Bereiche ein: in das Es, das Ich, das Über-Ich. Im Es wohnen die angeborenen leib-seelischen Kräfte, die Triebe; das Ich sammelt mit Hilfe des Gedächtnisses Erfahrungen über die Umwelt, speichert sie und sucht die fordernden Regungen des Es mit der Realität und dem Über-Ich in Einklang zu bringen; das Über-Ich repräsentiert die Moral, die Tradition, die Gesellschaftsordnung, eine Instanz, die vom Unbewußten her ihre Forderungen an das bewußte Ich richtet und deren Einhaltung überwacht, wobei es als Druckmittel die Angst benutzt, Gewissensangst.

Nach Freuds Definition wäre das Gewissen demnach lediglich etwas Angelerntes ohne Anbindung an die Vernunft und damit ohne Autonomie, die ja seinen Wert erst ausmachen. C.G. Jung wandte sich gegen die Theorie seines Lehrers und setzte das *ethische* Gewissen dagegen, das dann wirke, wenn der Mensch bei einer Pflichtenkollision gezwungen sei, zwischen Gut und Böse zu entscheiden.

In den zweieinhalb Jahrtausenden abendländischer Geistesgeschichte haben die Philosophen, die Theologen, die Dichter, die Mediziner, Psychologen und Soziologen darüber nachgedacht, was das Gewissen nun eigentlich sei, und sie sind, wie wir gesehen haben, zu verschiedenen Ergebnissen gekommen. In einem aber sind sie sich einig gewesen: gäbe es kein Gewissen, so wäre die Menschheit

auf ihrem gefährlichen Weg längst im Chaos versunken. Nur Nietzsche war hier anderer Meinung, aber gerade seine Theorie der moralischen Emanzipation weist einen entscheidenden Fehler auf: das Gewissen läßt sich nicht abschaffen. Wenn die innere Stimme unterdrückt wird, meldet sie sich auf hintergründige Weise – zum Beispiel im Traum.
Shakespeares Richard III., das scheußlichste der von Dichtern erfundenen Scheusale, spottet zwar: »Gewissen ist ein Wort für Feige nur, zum Einhalten für den Starken erst erdacht: Uns ist die Wehr Gewissen, Schwert Gesetz.« Doch in der Nacht vor dem entscheidenden Waffengang wird er von den Schatten seiner Opfer heimgesucht, die mehr Schrecken in seine Seele werfen, als zehntausend Krieger es könnten. Die mörderischen Handlanger, die er in den Tower schickt, den Bruder, Herzog Clarence, zu ermorden, führen einen höchst aufschlußreichen Dialog auf dem Weg zur Untat.
»Zweiter Mörder: Wie? Sollen wir ihn so im Schlaf erstechen?
Erster Mörder: Nein, er wird sagen, das war feige von uns, wenn er aufwacht.
Zweiter Mörder: Wenn er aufwacht! Ei, Narr, er wacht gar nicht wieder auf bis zum großen Gerichtstag.
Erster Mörder: Ja, dann wird er sagen, wir haben ihn im Schlaf erstochen.
Zweiter Mörder: Die Erwähnung des Wortes Gerichtstag hat eine Art Gewissensbiß in mir erregt.
Erster Mörder: Was? Du fürchtest dich?
Zweiter Mörder: Nicht ihn umzubringen, dazu hab' ich ja den Befehl; aber verdammt zu werden, wovor mich kein Befehl schützen kann.
Erster Mörder: Ich dacht, du wärst entschlossen.
Zweiter Mörder: Das bin ich auch; ihn leben zu lassen.
Erster Mörder: Ich gehe wieder zum Herzog von Gloster.

Zweiter Mörder: Nicht doch, ich bitte dich, wart ein Weilchen. Ich hoffe, diese fromme Laune soll vorübergehen; sie pflegt bei mir nicht länger anzuhalten, als derweil man etwa zwanzig zählt.
Erster Mörder: Wie ist dir jetzt zu Mute?
Zweiter Mörder: Mein Treu', es steckt immer noch ein gewisser Bodensatz von Gewissen in mir.
Erster Mörder: Denk an unsern Lohn, wenn's getan ist.
Zweiter Mörder: Recht! Er ist des Todes. Den Lohn hatt' ich vergessen.
Erster Mörder: Wo ist dein Gewissen nun?
Zweiter Mörder: Im Beutel des Herzogs von Gloster.
Erster Mörder: Wenn er also seinen Beutel aufmacht, uns den Lohn zu zahlen, so fliegt dein Gewissen heraus.
Zweiter Mörder: Es tut nichts, laß es laufen; es mag's ja doch beinah kein Mensch hegen.
Erster Mörder: Wie aber, wenn's sich wieder bei dir einstellt?
Zweiter Mörder: Ich will nichts damit zu schaffen haben, es ist ein gefährlich Ding, es macht einen zur Memme. Man kann nicht stehlen, ohne daß es einen anklagt, man kann nicht schwören, ohne daß es einen zum Stocken bringt; man kann nicht bei seines Nachbarn Frau liegen, ohne daß es einen verrät. 's ist ein verschämter blöder Geist, der einen im Busen Aufruhr stiftet; es macht einen voller Schwierigkeiten; es hat mich einmal dahin gebracht, einen Beutel voll Gold wieder herzugeben, den ich von ungefähr gefunden hatte; es macht jeden zum Bettler, der es hegt; es wird aus Städten und Flecken vertrieben, und jedermann, der gut zu leben denkt, verläßt sich auf sich selbst und lebt ohne Gewissen.
Erster Mörder: Sapperment, jetzt sitzt es *mir* im Nacken und will mich überreden, den Herzog nicht umzubringen.
Zweiter Mörder: Halt den Teufel fest im Gemüt und glaub

ihm nicht; es will sich nur bei dir eindrängen, um dir Seufzer abzuzwingen.«

Das Gewissen hatte die beiden Männer aufgeschreckt, aber sie versuchten, es einzuschläfern, es mit Scheinargumenten zu diskreditieren. Ihm zu folgen hätte Mut vorausgesetzt, den Mut, zu ihrem Auftraggeber zurückzugehen und ihm zu sagen, daß ihnen im letzten Moment Bedenken gekommen seien. Was ein solches Eingeständnis bei einem Mann wie Richard bedeutet hätte, darüber wird kein Zweifel bestehen.

Auf sein Gewissen zu hören, dazu gehört demnach Mut, nicht selten sogar Todesmut, ob es nun darum geht, böse Taten, wie im zitierten Fall, nicht zu begehen oder andere daran zu hindern oder dagegen aufzustehen, daß sie geplant und ausgeführt werden. Im normalen bürgerlichen Leben jedoch bedarf es des Muts nicht, sein Leben einzusetzen, hier braucht man eine andere Tugend: Zivilcourage.

Das Konversationslexikon, Jahrgang 1974, sagt dazu: »Zivilcourage, die; Mut, sich im bürgerlichen Leben für die eigene Überzeugung einzusetzen.« Das aus dem Jahr 1890 schweigt. Dabei hatte Bismarck bereits im Jahre 1847 dieses Wort gebraucht, vielleicht sogar geprägt. Als er nach einer Landtagsdebatte, bei der er schmählich ausgepfiffen worden war, von einem Parteifreund mit den Worten angesprochen wurde: »Eigentlich hattest du ja recht. Nur sagt man so etwas nicht«, da antwortete der spätere Kanzler: »Wenn du meiner Meinung warst, dann hättest du mir beistehen müssen. Nur dein Eisernes Kreuz hindert mich, dir einen verletzenden Vorwurf zu machen.« Nach einem Augenblick des Schweigens setzte er nachdenklich hinzu: »Mut auf dem Schlachtfeld scheint bei uns Gemeingut. Aber man wird nicht selten finden, daß es ganz achtbaren Leuten an Zivilcourage fehlt.«

Daran fehlte es offensichtlich nicht nur zu Bismarcks Zeiten, es fehlt auch heute, und zwar so sehr, daß Pessimisten das aus dem Französischen entlehnte Wort als Fremdwort bezeichnen. Jedenfalls ist das, was hinter dem Wort steht, nicht gefragt. Lediglich Festredner benutzen es gelegentlich, Leitartikler, Pastoren. Dabei bräuchten wir den bürgerlichen Mut im Alltag mehr denn je – auch in den westlichen Demokratien, wo Meinungen nicht mehr brutal unterdrückt werden können, die Macht sich aber subtilerer Mittel bedient.

In Anstalten des öffentlichen Rechts gibt es keine Zensur, dafür aber die immer besser funktionierende Schere im Hirn. In den Behörden des Staates und der Städte führt Anpassung an die herrschenden Meinungen und Normen, Konformismus genannt, am raschesten zum Ziel. Studierende tun gut daran, bis zum Examen *mit* dem Strom zu schwimmen. Selbst in der Privatwirtschaft ist Nonkonformismus keineswegs die beste Leiter für den Weg nach oben. Und wer die überall aus dem Boden sprießenden Bürgerinitiativen als Beweis des Gegenteils anführt, irrt: Zivilcourage ist eine Tugend des Individuums und nicht die einer Gruppe.

Wie jede Tugend sich üben läßt, so auch der bürgerliche Mut. Der Weg zur Hölle ist mit den kleinen Feigheiten gepflastert, und deshalb gilt: nicht mehr zu schweigen, wenn der Kollege vom Chef öffentlich gedemütigt, über Nichtanwesende ehrabschneidend geredet, ein Mensch wegen seiner anderen Hautfarbe oder Volkszugehörigkeit beleidigt, ein Tier gequält wird und so fort; wenn also Unrecht geschieht, und zwar im eigenen Umkreis. Dieses *Kehren* – besser *Üben* – vor der eigenen Haustür scheint am wirkungsvollsten.

»Wir stehen alle ständig der gleichen grundlegenden Alternative gegenüber: Mut oder Nachgeben«, schrieb John F. Kennedy in seinem berühmten Buch *Profiles in Courage*. »Ob es der Zorn der Wähler ist, der Freunde, der

Betriebsführung, der Gewerkschaft oder wann immer wir wegen umstrittener Fragen auf den Marktplatz der Meinungen geraten. Ohne den Mut verkleinern zu wollen, mit dem manche ihr Leben geopfert haben, sollten wir auch jenes Mutes nicht vergessen, mit dem andere ihr Leben gelebt haben. Lebensmut mag oft weniger dramatisch erscheinen als letzter Todesmut; doch ist er nicht weniger eine großartige Verbindung von Triumph und Tragik. Hier tut ein Mensch, was er zu tun hat – trotz aller persönlichen Folgen, trotz aller Hindernisse, Gefahren und Drohungen. Und dies ist die Grundlage aller menschlichen Sittlichkeit.«

Trotz aller persönlichen Folgen – wer Zivilcourage übt, muß mit ihnen rechnen. Er riskiert bei uns nicht, wie betont, seine Freiheit oder sein Leben, er gefährdet nur seine Ruhe, seinen Ruf, die Zuneigung seiner Freunde, die Achtung seiner (über ihn empörten) Mitmenschen, seine Karriere, seine Bezüge. Das sind Folgen, die dem Wörtchen *nur,* das hier im Sinne von *nichts anderes als* steht, automatisch ein Paar Anführungsstriche verleiht.

Auf der anderen Seite aber winkt ein – hoch einzuschätzender – Gewinn. Wer einmal sein Leben hat Revue passieren lassen, um Bilanz zu ziehen, wird überrascht festgestellt haben, daß er nicht so sehr stolz ist auf das, was ihm der Erfolg bescherte, auf seine Sternstunden, sondern auf jene seltenen Momente, wo er, ohne der Nachteile zu achten, nein gesagt hat – nein, weil ein Ja sein Gewissen belastet hätte. Er hat sich durch dieses Nein seine Selbstachtung bewahrt. Sich selbst noch achten, in den Spiegel schauen zu können, ohne erröten zu müssen, ist ein unbeschreibliches und vor allem unbezahlbares Gefühl.

Als Natalja Gorbanewskaja auf dem Roten Platz in Moskau gegen die Besetzung der Tschechoslowakei protestierte, wurde sie verhaftet, vor Gericht gestellt und vom Richter gefragt, warum sie das getan habe. Sie antwortete:

»Ich habe das für mich getan, anders hätte ich nicht weiterleben können.« Natalja lebt nicht nur in der Sowjetunion, sondern in vielen Ländern; überall dort jedenfalls, wo Menschen unterdrückt werden, weil sie frei reden wollen, frei sich versammeln, frei wählen.

Den Dienst, den der mutige Bürger sich erweist, erweist er auch der Gemeinschaft, in der er lebt, in der westlichen Welt also der Demokratie, einer Regierungsform, die zugleich Lebensform ist. Sie garantiert die Freiheit des einzelnen, fordert aber die Verantwortung des Individuums der Gesamtheit gegenüber. Die Kontrolle der Gesetze durch das Parlament bleibt ungenügend, wenn jenes Gegengewicht fehlt, das bei Schiller »Männerstolz vor Königsthronen« heißt.

Eine Diktatur wie beispielsweise das Naziregime war durch bloßen Bürgermut nicht aus den Angeln zu heben, aber ... Doch geben wir einem mutigen Mann aus jenen Tagen das Wort.

»In diesem Sommer 1933 ging es auf allen Ebenen des gesellschaftlichen Lebens, so in der höheren Beamtenschaft, in der Justiz, in den Landesverwaltungen und Kommunen, in den relevanten Organisationen wie beispielsweise den Gewerkschaften um konkrete politische und personelle Zumutungen, denen gegenüber Zivilcourage sehr am Platze gewesen wäre, solange der Kampf nicht verloren war. Die Zivilcourage ausnahmslos aller nicht nazistischen Bürger hätte die Diktatur verhindert – aber damit benennt man keine konkrete, sondern nur eine theoretische Möglichkeit. Daß aber der Prozeß der Unterwerfung so rasch und so störungsfrei verlaufen konnte, wie er in wenigen Monaten gelaufen ist, das demonstriert nicht nur einen zu geringen Widerstand, sondern auch den fast durchgängigen Mangel an Zivilcourage.«

Der Historiker, der sich von Berufs wegen mit der Geschichte befaßt, gerät eines Tages in die Gefahr zu resignieren. Die Geschehnisse, bei denen das Böse obsiegt, scheinen in der erdrückenden Mehrzahl zu sein. Verräter erhalten nicht ihre gerechte Strafe, sondern werden belohnt. Massenmörder müssen nicht sühnen für ihre Untaten, sie dürfen sich hoher Ehren erfreuen bis an ihr unselig Ende. Ungerechte setzen sich überall und allerorten gegen die Gerechten durch.

Und dennoch glauben nicht wenige (wie der Verfasser), daß der Mensch, das laut Schöpfungsgeschichte von Gott nach seinem Ebenbild geschaffene Wesen, eher gut denn böse ist. Sie glauben an den Menschen, denn wie anders lohnte es sich zu leben? Ihr Glaube wird genährt durch das Beispiel, das einige wenige gaben. Beispiele von Opfermut, Glaubenstreue und Zivilcourage. Das ist etwas, was schwer wiegt und die Waagschale, auf der die guten und die bösen Taten gewogen werden, zugunsten der Menschheit sinken läßt.

Die Menschen, denen wir in diesem Buch begegnen – Émile Zola, Thomas Morus, Sokrates, Galileo Galilei, Spartacus, Hans Kohlhase, Friedrich von Spee, Sophie Scholl –, stehen stellvertretend für alle jene Männer und Frauen, die gleich ihnen bereit gewesen waren, dem Ruf des Gewissens zu folgen, von denen aber die Geschichte nichts weiß; und sie stehen für die, denen hier kein eigenes Kapitel gewidmet werden konnte.

Zu nennen wären zum Beispiel Otto und Elise Hampel, ein Berliner Arbeiterehepaar, deren Sohn in Rußland »für Führer, Volk und Vaterland« umkam, ein damals alltäglicher Schicksalsschlag, doch in den Hampels löste er nicht nur Trauer aus. Sie beschlossen, den Mann zu bekämpfen, der nicht nur sie, sondern ein ganzes Volk in namenloses Elend zu bringen im Begriff war. In nächtelanger Arbeit schrieben sie auf Postkarten den Satz »Mutter! Der Führer hat mir meinen Sohn genommen. Er wird auch Deine Söhne ermorden« und legten diese Karten ab in den Fluren und Treppenaufgängen der Mietskasernen. Ein an Wahnwitz gemahnender Kampf, den die beiden führten, und an seinem Ende konnte nichts anderes stehen als das Schafott. Doch die Idee der Gerechtigkeit entzieht sich der Frage nach dem Erfolg oder Nichterfolg. Hans Fallada hat den beiden einsamen Widerstandskämpfern in seinem Buch »Jeder stirbt für sich allein« ein Denkmal gesetzt.

Im Juli 1944 wurde der aus Tirol stammende Soldat Walter Krajnc in eine Abteilung eingereiht, die den Befehl bekam, französische Geiseln zu erschießen. Krajnc stellte über den Befehl seines Kommandeurs den Befehl seines Gewissens, das, wie er angab, es ihm unmöglich mache, wehrlose Menschen zu töten. Er verweigerte, trotz Wiederholung der Order, den Gehorsam, kam vor das Kriegsgericht und starb unter den Kugeln seiner Kameraden.

Zu den erschütterndsten Dokumenten gehört der Brief eines einfachen Bauernsohns aus dem Sudetenland, geschrieben am 3. Februar 1944: »Liebe Eltern: Ich muß Euch heute eine traurige Nachricht mitteilen, daß ich zum Tode verurteilt wurde, ich und Gustav G. Wir haben es nicht unterschrieben zur SS, da haben sie uns zum Tode verurteilt. Ihr habt mir doch geschrieben, ich soll nicht zur SS gehen, mein Kamerad Gustav hat es auch nicht unterschrieben. Wir beide wollen lieber sterben als unser Gewissen mit so Greueltaten zu beflecken … ich weiß, was die SS ausführen muß.«

Gehen wir in der Geschichte etwas zurück, treffen wir auf Johann Friedrich Adolf von der Marwitz. Der Oberst bekam im Siebenjährigen Krieg von Friedrich dem Großen den Befehl, als Vergeltungsmaßnahme das Schloß Hubertusburg zu plündern. Marwitz weigerte sich, den Befehl auszuführen, weil er – wie er seinem König melden ließ – gegen Ehre und Gewissen eines Offiziers verstoße. Von Friedrich aus der Armee verabschiedet, ließ er, als es zum Sterben kam, auf seinen Grabstein die Inschrift setzen: »Sah Friedrichs Heldenzeit und kämpfte mit ihm in allen seinen Kriegen. *Wählte Ungnade, wo Gehorsam nicht Ehre brachte.«* Winston Churchill erwähnte Marwitzens Tat vor dem britischen Unterhaus als leuchtendes Beispiel für Zivilcourage und edle Gesinnung.

Und: Hieronymus von Prag, Gefährte und Leidensgenosse des Reformators Hus, widerrief nach qualvoller Haft die ihm zur Last gelegten Ketzereien, nahm seinen Widerruf aber reuevoll zurück und bestieg, 1416, den Scheiterhaufen.

Und: Janus Korczak, polnischer Arzt, ließ die ihm anvertrauten zweihundert jüdischen Kinder nicht im Stich, schlug das Angebot aus, das eigene Leben zu retten, und ging mit seinen Schutzbefohlenen freiwillig in die Gaskammern von Treblinka.

Beispiellos war der Mut, mit dem die argentinischen Mütter neun Jahre lang vor der Casa Rosada, dem Sitz des Militärregimes in Buenos Aires, ihren stummen Protest erhoben. In Zweierreihen um die Plaza de Mayo schreitend, die Bilder ihrer verschleppten, spurlos verschwundenen Männer und Söhne in der erhobenen Hand, wurden sie in der Welt zum Symbol gewaltlosen Widerstands gegen eine Recht und Gesetz verachtende Diktatur. Eine lebensgefährliche Demonstration, die hier an jedem Donnerstag stattfand, waren die Mütter des Mai-Platzes doch ständig in Gefahr, ebenfalls verschleppt zu werden.

»Er kann gar nicht anders, als immer wieder gegen das Unrecht anzugehen«, antwortete der aus der Sowjetunion ausgebürgerte Schriftsteller Lew Kopelew, als er gefragt wurde, ob sein Landsmann Andrej Sacharow die Entlassung aus der Verbannung mit dem Versprechen erkauft habe, in Zukunft zu schweigen. Kopelew selbst, einst ein enthusiastischer Stalin-Jünger und aktiv tätig bei der Zwangskollektivierung der russischen Landwirtschaft, hatte ebenfalls nicht schweigen können. Als die sowjetische Armee Anfang 1945 in Ostpreußen eindrang, schritt er gegen Grausamkeiten der Rotarmisten an der deutschen Zivilbevölkerung ein. Er bezahlte seine Zivilcourage mit einem fast zehn Jahre dauernden Aufenthalt in Lagern und Gefängnissen. Lew Kopelews Glaubensbekenntnis: »Ich bin nur mehr meinem eigenen Gewissen verantwortlich. Ich will mich nie mehr fürchten und immer so handeln, daß ich mich meiner Taten nicht zu schämen brauche.«

Eine Reihe, die sich *nicht* beliebig fortsetzen ließe, und eine Auswahl, die willkürlich erscheinen muß, doch wird jeder hier (wie der Verfasser) seine eigenen Helden haben – das mißbrauchte Wort wäre einmal am Platze! –, denn das sind die wirklichen Leitbilder (und nicht die vom Pulverdampf umwitterten Schlachtenlenker und Eroberer in unseren Schulbüchern oder jene Potentaten, die durch Herostratentum unverdiente Unsterblichkeit erlangten).

1. Kapitel Emile Zola oder »J'accuse…«

Der Gang zur Teufelsinsel

Am 5. Januar 1895 saß Émile Zola bei seinem Kollegen Alphonse Daudet am Kamin, das Cognacglas in der Hand, das ihm der Gastgeber nach einem reichhaltigen Mahl gereicht hatte, als die Tür aufflog, der junge Léon, Daudets Sohn, hereingestürzt kam und mit vor Begeisterung sich überschlagender Stimme rief: »Die Epauletten haben sie ihm abgerissen, den Degen zerbrochen, entehrt ist er, entehrt, der Verräter!!«

Er schilderte, wie die Soldaten Mühe hatten, die aufgebrachte Volksmenge, aus der immer wieder Schreie ertönten: »An den Galgen!«, »Aufs Schafott!«, vom Hof der Pariser École militaire fernzuhalten, denn sonst hätte sie den Delinquenten auf der Stelle gelyncht. Was eigentlich die gerechte Strafe gewesen wäre für den Lumpen Dreyfus, doch die lebenslängliche Deportation auf die Teufelsinsel sei, gottlob, noch schlimmer als der Tod. Und dieser Jude hatte sogar noch die Frechheit besessen, den anwesenden Presseleuten zuzurufen: »Beim Haupte meiner Frau und meiner Kinder schwöre ich, daß ich unschuldig bin. Es lebe Frankreich!«

Zola hatte den Fall Dreyfus aufmerksam verfolgt, und – wie fast alle Franzosen – zweifelt er nicht an der Rechtmäßigkeit des Urteils und seiner Begründung, wonach der Hauptmann im Generalstab Alfred Dreyfus einer fremden

Macht geheime Dokumente, welche die nationale Verteidigung betrafen, ausgeliefert habe und deshalb des Landesverrats schuldig sei. Ein Verräter hatte seine verdiente Strafe gefunden.

Die Art, wie der junge Daudet die öffentliche Degradierung schilderte, stieß ihn trotzdem ab. Er spürte die Aufpeitschung der Masseninstinkte, den Chauvinismus, der hier entfesselt wurde, und, nicht zuletzt, den Antisemitismus, der ihm als ein Rückfall ins Mittelalter erschien. Doch gleichzeitig meldete sich der Romancier in ihm: »Welch ein erschütterndes Drama und welche herrlichen Charaktere! Vor Dokumenten von solcher Erhabenheit, die das Leben zuträgt, gerät mein schriftstellerisches Herz in leidenschaftliche Bewegung.«

Worte, die er nie geschrieben, hätte er schon damals gewußt, wie »herrlich« die Charaktere waren und wie »ergreifend« die einzelnen Dokumente.

Ende September 1894 fischte eine Aufwartefrau, die von der Gegenspionage in die deutsche Botschaft eingeschleust worden war, aus dem Briefkasten des deutschen Militârattachés eine handgeschriebene Liste. Es war eine Art Begleitbrief zu gleichzeitig gelieferten militärischen Geheiminformationen. Das »Bordereau« – unter diesem Namen figurierte es – zählte verschiedene Dokumente auf, die die französische Landesverteidigung betrafen, darunter die Erfahrungen mit einem 120-mm-Geschütz, eine Aufzeichnung über die Veränderungen bei Artillerieformationen, den Entwurf der Schießvorschrift für die Feldartillerie.

Die Suche nach dem Verräter führte überraschend schnell zum Erfolg. Ein Vergleich des – handgeschriebenen – »Bordereau« mit der Schrift der dem Generalstab angehörenden Offiziere führte auf die Spur des Hauptmanns Dreyfus. Der Schriftsachverständige der Banque de France allerdings meinte, daß der inkriminierte Brief auch von einer anderen Person herrühren könne. Alphonse Bertillon vom polizeilichen Erkennungsdienst dagegen stellte fest: das Dokument sei zweifellos von dem Verdächtigen geschrieben worden, wenn auch zum Teil mit verstellter Handschrift.

Der Kriegsminister hatte das bestellte zweite Gutachten der Bank nicht abgewartet und die Verhaftung des Hauptmanns angeordnet. Das war zwar wider jeden Brauch in dieser Branche, deren Experten in solchen Fällen den Verdächtigen sorgfältig zu observieren pflegten, um der Komplicen habhaft zu werden, doch schien man es eilig zu haben. Und verdächtig genug war dieser Dreyfus: er war im Generalstab (wo der Verräter sitzen mußte), er war Artillerist (im »Bordereau« ging es vornehmlich um artilleristische Informationen), er war nicht sonderlich beliebt – und er war Jude.

Einem Juden war ein solcher Verrat zuzutrauen. Wie man in dem weitverbreiteten Buch »La France juive« lesen konnte, wie man es tagtäglich aus der Zeitung »La Libre Parole« erfuhr. Waren die Juden nicht auch schuld am großen Bankenkrach, am Panamaskandal, der Hunderttausende kleiner Sparer um ihr Geld gebracht hatte? Beherrschten sie nicht die Finanzwelt, saßen sie nicht im Parlament, in der Regierung? Ganz abgesehen von den jüdischen Offizieren, die in die höchsten Kommandostellen, besonders die der Artillerie, eingedrungen waren. Die zahlreichen Duelle zwischen national gesinnten und jüdischen Offizieren sprachen schließlich eine deutliche Sprache.

Frankreich, wo im Gegensatz zu den mittel- und, vor allem, osteuropäischen Ländern der Antisemitismus bis dahin keine politische Rolle gespielt hatte, schien in kurzer Zeit alles nachholen zu wollen an Verdächtigungen, Verunglimpfungen, Verfolgungen jüdischer Mitbürger. Eine Welle der Judenhetze, gefördert von nationalistischen

Presseleuten, reaktionären Generalen, militaristischen Politikern und nicht zuletzt den republikfeindlichen Kirchenmännern, war über das Land hereingebrochen. Über ein Land, das ohnehin unstabil war, zerrissen von Parteien und Parteiungen – Republikanern, Monarchisten, Sozialisten, die in neunzehn Jahren siebenundzwanzig Kabinette gebaren. Nach der Niederlage gegen Deutschland im Krieg von 1870/71 hatte Frankreich seine Vormachtstellung verloren, fühlte sich gedemütigt, entehrt, verraten, und viele Franzosen erlagen der Parole der Revanchisten »À Berlin!« Nur mit Hilfe der Armee, darüber waren sich alle einig, würde es eine Wiedergeburt geben. Die Armee würde den Erbfeind Deutschland besiegen, die Schmach rächen, Frankreich wieder zur »grande nation« machen. Die Armee war der neue Gott, und wer sich, wie auch immer, an ihr versündigte, beging ein Sakrileg.
Die Botschaften Deutschlands und Italiens, zwei Länder, die zusammen mit Österreich-Ungarn im Dreibund vereinigt waren, hielt man für Agentenzentralen, den Oberst von Schwartzkoppen und den Major Panizzardi für ihre Chefs. Man überschwemmte die beiden Militärattachés mit halb richtigen oder ganz falschen Informationen, getürkten Mobilmachungsplänen, gefälschten Skizzen von Befestigungsanlagen, mit Spielmaterial aller Art, produziert, um den Gegner irrezuführen oder wertvolles Gegenmaterial dafür einzuhandeln.
Die Furcht vor Spionage artete bisweilen zur Hysterie aus, unbegründet war sie keineswegs immer. Pläne von militärischen Einrichtungen in Toul, Nancy, Reims, von den Forts an der Ostgrenze, verschwanden auf geheimnisvolle Weise aus den Panzerschränken der Dienststellen. Ein Beamter der technischen Abteilung der Artillerie wurde wegen Weitergabe von Dokumenten zu fünf Jahren Gefängnis verurteilt; ein Angestellter des Marineministeriums wegen Geheimnisverrats für zwanzig Jahre ins

Bagno geschickt. Drei weitere Spione gingen ins Netz. Kleine Fische waren das alles, doch der Tag mußte kommen, an dem man den großen Fang machen würde – wer anderes konnte das sein als dieser Dreyfus?
Der Hauptmann wurde in das Militärgefängnis Cherche-Midi eingeliefert, isoliert und verhört. Man maß dabei nicht kleinlich mit der Elle des Gesetzes. Das belastende Dokument wurde ihm zwei Wochen lang vorenthalten. Er wußte nicht, wessen man ihn eigentlich beschuldigte. Pausenlos zwang man ihm Schriftproben ab: stehend, sitzend, liegend, mit harter und weicher Feder, mit Handschuhen. Der Hauptmann erfuhr die Behandlung eines Sträflings, nicht die eines Untersuchungsgefangenen. Der mit der Voruntersuchung beauftragte Major du Paty bedrohte Madame Dreyfus, ließ die Wohnung durchsuchen, lud Freunde des Verhafteten vor – ohne Ergebnis. Helfershelfer waren nicht auszumachen. Ohne Befund blieb auch die Durchleuchtung seiner Vergangenheit. Für Paty alles deutliche Zeichen, wie raffiniert dieser Mensch war.
Alfred Dreyfus, Elsässer, fünfunddreißig Jahre alt, einer jüdischen Fabrikantenfamilie entstammend, die nach 1871 für Frankreich optiert hatte und das nun wieder zum Deutschen Reich gehörende Elsaß verließ; Abgang von der Kriegsschule, Note *sehr gut;* mit dreiunddreißig bereits Generalstabsanwärter, damit der erste Jude in diesem höchsten Gremium der Armee; unerhörte Arbeitskraft, hohe Intelligenz, gutes Gedächtnis; glückliches Familienleben, meidet Geselligkeit, geht ganz auf im Dienst und häuslichen Leben, daher kaum Freunde; schüchtern, ja linkisch, etwas streberhaft, will Karriere machen; besitzt die Zähigkeit des Elsässers ohne dessen Lebenslust; Patriot; vermögend.
Ein Lebenslauf, der eventuelle Tatmotive wie Zurücksetzung im Dienst, Mangel an Vaterlandsliebe, Geldgier gegenstandslos machte. Den geladenen Dienstrevolver, den

man ihm zur ehrenhaften Selbstjustiz auf den Tisch gelegt hatte, wies Dreyfus zurück: »Ich will leben, um meine Unschuld zu beweisen.« Der Gefängnisdirektor, befragt, was er nach seiner langjährigen Erfahrung von dem Einsitzenden halte, meinte: »Ich glaube, man ist auf der falschen Fährte. Dieser Mann ist so unschuldig wie Sie und ich.« Einziges Beweisstück blieb das »Bordereau«, dessen Identität mit der Handschrift des Hauptmanns von neu hinzugezogenen Sachverständigen bestätigt und bestritten wurde. Selbst Paty, der unerbittliche Untersuchungschef, gestand: »Eine Verhandlung könnte einen Freispruch zur Folge haben. Vielleicht wäre es angebracht, die Verfolgung einzustellen.«

Da erschien in der antisemitischen Zeitung »La Libre Parole« ein Artikel, der auf einem lancierten Brief beruhen mußte, denn die Untersuchung war bis dahin geheimgehalten worden. »Landesverrat. Verhaftung des Hauptmanns im Generalstab A. Dreyfus«, lautete die Schlagzeile. Der Verräter habe, so hieß es weiter, ein volles Geständnis abgelegt, militärische Geheimnisse an Deutschland verkauft zu haben, man wolle aber die Affaire unterdrücken, weil der Verhaftete Jude sei. »Suchet unter den Dreyfus, Meyer, Levi, und Ihr werdet finden.« Der Brief, den das Blatt erhalten hatte, trug die Unterschrift *Henry*. Es war, wie man erst später erfuhr, der Major Henry vom Nachrichtenbüro, von dem noch des öfteren die Rede sein wird.

Eine Pressefehde war die Folge, wobei das Wort »Fehde« eine Untertreibung darstellt. Wer die Zeitungen von damals liest, wird tief betroffen sein von dem Ausbruch des Hasses, der einem aus jeder Zeile entgegenschlägt. Haß auf alle, die »täglich das heilige Vaterland verraten«. Der Kriegsminister Mercier wurde beschuldigt, den Verräter zu decken, und als Mitschuldiger angeprangert, als ein Komplice der Israeliten, ja schlimmer noch, der Deut-

schen. Mercier war nicht der Mann, den Angriffen die Stirn zu bieten. Der von den Nationalisten entfesselte Sturm der öffentlichen Meinung würde ihn hinwegfegen, wenn er Dreyfus nicht vor ein Kriegsgericht brachte.
Am 19. Dezember war es soweit. Die Verhandlung vor dem Kriegsgericht fand »aus patriotischen Gründen« und »zur Vermeidung eines casus belli« mit der in die Angelegenheit verwickelten Macht [Deutschland] hinter verschlossenen Türen statt. Was die siebzehn Zeugen der Anklage, durchweg höhere Offiziere, vorbrachten, mußte selbst voreingenommenen Richtern wenig beweiskräftig erscheinen. Dazu gehörte die Bekundung des Majors Hubert Henry, eine vollkommen ehrenhafte Person habe ihm zweimal mitgeteilt, daß der Verräter Alfred Dreyfus heiße. Den Namen? Nein, den dürfe er aus Gründen der Geheimhaltung nicht nennen. Die Schriftsachverständigen taten, was Gerichtssachverständige immer tun: sie konnten sich nicht einigen. Auch wenn man berücksichtigte, daß der Angeklagte sein schlechtester Verteidiger war, in seiner linkischen, leidenschaftslosen Art, mit der er alle Vorwürfe bestritt, ein Freispruch war aufgrund der Beweislage sicher.
Als das Gericht sich zur Urteilsfindung zurückgezogen hat, erscheint, wie ein deus ex machina, der Major du Paty im Beratungszimmer und überreicht dem Vorsitzenden ein versiegeltes Kuvert mit der »moralischen Anweisung« des Kriegsministers, die darin enthaltenen Dokumente den Richtern zur Kenntnis zu bringen. Die Herren nehmen Kenntnis, und aus ihren Gesichtern ist abzulesen, daß sie verstört, ja entsetzt sind: hier tut sich in der Tat ein Abgrund von Landesverrat auf. An der Schuld des Angeklagten besteht nun kein Zweifel mehr. Dreyfus kann sich gegen die ihn derart belastenden Schriftstücke nicht wehren, weil man ihm von ihrer Existenz nichts mitteilt. Eine aberwitzige Rechtsbeugung der sieben hochdekorierten Offiziere (die zu einem Skandal wurde, als man später

erfuhr, *wie* diese Dokumente entstanden waren.) Dem Schuldspruch steht nichts mehr im Wege …

Am 13. April 1895 landete Dreyfus auf der Teufelsinsel. Die Insel, zur Gruppe der Iles de Salut gehörend, liegt etwa zehn Kilometer vor der Küste Französisch-Guayanas im Norden Südamerikas und ist ein kahler Felsen, auf dem früher Leprakranke isoliert waren, wohl um sie dort langsam, aber sicher umkommen zu lassen. Das feucht-heiße Klima mit seinem Wechsel von mörderischer Hitze und endlosen Regenfällen, das grassierende Tropenfieber, die Existenz von Myriaden geflügelten Ungeziefers verwandelten das Leben, besonders für Europäer, in eine Hölle. Doch das eben machte die Salutinseln und die Küste mit der Hauptstadt Cayenne als Strafkolonie so geeignet.

Dreyfus wurde schlechter behandelt als die dort einsitzenden Totschläger, Sittlichkeitsverbrecher, Mörder. Seine Papiere trugen den Vermerk »Abgefeimter Verbrecher. Jedes Mitleids unwürdig.« Daß das Ziel des Strafvollzugs seine psychische und schließlich die physische Vernichtung war, zeigten die Haftbedingungen. Er lebte in einer sechzehn Quadratmeter großen, mit Palisaden umgebenen Hütte, einer Art Käfig, durch dessen Gittertür die Wächter jede seiner Bewegungen beobachteten, ihn auch auf seinen Gängen um die Hütte herum auf Schritt und Tritt begleiteten. Zusätzliche Schikanen erschwerten sein Leben wie zeitweilige Sperrung von Paket- und Büchersendungen, verschärfte Briefzensur, Verschlechterung der Kost. Die Bitte der fünfundzwanzigjährigen Lucie Dreyfus, einer ungewöhnlich tapferen Frau, ihrem Mann in die Verbannung folgen zu dürfen, wurde, entgegen dem Gesetz, ohne Begründung zurückgewiesen. Sie reichte ein zweites Gesuch ein und schrieb ihrem Mann: »Ich würde dann wenigstens das Glück empfinden, so zu leben wie Du, bei Dir zu sein und Dir meine unendliche Liebe beweisen zu dürfen.« Auch dieses Gesuch wurde abgelehnt.

Dreyfus verfiel zusehends; mit der Hoffnung schwanden seine Kräfte, schließlich stellte er auch sein Tagebuch ein, das er so lange geführt hatte. In einem seiner Briefe an das offizielle Frankreich bat er, die Aufzeichnungen Lucie Dreyfus zu übergeben (»... für den Fall, daß ich erliegen sollte«). »Man wird darin, Herr Präsident, den Schrei des Zornes und des Entsetzens finden über die ungerechteste Verurteilung, die jemals einen Menschen getroffen hat; einen Menschen, der nie gegen die Ehre verstieß in seinem Leben. Ich klage niemanden an, ich erkläre nur, daß ich unschuldig bin und immer das eine fordern werde: den wahren Schuldigen zu finden. ... Wenn ich bis heute am Leben geblieben bin, so deshalb, weil das Bewußtsein einer heiligen Pflicht gegenüber meiner Frau und meinen Kindern mich erfüllt. In ihrem Namen und in dem meiner Ehre verlange ich Gerechtigkeit ...«

Dieser Brief blieb, wie alle anderen auch, ohne Antwort. Über den Gefangenen auf der Insel schien sich das Leichentuch des Vergessens zu breiten ...

Esterhazy und das »Petit Bleu«

Emile Zola hatte sich längst in sein Haus im Pariser Vorort Médan zurückgezogen und schrieb an der Trilogie »Les trois villes«. Er stand zu diesem Zeitpunkt auf dem Höhepunkt seines Ruhmes. Seine Romane »Der Bauch von Paris«, »Thérèse Raquin«, »Nana«, »Germinal«, »Die Bestie im Menschen«, »Das Glück der Familie Rougon« hatten Millionen von Lesern in ganz Europa gefunden. Er wurde hoch geehrt, gefeiert, mit Preisen bedacht, aber auch verflucht, verleumdet, verrissen. Der berühmteste Schriftsteller Frankreichs war gleichzeitig der umstrittenste Schriftsteller Frankreichs und besaß so viele Feinde wie Freunde. Den einen galt er als der Mann, der endlich die *ganze* Welt in seinen Büchern schilderte, nicht nur die Welt des Schönen, sondern, stärker noch, die Welt des Häßlichen; der sich nicht scheute, Proletarier, Prostituierte, Kriminelle zu Romanhelden zu machen; der seine Handlungen in Markthallen, Kaschemmen, Armenhäusern ansiedelte, der das jeweilige Milieu studierte, um Personen, Fabel, Umwelt *naturalistisch* schildern zu können. Für die anderen waren seine Werke eine Apotheose des Niedrigen, Gemeinen, Lasterhaften, er selbst ein Schmutzfink mit der Lust am Gestank und so pervers, eine Schweineschlachterei literarisch zu behandeln. Nun, die Nachwelt hat ihr Urteil längst gefällt: sie rechnet ihn zu den Großen, zu jenen, die mehr waren als bloße *Naturalisten.* Unter den Romanschriftstellern unserer Zeit gibt es nicht wenige, die von ihm beeinflußt worden sind, ohne sich dessen bewußt zu sein.

Zola arbeitete wie immer mit der ihm eigenen Besessenheit; nie hat ein Schriftsteller das sprichwörtliche »Nulla dies sine linea« (Kein Tag ohne eine Zeile) ernster genommen als er. Bisweilen drangen Neuigkeiten über die Dreyfus-Affaire in das stille Haus in Médan: ein geheimes Dossier soll bei der Verurteilung eine Rolle gespielt haben; der neue Justizminister verspüre ein Unbehagen im Rückblick auf den Prozeß; die Petition der Lucie Dreyfus an die Deputiertenkammer, den Prozeß wiederaufzunehmen, sei abgelehnt worden; Mathieu Dreyfus, ein Vorbild an brüderlicher Treue, kämpfe verzweifelt um die Rehabilitation. Auch eine ganze Broschüre über den Fall Dreyfus wurde ihm von einem gewissen Bernard Lazare zugeschickt, einem jüngeren Literaten, der ihr den Titel »Ein Justizirrtum« gegeben hatte und darin darlegte, daß das Dossier, das der Angeklagte nicht zu sehen bekommen hatte, aus nicht signierten, verfälschten und gefälschten Dokumenten bestanden haben müsse. Das alles waren Vermutungen mit einem gewissen Wahrscheinlichkeitsgrad, Behauptungen, die überzeugend klangen – doch nicht ein wirklicher

Beweis. Zola las die Broschüre ohne allzu große Aufmerksamkeit. Bald jedoch sollte er hellwach werden …

»Die Syphilis hat wahrscheinlich niemals so entscheidend der Sache der Gerechtigkeit gedient wie damals«, schreibt Gerald Dickler in seinem Buch »Man on trial«, »als der Chef des Geheimdienstes, Oberst Jean Sandherr, todkrank ausscheiden mußte und Georges Picquart an seine Stelle trat.« Dieser Mann, wie Dreyfus aus dem Elsaß stammend, ausgestattet mit Zivilcourage, Geradheit und unbeirrbarem Sinn für Gerechtigkeit – Eigenschaften, die dem Generalstabschef Boisdeffre nicht bekannt gewesen sein dürften, denn sonst hätte er kaum Picquart damit beauftragt, Nachforschungen über die Affaire Dreyfus anzustellen, um die lästigen Zweifler endgültig mundtot machen zu können – ging sofort ans Werk.

Mit peinlicher Genauigkeit überprüfte er jedes schon einmal geprüfte Detail. Ohne Ergebnis – bis zu jenem Tag, da ihm ein in sechsunddreißig Stücke zerrissener Rohrpostbrief, von den Parisern »petit bleu« genannt, via Deutsche Botschaft auf den Tisch kam, aus dem sich, nachdem er wieder zusammengesetzt, ergab, daß ein gewisser »C.« einen Major Esterhazy auf etwas genauere Auskünfte drängte. Wer »C.« war, wußte man, der deutsche Militärattaché Schwartzkoppen; um wen es sich bei Esterhazy handelte, wurde rasch offenbar: um einen verschuldeten, in Betrugs- und Skandalaffairen verwickelten, an einem Bordell beteiligten Offizier, der so geldgierig war, daß, nach Meinung seiner Kameraden, der Adler auf seinem Familienwappen durch einen Aasgeier hätte ersetzt werden müssen.

Nun ist ein schlechter Leumund noch kein Beweis dafür, daß jemand ein Verräter ist (wenn auch Geldgier und Schulden immerhin ein Motiv ergaben). Auch der Inhalt der beiden Briefe, die Picquart sich zu beschaffen gewußt hatte, war zwar höchst befremdlich für einen französischen Offizier (Esterhazy: »Ich würde einem kleinen Hund nichts Böses antun, aber hunderttausend Franzosen umzubringen wäre mir ein Vergnügen ...«), doch nicht tatverdächtig. Beim zweiten Lesen allerdings fiel es dem Oberstleutnant wie Schuppen von den Augen: die Schrift! Er ließ sich das »Bordereau« bringen und verglich die eine Handschrift mit der anderen. Sie schienen zweifellos identisch, und diesmal waren auch die Schriftsachverständigen einer Meinung.

Picquart benutzte die Gelegenheit, sich auch die anderen Dokumente anzusehen, die in jenem geheimnisvollen Dossier gelegen hatten, das zur Verurteilung von Dreyfus geführt. Darunter befand sich ein Brief des deutschen Militärattachés an den italienischen Botschafter mit dem Satz: »Sicherlich, diese Canaille von D. wird langsam unverschämt ...« Als Picquart das Dossier wieder in den Panzerschrank schloß, hatte er herausgefunden, daß »D.« nicht Dreyfus hieß, sondern Dubois, und das war ein kleiner Angestellter in der kartographischen Abteilung, der sein spärliches Salair durch den Verkauf von unwichtigen Karten aufbesserte.

Georges Picquart, von der Schuld des Capitaine Dreyfus ursprünglich überzeugt, ihm auch nicht sonderlich zugetan, zögert keinen Moment und läßt sich bei seinem Vorgesetzten, dem General Gonse, melden. Das Gespräch hat Picquart in der späteren Revisionsverhandlung im Wortlaut wiedergegeben.

»Warum legen Sie soviel Wert darauf, daß Dreyfus von der Teufelsinsel wegkommt?«

»Weil er unschuldig ist, mon général.«

»Das ist eine Sache, die erledigt ist. Man kann die Affaire nicht wieder aufrühren.«

»Aber er ist doch unschuldig! Und überlegen Sie, wenn es der Familie Dreyfus gelingt, den wahren Schuldigen zu entdecken, in was für eine Lage kommen wir dann.«

»Wenn Sie schweigen, lieber Picquart, wird niemand etwas erfahren.«
»Mon général, was Sie da sagen, ist abscheulich. Ich weiß nicht, was ich tun werde, aber ich werde das Geheimnis *nicht* mit ins Grab nehmen.«
General Gonse informiert den Chef des Generalstabs de Boisdeffre und den Kriegsminister. Die Herren sind sich darüber einig, daß es nicht mehr darum geht, ob dieser Dreyfus nun schuldig oder unschuldig ist, es geht um Höheres: um die Ehre; um die Ehre des Kriegsministeriums und des Generalstabs, die das Urteil ja zu verantworten haben. Begreift der Oberstleutnant Picquart nicht, daß die ganze Nation besudelt wäre, wenn ein Revisionsgericht ein anderes Urteil fällen würde?? Und die Gefahr einer Wiederaufnahme scheint groß: Lucie Dreyfus hat sich erneut an die Deputiertenkammer gewandt; ein Abgeordneter kündigt eine Interpellation an; die Broschüre dieses Lazare, dessen Behauptungen man nicht mehr ohne weiteres als Phantastereien eines Wichtigtuers abtun kann, erfährt eine immer größere Verbreitung; der »Matin« bringt das Faksimile des »Bordereau«.
Die Generale handelten rasch. Major Esterhazy durfte nicht mehr überwacht, geschweige denn verhört oder verhaftet werden. Dem Oberstleutnant Picquart wurde klargemacht, daß sein vorbildlicher Diensteifer einer größeren Sache würdig sei: einer Visitation der Divisionen im Osten Frankreichs zum Beispiel; auch die Einheiten in Nordafrika würden sich geehrt fühlen, von einem derart begabten Offizier kommandiert zu werden. Picquart wurde buchstäblich in die Wüste geschickt, genauer, zu dem in Tunesien stationierten 4. Tirailleurregiment. Dort geschah Merkwürdiges: er bekam Telegramme von Spitzeln, deren Inhalt er nicht verstand, deren Zweck aber sehr wohl. Sie waren, das erkannte er als Fachmann sofort, im Pariser Büro produziert worden und sollten offensichtlich eine

spätere Anklage gegen ihn vorbereiten. Als von seinem Nachfolger, dem Major Henry, Drohbriefe kamen, wußte er, daß man ihn, egal wie, erledigen wollte und nur energisches Handeln ihn retten konnte.
Er drückte bei seinem Chef in Sousse einen Heimaturlaub durch, fuhr nach Paris und vertraute sich seinem elsässischen Landsmann, dem Rechtsanwalt Leblois, an. Am Schluß des Gesprächs übergab er ihm ein Kuvert mit der beeidigten Darstellung all dessen, was er über die Affaire Dreyfus erfahren und wie seine Vorgesetzten darauf reagiert hatten. Der Umschlag trug den Vermerk: »Im Falle meines Todes dem Präsidenten der Republik auszuhändigen.«
So lange wollte und konnte Leblois nicht warten, schon mit Rücksicht auf Mathieu Dreyfus nicht, mit dem er in Verbindung stand. Wie waren die Dinge, von denen Picquart berichtet hatte, an die Öffentlichkeit zu bringen, ohne den Oberstleutnant zu gefährden? In seiner Not wandte er sich an den Vizepräsidenten des Senats Auguste Scheurer-Kestner, einen Mann von hohem Ansehen, Integrität und Lauterkeit, von dem es hieß, daß er längst Präsident der Republik geworden wäre, hätte er nur einen Funken Ehrgeiz gehabt. Leblois rannte bei Scheurer-Kestner (wieder ein Elsässer und Protestant dazu) offene Türen ein: insgeheim hatte der sich seit längerem mit der Affaire beschäftigt und bat nun, im Besitz der neuen Erkenntnisse, den Kriegsminister, die Untersuchung gegen die Esterhazys und Konsorten persönlich zu führen.
Eine Bitte, die vorerst zu nichts anderem führte als zu einer fieberhaften Aktivität der Militärs. Es mußte alles getan werden, Esterhazys Erscheinen vor dem Untersuchungsrichter zu verhindern. Im Bureau wurden Erklärungen gefälscht, wonach Dreyfus gestanden habe, ein Doppelagent zu sein. Der Deutsche Kaiser Wilhelm II. habe, so kolportierte man ein Gerücht, das »Bordereau« eigenhän-

dig mit Randbemerkungen versehen. Man entwarf für Esterhazy Briefe an den Präsidenten der Republik mit der Drohung, wenn er sich dem jüdischen Komplott beuge, würde man ihn mittels bisher unbekannten Aktenmaterials kompromittieren. Aktionen, die von dem auf diesem Gebiet bestens bewährten Hubert Henry gesteuert wurden.

Scheurer-Kestner blieb hartnäckig und ließ sich auch durch die Behauptung nicht schrecken, daß ein Protestant, sozusagen ein halber Jude, natürlich im jüdischen Sold stehe. Konnte man einen Offizier durch Strafversetzung kaltstellen, ein Vizepräsident von derart makellosem Ruf war durch Verleumdungen nicht mundtot zu machen. Ein Stein kam ins Rollen, als Mathieu Dreyfus den Major Esterhazy wegen Landesverrats anzeigte. Begründung: ein Bankier hatte in der (im »Matin« wiedergegebenen) Handschrift des »Bordereau« die Schrift eines seiner Kunden erkannt, eben jenes Mannes mit dem klangvollen Namen Marie Charles Ferdinand Graf von Walsin-Esterhazy. Folgerung: wenn der Graf das »Bordereau« geschrieben hatte, mußte Dreyfus unschuldig sein. Und der Tag kam, da dem Gouverneur von Paris nichts anderes übrigblieb, als Esterhazy vor ein Kriegsgericht zu stellen.

J'accuse! – Ich klage an!

In diesen Januartagen des Jahres 1898 – drei Jahre waren vergangen seit der Degradierung des Hauptmanns Dreyfus – hatten sich im Haus von Émile Zola zu Médan der Anwalt Leblois, der Schriftsteller Lazare, der Vizepräsident Scheurer-Kestner und einige Freunde versammelt. Zola hatte sich inzwischen mit den Fakten vertraut gemacht, die Dokumente studiert, das Für und Wider

ERNEST VAUGHAN

Cinq

L'AU

Littéraire, A

J'Acc

LETTRE AU PRÉSIDE

Par ÉM

LETTRE

A M. FÉLIX FAURE

Président de la République

Monsieur le Président,

»… schreie ich die Wahrheit in die Welt hinaus mit der ganzen Empörung eines ehrlichen Mannes.« Zolas berühmter Offener Brief an den Präsidenten der französischen Republik; veröffentlicht in der Zeit-

…times — JEUDI 13 JANVIER 1898

…ORE

…que, Sociale

Directeur
ERNEST VAUGHAN

142 — Rue Montmartre — 142

…ise…!

… DE LA RÉPUBLIQUE

…E ZOLA

…tement, s'inquiétant, cherchant, … par se convaincre de l'innocence de Dreyfus.

… ferai pas l'historique des doutes de la conviction de M. Scheurer-Kestner. Mais, pendant qu'il fouillait de son côté, il se passait des faits graves à l'état-major même. Le colonel Sandherr était mort, et le lieutenant-colonel Picquart lui avait succédé comme chef du bureau des renseignements. Et c'est à ce titre, dans l'exercice de ses fonctions, que ce dernier eut un jour entre les mains une lettre-télégramme, adressée au commandant Esterhazy, par un agent d'une puissance étrangère. Son devoir strict était d'ouvrir une enquête. La certitude est qu'il n'a jamais agi en dehors de la volonté de ses supérieurs. Il soumit donc ses soupçons à ses supérieurs hiérarchiques, le général Gonse, puis le général de Boisdeffre, puis le général Billot, qui avait succédé au général Mercier comme ministre de la guerre. Le fameux dossier Picquart, dont il a été tant parlé, n'a jamais été que le dossier Billot, j'en…

…avec lui une correspondance amicale. Seulement, il est des secrets qu'il ne fait pas bon d'avoir surpris.

A Paris, la vérité marchait, irrésistible, et l'on sait de quelle façon l'orage attendu éclata. M. Mathieu Dreyfus dénonça le commandant Esterhazy comme le véritable auteur du bordereau, au moment où M. Scheurer-Kestner allait déposer entre les mains du garde des sceaux, une demande en révision du procès. Et c'est ici que le commandant Esterhazy paraît. Des témoignages le montrent d'abord affolé, prêt au suicide ou à la fuite. Puis, tout d'un coup, il paye d'audace, il étonne Paris par la violence de son attitude. C'est que du secours lui était venu, il avait reçu une lettre anonyme l'avertissant des menées de ses ennemis, une dame mystérieuse s'était même dérangée de nuit pour lui remettre une pièce volée à l'état-major, qui devait le sauver. Et je ne puis m'empêcher de retrouver là le lieutenant-colonel du Paty de Clam, en reconnaissant les expédients de son imagination fertile. Son œuvre, la culpa…

…conseil de guerre défera ce qu'un conseil de guerre avait fait?

Je ne parle même pas du choix toujours possible des juges. L'idée supérieure de discipline, qui est dans le sang de ces soldats, ne suffit-elle à infirmer leur pouvoir même d'équité? Qui dit discipline dit obéissance. Lorsque le ministre de la guerre, le grand chef, a établi publiquement, aux acclamations de la représentation nationale, l'autorité absolue de la chose jugée, vous voulez qu'un conseil de guerre lui donne un formel démenti? Hiérarchiquement, cela est impossible. Le général Billot a suggestionné les juges par sa déclaration, et ils ont jugé comme ils doivent aller au feu, sans raisonner. L'opinion préconçue qu'ils ont apportée sur leur siège est évidemment celle-ci: « Dreyfus a été condamné pour crime de trahison par un conseil de guerre, il est donc coupable, et nous, conseil de guerre, nous ne pouvons le déclarer innocent: or nous savons que reconnaître la culpabilité d'Esterhazy ce serait proclamer l'innocence de Dreyfus. » Rien ne pouvait…

schrift »L'Aurore« (Die Morgenröte). Ein Brief, der das Gewissen Frankreichs weckte.

erwogen und war zu einem überzeugten »Dreyfusard« geworden (wie man die Anhänger des Capitaine nun nannte). Sie alle waren davon überzeugt, daß mit dem Prozeß gegen Esterhazy der Anfang vom Ende der Verleumder gekommen war. Zola: »Weil der Capitaine Dreyfus nicht das getan hat, wessen man ihn beschuldigte, er also unschuldig ist, wird das Urteil revidiert werden müssen. Der Fall könnte nicht einfacher liegen.«

Am späten Abend erschien Mathieu Dreyfus, der als Zeuge vernommen worden war, und meldete mit tonloser Stimme: »Sie haben ihn freigesprochen. Einstimmig.«

Noch am selben Tag schließt sich Zola in seinem Arbeitszimmer ein. Er schreibt die ganze Nacht hindurch, den darauffolgenden Tag und noch eine weitere Nacht. Als er gegen Morgen das Geschriebene durchliest, korrigiert und ergänzt, läßt er die Feder sinken. Er hält sich für einen couragierten Mann; drei an literarischen Fehden angefüllte Jahrzehnte haben seinen Mut gestählt. Niemals ist er vor einem Gegner zurückgewichen, nie hat er gekniffen, wenn es etwas durchzusetzen galt, was er für richtig hielt. Er hat für Manet gekämpft, für Courbet, für Cézanne gegen eine stumpfe, feindselige Öffentlichkeit, die diese Maler diffamierte, ihre Bilder herabsetzte. Damals ist er ein junger Mann gewesen, heute fühlt er sich müde, bald wird er sechzig sein. Er liebt seine Bequemlichkeit, ein gutes Essen, die Häuslichkeit, überhaupt seinen Frieden, den er nach der Weise alt gewordener Philosophen mit vielen seiner früheren Gegner gemacht hat.

Mit diesem Frieden, soviel weiß er aus der Erfahrung der kampferfüllten Vergangenheit, wird es vorbei sein, wenn er *das hier* veröffentlicht. Er riskiert viel: seinen Ruf, seine bürgerliche Existenz, seine Freiheit. Die Gefahren für ihn sind groß, die Gefahr für den Staat aber scheint größer. Wer jetzt schweigt, trägt dazu bei, daß die Armee fortan als außerhalb des Rechts stehend gelten würde. Er zögert sei-

nen Entschluß bis zum Nachmittag hinaus. Dann läßt er eine Droschke kommen und fährt zum Redaktionsgebäude der Zeitung »L'Aurore«.
Er überreicht dem Herausgeber Georges Clemenceau sein Manuskript, das in Form eines Offenen Briefs an den Präsidenten der Republik, Félix Faure, abgefaßt ist. Clemenceau, den die Historiker später den »Tiger« nennen werden, läßt die Schlagzeile darübersetzen: J'ACCUSE …! ICH KLAGE AN…! Als die Zeitungsjungen mit der Ausgabe vom 13. Januar 1898 auf die Straße stürzen, reißt man ihnen die Blätter aus der Hand. Innerhalb weniger Stunden sind dreihunderttausend Exemplare verkauft.
Die meisterlich aufgebaute, längst klassisch gewordene Streitschrift beginnt mit der Versicherung des Respekts vor Faures Verdiensten und warnt ihn gleichzeitig, seinen ehrenwerten Namen durch die Dreyfus-Affaire beflecken zu lassen. Dann kommt er zum Thema:
»Ein Kriegsgericht hat es gerade gewagt, auf Befehl einen Esterhazy freizusprechen, und das ist die äußerste Schändung aller Wahrheit, aller Gerechtigkeit. Nun ist es geschehen, Frankreich hat auf seiner Wange diesen Schandfleck, die Geschichte wird schreiben, daß ein solches Verbrechen unter Ihrer Präsidentschaft begangen werden konnte.
Ich werde die Wahrheit sagen, denn ich habe versprochen, sie zu sagen, wenn die Justiz, die regelhaft angerufen wurde, sie nicht ganz und vollständig zum Vorschein brächte. Es ist meine Pflicht zu sprechen, denn ich will nicht Komplice sein, nicht Mitschuldiger. Meine Nächte würden von dem Gespenst des Unglücklichen heimgesucht, der in weltverlorener Ferne unter Qualen ein Verbrechen büßt, das er nicht begangen hat.
Für Sie, Herr Präsident, schreie ich diese Wahrheit in die Welt hinaus – mit der ganzen Gewalt der Empörung eines ehrlichen Mannes. Im Interesse Ihrer Ehre bin ich davon überzeugt, daß Sie nichts davon wissen. Vor wem sollte ich

den Haufen schuldiger Übeltäter anklagen, wenn nicht vor Ihnen, der ersten Autorität des Landes?!«
Präzis schildert er die Vorgeschichte des Prozesses mit seinen Intrigen, Rechtsverletzungen, Fälschungen, kommt dann zum Urteil, das, wider jedes Recht, aufgrund dubioser Dokumente gefällt wurde, und nennt die für den Justizskandal Verantwortlichen, die um so abscheulicher und zynischer seien, »weil sie ungehemmt lügen dürfen, ohne fürchten zu müssen, daß man sie überführen kann. Sie wiegeln das französische Volk auf und schirmen sich hinter der legitimen Sorge für das Vaterland, sie unterdrücken die Meinungen, verwirren die Gefühle und verfälschen die Gedanken. Ich kenne kein größeres Verbrechen gegen die Menschheit.«
Und dann der Satz, den ihm die Militärs nie vergessen werden: »Wie viele Menschen kenne ich, die angesichts eines möglichen Krieges zittern vor Angst, weil sie wissen, welchen Händen die Verteidigung ihres Vaterlands anvertraut ist.«
Es sei ein Verbrechen, denen, die ein Frankreich des Anstands und der Hochherzigkeit wollen, vorzuwerfen, die öffentliche Meinung zu vergiften, während man selbst die niederen Instinkte der Intoleranz und des Antisemitismus aufpeitsche; ein Verbrechen auch, die Vaterlandsliebe zu Taten des Hasses zu mißbrauchen und den Säbel zum Götzen zu machen.
»Herr Präsident, wir sind Zeugen eines schändlichen Schaupiels: Männer, die tief in Schuld und Missetat stekken, werden öffentlich für unschuldig erklärt [wie der Major Esterhazy], während man einen Ehrenmann als Kriminellen brandmarkt [wie Georges Picquart]. Wenn eine Gesellschaft so tief sinkt, scheint sie zum Untergang bestimmt.
Aber dieses Schreiben ist lang, Herr Präsident, und es ist Zeit, daß ich zum Ende komme.« Wie Hammerschläge

folgt nun das *J'accuse* des Emile Zola, auf nichts und niemanden Rücksicht nehmend.

»Ich klage den Oberstleutnant du Paty an, der Urheber des Justizirrtums zu sein und diesen Irrtum drei Jahre durch die verruchtesten Machenschaften verteidigt zu haben.

Ich klage den General Mercier an, sich zum Mitschuldigen an einer der größten Ungerechtigkeiten des Jahrhunderts gemacht zu haben.

Ich klage den General Billot an, die Beweise für die Unschuld des Hauptmanns Dreyfus in den Händen gehabt, sie aber, um den bloßgestellten Generalstab zu retten, unterdrückt zu haben.

Ich klage den General Boisdeffre und den General Gonse an, sich zu Mitschuldigen dieses Verbrechens gegen die Menschheit gemacht zu haben; der eine aus klerikalem Fanatismus, der andere aus jenem Standesdünkel, der militärische Kommandozentralen zu Heiligtümern erklärt.

Ich klage den General de Pellieux und den Major Ravary an [die Untersuchungsrichter im Falle Esterhazy], eine Untersuchung angestellt zu haben, die durch Parteilichkeit und Unverfrorenheit gekennzeichnet ist.

Ich klage die drei Schriftsachverständigen an, betrügerische Gutachten erstattet zu haben, es sei denn, eine ärztliche Kommission erklärte sie für augen- und geisteskrank.

Schließlich klage ich das erste Kriegsgericht an, das Recht dadurch verletzt zu haben, daß es einen Angeklagten aufgrund eines geheimgehaltenen Dokuments verurteilt hat, und ich klage das zweite Kriegsgericht an, diese Ungesetzlichkeit auf Befehl gedeckt und wider besseres Wissen einen Schuldigen [Esterhazy] freigesprochen zu haben.«

Émile Zola schließt seine Anklage in dem der Zeit gemäßen Pathos: »Ich habe nur eine Leidenschaft: die der Aufklärung im Namen einer Menschheit, die so viel gelitten und ein Recht auf glücklichere Tage besitzt. Mein flam-

mender Protest ist nur der Aufschrei meiner Seele. Man bringe mich vor ein Schwurgericht und möge die Untersuchung im vollen Licht der Öffentlichkeit stattfinden.
Ich warte ...«
Er brauchte nicht lange zu warten. Schon am anderen Tage forderte die Abgeordnetenkammer mit großer Mehrheit, Zola den Prozeß zu machen. Mit einigen wenigen stimmte der Sozialist (und Vorkämpfer für eine deutsch-französische Verständigung) Jean Jaurès dagegen; von seinen eigenen Genossen dabei im Stich gelassen, die es ablehnten, einen Bourgeois-Schriftsteller in einer Bourgeois-Angelegenheit zu unterstützen. Die meisten Franzosen verhielten sich so, wie Zola es erwartet hatte: sie waren für die Armee und gegen einen Mann, der einen Verräter unterstützte. Was er nicht erwartet hatte, waren die antisemitischen Demonstrationen in Paris, Lyon, Nantes, Marseille, Algier, bei denen Juden beschimpft, zusammengeschlagen, in »Schutzhaft« genommen wurden, ihre Geschäfte geplündert, ihre Wohnungen verwüstet, ihre Häuser angezündet; Pogrome, die, so Clemenceau, zeigten, unter welch dünner Decke der Zivilisation sich die Barbarei verberge.

Flucht nach England

Am 7. Februar 1898 begann der Prozeß gegen Zola, der nach Meinung der katholischen und der nationalistischen Blätter ein Prozeß war gegen die Juden, die Protestanten, die Deutschen, überhaupt gegen alle Feinde Christi und der alleinseligmachenden Kirche. Klage erhoben hatte der Kriegsminister Billot wegen Beleidigung des zweiten Kriegsgerichts. Die anderen Beschuldigungen, die sich massiv gegen Ehre und Ansehen der hohen Militärs gerichtet hatten, wurden nicht inkriminiert. Ein raffiniertes Manöver, konnte man auf diese Weise doch jede Erörte-

rung des Falles Dreyfus abwürgen. Und so fiel dann, immer wenn es für die Anklage kritisch wurde, regelmäßig das Wort: »Es gibt keine Affaire Dreyfus, Herr Verteidiger. Die Frage wird nicht zugelassen.«
Fernand Labori und die Brüder Clemenceau, die die Verteidigung übernommen hatten, ließen sich nicht von ihrer Linie abbringen. Sie präsentierten Schriftsachverständige, die Esterhazy als Schreiber des »Bordereau« bezeichneten, und zerpflückten die Expertisen der im Dreyfus-Prozeß aufgetretenen, wie Clemenceau ironisch bemerkte, »drei Bertillons«. Sie ließen Jean Jaurès von den Erpresserbriefen berichten, mit denen Esterhazy – besser: sein Souffleur Paty – den Staatspräsidenten hatte unter Druck setzen wollen. Sie brachten Picquart in den Zeugenstand, der, obwohl er wußte, daß er mit Schimpf und Schande aus der Armee ausgestoßen werden würde, bei seiner Aussage blieb: das »petit bleu« stamme von Esterhazy, der Major selbst sei, wie im übrigen jedermann wisse, ein Krimineller.
Sie kämpften einen verzweifelten Kampf: gegen den Gerichtspräsidenten, der auf der Seite der Kläger stand; gegen das Publikum im Gerichtssaal mit seinen lärmenden Sympathiekundgebungen für den Staatsanwalt; gegen die von der Anklage vorgeladenen Zeugen, höhere Offiziere fast ausschließlich, die sich bei jeder kritischen Frage hinter angeblicher Geheimhaltungspflicht versteckten oder einfach sagten: »Hierauf zu antworten verbietet mir meine Ehre als französischer Offizier.« Esterhazy gelang es auf diese Weise, vierzig Minuten im Zeugenstand zu stehen, ohne eine einzige Frage wirklich zu beantworten. Oberst Henry, der Fälschung verdächtig, sprach von so geheimen Akten, die, würde er darüber auch nur eine Andeutung machen, Frankreich unmittelbar in einen Krieg mit Deutschland verwickeln würden (gemeint war ein angeblicher Brief des Deutschen Kaisers – an Dreyfus).
Als Clemenceau sich empört an den Vorsitzenden wandte

mit der Frage, warum man vor einem zivilen Gericht nicht über das sprechen dürfe, was ein Offizier begangen habe, bekam er zur Antwort: »Weil es etwas Wichtigeres gibt – die Ehre und die Sicherheit unseres Vaterlandes.«
Georges Clemenceaus Angriffslust, Laboris leidenschaftliche Rhetorik bewirkten immerhin, den General Pellieux aus der Reserve zu locken, so daß er einen Fehler beging. Da die Bekundungen vom Typ: »Ich schwöre bei meiner Ehre, daß Dreyfus schuldig ist!« selbst auf ein parteiisches Gericht keinen genügend starken Eindruck mehr hinterließen, offenbarte er die Existenz eines bis dato geheimgehaltenen Briefs, in dem der italienische Militärattaché Panizzardi seinen deutschen Kollegen Schwartzkoppen bat, niemals zuzugeben, daß sie beide mit dem Juden Dreyfus etwas zu tun gehabt hätten. »Das ist eine Tatsache; und ich verbürge mich für sie mit meiner Ehre, und ich berufe mich auf den General de Boisdeffre, damit er meine Aussage bekräftige …« Eine Sensation lag in der Luft: es gab also doch einen eindeutigen Beweis für die Schuld des Hauptmanns Dreyfus!
Der Generalstabschef war höchst indigniert, persönlich in eine Sache hineingezogen zu werden, bei der es zu Peinlichkeiten kommen könnte. Doch nach der Aussage dieses Pellieux blieb ihm keine Wahl. Angetan mit der Paradeuniform und dem Glanz seiner Orden, betrat er den Gerichtssaal. Sein Auftritt war keine Zeugenaussage, sondern eine militärische Demonstration, assistiert von einem devoten Vorsitzenden und einem beflissenen Staatsanwalt. Auch er beantwortete keine Fragen, von Kreuzverhör oder der Vorlage des Beweisstücks war schon gar keine Rede. Er bestätigte lediglich die Aussage seines Untergebenen als exakt und authentisch und wandte sich dann an die Geschworenen: »Sie, meine Herren, sind die Richter. Sie sind die Nation. Wenn die Nation kein Vertrauen mehr zu den Führern ihrer Armee hat, zu jenen also, die für die Verteidi-

gung des Landes verantwortlich sind, so sind sie bereit, diese schwere Aufgabe anderen zu überlassen. Sie brauchen es nur zu sagen ...«

Als er den Saal verlassen hatte, drangen von draußen die gellenden Rufe der vor dem Gerichtsgebäude versammelten Menschen herein – »Nieder mit Zola!«, »Hängt Zola!«, »Es lebe die Armee!« Wie an jedem Nachmittag mußte der Schriftsteller das Gebäude durch einen Nebenausgang unter Polizeischutz verlassen. Einmal konnte der Polizeipräfekt ihn erst in letzter Minute vor der Wut des Mobs beschützen. Die Kutsche seines Verteidigers wurde regelmäßig mit Steinen beworfen.

Die Atmosphäre von Drohung und Gewalt, die den fünfzehn Tage dauernden Prozeß umgab, konnte nicht ohne Auswirkung auf Ankläger und Angeklagte bleiben. Wurden die einen von der Straße unter Druck gesetzt, so mußten die anderen um ihre Gesundheit, ja um ihr Leben fürchten. Zolas schlimme Vorstellungen waren noch übertroffen worden. Der ältere Herr, der dort, auf den silbernen Knauf seines Spazierstocks gestützt, vor dem Tisch der Verteidiger stand, meldete sich selten zu Wort, und wenn, dann merkte man, daß ihm die Feder besser lag als die freie Rede. Manchmal schien er zu verzagen, dann schoben ihm seine Anwälte Sympathietelegramme zu, die ihn aus der ganzen Welt in diesen Tagen erreichten. Sie stammten von Verdi, Björnson, Tolstoi, Maeterlinck, Franz Mehring, Rosa Luxemburg, von Anatole France, Marcel Proust, Claude Monet, Jean Jaurès, um nur einige zu nennen.

Aus Émile Zolas Schlußworten klang Resignation und Trotz zugleich, als er sagte: »Alle scheinen sie gegen mich zu sein; die beiden Kammern der Abgeordneten, die zivile Gewalt, die Militärs, die Zeitungen mit der großen Auflage, die öffentliche Meinung, die diese Blätter vergiftet haben. Ich selbst habe nur die Idee für mich, ein Ideal von Wahrheit und Gerechtigkeit. Man kann mich hier schla-

gen, aber eines Tages wird mir Frankreich danken, daß ich dazu beigetragen habe, seine Ehre zu retten.«
Ein prophetischer Satz, wie die Zukunft erweisen sollte, doch noch hatte die Gegenwart mit den Geschworenen das Wort. Sie verurteilten Zola wegen Verleumdung zur höchst zulässigen Strafe: einem Jahr Gefängnis. Der verantwortliche Redakteur der »L'Aurore« bekam vier Monate. Der Urteilsspruch wurde mit frenetischem Jubel begrüßt, und Clemenceau sagte später: »Ich muß gestehen, daß ich auf einen solchen Haßausbruch nicht gefaßt war. Wenn Zola an diesem Tag freigesprochen worden wäre, keiner von uns wäre lebend davongekommen.« In ganz Frankreich erhob sich ein Sturmwind des Nationalismus und des Militarismus, gegen den der vielgeschmähte preußisch-deutsche Militarismus geradezu wie eine sanfte Brise erscheinen mußte.
Dem Revisionsantrag der Verteidigung wurde überraschenderweise stattgegeben. Nicht der Kriegs*minister*, so die Begründung, habe das Recht zur Klage gehabt, sondern die beleidigten Kriegs*richter*. Es war lediglich die Korrektur eines Formfehlers, die nichts anderes zur Folge hatte, als daß Zola in einem zweiten Prozeß dasselbe Strafmaß erhielt. Auf Drängen der Anwälte und seiner Freunde entfernte er sich vor der Urteilsverkündung. Sie beschworen ihn auch, Frankreich noch in derselben Nacht zu verlassen. Das Urteil würde dadurch keine Rechtskraft erlangen, er dagegen in seiner freiwilligen Verbannung eine beständige Bedrohung für Esterhazys Hintermänner sein und damit eine Art Garant für die Revision des Dreyfus-Prozesses.
Als Zola mit einem Dampfboot nachts über den Ärmelkanal fuhr und die Lichter an Frankreichs Küste langsam verglommen, wurde er, überwältigt von Heimweh, Bitterkeit und den Strapazen der letzten Monate, von einem Weinkrampf geschüttelt. Aus der Heimat vertrieben, von seiner Familie getrennt, vom Schreibtisch weggerissen,

fremden Menschen ausgeliefert, deren Sprache er nicht verstand – ein hoher, ein zu hoher Preis für den Kampf um die Unschuld des Hauptmanns Dreyfus? Und hatten die Freunde recht, die ihm die Flucht als eine taktische Notwendigkeit angeraten? Oder hätte er den Vorstellungen der anderen folgen sollen, wonach ein Zola im Gefängnis, mit der Dornenkrone des Märtyrers sozusagen, der Sache dienlicher gewesen wäre?

In London stieg er unter dem Namen Pascal im Grosvenor's ab, um sich später aufs Land zurückzuziehen. Journalisten, die ihn aufspürten und hohe Honorare für eine Artikelserie über die Affaire Dreyfus boten, erteilte er eine Abfuhr. Im Ausland etwas über eine Angelegenheit seines Vaterlandes schreiben? Nein ... Französische Zeitungen, mit großer Verspätung gelegentlich bei ihm eintreffend, waren jetzt seine begehrteste Lektüre. Was er aus ihnen erfuhr und von den ihn besuchenden Freunden, ließ eine Rückkehr in die Heimat in weite Ferne rücken.

Oberstleutnant Picquart, der unerschrockene Streiter, war in Unehren aus der Armee ausgestoßen worden. Seinen Verteidiger hatte die Anwaltskammer suspendiert. Beamte, die eine Dreyfus-Petition unterschrieben hatten, wurden gemaßregelt. Jeder Gedanke an eine Revision sollte anscheinend erstickt werden, und die Stimmung war so, daß gutbürgerliche Juden gegen Dreyfus demonstrierten, um ihren Patriotismus zu beweisen. Er selbst, Zola, war aus der Ehrenlegion ausgestoßen worden. Doch eines Tages übersetzte er einen Artikel aus dem »Telegraph«, der wieder hoffen ließ; hoffen darauf, daß die Dreyfusards wohl eine Schlacht verloren hatten, aber noch nicht den Krieg. Die Überschrift des von der Agentur Havas übernommenen Berichts lautete: »Frankreichs Generalstabschef Boisdeffre reicht Abschied ein. – Major Esterhazy ins Ausland geflüchtet.«

Was war geschehen im fernen Frankreich?

Die Wahrheit ist auf dem Marsch

Der Kriegsminister – wieder ein neuer, Cavaignac hieß er diesmal – hatte alle Dokumente des Falles Dreyfus zusammenstellen lassen, wollte doch das Geraune über gewisse Vertuschungen nicht verstummen. Die französische Öffentlichkeit hatte sich immer mehr gespalten; in jene, die eine Revision des Dreyfus-Prozesses forderten, und in die anderen – sie bildeten immer noch die Mehrheit –, die das strikt ablehnten; ein Riß, der selbst durch Familien ging. Bei der Dokumentation wurde der Panizzardi-Brief begutachtet, den der General Pellieux in die Gerichtsdebatte geworfen hatte und der vom Generalstabschef als »zerschmetternder Schuldbeweis« bestätigt worden war.
Es erwies sich, beim Licht einer Tischlampe, daß es sich um eine schlecht gemachte Fälschung handelte. Der Chef des Nachrichtenbureaus, Oberstleutnant Henry, der ihn seinerzeit präsentiert hatte, wurde zum Kriegsminister beordert, verhört und so in die Enge getrieben, daß er schließlich sagte: »Ich bemerkte, daß meine Vorgesetzten damals sehr beunruhigt waren. Ich wollte sie beruhigen, und da habe ich ...«
Zwei Offiziere nahmen ihm den Degen ab und verbrachten ihn in die Festung auf dem Mont Valérien. Am anderen Morgen fand man ihn in seinem Blut. Er hatte sich mit dem Rasiermesser – das ihm nicht abgenommen worden war – die Kehle durchgeschnitten. Oder war sie ihm durchgeschnitten worden? Die Frage, ob es ein Selbstmord war oder ein Mord, ist bis heute nicht schlüssig beantwortet worden. Das *zusammengeklappte* Rasiermesser in der linken Hand, die Ablehnung einer Obduktion, zwei eigenartige letzte Briefe warfen ein dubioses Licht auf den Tod des Oberstleutnants Hubert Henry.
Sein Name lebte weiter in der nach ihm benannten Fälschung, dem »faux Henry«, ein ehrenvolles Weiterleben

nach Meinung der nationalistischen Presse: was immer dieser Mann auch getan haben mochte, er hatte es für das Vaterland, das heilige, getan. Eine Geldsammlung für die Witwe des angeblichen Märtyrers erbrachte 126 000 Franc und 15 000 für ein ihm zu errichtendes Denkmal. »Wenn der Nationalismus einen Führer gehabt hätte«, schreibt Siegfried Thalheimer in der wohl besten Untersuchung der Affaire Dreyfus, »so wäre Frankreich der erste faschistische Staat dieses Zeitalters geworden.«
Ende September konnte Zola in einer Zeitung seines Gastlandes, dem »Observer«, lesen, was der nun in England lebende Esterhazy in einem Interview mitgeteilt hatte: »Ja, ich habe das ›Bordereau‹ geschrieben. Es sollte den materiellen Beweis für die Schuld des Dreyfus liefern, da das Bureau gegen ihn nur moralische Beweise gesammelt hatte. Ich führte einen Befehl meines Vorgesetzten aus, des Obersten Sandherr, ohne zu zögern und ohne Gewissensbisse, getreu den alten Traditionen militärischer Disziplin.«
Zorn über den Betrüger und Freude auf die bevorstehende Heimkehr, begründete Hoffnung, ja Gewißheit, daß eine Revision des Dreyfus-Prozesses nun niemand mehr verhindern konnte, erfüllten Zola; um so bitterer die Enttäuschung über das, was seine Freunde aus Paris kabelten: »Rückkehr nicht opportun.« Und was in dem folgenden Brief stand, ließ ihn frösteln: nicht Dreyfus durfte endlich vor seine (Revisions-)Richter, damit ihm Gerechtigkeit werde, sondern Picquart war der militärischen Gerichtsbarkeit überantwortet worden, weil er, so die Anklage, geheimes Material der Öffentlichkeit zur Kenntnis gebracht und auf dem »petit bleu« den Namen Esterhazy gefälscht habe. War dies schon Wahnsinn, so hatte es doch Methode: ein Unbequemer, den inzwischen ganz Europa bewunderte, einer, der die für Militärs perverse Meinung vertrat, die Wiedergutmachung eines Unrechts könne die

Armee nicht entehren, sondern würde ihr Ehre einbringen, er sollte zum Schweigen gebracht werden.

Zum Schweigen ... Daß Picquart das Wort im Wort*sinn* auslegte, zeigte seine zu Protokoll gegebene Erklärung: »Dies ist wahrscheinlich das letzte Mal vor der mir zugedachten Geheimverhandlung, daß ich vor der Öffentlichkeit sprechen kann. Ich möchte alle wissen lassen, daß ich ermordet worden bin, falls man in meiner Zelle ›Henrys Rasiermesser‹ finden sollte. Denn niemals wird ein Mann wie ich auch nur einen Augenblick daran denken, sich selbst umzubringen.« Es sollte elf Monate dauern, ehe die Gefängnistore sich wieder für ihn öffneten ...

»Die Wahrheit ist auf dem Marsch, und nichts wird sie aufhalten« – diesen Satz hatte Zola damals an das Ende seines ersten im »Figaro« erschienenen Artikels gesetzt, doch erst jetzt, in der »année triste«, wie das Jahr 1899 später genannt wurde, begann sie wirklich zu marschieren. Wieder war es der »Figaro«, der dazu beitrug, indem er in einer Artikelserie die Öffentlichkeit zum erstenmal genauer informierte über Georges Picquarts Zivilcourage, über die Machenschaften des Esterhazy, die Fälschung des Oberstleutnants Henry, die unsägliche Blamage der Handschriftenexperten, über das Geheimnis des Beratungszimmers, die dubiose Rolle der Generale und der diversen Politiker. Der »Figaro« ließ sich auch von einem gegen ihre Redakteure eingeleiteten Verfahren so wenig schrecken wie durch Geldstrafen. »Figaro«, »L'Aurore« und »Le Siècle« haben damals, zu ihrer Ehre sei's vermerkt, das durch die chauvinistischen und antisemitischen Blätter befleckte Ansehen des Journalismus gerettet.

Am 3. Juni 1899 war es soweit: der Kassationshof hob das Urteil gegen den Hauptmann Dreyfus auf, nachdem die Strafkammer achtzig Zeugen, darunter allein fünf Kriegsminister, verhört hatte, und überwies den Fall zur erneuten Verhandlung an das Kriegsgericht in Rennes. Als Revisionsgrund wurden angegeben: die widerrechtliche Mitteilung des geheimen Dossiers an die Richter nach Schluß der mündlichen Verhandlung und ein neues Gutachten über die Schrift des »Bordereau«. Die Folge war ein Proteststurm der Rechten mit Straßenkrawallen, blutigen Zusammenstößen, Pogromen. Neu daran war nur, daß diesmal der Präsident der Republik tätlich angegriffen wurde; ein Fanatiker schlug ihm auf dem Rennplatz von Auteuil den Zylinder vom Kopf. Wenige Tage später wurde die Regierung gestürzt.

Am 4. Juli betrat Émile Zola wieder französischen Boden. Er hatte bezahlen müssen für seinen Feldzug gegen Bösartigkeit und Dummheit: mit elf Monaten Exil, einem Rückgang seiner Auflagen (nicht wenige Leser hatten den Verleumdungen geglaubt, wonach er mit zwei Millionen Franc von einem »jüdischen Syndikat« gekauft worden sei) und dem Verlust so manches literarischen Gefährten (dem er *zu weit* gegangen war).

Schon am nächsten Tag wandte sich Zola wieder an die Öffentlichkeit. In »L'Aurore« schrieb er: »Die Vorstellung von der Rückkehr des Mannes, den ich aus dem Grabe zu ziehen geholfen, der Gedanke, Dreyfus die Hand zu drükken, versetzt mich in einen Rausch der Freude. Diese Minute wird genügen, mich für alle meine Leiden zu entschädigen.« Nein, das Exil hatte ihn nicht gebrochen. Mit Vehemenz und Leidenschaft formulierte er sofort einen neuen Protest: wenn Picquart morgen nicht frei sei, so werde sich ganz Frankreich niemals von der Tollheit reinwaschen können, einen edlen Sohn den verbrecherischen Händen von Lügnern und Fälschern ausgeliefert zu haben! Ein paar Tage darauf *war* der Oberstleutnant frei, provisorisch frei, wie die Militärbehörden verlauten ließen.

Capitaine Dreyfus befand sich in diesem Moment an Bord des Kreuzers »Sfax« auf der Fahrt nach Frankreich. Von dem, was in der nach ihm benannten »Affaire« geschehen war, war nur sehr wenig in die Isolation der Teufelsinsel gedrungen. Der Kampf, den Scheurer-Kestner, Picquart, Lazare, Leblois für ihn geführt hatten, war ihm unbekannt geblieben. Er wußte lediglich von der Kassation des Urteils und vermutete, daß dem Kriegsgericht in Rennes »nur noch die Ehre bleiben sollte, einen entsetzlichen Justizirrtum wiedergutzumachen«. Eine Vermutung, der der Empfang in Frankreich nicht entsprach. Nachts auf offener See vor einem unbekannten kleinen Hafen von einer Barkasse aufgenommen und an Land gebracht, wurde er, von allem abgeschirmt, in das Militärgefängnis von Rennes eingeliefert.

Dreyfus und seine Richter

Die verschlafene bretonische Stadt erlebt ihre Stunde, als in der Aula des Gymnasiums das Gericht zusammentritt. Die großen europäischen und amerikanischen Zeitungen haben ihre Gerichtsreporter geschickt, die Universitäten ihre Juristen, die Kriegsministerien ihre Prozeßbeobachter. Als Dreyfus mit leicht unsicherem Gang den Zeugenstand betritt, herrscht Totenstille. Ein alter Mann von neununddreißig Jahren steht dort, die Haare fast weiß, die Uniform, die er wieder tragen darf, schlottert. Er antwortet mit ruhiger, fast tonloser Stimme, das Gesicht unbeweglich, und wenn er protestiert gegen irgendeine Aussage, dann spürt man, daß er dazu seine ganze Kraft braucht. Nur einmal wird die Szene zum Tribunal.
Der General Mercier, der sich aus der Front der zu Zeugen aufgerufenen Militärs, die von der Ehre der Armee reden und ihren Posten meinen, durch besonders abenteuerliche neue Verdächtigungen (wie die des Deutschen Kaisers) heraushebt, Mercier, der als Kriegsminister das gefälschte Dokument den Richtern zukommen ließ, um Dreyfus' Ver-

»Hierauf zu antworten, verbietet mir meine Ehre als Offizier.« Aufmarsch der Zeugen im Prozeß gegen Zola.

urteilung zu ermöglichen, wendet sich plötzlich dem Angeklagten zu und sagt: »Hätte ich den geringsten Zweifel an seiner Schuld, wäre ich der erste, der auf ihn zuträte und ihm erklärte, daß ich mich ehrlich getäuscht habe.«
Dreyfus springt von seinem Stuhl auf, das Gesicht, eben noch aschfahl, läuft blutrot an und ruft: »Das ist es, was Sie tun sollten!«
Der Korrespondent der »Daily Mail« schrieb: »Es war halb Schrei und halb Schluchzen, halb Verzweiflung und halb Hoffnung, halb Ausbruch verzehrenden Zorns, halb angsterfüllte Bitte um Gnade. Es gibt Menschen, die ihn noch nachts im Schlaf gehört haben.«
Die Richter verhörten in dreiunddreißig Sitzungstagen einhundertfünfzehn Zeugen. Sie hätten sich den Aufwand sparen können. Die erneute Verurteilung des Hauptmanns Dreyfus stand für die Eingeweihten von vornherein fest. Es ging nicht mehr allein um die Ehre der Armee, es ging um die Existenz der in den Fall verwickelten Offiziere: ein Freispruch wäre für sie gleichbedeutend gewesen mit einem Schuldspruch, einer Anklageerhebung und damit dem Ende ihrer Karriere. Nach halbstündiger Beratung, bei der es wenig zu beraten gab, verkündete das Gericht das Urteil. Schwankend zwischen Gehorsam und Gewissenszwang, wagten die Richter es nicht, den Delinquenten auf die Teufelsinsel zurückzuschicken. Aufgrund »mildernder Umstände« verurteilten sie Dreyfus zu zehn Jahren verschärfter Festungshaft und erneuter Degradation, empfahlen aber, die Degradierung nicht vorzunehmen. So kam ein Urteil zustande, »das nicht den Mut hatte, ja oder nein zu sagen«, ein moralisches Sedan, wie Zola anderntags schrieb. Denn wie konnte es bei Hoch- und Landesverrat mildernde Umstände geben?
Die öffentliche Meinung in Europa und Amerika quittierte das Urteil mit Empörung und Verachtung. In allen Ländern der Welt verfiel das Land der großen Revolution, der

einstige Hort der Freiheit und des Rechts, wegen »der größten Niedertracht des Jahrhunderts« der moralischen Ächtung. Selbst eine Königin, Victoria von England, gab ihrem Erschrecken über das »schlimme Verdikt« beredten Ausdruck. Überall wurde diskutiert, ob man nicht die im Jahr 1900 in Paris stattfindende Weltausstellung boykottieren solle.

Alfred Dreyfus legte unmittelbar nach dem Urteilsspruch Revision ein, doch seine Freunde bestimmten ihn, einer wahrscheinlichen Begnadigung halber, den Antrag zurückzuziehen. Viele Dreyfusards wandten sich nun erzürnt von ihm ab, für sie hätte es nur eines gegeben: Kampf bis zur endgültigen Rehabilitation. Ob der an Leib und Seele geschundene Mann einen weiteren Gefängnisaufenthalt überlebt hätte, schien vor allem Mathieu, dem Bruder, fraglich. Da das Urteil nun Rechtskraft besaß, beeilte sich die Regierung, die den inneren Frieden störende und das Prestige Frankreichs schädigende Angelegenheit aus der Welt zu schaffen. Dreyfus wurde kurzerhand begnadigt und in Freiheit gesetzt.

Und da man gerade dabei war, Lästiges unter den Teppich zu kehren, folgte dem Akt der Begnadigung ein Akt der Amnestie für alle Personen, die in die »Affaire Dreyfus«, in welcher Form auch immer, verwickelt waren. Es war ein Gesetz, das Figuren wie den General Mercier, den Oberst du Paty und Konsorten vor einem Strafverfahren bewahrte, Männer aber wie Picquart, Labori und Zola daran hinderte, ihre Lauterkeit vor Gericht zu beweisen. Besonders Zola hatte immer wieder darauf gedrungen, endlich einen neuen Prozeß zu bekommen. Vergeblich. Die Amnestie wirkte als ein Akt diabolischer Raffinesse: sie machte mundtot durch Milde.

Zola hatte längst erkannt, daß aus einer Sache des Rechts und der Rechtsprechung ein Politikum geworden war. Zwei Machtgebilde hatten sich zu gemeinsamem Kampf

»Wenn ich bis heute am Leben geblieben bin, so um meiner Frau und meiner Kinder willen ...« Das Gefängnis von Alfred Dreyfus

auf der Teufelsinsel bestand aus einem sechzehn Quadratmeter großen Käfig, errichtet für einen jeden Mitleids unwürdigen Verbrecher.

miteinander verbunden, geeint durch die Furcht, ihren Einfluß zu verlieren, und durch den Haß auf das Judentum, von dem sie annahmen, daß es den Staat mehr und mehr in die Hand bekäme. »Es wird heute vor aller Augen klar«, schrieb Zola, »daß Frankreich, die letzte der großen katholischen Nationen, vom Papsttum ausersehen wurde, die sinkende Macht Roms wiederherzustellen. Eines Morgens sah das Frankreich Voltaires sich klerikal in den Händen einer Verwaltung, einer Gerichtsbarkeit, *einer hohen Armeeführung* aufwachen, die sich ihre Weisungen aus Rom holte.«

Der Feldzug von Armee und Kirche gegen die Republik jedoch scheiterte. Aus der Dreyfus-Affaire wurde das, was die Historiker die »Dreyfus-Revolution« nannten: der Einfluß der katholischen Kirche auf die Schulausbildung wurde stark eingeschränkt, Schulen der geistlichen Orden die staatliche Anerkennung nicht mehr gewährt, der geistliche Schulunterricht verboten – die Trennung von Kirche und Staat trat in ihr letztes Stadium ein; der Klüngel hoher Militärs wurde zugunsten des dem Ministerpräsidenten verantwortlichen Kriegsministers entmachtet, die Militärjustiz reformiert, die Armeeführung personell umbesetzt (1906 wurde kein Geringerer Kriegsminister als – der nunmehrige Brigadegeneral Georges Picquart!).

Capitaine Dreyfus wollte sich mit dem Almosen der Freiheit, wie er es nannte, nicht abfinden und widmete sich mit zäher Geduld der Aufgabe, die Begnadigung in einen Freispruch wegen erwiesener Unschuld zu verwandeln. Es sollte fast sieben Jahre dauern, bis der höchste Richter Frankreichs nach erneuter Wiederaufnahme und erneuter Untersuchung der Akten das Urteil von Rennes annullierte und Dreyfus freisprach – »um das Gewissen Frankreichs zu erleichtern«, das durch gefälschte Dokumente und meineidige Zeugen belastet war. Er wurde gleichzeitig autorisiert, das Urteil auf Staatskosten in fünfzig französischen Zeitungen zu veröffentlichen. Die Armee nahm ihn wieder in ihre Reihen auf und beförderte ihn zum Major. Im Hof der École militaire, wo ihm vor zwölf Jahren unter dem Geschrei des Pöbels die Rangabzeichen abgerissen worden waren, schlug man ihn bei einer feierlichen Militärparade zum Ritter der Ehrenlegion.

Wie unversöhnlich die Nationalisten blieben, zeigte auf eklatante Weise der 4. Juni 1908, der Tag, an dem die sterblichen Überreste Émile Zolas in das Pantheon übergeführt wurden, dorthin, wo Frankreichs große Männer ruhen. Nach den Demonstrationen der Ewiggestrigen, die dem Dichter die Ehre nicht gönnten, im Tempel des Ruhms aufgenommen zu werden, krachten während der Feier zwei Schüsse. Ein rechtsradikaler Journalist hatte unter den Gästen Alfred Dreyfus erkannt, auf ihn geschossen und am Arm verwundet. Ein Pariser Schwurgericht sprach den Attentäter frei, weil er, so die Begründung, nicht den Mann, sondern das System (!) habe treffen wollen, die Republik also.

Fast sechs Jahre waren damals vergangen seit dem Tod von Zola. Man hatte ihn im September 1902 im Schlafzimmer seiner Pariser Wohnung leblos aufgefunden. Autopsie und gerichtliche Untersuchung erwiesen, daß er an einer Kohlenmonoxidvergiftung gestorben war, verursacht durch einen defekten Kamin. Einer der Arbeiter, der auf dem Dach des Hauses Reparaturen ausgeführt hatte, bekannte lange Zeit später als todkranker Mann – so das Ondit –, er habe, um die Armee und alle guten Franzosen zu rächen, den Abzug vorsätzlich mit Schutt verstopft. Eine Aussage, die eher auf Wichtigtuerei beruht oder zu den Legenden gehört, die sich um den Tod umstrittener großer Männer zu ranken pflegen.

Was Zola gewagt und bewirkt hatte, niemand hat es besser gesagt als Anatole France, der große Skeptiker und Weise, in seiner Grabrede: »In jenen Tagen des Verbrechens ver-

zweifelte der gute Bürger am Vaterland und an der Moral Frankreichs. Gerechtigkeit, Ehre und Vernunft, alles schien verloren. Doch nein: alles war gewonnen! Zola hat nicht nur einen Justizirrtum an den Pranger gestellt, er hat auch die Verschwörung tyrannischer Mächte aufgedeckt, die die Freiheit des Gedankens ersticken wollten. Seine Worte weckten Frankreich auf.
Die Folgen seiner Tat sind unabsehbar, sie wirken sich schon heute aus – groß und gewaltig. Und so wird es in Zukunft sein. Diese Tat hat eine Bewegung sozialer Gerechtigkeit ausgelöst, die unaufhaltsam ist. Es geht aus ihr eine neue Ordnung der Dinge hervor, die auf eine höhere Gerechtigkeit und eine tiefere Erkenntnis der Rechte aller Menschen gegründet ist.
Beneiden wir ihn. Er hat sein Vaterland durch ein großes Werk und eine große Tat gerettet. Beneiden wir ihn, seine Bestimmung und sein Herz zwangen ihm die größte Rolle auf: für einen Augenblick verkörperte er das Gewissen der Menschheit ...«

2. Kapitel Thomas Morus oder Das Heil der Seele

Ein ungewöhnlicher junger Mann

Seine Grabinschrift hat er selbst verfaßt. Zu einer Zeit, da er ahnte, daß ihm nur noch eine kurze Spanne Lebens beschieden sei und das Ende schrecklich werden würde.
Nach der Schilderung seiner Herkunft als Sohn des Richters John More, eines frommen, liebenswürdigen, untadeligen Mannes, seines eigenen Werdegangs vom Studiosus der Jurisprudenz bis zum Kanzler Englands und seiner schließlichen Amtsniederlegung (»Von den vergänglichen Dingen dieses Lebens gesättigt ...«) schreibt er: »Dann ließ er sein Grabmal errichten, als ständige Mahnung an das unerbittliche Nahen des Todes, und die sterblichen Reste seiner ersten Frau in dieses Grab betten. Daß er es, noch zu seinen Lebezeiten, nicht vergeblich errichtet habe, daß er nicht beim Gedanken an den Tod zittern möge, sondern ihn heiter, nach Christus sich sehnend, begrüßen, und daß der Tod nicht ewig, sondern die Pforte zu einem glücklichen Leben im Jenseits sein möchte – dafür zu beten, bitte ich euch ...«
Thomas More, oder, wie sein Name in latinisierter Form nach dem Brauch der Humanisten lautete, Morus, wurde 1478 in London geboren. Fünfundzwanzig Jahre zuvor hatten die Türken Konstantinopel erobert, ein Ereignis, das auf das Abendland wie ein Schock gewirkt hatte, war doch mit dieser Metropole ein jahrtausendealtes Bollwerk des

Christentums gefallen. An vielen Stellen hatte die so festgefügt scheinende Hierarchie der Kirche zu bröckeln begonnen. Die Päpste, einst als Vertreter Christi auf Erden verehrt, hatten ihre Ehre verspielt durch Korruption, Verschwendung und sündhaftes Leben. »Keine schädlicheren Feinde hat die Kirche als die Päpste«, schrieb der große Erasmus. »Denn sie ermorden durch ihr fluchwürdiges Leben Christus noch einmal.« Viele Klöster, Träger der Kultur und der Zivilisation, waren zu Stätten des Lasters entartet. Ihr riesiger Grundbesitz provozierte einen wachsenden Antiklerikalismus. Die Menschen begannen zu zweifeln an dem, was einst unbezweifelbar gewesen war: an ihrem Glauben und an jenen, die ihnen diesen Glauben vermittelten und vorlebten, den Prälaten, Priestern, Mönchen, Nonnen.

Auch auf politischem Gebiet schien die Welt aus den Fugen geraten. Europa war umschattet von Kriegen, Katastrophen, Hungersnöten; der blutigste aller Kriege fand in England statt, wo die Angehörigen der Häuser Tudor und Lancaster sich mit grausiger Zielstrebigkeit gegenseitig ausrotteten. Überall Mord, Heimtücke, Verrat und als Vertreter eines Königtums Richard III., den Shakespeare sagen läßt: »Ich, um das schöne Ebenmaß verkürzt, von der Natur um Bildsamkeit betrogen, entstellt, verzeichnet, vor der Zeit gesandt in diese Welt des Atmens, halb kaum fertig gemacht … Und darum, weil ich nicht als ein Verliebter kann kürzen diese fein beredten Tage, bin ich gewillt, ein Bösewicht zu werden …«

Eine Zeit des Grauens, so scheint es, doch wie jede Münze zwei Seiten aufweist, so hat auch diese Epoche zwei Gesichter. Handel und Wandel florierten, die Städte wuchsen und gediehen, kaufmännischer Wagemut und handwerklicher Fleiß hatten den Lebensstandard zumindest der städtischen Bevölkerung gehoben. Ein neuer Stand, das Bürgertum, schickte sich an, seinen Reichtum in politischen Einfluß umzumünzen. Das Mittelalter ging seinem Ende entgegen; die Menschen begannen, sich aus seinen Fesseln zu lösen und ihrer selbst bewußt zu werden. »Renaissance« nannten die Historiographen später dieses Zeitalter, Wiedergeburt, denn wiedergeboren wurde die Antike, und wiedererweckt wurde das Individuum.

»O Jahrhundert, o Wissenschaften! Es ist eine Lust zu leben! Die Studien blühen auf, und die Geister regen sich: du nimm den Strick, Barbarei, und mache dich auf die Verbannung gefaßt.« Des Deutschen Ulrich von Huttens Worte hätten auch die des Engländers Thomas Morus sein können, des Bruders im Geist des Humanismus. Auch er genoß das neue Lebensgefühl. Seine Freunde schätzten seinen Humor und seinen Witz. Die Familie liebte ihn nicht nur, weil er als pater familias treu für sie sorgte, sondern weil ihr in seiner Gegenwart wohl war. »Was schuf die Natur jemals, das milder, lieblicher, glücklicher wäre als der Genius des Thomas Morus?« fragte Erasmus, der Freund aus Rotterdam, der viele Wochen Gast im Hause More war. Und »fortschrittlicher«, möchte man hinzufügen.

Die zeitgemäße Meinung, daß Bildung schädlich sei für den guten Ruf eines jungen Mädchens, führte er ad absurdum, indem er seine Töchter so unterrichtete, daß ihre Tugend sich mit Bildung verschwisterte. Sie lernten Latein, Griechisch, Mathematik, Logik, Philosophie, Astronomie, Rhetorik. Beim Unterricht wurden sie viel gelobt, wenig getadelt, wurden vor allem nicht, wie sonst üblich, geprügelt. Margaret, die Lieblingstochter, verblüffte, ja verärgerte einen König, als sie sich mit ihm wie selbstverständlich über philosophische Probleme unterhielt.

Vier Jahre hatte sich Morus als Gast eines Klosters geprüft, ob er das Mönchsgelübde ablegen solle, dann erkannte er, daß sein Platz in der Welt sei; schon deshalb, weil er ohne eine Frau, wie er freimütig bekannte, nicht leben könne. Er verliebte sich in die jüngere Tochter aus dem Haus des John Colt, heiratete aber, nach seinem Verständnis von Sitte und Anstand, die – sitzengebliebene – Älteste. Jane schenkte ihm drei Töchter und einen Sohn und wurde glücklich mit ihm, auch wenn sie anfangs unter seinem Ehemotto gelitten haben mag, wonach eine Frau, wenn sie schon nicht gebildet war, sich wenigstens bilden lassen müsse. Jane akzeptierte ihren »Lehrer«, lernte Latein, die Flöte und das Spinett spielen und las täglich viele Stunden. Sie starb den Tod, den viele Frauen damals starben, den Tod im Kindbett, und Thomas heiratete einen Monat darauf Alice, eine sieben Jahre ältere Witwe, denn er wollte nicht, daß seine Kinder länger ohne Mutter blieben.

Beider Frauen gedachte er in einer Nachschrift zu seinem Epitaph. »Die eine beendete ihr Leben an meiner Seite, die andere teilt es noch mit mir, und zwar so, daß ich nicht sagen kann, ob ich Jane mehr geliebt habe oder Alice mehr liebe. Ach, wie glücklich hätten wir alle drei zusammengelebt, wenn Schicksal und Moral es erlaubt. Ich bete darum, daß das Grab, gleich dem Himmel, uns vereine. So wird der Tod uns schenken, was das Leben uns nicht zu geben vermochte.«

Als Sechsundzwanzigjähriger ins Parlament gewählt, erregte Morus zum ersten Mal öffentliches Aufsehen, als er erfolgreich gegen eine seiner Meinung nach ungerechte Geldforderung Heinrichs VII. opponierte. Da der König sich an einem Mitglied des Unterhauses nicht vergreifen wollte, ließ er kurzerhand Thomas Mores Vater in den Tower sperren, aus dem er erst nach einer Buße von hundert Pfund wieder entlassen wurde.

Ein ungewöhnlicher junger Mann, dieser More, und ein unbequemer dazu. In diese Welt jedenfalls schien er nicht zu passen: als Anwalt versuchte er, seine Klienten dazu zu bringen, sich gütlich zu einigen und nicht zu prozessieren;

als Sheriff lehnte er Geschenke der Parteien ab und sprach Urteile, die die Reichen erzürnten, die Armen wieder an das Recht glauben ließen. Eine jährliche, vom König bewilligte Pension lehnte er ab, würde doch bei einem Rechtsstreit zwischen der Krone und der Bürgerschaft kein Bürger ihm glauben, daß er unparteiisch sei.
»Wenn die Parteien Gerechtigkeit verlangen«, sagte er, »und mein Vater stünde auf der einen Seite, der Teufel auf der anderen, und des Teufels Sache wäre gut, dann sollte der Teufel Recht von mir bekommen.«
Merkwürdigerweise machte er trotzdem Karriere. Er verdankte sie einem Mann, den England, ja ganz Europa, bei seiner Thronbesteigung im Jahre 1509 enthusiastisch begrüßt hatte. Heinrich VIII. war hochgewachsen, athletisch, mit dem Bogen so treffsicher wie mit der Feder, musikalisch, humanistisch gebildet, mehrerer Sprachen mächtig – jeder Zoll ein König. »Der Himmel lacht und die Erde freut sich«, hieß es in einem Brief aus London. »Unser Fürst strebt nicht nach Reichtum, nach Gold oder Edelsteinen, er sucht die Tugend, den Ruhm und die Unsterblichkeit.«
Die Nachwelt kennt ein anderes Bild dieses Königs. (Auch wir wissen aus der Schule nur, daß er viele Frauen gehabt und einige davon hat köpfen lassen.) Doch schien es in der Tat so, daß er bei seiner Thronbesteigung zu schönen Hoffnungen berechtigte. Wer vorausgesagt hätte, daß aus einem Monarchen mit guten Vorsätzen und gutem Willen ein Despot werden würde, mordlustig, gewalttätig, korrupt, habgierig und feige, von Jacob Burckhardt kurz »ein Stück Schwein in Purpur« genannt, wäre nicht ernstgenommen worden. Ein beispielloser Verfall einer Persönlichkeit, die Pervertierung eines Charakters durch die Macht bleibt zu registrieren.
Heinrich wurde Mores Gönner, ja Freund, soweit Freundschaft mit Großen möglich ist. Thomas wurde Under-She-

riff, Mitglied des königlichen Rats, königlicher Sekretär, Vizeschatzkanzler, Sprecher des Unterhauses, High Steward der Universität Oxford, Richter im Star Chamber. Er gehörte zum Gefolge bei wichtigen Staatsbesuchen, bei der Begegnung mit dem deutschen Kaiser Karl V., in Canterbury, mit Franz I. von Frankreich. Waren schwierige außenpolitische Verhandlungen zu führen, rief der König nach More. Thomas ging mit einer Handelsdelegation nach Flandern, traf in Brügge mit Vertretern der Hanse zusammen, nahm wiederholt an Friedensverhandlungen mit Frankreich in Calais und Amiens teil. Zwar zählte der Hundertjährige Krieg zwischen den beiden Nationen zur Vergangenheit, doch war der Appetit Britanniens auf französische Provinzen noch groß genug, um es immer wieder zu Einfällen in Nordfrankreich zu verlocken.

Thomas Morus hat sich in diesen Jahren um sein Vaterland verdient gemacht: durch seine Menschenkenntnis, seine Integrität und das für einen Politiker so wichtige Talent, beiden Partnern eines Vertrags das Gefühl zu vermitteln, daß sie den Vorteil hätten aus den einzelnen Bestimmungen. Heinrich adelte ihn, belehnte ihn mit verschiedenen Gütern, verwandte ihn als Vermittler zwischen der Krone und Lordkanzler Wolsey, und wenn er einen Gesprächspartner über Literatur, Philosophie und die Künste brauchte, war ihm Morus der liebste.

Das Land Utopia

Thomas Morus freute sich über des Königs Gunst, aber er nutzte sie nie für sich, betonte sogar, daß er sehr gegen seinen Willen eine Stellung bei Hofe angenommen habe. (»Was der König selbst mir manchmal im Scherz vorhält.«) Bisweilen wurde ihm die Ehre, einer Delegation anzugehören, ausgesprochen lästig. »Die Gesandtschaft war nie eine große Attraktion für mich«, klagte er in einem Brief. »Wenn ich fort bin, muß ich zwei Haushalte versorgen, einen daheim, den anderen unterwegs. Zum Unterhalt meines Gefolges hat mir der König zwar eine ziemlich große Zuwendung gewährt, aber es wurde nicht derer gedacht, die ich zu Hause zurücklassen mußte.«

Er vergaß, daß die Reisen des Gesandten More für den Privatmann Morus nützlich waren. Sie verschafften ihm Gelegenheiten zu Bekanntschaften, zu Freundschaften mit Persönlichkeiten aus Wissenschaft und Kunst. Es waren Männer, die heute, von Erasmus abgesehen, nur noch wenigen ein Begriff sind, damals aber eine führende Rolle spielten. Einer längeren Verhandlungspause, bedingt dadurch, daß die Partner sich nicht einigen konnten, verdanken wir Kostbares: ein wahrhaft goldenes Büchlein, von der besten Staatsverfassung und von der neuen Insel »Utopia«, nicht minder heilsam als kurzweilig zu lesen.

Unter dem Namen »Utopia« wurde Mores Werk, das er in dem für ihn bezeichnenden Understatement ein »Büchlein« nannte, bald in die nicht sehr umfangreiche Bibliothek der Weltliteratur aufgenommen, wo es über die Jahrhunderte hinweg oft gelesen, häufig zitiert und noch häufiger falsch ausgelegt wurde. Man kann behaupten, daß »Utopia« zu den mißverstandenen Werken der Weltliteratur rechnet. Marxisten, Imperialisten, Kapitalisten, Idealisten, Utopisten verfuhren nach dem Goetheschen Epigramm: »Im Auslegen seid frisch und munter! Legt ihr's nicht aus, so legt was unter.«

More erzählt in einer raffinierten Mischung aus Fakten und Fiktion, heute »faction« genannt, die Geschichte des portugiesischen Seebären Raphael Hythlodeus. Als Begleiter des Weltumseglers Amerigo Vespucci habe er eine glückliche Insel entdeckt, deren Bewohner eine Staatsform entwickelt hätten, die man den Europäern nur empfehlen könne. Den einem idealisierten Kommunismus ähnlichen

Zuständen auf Utopia stellt er mit scharfer Gesellschaftskritik Europas Misere gegenüber: »Endlose Kriege, treulose Bündnisse, militärische Abenteuer, Vergeudung von Geld und Zeit für Werkzeuge und Mittel des Angriffs, unter Mißachtung aller sozialen Fortschritte.« Staaten kennt dieses Europa, von Herrschern regiert, die sich lieber mit militärischen Dingen beschäftigen als mit den heilsamen Künsten des Friedens, die ihre Untertanen nicht anders zu disziplinieren vermögen als durch Mißhandlung, Vergewaltigung und Ausbeutung. Umringt sind diese Herrscher von üblen Ratgebern, die um die Gunst der Mächtigen buhlen und schmarotzerisch den törichtesten Meinungen schmeicheln; von Edelleuten, die müßig wie die Drohnen von anderer Leute Arbeit leben, von Priestern und sogenannten frommen Ordensbrüdern – religiösen Tagedieben –, was für eine gewaltige, was für eine faulige Schar.

Nimm hinzu all die reichen Grundbesitzer, die man gewöhnlich Standespersonen und Adlige nennt, nimm weiter deren Diener, diese Taugenichtse in Livree, sowie jene Schar kräftiger, gesunder Bettler, die ihre Faulheit hinter vorgetäuschter Krankheit verstecken, und du wirst feststellen, daß die Zahl derjenigen, die durch ihre Arbeit für die Bedürfnisse ihrer Mitmenschen sorgen, weit geringer ist, als man es sich gemeinhin vorstellt. Dann erwäge man ferner, wie wenige von denen, die arbeiten, sich mit wirklich notwendigen Dingen beschäftigen. Denn in diesem Jahrhundert des Geldes, das eine Gottheit ist, wird vieles lediglich im Dienste des Luxus und der Liederlichkeit ausgeübt.«

Schilderungen, die sich eine nachdenkenswerte Aktualität bewahrt haben.

»Ein wahrhaft goldenes Büchlein, von der besten Staatsverfassung, nicht minder heilsam als kurtzweilig zu lesen.«

L'UTOPIE
DE
THOMAS MORUS,

Chancelier d'Angleterre;

Idée ingenieuſe pour remedier au malheur des Hommes; & pour leur procurer une felicité complette.

Cet Ouvrage contient

LE PLAN D'UNE REPUBLIQUE dont les Lois, les Uſages, & les Coutumes tendent uniquement à faire faire aux Societez Humaines le paſſage de la Vie dans toute la douceur imaginable.

REPUBLIQUE, QUI DEVIENDRA infalliblement réelle, des que lès Mortels ſe conduiront par la *Raiſon*.

Traduite nouvellement en François

Par Mr. GUEUDEVILLE, & ornée de tres belles figures.

A LEIDE,
Chez PIERRE VANDER Aa,
Marchand Libraire, Imprimeur Ordinaire de l'Academie & de la Ville, demeurant dans l'Academie.

M D C C X V.
Avec Privilége ſous peine de 3000 florins d'amende &c. contre les *Contrefacteurs*.

Was die Utopier alles anders – und besser – machen, bei der Liebe und beim Sterben, bei der Arbeit und beim Müßiggang, wie sie aber mit all ihren Ordnungsprinzipien bisweilen in die gefährliche Nähe totalitärer Praxis geraten, Vernunft zu Unsinn wird, Wohltat zur Plage, davon zu erfahren ist noch heute ein Lesevergnügen. Und der Leser wird sich, genauso wie die Wissenschaftler aller Schattierungen und Zeitalter, immer wieder fragen, wann Morus es ernst meint, wann Scherz und Ironie seine Feder führen, wann er seine wirkliche Meinung vertritt. Die »Utopia« ist kein bloßes Gedankenspiel oder ein Wunschtraum – geographisch ist sie deutlich erkennbar auf Britannien angesiedelt, »Amaurotum« ist die Nebelstadt London –, ein revolutionäres Programm aber ist sie auch nicht. Zwischen den Zeilen wird das Ringen mit dem uralten Problem spürbar, ob Moral und Politik vereinbar sind. Angeregt wurde Thomas Morus zweifellos durch das Unbehagen angesichts des alten Europa, in dem der Gerechte leiden mußte und der Ungerechte triumphierte, einer Welt, die so von Gott nicht gedacht sein konnte.

Das »goldene Büchlein« war nicht gerade etwas, was König Heinrich gern gelesen hätte. Die kritisierten sozialen Zustände – Zerstörung der Agrarstruktur durch die Grundbesitzer, Verelendung, Arbeitslosigkeit, Sittenverfall der Kirche – wären für den König erkennbar gewesen, selbst wenn man in Rechnung stellt, daß er sein Reich etwas anders sah. Bestimmt hat er von dem Buch gehört, gelesen haben wird er es wohl nicht, denn Morus erfreute sich weiterhin seiner Gunst.

Anders hätte More eine Auseinandersetzung mit dem gefürchteten Lordkanzler Wolsey kaum heil überstanden. Der Kanzler hatte für den Krieg mit Frankreich, der so überflüssig war wie ein Kropf, vom Parlament die Bewilligung einer Sondersteuer verlangt, die aus dem fünften Teil von jedermanns Hab und Gut aufgebracht werden sollte.

More argumentierte als Sprecher des Parlaments so geschickt, daß Wolsey, und das glich einer Ungeheuerlichkeit, nicht zum Ziel kam und wütend das Unterhaus verließ. Er hat es More nicht vergessen, aber er wurde trotzdem nicht zu seinem Feind.
Thomas, Sir Thomas nun und Ritter seit zwei Jahren, verstand es, den maßlos eitlen Kardinal zu nehmen. Die Briefe, die er als königlicher Sekretär an Wolsey schrieb, trieften von Schmeicheleien. Er wußte, daß dieser Mann der böse Geist Englands war, aber er krümmte keinen Finger, um des Lordkanzlers schlechten Einfluß abzuschwächen. Er distanzierte sich nie von dessen Maßnahmen, die England in immer wieder neue Kriege stürzen, ausbluten und verarmen ließen. Im Gegenteil, er paßte sich an, genoß die Förderung, nahm Zuwendungen entgegen, doch als der immer wieder Umschmeichelte endlich stürzte und elend verkam, fand Nachfolger More wenig schmeichelhafte Worte vor dem Parlament. »Der große Widder, der jüngst gefallen, handelte so heimtückisch, so verderbt und so falsch an dem König ...«, rief er aus, sich des Beifalls des neben ihm sitzenden Heinrichs gewiß. Er trat nach einem Mann, der bereits am Boden lag.
Den meisten Biographen des Thomas Morus war solches Verhalten peinlich. Sie haben scheinbar gute Gründe angeführt, ihn zu entlasten: More habe den Lordkanzler im Laufe der Zeit hassen gelernt; noch mehr habe er sich selbst gehaßt, weil er einem Mann, der so korrupt, so habgierig und charakterlos war, überhaupt habe schmeicheln können; auch sei es zeitgemäß gewesen, beim Le-roi-est-mort den Abgetretenen erst einmal zu schmähen, um sich von dessen Irrtümern oder gar Verbrechen zu distanzieren; und den Parlamentariern habe er klarmachen müssen, warum ein Mann, der so lange Jahre regiert, plötzlich in Ungnade gefallen sei.
Man spürt bei diesen Bemühungen, daß der Heiligenschein

des Morus keine Trübung erleiden durfte, konsequenterweise – sind doch viele Morus-Biographien reine Hagiographien, Beschreibungen von Heiligenleben. Wie immer man das Verhalten des neuen Lordkanzlers bewerten mag, seien wir dankbar, daß Thomas More sich auch als Mensch zeigte, behaftet mit den Schwächen eines Menschen. R.W. Chambers, sein wohl kundigster und objektivster Biograph, sehnt sich direkt nach einigen Skandalen, um jene Aura von Makellosigkeit zu zerstören, der größten Schwierigkeit, mit der Mores Lebensbeschreiber zu ringen hätten.

Des Königs große Sache

Thomas Morus war nun der Inhaber des höchsten Amtes, das England zu vergeben hatte. Er war nicht gern Lordkanzler geworden. Am Beispiel des einst allmächtigen Wolsey, der auf dem Weg, besser Transport, nach London, wo ihn der Kerker erwartete, verstarb – ein gnädiges Schicksal –, sah er erneut, wie rasch sich das Glücksrad drehte. Er wußte, daß der König ihn für den besten Mann im Staat hielt, einen Mann, um den ihn ganz Europa beneidete, aber er wußte auch, daß er nicht nur deshalb Lordkanzler geworden war. Heinrich wollte den untadeligen Ruf Mores und seine brillanten Fähigkeiten dazu benutzen, in seiner »Großen Sache« weiterzukommen. An dieser seit vielen Jahren betriebenen Sache war letztlich Wolsey gescheitert.

Gemeint ist die Scheidung von Katharina von Aragonien, einer Frau, die sein Bruder Arthur einst als ein Knabe geheiratet hatte, denn mit den spanischen Königen verwandt zu sein konnte den Tudors, wahren Emporkömmlingen, nur nützen. Als Prinz Arthur bald darauf starb, wurde der knapp zwölfjährige Heinrich zum Ehemann bestimmt,

wäre doch andernfalls die zweite Rate der Mitgift in Höhe von hunderttausend Golddukaten verlorengegangen, abgesehen davon, daß auch außenpolitisch viel dafür sprach.
Das Recht, die Witwe seines Bruders zu ehelichen, ließ sich aus der Bibel, 5. Buch Mose, 25,5, belegen. Der Papst erteilte bereitwillig Dispens, noch dazu, da Katharina erklärte, die Ehe mit dem Knaben Arthur sei physisch nicht vollzogen worden. Heinrich und Katharina hatten kein Glück miteinander. Die Kinder, die ihm die Königin gebar, starben bei der Geburt oder nach wenigen Wochen. Nur ein Mädchen blieb leben, Maria genannt, das man bereits als Zweijährige mit dem französischen Thronfolger verlobte. Ohne männlichen Erben geriet das Haus Tudor in Gefahr, um den Thron gebracht zu werden oder, schlimmer noch für England, einen Franzosen zum König krönen zu müssen. In einer Zeit, da die Dynastien wie ein Gestüt betrieben wurden, war Heinrichs VIII. Sehnsucht nach einem Sohn verständlich. Auch war die ältliche, durch Krankheiten und Fehlgeburten entstellte Spanierin für ihn ohne jeden Reiz mehr. Eine junge, gebärfreudige Frau sollte sie ersetzen. Heinrich wußte seit geraumer Zeit, wer dafür in Frage kam: die vom französischen Hof, wo sie erzogen worden war, nach England zurückgekehrte Anna Boleyn.
Kein sonderlich schönes Mädchen, doch von starker sinnlicher Ausstrahlung, das Haar schwarz, die Augen mandelförmig; für ihre Feinde hatte sie etwas Hexenartiges, und sie wiesen auf ihre linke Hand mit dem verkümmerten sechsten Finger – einem Merkmal, das die Frommen veranlaßte, sich zu bekreuzigen. Sie kam aus kleinen Verhältnissen; Londoner Kaufleute, die sich hochgeheiratet hatten. Wie gut die Damen Boleyn im Bett waren, hatte Heinrich bereits mit Annas Schwester ausprobieren können (deren Vater diese Liebesgabe den Adelstitel einbrachte); Anna selbst war raffiniert genug, sich dem König nicht hinzuge-

ben – es sei denn mit einem Ehering am Finger, als rechtmäßige Königin. Versagungen, die die Glut eines Liebhabers zu steigern pflegen.

Wie aber kam er von Katharina los? Heinrichs Räte schlugen in der Bibel nach. Hatte das 5. Buch Mose empfohlen, der Bruder möge des Bruders kinderlose Witwe zum Weibe nehmen, das 3. Buch (20, 21) sah es anders, nämlich: »Wenn jemand seines Bruders Weib nimmt, so ist das Unzucht; er hat seines Bruders Blöße aufgedeckt, sie sollen ohne Kinder sein.« Heinrich hatte also die ganzen Jahre in Sünde gelebt. Eine solche Ehe konnte nicht rechtsgültig sein und mußte geschieden werden. Theologen aus ganz Europa wurden zu Gutachtern bestellt, mit dem Ergebnis, daß nur jene Gelehrten des Königs Meinung untermauerten, die bestochen worden waren. Dem Vorschlag, die Gattin möge ins Kloster gehen und eine geistige Ehe mit Jesus Christus eingehen, auf daß man die fleischliche lösen könne, stimmte Katharina zu – vorausgesetzt, Heinrich würde ihr ins Kloster folgen. Armut, Keuschheit, Gehorsam jedoch gehörten nicht zu den von ihm erstrebten Tugenden.

Blieb nur der Appell an den Papst. Unglückseligerweise befand sich Clemens VII. gerade in der Gewalt Karls V., Katharinas Neffen, und der Kaiser mochte, des derzeitigen spanisch-englischen Gegensatzes wegen, den König überhaupt nicht. Der Papst hätte es schon deshalb nicht wagen können, des Engländers Ehe zu annullieren, abgesehen davon, daß die Forderung nach Scheidung von seltsamer Unlogik war. Einerseits wurde dem Vatikan das Recht bestritten, durch einen Dispens das damalige Ehehindernis – Verheiratung mit der Witwe des Bruders – aufgehoben zu haben, andererseits sollte er befugt sein, eine seit zwanzig Jahren bestehende Ehe zu trennen.

Den gordischen Knoten mit dem Schwert durchhauen wollte Heinrich VIII. vorerst nicht. Wie alle Gewaltherrscher – und er verkörperte den klassischen Despoten – brauchte er zumindest den Schein des Rechts. Er ließ verhandeln, schickte Gesandte nach Rom, verteilte erneut Bestechungsgelder, installierte ein Sondergericht unter Vorsitz eines päpstlichen Legaten und Wolseys in seiner Eigenschaft als Kardinal – vergeblich. Des Lordkanzlers Sturz begann sich abzuzeichnen. Seine Außenpolitik war gescheitert: Frankreich hatte mit Spanien Frieden geschlossen, und die Gefahr bestand, daß beide sich nun gegen England verbündeten; in der »Großen Sache« war er nicht weitergekommen, hatte sich dafür einen neuen Feind geschaffen – Anna Boleyn. Das Warten, so schrieb sie an den König, zermürbe sie, ihre Jugend entschwinde, und das alles nur, weil ein Kardinal und Lordkanzler das Verlangen einer tugendsamen Jungfrau nach einem braven Mann nicht verstehe.

Als Thomas Morus zu Wolseys Nachfolger ernannt wurde, mußte er befürchten, früher oder später mit der »Großen Sache« des Königs befaßt zu werden. Sein Standpunkt war eindeutig: Heinrich war gemäß den heiligen Sakramenten der Ehe mit Katharina verbunden, sie zu verleugnen würde einer Todsünde gleichkommen und ihn, Thomas, mit seinem Gott entzweien. Er nahm das Amt dennoch an; aus dem Gefühl heraus, sein Land in dieser Situation nicht im Stich lassen zu dürfen. »Wenn ihr etwas nicht zum Guten wenden könnt«, hatte er seinen Helden in der »Utopia« sagen lassen, »dann richtet es so ein, daß es nicht sehr bös werde.« Auch glaubte er Heinrichs Versprechungen, die er ihm vor seinem Amtsantritt gemacht.

»Der König erklärte in seiner Güte, Er wolle auf keinen Fall, daß ich etwas anderes sage oder tue, als ich mit meinem Gewissen vereinbaren könne. Ich sollte zuerst auf Gott schauen und nach Gott auf Ihn. In Seiner Gnade bestimmte der König, nur solche Leute zur Beurteilung Seiner Eheangelegenheit zu verwenden, die in ihrem

Gewissen völlig von der Rechtmäßigkeit dieser Sache überzeugt seien. Mich und andere, von denen der König glaubte, daß sie die Sache nicht in Seinem Sinne sähen, setze er für andere Dienste ein. Niemals wolle Er jemanden dadurch in Konflikt bringen, daß Er ihn zu etwas zwänge, was sein Gewissen belasten könnte.«
Heinrich mit seiner Jovialität, seinem Charme, seiner bezwingenden Art vermochte, wenn er es darauf anlegte, jeden Menschen für sich zu gewinnen und ihm das Gefühl zu vermitteln, daß ein Königswort unverbrüchlich ist.

Idyll an der Themse

Wenn ihm die Geschäfte Zeit ließen, zog sich More nach Chelsea zurück, heute ein grauer Stadtteil Londons, damals ein lieblicher Ort, fünf Meilen themseaufwärts gelegen. Hier hatte er sich für seine Familie ein Anwesen geschaffen, das Refugium und Idylle zugleich war. Hier lebte er mit seiner Frau Alice, seinem Sohn John und dessen Braut Anne, seinen Töchtern Elizabeth, Cicely und Margaret, seinem alten Vater, seinem Sekretär, seinen Dienern, den acht Ruderknechten für die Barke nach London, einem Faktotum, das gleichzeitig als Spaßmacher diente, der klassische Narr der Zeit, und vielen Tieren, darunter eine ganze Familie von Bibern, ein Fuchs, Affen, Singvögel, Eichhörnchen. Wer einmal das Bild betrachtet, das der jüngere Holbein als Gast des Hauses gemalt hat, spürt etwas von der Harmonie und Heiterkeit, die in dieser Familie geherrscht haben muß. Sie lebten das, was der Hausvater einmal geschrieben hatte: daß die Menschen nicht zuletzt deshalb auf der Welt seien, um zu einem Leben in größter Fröhlichkeit zu kommen.
Die Tage vergingen mit Studien, Gartenarbeit, Gebeten, Musik, mit Tischgesprächen, in die der Narr eingreifen

durfte, auf daß sie nicht gar zu ernst wurden. Wie auch der Hausherr einen Sekretär beschäftigte, der ihn auf jeden Fehler, jede Nachlässigkeit aufmerksam machen mußte. Zu den Tischgästen gehörten die Bauern aus der Nachbarschaft. Hausgäste waren nicht nur Zelebritäten wie Erasmus oder Holbein, sondern einfache Leute, die, waren sie krank, gesund gepflegt, waren sie arm, gekleidet und verpflegt wurden. Als eine Scheune auf seinem Anwesen brannte und das Feuer zum Nachbarhof übersprang, schrieb er Lady Alice, seiner Frau: »... und bliebe mir auch nicht ein Löffel übrig, es soll keiner meiner Nachbarn durch ein Unglück, das sich bei mir zugetragen, auch nur den geringsten Schaden erleiden.«

Für die jungen Leute wird das Leben in Chelsea nicht immer ein reines Vergnügen gewesen sein. Karten, Würfel, Ballspiele, »mit denen die meisten Vornehmen ihre Langeweile zu überlisten pflegten«, verabscheute er. Seine ständigen Appelle, etwas Sinnvolles, Nützliches, Gottgefälliges zu tun, seine Pedanterie und der Drang, alle anderen erziehen zu müssen, ging seinen Leuten nicht selten auf die Nerven. Auseinandersetzungen gab es auch mit Lady Alice, die nicht einsehen wollte, daß der Mensch sich ständig bilden müsse, und Streit mit Schwiegersohn William Roper, dem Mann seiner Lieblingstochter Margaret.

William bekannte sich zu jenem deutschen Mönch, der gerade an die Kirche einer Stadt namens Wittenberg 95 Thesen angeschlagen hatte, die die Welt erschüttern sollten. Wie dieser Luther war er der Meinung, daß die Kirche gereinigt und erneuert werden müsse. Von den im Londoner Stalhof ansässigen Kaufleuten der Hanse hatte er von Martin Luther und seiner Reformation erfahren. More, den Päpsten gegenüber höchst kritisch eingestellt, aber auf den Felsen Petri trotz allem fest bauend, schrieb verzweifelt an seine Tochter: »... ich habe lange Geduld gehabt mit Deinem Mann, habe mit ihm über die Fragen

»... daß die Menschen nicht zuletzt deshalb auf der Welt seien, um zu einem Leben in größter Fröhlichkeit zu gelangen.« Familienidyll an

der Themse; mit der Feder festgehalten vom jüngeren Holbein. Der berühmte Maler gehörte zu den Hausgästen der Großfamilie.

der Religion diskutiert und ihm nach meinen schwachen Kräften väterlichen Rat gegeben, aber ich sehe, daß nichts von alledem ihn zurückrufen kann; und darum, liebste Meg, will ich nicht länger mit ihm streiten, sondern ihn ganz und gar aufgeben, mich wieder Gott zuwenden und für ihn beten.«

Er mußte nicht nur für ihn beten, er mußte ihn sogar retten. Der Schwiegersohn war derart entflammt für die Lehre Luthers, daß er sie persönlich von den Kanzeln verkünden wollte. Die Obrigkeit ließ ihn zusammen mit anderen Ketzern vorführen, und er entging einer strengen Strafe – die aus öffentlicher Entehrung bestand – nur deshalb, weil man sich scheute, die Familie More zu demütigen. Wenn es um den katholischen Glauben ging, wurde aus Mores Toleranz bedingungslose Intoleranz. »In allen hohen Ämtern«, schreibt er in seiner Grabschrift über sich selbst, »bewährte er sich so, daß sein erhabener Herrscher nichts an seinen Diensten auszusetzen fand. Weder machte er sich beim Adel verhaßt, noch war er beim Volke unbeliebt. Nur den Dieben, Mördern und Ketzern machte er das Leben schwer.«

Ein Ketzer war demnach so schlimm wie ein Dieb oder ein Mörder, und da Dieben Verstümmelung, Mördern der Galgen drohte, konnte sich jeder ausmalen, was mit jenen zu geschehen hatte, die von der Pestilenz Luthers, dieses Narren, Schuftes, Prahlers, Dummkopfes, wie More ihn nannte, angesteckt waren. Er bekämpfte die Häretiker, die Anhänger einer Irrlehre, mit Worten und mit Taten. Er verfaßte Streitschriften wie die »Responsio ad Lutherum«, die Antwort auf des Wittenbergers Ausfälle gegen Heinrich VIII., der seinerseits in einer Schrift die katholische Kirche verteidigt hatte. »Hier hat ein erbärmlicher Schreiberling«, hatte es bei Luther geheißen, »dem jedes ordentliche Können fehlt, mit giftigen Worten bewiesen, wie gut er es versteht, eine Menge Papier zu beklecker – eine wahrhaft königliche Tat.« More zahlte mit gleicher Münze zurück.

In seinem »Dialogue Concerning Heresies« geht er ausführlich auf den Sacco di Roma ein, was den Historikern den einzigen zeitgenössischen Bericht über die Erstürmung Roms durch die Truppen Kaiser Karls V. bescherte; einen tendenziösen Bericht allerdings. Morus sah, verständlicherweise, im Sacco nicht den Untergang Babels, wie die Protestanten, und auch nicht, wie viele seiner katholischen Glaubensbrüder, ein Strafgericht Gottes über ein verkommenes Papsttum, für ihn waren allein die durch Luther ihres rechten Glaubens beraubten deutschen Landsknechte schuld an der Plünderung der Ewigen Stadt. Was sich dort abspielte, übertraf in der Tat alle Schrecken eines durch barbarische Greuel abgestumpften Zeitalters. Erklärbar wohl nur damit, daß nach damaligem Kriegsrecht eine eroberte Stadt zwangsläufig der Plünderung, ihre Bewohner dem Schwert verfielen; die Landsknechte und die spanischen Söldner glaubten ihren Hauptleuten, daß vor ihnen das Sodom und Gomorrha aller Verbrechen lag, die große Werkstatt einer Politik, die Völker und Reiche in blutige Kriege trieb, um dem Papst die Herrschaft über die Welt zu sichern.

Daß die – katholischen – spanischen Söldner die Hauptschuld traf an den grausigen Exzessen, interessierte More nicht, für ihn waren der Sacco di Roma und die Bauernkriege in Deutschland der Beweis, daß der Lutherismus ein Krebsgeschwür sei, das nach und nach allen Organen dieselbe tödliche Krankheit bringe.

Sein Schmerz darüber, daß das heilige Gefäß der Kirche zerschlagen wurde, in dem die Zucht und die Ordnung, die Barmherzigkeit und der Trost liege, ließ ihn gegen die Ketzer wüten. »Solchen Hunden soll man nicht nur predigen, sondern sie mit Peitschen und Knüppeln tüchtig schlagen, bis sie stille sind.« Die protestantischen Schriften, die trotz streng bewachter Häfen überall in das Königreich England eindrangen, galten ihm als Schmuggelgut des Teufels. Er veranstaltete Razzien in den Buchläden, ließ Buchhändler verhaften, organisierte Bücherverbrennungen. Er billigte die Hinrichtung von Ketzern, unterzeichnete während seiner Kanzlerschaft drei Todesurteile, doch als die Bischöfe bei ihm vorsprachen, um ihn für seine Verdienste im Kampf gegen den Unglauben mit fünftausend Pfund (nach heutigem Geld etwa eine dreiviertel Million Mark) zu belohnen, sagte er: »Solches nicht, meine Herren! Lieber sähe ich das ganze Geld in die Themse geworfen, als daß ich oder einer der Meinen auch nur einen Penny davon annähme.«

Die Stunde der Wahrheit

Für Morus nahte bald die Stunde der Wahrheit: er, der gegen die Scheidung Heinrichs war, mußte beiden Häusern des Parlaments des Königs »Große Sache« darlegen und was die einzelnen Universitäten für Gutachten abgegeben hatten.

Er referierte lediglich und vermied eine eigene Stellungnahme, als er aber darum gebeten wurde, meinte er, seine Meinung sei bekannt, er habe sie dem König schon des öfteren dargelegt.

Den Lords und den Männern des House of Commons fiel es nicht schwer, dem König zuzustimmen. Einerseits, weil sie kaum eine Wahl hatten, andererseits, weil vielen von ihnen Beute winkte. Da existierte das Pamphlet eines gewissen Simon Fish, eines üblen Ketzers zwar, doch was in seiner überall kursierenden »Bittschrift für Bettler« stand, hatte selbst den König beifällig nicken lassen, wie man sich unter der Hand erzählte. Die Geistlichen wurden darin als eine schmarotzende Gesellschaft bezeichnet, die

ohne zu arbeiten mit solcher Schamlosigkeit gebettelt habe, daß ihr heute ein Drittel des Reiches gehöre.
Dem König zuzustimmen hieße, zumindest für die Lords, der Umverteilung dieses Drittels ein wenig näher zu kommen. Es hatte zwar in dieser Schrift geheißen, daß, wenn man die Kirchengüter enteigne, sie an die *Armen* verteilen solle, denn nur so würde man die Not lindern, die aus ihr geborene Kriminalität beseitigen, der Ausbeutung entgegenarbeiten, doch die Auguren lächelten nur angesichts solcher Vorstellungen. Die Lords sollten recht behalten. Des Königs »Große Sache« war ein willkommener Anlaß, die antiklerikale Stimmung in beiden Häusern zu nutzen und gegen die Kirche vorzugehen.
Heinrich, vom Papst seinerzeit zum »defensor fidei«, zum Verteidiger des katholischen Glaubens, ernannt, ging nun gegen die Repräsentanten dieses Glaubens vor. Von der Anklage, bei dem erwähnten Scheidungsprozeß auf der Seite Königin Katharinas gestanden zu haben, konnte sich der Klerus noch freikaufen – mit der Riesensumme von 118 000 Pfund Sterling. Kein Geld der Welt half der hohen Geistlichkeit jedoch, als Heinrich von ihr verlangte, sie möge bestätigen, daß er »Einziger Beschützer, einziger und höchster Herr und oberstes Haupt« der Kirche von England sei. Und sie mußten es für ein besonderes Entgegenkommen halten, daß er ihnen die Zusatzformel gewährte, »soweit es das Gesetz Christi erlaubt«.
Wenig später begann Heinrich darüber nachzudenken, wie ein Mensch, in diesem Fall wie ein Geistlicher, der einen Eid auf den König ablege *und* einen Eid auf den Papst, einen Schwur, der dem ersten durchaus widerspreche, ein treuer Untertan sein könne. »Könnten die Herren mir raten«, wandte er sich scheinbar tief besorgt an seine Commons, »wie dieses Problem zu lösen wäre?« Die Unterhausabgeordneten wußten einen Rat. Er bestand aus der »Submission of the Clergy«, der Unterwerfungsakte des Klerus.

Die Englische Staatskirche mit dem König als oberstem und alleinigem Gesetzgeber, man schrieb den 15. Mai 1532, war geboren.
Einen Tag darauf gab Thomas Morus das Staatssiegel zurück: seine Gesundheit gestatte ihm nicht, ein derart verantwortungsvolles Amt zur Zufriedenheit aller fernerhin auszuführen, und er bitte, den Rest seines Lebens seinen Studien und seinem Gott leben zu dürfen. Heinrich gewährte ihm den Abschied höchst ungern, entließ ihn dann aber mit der Versicherung, ihm auch künftig ein guter Herr zu sein.
Seine Sache hatte er, besser Anna Boleyn, inzwischen bereinigt, indem sie sich, wohl wissend, daß niemand mehr ihre Kreise stören könne, vom König hatte schwängern lassen. Heinrichs Gemahlin Katharina war vom Hof verstoßen worden und lebte als Verbannte auf irgendwelchen Landsitzen, getrennt von Maria, dem »Bastard«, wie Anna die gemeinsame Tochter Heinrichs und Katharinas nannte. Im Mai 1533 erlebte Anna als nunmehr rechtmäßige Ehefrau Heinrichs VIII. ihren Triumph: in der Westminster Abbey wurde sie vom Erzbischof von Canterbury zur Königin von England gekrönt.
Drei Jahre später sagte Anna zu ihrem Wächter im Tower: »Ich habe gehört, daß der Scharfrichter sehr gut sein soll; er kommt eigens aus Calais. Ach ja, ich habe einen kleinen Hals.« Und wie von Sinnen lachend, umspannte sie ihn mit ihren Händen.
Thomas Morus war nicht zur Krönung erschienen. Die Bischöfe hatten ihm zwanzig Pfund geschickt, damit er sich ein dem Anlaß angemessenes festliches Gewand zulegen könne. Er behielt das Geld, weil er es bitter nötig brauchte, nach Westminster ging er nicht. Er hütete sich, des Königs Handlungsweise öffentlich anzuklagen; das wäre einem Todesurteil gleichgekommen. Und ein Märtyrer wollte er nicht werden. Er war ein tapferer Mann,

glich aber keinem jener Heiligen, die sich, liest man in den Legenden, nach dem Martyrium förmlich sehnten. Deshalb hatte er sich entschlossen zu schweigen. Schweigen bedeutete keine Zustimmung, eine Teilnahme an der Krönung indessen ja.

»... so tragt doch dafür Sorge, meine Herren«, antwortete er den Bischöfen, »daß ihr eure Reinheit bewahrt, könnte es doch sein, daß die, die euch dazu bringen, an der Krönung teilzunehmen, auch dazu bringen werden, Schriften zur Verteidigung dieser ›Sache‹ zu verfassen. Sie sind darauf aus, euch zu entehren, und wenn ihnen das gelungen ist, werden sie euch vernichten. Es liegt nicht in meiner Macht, zu verhindern, daß man *mich* vernichtet, aber bei Gott, meine gnädigen Herren, ich will dafür sorgen, daß man mich nicht entehrt.«

Thomas Morus war durch seinen Rücktritt zu einem armen Mann geworden. Er hatte den Staatsdienst nicht genutzt, sich zu bereichern, wie es üblich war, besaß keinerlei Reserven, mußte sein gesamtes Personal entlassen und sich mit der Familie aufs äußerste einschränken. Im schlimmsten Fall könnten sie mit dem Bettelsack vor den Türen singen, scherzte er mit seinen Kindern. Er hoffte, daß man ihn in Frieden ließ, doch in seinem Unterbewußtsein schien er daran zu zweifeln: immer häufiger brachte er die Rede auf jene Männer, die für ihren Glauben Kerkerhaft, Folter, den Tod auf sich genommen hätten, und daß, wenn jemand von seiner Familie getröstet, ermutigt, gestützt, der Weg in den Tod um einer guten Sache willen leichter zu gehen sein werde. Er wurde deutlicher und schilderte seinen Kindern und Enkeln, welche Leiden ihm bevorstehen *könnten*. Auf diese Weise hatte er sie derart vorbereitet, daß sie sein Unglück, als es später über ihn hereinbrach, weniger hart empfanden.

More arbeitete an seinen Streitschriften, verfaßte das Epitaph, und wenn er zur Themse hinunterging, die friedlich an seinem Anwesen vorbeifloß, erinnerte er sich der Zeiten, da der König mit seiner Prunkbarke ihn besucht hatte und, den Arm um seine Schultern gelegt, in vertraulichem Gespräch mit ihm im Garten spazierengegangen war. Die Stille jedoch war trügerisch. Thomas Cromwell besuchte ihn, des Königs neuer Generalvikar und Großsiegelbewahrer, ein Mensch, den wir heute einen Schreibtischtäter nennen würden. Skrupellos, von ethischen Erwägungen nicht belastet, ohne jede Moral, führte er in sklavischem Gehorsam Heinrichs Willen aus. Sein Ziel war es, Heinrich durch die Ausplünderung der christlichen Kirchen zum reichsten König der Christenheit zu machen – und sich selbst zum reichsten königlichen Rat. Die Grausamkeit, mit der er in die Klöster einbrach, die Mönche vertrieb, die Nonnen schänden ließ, die großen Abteien brandschatzte, widerspenstige Äbte an den Galgen brachte, trug ihm von seiten der Kirche den Schandnamen »Der Hammer der Mönche« ein; von der englischen Geschichte den Ehrennamen »Schöpfer der Staatskirche, Mitbegründer des modernen England«.

Thomas Cromwell (nicht zu verwechseln mit dem späteren *Oliver* Cromwell) genügte es nicht, daß Morus *nichts* sagte zu der neuen Rolle des Königs als »Auf Erden Oberstes Haupt der Englischen Kirche« und wiederverheirateter Ehemann, sein Schweigen machte ihn verdächtig, seine bloße Existenz bedeutete ein Ärgernis, war ein lebender Protest; der Mensch hatte gefälligst die neue Ordnung der Dinge gutzuheißen, ihr zu applaudieren. Denn: wer sich nicht ausdrücklich zum König bekannte, war gegen den König!!

Dem untersetzten Mann mit dem kantigen Schädel, den zusammengepreßten Lippen und den blinzelnden Augen gelang es bei seinem Besuch nicht, Morus zu provozieren. Seine Unterlegenheit spürend, reiste er wütend nach London zurück und schloß sich in seinem Arbeitszimmer ein.

Anderntags war eine Klageschrift fertig, wonach Thomas More gegen eine die Ehe mit Anna Boleyn rechtfertigende Schrift eine Widerlegung in Druck gegeben habe. Anklagen, die More souverän zerpflückte. Cromwells zweiter Angriff war gefährlicher.
Da gab es bei den Benediktinern in Canterbury eine Nonne, die in regelmäßigen Abständen zu Boden stürzte und Visionen erlebte. Leider wurden die Offenbarungen allmählich politisch; so verrieten ihr die Engel, daß der König nur noch sieben Monate zu leben haben würde, wenn er eine andere Frau heirate. Elizabeth Barton, wie sie hieß, wurde der Prozeß gemacht, und sie wurde zusammen mit einigen Priestern hingerichtet. Wegen Verschwörung, wie es ausdrücklich hieß. Nun wußte Cromwell sehr wohl, daß das arme Nönnlein sich gegen den mächtigsten Mann Britanniens nicht hatte verschwören wollen. Doch verschaffte ihm die Urteilsbegründung die Möglichkeit, andere Geistliche, die von der Offenbarung gewußt, ohne die Nonne anzuzeigen, in den Fall zu verwickeln. Den Bischof Fisher zum Beispiel – und Thomas More. Wie Cromwell erfreut konstatierte, hatte Sir Thomas mit der Nonne des öfteren persönlich gesprochen. Unterredungen allerdings, zu deren Beginn er energisch betont hatte, daß er von irgendwelchen Offenbarungen, die Politik betreffend, nichts hören wolle. Er konnte sogar die Abschrift eines seiner Briefe vorweisen, der seine Angaben bestätigte. Überdies sei er bereit, sich gegen diese Anklage öffentlich vor den Lords zu verteidigen.

»The field is won!«

Vor das Oberhaus ließ Heinrich seinen einstigen Freund nicht, wohl wissend, daß er dort seine Unschuld beweisen würde, dafür stellte er ihn vor eine Untersuchungskommission. Die dort präsidierenden, sehr freundlichen Herren – Lordkanzler Audeley, Erzbischof Cranmer, der Herzog von Norfolk und Lordsiegelbewahrer Thomas Cromwell – interessierten sich nicht mehr für die Nonne, um so mehr dafür, wie es Sir Thomas mit der Religion halte, präziser ausgedrückt, ob er endlich bereit sei, das zu tun, was fast alle getan hatten: den König als neues Haupt der Kirche und die Rechtmäßigkeit seiner Ehe anzuerkennen.

More erwiderte: »Ich hatte aufrichtig gehofft, daß ich von dieser Angelegenheit nichts mehr hören würde. Habe ich doch von Anbeginn Seiner Majestät meine Meinung wahrhaftig offenbart, was Majestät stets sehr gnädig aufzunehmen schien.«

Die Herren waren nun nicht mehr freundlich. Sie bedrohten ihn und bezichtigten ihn des Verrats. Habe er nicht seinerzeit den König dazu getrieben, die »Verteidigung der sieben Sakramente« zu schreiben, in der der Papst als absolute, unantastbare Autorität gefeiert werde? Eine groteske Verdächtigung. Jeder der Kommissionsmitglieder wußte, daß der Angeklagte die einzelnen Kapitel des Buches auf Befehl des Königs lediglich geordnet hatte, ja sogar, wenn auch vergeblich, darauf gedrungen, den Primat des Papstes nicht allzusehr zu betonen.

More antwortete deshalb lediglich: »Diese Drohungen, meine Lords, sind Schreckmittel für Kinder, aber nicht für mich.«

Als Thomas Morus mit seiner Barke zurück nach Chelsea fuhr, gab er sich so heiter, daß William Roper, Margarets Mann, ihn nach dem Grund fragte. »Wahrhaftig, mein Sohn, ich freute mich. Und zwar darüber, daß ich dem Teufel einen Streich gespielt habe, und daß ich mit diesen Lords so weit gegangen bin, daß ich ohne große Beschämung nicht mehr zurück könnte.«

Er war auch froh über die Antwort, die er Norfolk gegeben, der es, als ehemaliger Freund, gut mit ihm meinte.

»Ich wollte, Ihr würdet Euch ein wenig nach des Königs Wohlgefallen richten«, hatte der Herzog gesagt. »Denn bei Gott, More, *indignatio principis mors est,* des Fürsten Ungnade bedeutet Tod.« Und More hatte geantwortet: »Ist das alles? Nun, dann gibt es keinen Unterschied zwischen Euch und mir als den, daß ich heute sterben werde, Ihr aber erst morgen.«

Die Lords lagen zu dieser Stunde auf den Knien vor ihrem Herrn und baten ihn, er möge Sir Thomas Mores Namen von der Liste der des Hochverrats Angeklagten tilgen, andernfalls Majestät sich vor der Christenheit blamieren werde, denn der ehemalige Kanzler sei unschuldig und werde als Jurist seine Unschuld gut zu verteidigen wissen. Daß Heinrich die Liste zu korrigieren sich gezwungen sah, der Furcht vor dem zu erwartenden Protest der Gebildeten aus ganz Europa nachgeben mußte, das hat er More nicht vergessen: dieser Mensch mußte vernichtet werden. Er wartete nur auf eine andere, eine besser geeignete Gelegenheit ...

Wieder in Chelsea, schrieb Morus noch einmal an den König, versicherte ihn seiner Treue und Dankbarkeit, bat ihn, keinem falschen Zeugnis Glauben zu schenken und es nicht zuzulassen, daß ein Unschuldiger ermordet werde. Er sah in Heinrich immer noch den Mann, der er bei seiner Thronbesteigung gewesen war: begeisterungsfähig und idealistisch gesinnt. An *diesen* Mann wandte er sich. Er appellierte an dessen besseres Ich, das zwar verschüttet sein mochte, aber noch vorhanden sein mußte. Waren sie nicht einst so etwas wie Freunde gewesen?

Im tiefsten Innern jedoch schien er gewußt zu haben, daß es dieses Ich nicht mehr gab, daß Heinrich längst die Prophezeiung wahrgemacht hatte, wonach er seine Regierung so sanft antreten würde wie ein Lamm, um dann rasend zu werden wie ein Tiger. Nachts, wenn er schlaflos im Bett lag, kroch die Angst aus den Ritzen der Wände und schnürte ihm die Brust ein. Wir wissen nicht, ob er jemals den Gedanken erwog zu fliehen. Gute Freunde, die ihm geholfen hätten, nach Deutschland oder Holland zu entkommen, besaß er. Er blieb. Blieb bis zu jenem Tag, da sie ihn holten. Die Worte, die er seinem Schwiegersohn auf der nachtdunklen Themse sagte, erklären, warum er nicht geflüchtet war.

Er sagte: »Roper, my son, the field is won.« Der Kampf gegen die Angst, das Verzagen, die Feigheit war gewonnen; und gegen den Zweifel, ob er richtig handele. Er war jetzt bereit, und das ist im Sinne von Thomas Morus zu verstehen, sein Kreuz auf sich zu nehmen. So wie Jesus dazu bereit gewesen war, nachdem er im Garten Gethsemane Gott angefleht hatte, er möge den Kelch an ihm vorübergehen lassen.

Fünf lange, quälende Tage hörte die Familie nichts von ihm. Dann brachte ein Bote nachts einen Brief. Als Tochter Margaret ihn geöffnet hatte, las sie mit tonloser Stimme: »Im Tower zu London, am 17. April 1534.«

In den Verliesen des Tower

Fluchtburg, Festung, Schatzkammer, Residenz, Arsenal und Kaserne, zu all dem hat der Tower einst gedient, berühmt geworden aber, besser berüchtigt, ist der gewaltige Gebäudekomplex in der Londoner Altstadt als Staatsgefängnis. Wer seine Geschichte kennt, braucht nicht an einem Übermaß von Phantasie zu leiden, wenn er den Blutdunst zu spüren meint, der aus den düsteren Gewölben dringt. Hier wurde Heinrich VI. ermordet; der Herzog von Clarence in einem Weinfaß ertränkt; die beiden, durch Shakespeare unsterblich gewordenen jungen Prinzen erwürgt; fiel unter dem Beil des Henkers der Kopf des letzten Plantagenets; der Königinnen Anna Boleyn und

Katharina Howard; des Grafen Essex, Elisabeths Günstling; der Lady Jane Grey; des Sir Walter Raleigh; des Herzogs von Monmouth – ein Totentanz erlauchter Namen der englischen Geschichte.

Thomas Mores Verlies liegt im Bell Tower, einem kahlen, feuchten Gewölbe, unheizbar, durch die drei Schießscharten fällt spärliches Licht, in einer Ecke die Strohschütte. An der Wand hängt sein Bild. Die Zelle ist den Touristen verschlossen, da man nur durch die Wohnung des Gouverneurs zu ihr gelangen kann. Dafür dürfen sie den mächtigen Richtblock und das Henkersbeil des Scharfrichters bestaunen. Das Verlies zugänglich zu machen, eine Gedenkstätte für einen Mann zu errichten, dem mehr Lorbeeren gebührten als einem Dutzend dubioser Haudegen, darum bemühte man sich bisher vergeblich.

Thomas Morus schrieb, wie ihn zu Lambeth im Palast des Erzbischofs von Canterbury die vier grauen Gentlemen – Audeley, Cranmer, Norfolk, Cromwell – erwartet und verlangt hätten, er möge endlich den Eid leisten, ihm eine Liste mit den Namen bekannter Persönlichkeiten vorlegend, die diese Pflicht bereitwillig erfüllt hätten. Gemeint war der Eid auf die »Act of Succession«, die die Thronfolge auf die aus der Ehe Heinrichs mit Anna hervorgehenden Kinder regelte. More war bereit, diesen Eid abzulegen, doch als er die der Formel vorangestellte Präambel prüfte, bemerkte er, daß er damit auch Heinrich als oberstes Haupt der Kirche anerkannt hätte. »Mein Gewissen sagt mir, daß ich zwar auf die Nachfolge schwören kann, den Eid auf die Suprematie des Königs aber vermag ich nicht abzulegen, würde ich doch meine Seele damit in ewige Verdammnis bringen.«

Die Taktik, die er im Laufe des Verhörs befolgte, bestand, wie stets seit seinem Rücktritt, aus konsequentem Schweigen. »Er aber schwieg und antwortete nicht«, heißt es im Neuen Testament über das Verhör Jesu Christi durch den

Hohenpriester. More schwieg sich aus über die Gründe seiner Verweigerung und schlug damit seinen Feinden die Waffe aus der Hand. Wegen Hochverrats konnten sie ihn nun nicht anklagen.
»Was den Eid betrifft, so habe ich niemals jemanden davon abgehalten, ihn zu leisten, sondern es dem Gewissen des einzelnen überlassen. Und es wäre nur recht und billig, wenn man auch mich meinem eigenen Gewissen überlassen wollte. Denn das ist einer der Fälle, bei dem ich Ihm mehr Gehorsam schulde als dem König.«
Es gab nicht wenige unter Mores Anhängern, unter denen seiner Zeit und unter denen späterer Jahrhunderte, die sich fragten, warum er denn um Gottes willen nicht die Worte der Eidesformel gesprochen habe. Was bedeuteten schon Worte, wo es auf die Sprache des Herzens ankam? Warum nicht etwas sagen und etwas anderes denken? Mancher Historiker warf ihm später vor, daß sein Widerstand Starrsinn gewesen sei, seine Gewissensentscheidung Prinzipienreiterei, daß er das Rad der Geschichte habe zurückdrehen wollen, daß er sein Leben und das Leben seiner Familie aufs Spiel setzte für eine Kirche, deren Zustand nach Reformen schrie, für ein Papsttum, das bis ins Mark verfault war.
Das mag alles vernünftig klingen, doch kann die Vernunft, wie wir von Schiller wissen, eine Hure sein, und More war alles andere als ein Vernünftler. Außerdem war er, und dieses Moment wird oft nicht beachtet, seiner Zeit verhaftet. Daß eine neue Zeit anbrach, wird er nicht so genau gewußt haben wie die Historiker in ihrer Eigenschaft als rückwärtsgewandte Propheten. Er sah lediglich, daß die Einheit einer gottgewollten Institution zu zerbrechen drohte, eben jenes kostbare Gefäß der Zucht und Ordnung, der

Ausgestellt im Museum des Schreckens, vom Schwert der Gerechtigkeit durchbohrt: der Verräter Dreyfus.

Musée des Horreurs
N°6
le Traître!

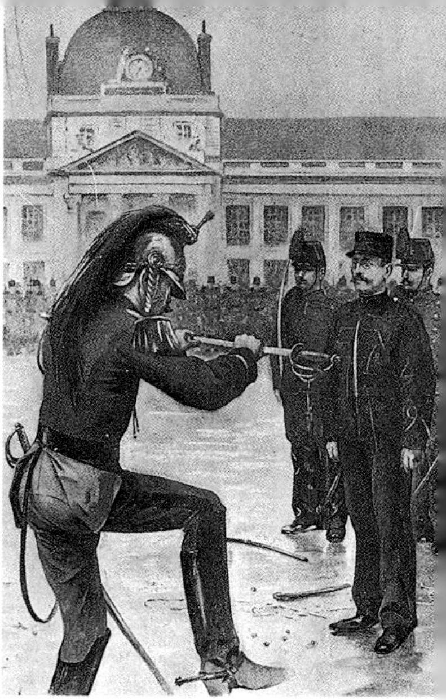

(links) Capitaine Alfred Dreyfus, Elsässer, 35, Kriegsschulzeugnis sehr gut, der erste Jude im französischen Generalstab.

(rechts) Degradierung im Hof der École militaire: Abreißen der Epauletten, Zerbrechen des Degens.

(unten) Emile Zola riskierte den Ruf, die Freiheit und das Vermögen bei seinem Feldzug gegen Lüge und Verleumdung.

(links) Heinrich VIII. erfüllte die Weissagung, wonach er anfangs ein Lamm, später ein Tiger sein würde.

(rechts) Thomas Morus gehorchte seinem Gewissen mehr als seinem König, der ihn umwarb und verfluchte.

(unten) Margaret, Lieblingstochter von Morus, bei ihrem letzten Besuch in der Zelle des Vaters.

Zutritt für Besucher verboten! Das Verlies des Thomas Morus im Londoner Tower heute …

Hinrichtung durch das Beil auf dem Block. »… – wie der König in seiner Gnade zu bescheiden geruhte.«

Inspiration und des Trostes, daß eine Welt, die in ihrem Glauben zweigeteilt sei, dem Chaos anheimfallen werde. Die anderthalb Jahrtausende alte Sendung des Bischofs von Rom verleugnen, einen Laien als Oberhaupt der Kirche anerkennen, einen Mann dazu, der zu einer Spottgeburt aus Grausamkeit, Aberwitz und Verschwendung verkommen war, dazu vermochte er sich nicht herzugeben.

Sie versuchten, ihn zu brechen: entzogen ihm das Schreibzeug, nahmen ihm die Bücher, verhörten ihn immer wieder, verringerten die Essensrationen, ließen seine Familie verelenden (Mores Frau war gezwungen, einen Bettelbrief an den König zu schreiben, da sie das für den Tower übliche »Kostgeld« nicht aufzubringen vermochte). Morus magerte stark ab, das Rheuma peinigte ihn, ein altes Steinleiden trat wieder auf. Er blieb standhaft, schrieb seine Briefe mit einem Stück Holzkohle, verlor sogar seinen Humor nicht, auch wenn es nun Galgenhumor war. Als der Gouverneur des Tower sich wegen des schlechten Essens entschuldigte, meinte er: »Wenn ich mich über Kost und Logis beklagen sollte, werfen Sie mich einfach hinaus.«

Immer wieder fand er Kraft im Gebet, und wenn das Gebet ohne Antwort zu bleiben schien, nahm er die Feder, später die Kohle, und schrieb an seinem Buch »Trost im Leiden«. Es ist ein Gespräch über die Standhaftigkeit in der Verfolgung, über die Ruhe der Seele im Schrecken der Unterdrückung, über die Angst vor den drohenden Schmerzen und ihre Überwindung, ein Werk, in dem sich Mores persönliches Leid zum überzeitlichen Exempel erhebt, ein Trostbuch für alle, die verfolgt werden, die keinen Ausweg mehr sehen.

Er wurde seelen-ruhig, während er schrieb; er stärkte sich, und Kraft hatte er bitter notwendig. Von seinem Fenster aus erlebte er, wie man die Kartäusermönche, die zu den wenigen standhaften Geistlichen gehörten, zur Hinrichtung abtransportierte. Er wußte, welch bestialischer Tod sie erwartete. »Nachdem man sie unter den Galgen geschleift hatte«, berichtete der Gesandte des deutschen Kaisers, »ließ man sie einen nach dem anderen auf einen Karren steigen. Man zog den Karren unter ihnen weg, so daß sie baumelten, löste aber rasch den Strick, damit sie noch lebten. Der Henker schnitt ihnen dann die Geschlechtsteile ab, schlitzte ihre Bäuche auf und riß die Eingeweide heraus.«

Eines Nachmittags im Mai klirrten die Riegel, und die schwere Tür des Kerkers drehte sich in ihren Angeln. Der Wächter sagte: »Dreißig Minuten« und schob eine junge Frau in die Zelle. Es war Mores Tochter Margaret, mit der er ein erschütterndes Wiedersehen feierte. Heinrich höchstselbst hatte ihr Besuchserlaubnis erteilt, mit dem Hintergedanken, die Lieblingstochter würde den halsstarrigen, verstockten, renitenten Menschen, der nicht wußte, was seinem König und seinem Vaterland frommte, vielleicht zur Umkehr bewegen. In einem Brief zu Anfang seiner Haft hatte sie ihm sanft zu bedeuten versucht, daß Gott mehr auf das Herz achte als auf die Zunge und wohl wisse, was ihr Vater wirklich denke. Die Antwort darauf hatte die arme Margaret völlig verstört.

»... nichts ist mir je so nahe gegangen, mein über alles geliebtes Kind, nichts hat mir solchen Kummer gemacht wie Dein Brief, in dem Du mich mit solch bejammernswertem Ungestüm zu etwas überreden versuchst, was ich um meines Seelenheils willen nicht tun kann. Ich vermag nichts anderes, als Dich anzuflehen, nie mehr ein solches Ansinnen an mich zu richten.«

Die Tochter liebte ihren Vater viel zu sehr, als daß sie es nicht doch versucht hätte. Da saßen sie sich in der Zelle gegenüber, und Margaret versuchte mit immer neuen Argumenten, ihn zum Nachgeben zu bringen. Schließlich schwieg sie und wurde traurig. Da lächelte er ihr zu und sagte: »Wie nun, Tochter? Woran denkst du jetzt? Sitz nicht so da, Mutter Eva, als dächtest du mit einer Schlange in deiner Brust über eine neue Verführung nach, um Vater Adam den Apfel abermals anzubieten.«

Schauprozeß

Am Tage nach der Abschlachtung der Kartäuser wurde More erneut verhört, ein Zeitpunkt, der es nicht zufällig erscheinen ließ, daß die Mönche direkt vor seinem Zellenfenster abtransportiert worden waren. Der Schrecken, einen solchen Tod erleiden zu müssen, sollte ihn gefügig machen.

More schwieg zu allem und beschränkte sich am Schluß des Verhörs auf die Worte: »Ich tue niemandem Böses, ich wünsche jedem das Gute. Wenn das nicht genügt, einem Menschen das Leben zu erhalten, wahrhaftig, dann begehre ich nicht zu leben.«

Die Mauern keines Kerkers sind so dick, daß sie nicht zu durchdringen wären. Es hat immer Wärter gegeben, die Mitleid mit ihren Gefangenen hatten oder sich ihren Lohn durch ein kleines Bestechungsgeld aufbesserten. More bekam von guten Freunden mal eine Flasche Wein zugesandt, mal eine Pastete, mal Äpfel und Orangen. Mit seinem Mitgefangenen John Fisher, dem Bischof von Rochester, tauschte er eng beschriebene Zettel aus, die zur gegenseitigen Absprache bei Verhören dienen sollten. Dem Bischof war vom Papst der Kardinalshut verliehen worden, in der Hoffnung, er könne ihm durch diese in ganz Europa bekanntgemachte Ehrung helfen in dessen Not.

»Ich weiß nicht«, hatte Heinrich VIII. unter dem wiehernden Gelächter seiner Schranzen gemeint, »wozu jemand einen Hut braucht, wenn er keinen Kopf mehr hat.« Diese Bemerkung wurde überall kolportiert und drang bis in den Tower. Ebenso die Nachricht, wonach Anna Boleyn den

König bedränge, er möge ihr endlich – eine neue Salome – das Haupt des Morus dedizieren.

Und noch jemand durfte More besuchen, seine Frau. Alice, die er bei seiner Wiederverheiratung als »nec bella nec puella« (weder schön noch Mädchen) bezeichnet hatte, war seinen Kindern eine Mutter gewesen, die das Wort *Stief*-mutter nie hatte aufkommen lassen, und hielt die Familie auch jetzt, da Not und Sorge tägliche Gäste waren in Chelsea, mit fester Hand zusammen. Sie war das, was man eine tüchtige Person nennt, ausgerüstet mit gesundem Menschenverstand, praktischer Klugheit und einer gewissen Rechthaberei. Hochfliegende Ideale und verstiegene Gedanken verabscheute sie. Was sie »Master More« sagte, mag gefühlsarm klingen, aber sie hat ihren Mann geliebt, nur eben auf ihre Art, und wenn jemand das verstand, dann war es More selbst. Schwiegersohn Roper hat uns das Gespräch überliefert, und es besteht kein Grund, ihm nicht zu glauben.

»Potz Element, Master More«, sagte sie, »ich wundere mich, daß Ihr, der Ihr bisher stets für einen weisen Mann gegolten habt, jetzt närrisch genug seid, um in diesem schmutzigen Gefängnis herumzuliegen. Dabei könntet Ihr frei sein und Euch der Gunst und Gnade des Königs erfreuen, wenn Ihr nur das tun wolltet, was alle Bischöfe und die gelehrtesten Männer des ganzen Reichs getan haben. Da Ihr doch in Chelsea ein stattliches Haus habt, so wundere ich mich, warum in Gottes Namen Ihr hier noch so töricht verweilt.«

More hörte ihr mit gelassener Heiterkeit zu und sagte dann: »Ich bitte Euch, gute Frau Alice, wenn ich nur sieben Jahre unter der Erde begraben läge und dann wiederkäme, würde ich unfehlbar in meinem Haus jemanden finden, der mir sagte: ›Es gehört dir nicht mehr. Geh hinweg!‹ Welchen Grund also hätte ich, ein Haus zu lieben, das seinen Herrn so bald vergäße?«

Am 1. Juli 1535 wird Thomas Morus in die Westminster Hall geführt, wo er als Richter so oft das Gesetz vertreten hatte. Die Herren, die jetzt dem Tribunal vorsitzen, treten es mit Füßen. Sie führen einen Prozeß, dessen Ausgang vor seinem Beginn feststeht; es ist einer jener Schauprozesse, wie sie in allen Jahrhunderten immer wieder geführt wurden und werden. Die Anklagen, die sie gegen den stark gealterten Mann erheben, der auf einen Stock gestützt sich in die Halle schleppt, sind ihm allzu bekannt: Widersetzlichkeit gegen die zweite Ehe des Königs; Verleugnung des Königs in verräterischer und böser Absicht als Oberhaupt der Kirche Englands, wie es das vom Parlament erlassene Statut besage.
More entgegnet, daß Verrat sich in Wort und Tat bezeuge, er aber habe lediglich geschwiegen, und für Schweigen könne niemand auf der Welt nach Recht und Billigkeit bestraft werden.
Das Gericht legt das Schweigen aus als eine Schmähung des Statuts, Schweigen sei deshalb ebenso strafbar wie eine offene Leugnung. More wirft ein, daß, wenn man es schon so sehe, dann auch nach dem Grundsatz des Römischen Rechts verfahren werden müsse, wo Schweigen Zustimmung – Qui tacet, consentire videtur – bedeute und nicht Verdammung. Die Richter merken die Ironie, die in dem Einwurf liegt. Sie beschuldigen ihn nun, den Mithäftling John Fisher durch verbotene Korrespondenz von Zelle zu Zelle gegen das Statut aufgehetzt zu haben. More meint, eine Persönlichkeit vom Range des Bischofs von Rochester könne niemand aufhetzen.
Der Prozeß kam nicht recht voran. Auf den Geschworenenbänken und bei den Zuhörern machte sich Unruhe breit. Die Richter schienen ratlos. Es galt, den Beweis zu erbringen, daß More sein Schweigen gegenüber irgend jemandem gebrochen habe. Selbstverständlich hätte man den Angeklagten auch ohne Beweis verurteilen können,

doch wollte der König ein »rechtmäßiges« Urteil. Das Gericht rief den Zeugen Richard Rich herein, seines Zeichens Kronanwalt.
Rich berichtete von einem Gespräch, das er mit dem Angeklagten in seiner Zelle geführt hatte.
»Gesetzt den Fall, Master More, eine Parlamentsakte würde erlassen werden, der gemäß das ganze Reich mich, Richard Rich, als König anerkennen solle. Wäret Ihr dann bereit, mich auch als König anzuerkennen?«
»Das würde ich.«
»Würdet Ihr mich, wenn das Parlament es beschlösse, auch als Papst anerkennen?«
»Würdet Ihr, Sir Richard, aufgrund einer entsprechenden Parlamentsakte sagen, daß Gott nicht Gott sei?« habe More die Gegenfrage gestellt.
»Das kann nicht sein, aber ich will Euch einen anderen Fall vorlegen. Ihr wißt, daß unser König zum Oberhaupt der Kirche ernannt worden ist. Warum wollt Ihr, Master More, ihn nicht in dieser Stellung anerkennen, der Ihr doch bereit waret, mich als König anzuerkennen.«
Der Angeklagte darauf: »Ein Parlament könnte zwar einen König ernennen und wieder absetzen, niemals aber das Oberhaupt der Kirche.«
Der Tatbestand des Hochverrats war damit erfüllt. Richard Rich belegte seine Aussage mit einem heiligen Eid. More führte in seiner Gegendarstellung aus, daß wohl niemand glauben könne, er werde ausgerechnet einem Mann die Geheimnisse seines Gewissens offenbaren, dessen zweifelhafter Charakter jedem bekannt sei. »Wenn dieser Eid wahr ist, dann bete ich, daß ich Gott nie ins Angesicht schauen möge.« Er wandte sich direkt an den Belastungszeugen und sagte: »Wahrlich, Master Rich, Euer Meineid bekümmert mich mehr als meine eigene Gefahr.« Es war ein Meineid; selbst Mr. Palmer und Mr. Southwell, die den Kronanwalt in die Zelle begleitet hatten, konnten sich nicht

überwinden, den letzten Satz des Gesprächs zu bestätigen: sie seien zu sehr mit dem Verpacken der Habseligkeiten des Häftlings beschäftigt gewesen.
Der Angeklagte wird von den Geschworenen schuldig gesprochen. Als Lordkanzler Audeley das Urteil zu verlesen beginnt, wird er von Thomas Morus unterbrochen: »Mein Lord, als ich noch das Gesetz hier vertrat, war es üblich, den Angeklagten vor dem Urteilsspruch zu fragen, ob ein Grund vorliege, warum er nicht verurteilt werden sollte.« Audeley, peinlich berührt, erteilt ihm das Wort.
»Eure Anklage ist auf eine Parlamentsakte gegründet, die im Widerspruch zu den Gesetzen Gottes und seiner heiligen Kirche steht, deren höchste Leitung kein weltlicher Fürst vermöge irgendeines Gesetzes sich anmaßen darf. Sie steht von Rechts wegen dem Heiligen Stuhl in Rom zu als ein Vorrang, der durch den Heiland selbst dem heiligen Petrus und seinen Nachfolgern, den Bischöfen jenes Heiligen Stuhls als ein Privileg zuerkannt wurde. Deshalb ist die Parlamentsakte kein Gesetz, aufgrund dessen ein Christ von Christenmenschen angeklagt werden könnte.«
Morus war, wir betonten es, nicht von dem Stoff, aus dem man Märtyrer macht. Er hatte geschwiegen, weil auf Schweigen »nur« lebenslänglicher Kerker stand, auf offenen Widerstand aber jene Todesstrafe, wie sie die Kartäuser hatten erleiden müssen: Erhängung bis zum Halbtode, Aufreißen des Unterleibs in noch lebendigem Zustande. Und solche Qualen zu erleiden, ohne doch noch schwach zu werden, dazu hatte er sich nicht stark genug gefühlt. Jetzt war er durch einen Meineid zu eben dieser Strafe verurteilt, durfte aber noch hoffen, vom König zum raschen Tod auf dem Schafott begnadigt zu werden. Wenn Thomas More jedoch sein Schweigen brach, setzte er diesen Gnadenerweis aufs Spiel. Er wußte das, aber er sprach dennoch. Schon jenseits von Gut und Böse, entschloß er sich, vor aller Welt zu *bekennen.*

»Ich sterbe als des Königs guter Diener – als Gottes Diener aber zuerst.« Hinrichtung des Thomas Morus und des Bischofs John Fisher – von dem anonymen Kupferstecher auf einen Tag gelegt.

Morus' Kopf ließ Heinrich auf das Gitter der London Bridge spießen.

»Gegen Euer Konzil oder Parlament – Gott weiß, was für eins – stehen alle Konzile, die seit tausend Jahren stattgefunden haben. Und gegen dieses eine Königreich stehen alle anderen christlichen Königreiche. Deshalb bin ich nicht verpflichtet, meine Überzeugung einem einzelnen Reich zuliebe zu opfern. Was ich hier sage, muß ich sagen um meines Seelenheils willen und zur Offenbarung meines Gewissens. Ich rufe Gott, dessen Auge in die Herzen der Menschen sieht, daß er mein Zeuge sei.«

Begnadigt – zum Tod durch das Beil

Der Kommandant des Towers, Sir William Kingston, der sich seiner Tränen nicht schämte, geleitet den Delinquenten zurück ins Gefängnis. Ein Herold geht an der Spitze des Zuges, das Henkersbeil hoch erhoben, die Schneide des Beils auf More gerichtet. Am Themsequai kommt es zu einer dramatischen Szene, als Margaret Roper den Kordon der mit Piken und Hellebarden bewehrten Wächter durchbricht, ihren Vater umarmt, küßt und, unfähig ein Wort zu sprechen, vor ihm auf die Knie fällt. More segnet sie: »Es ist Gottes Wille.«
Das Rankenwerk der Legenden und Anekdoten hat die letzten Tage des Thomas Morus beinah unkenntlich gemacht. Es gilt, sich auf das historisch zweifelsfrei Überlieferte zu beschränken. Es bleibt genug für die Erkenntnis, daß er sich bis zum bitteren Ende treu geblieben ist. In seinem letzten, mit einem Stück Kohle geschriebenen Brief wandte er sich noch einmal an Margaret: »Ich belästige Dich sehr, liebste Tochter, aber es würde mich sehr betrüben, wenn es länger dauern würde als bis morgen. Denn es ist der Vorabend des St.-Thomas-Tages, und ich sehne mich danach, morgen zu Gott zu gehen: es wäre für mich ein schicklicher Tag.«

Im Morgengrauen des 6. Juli 1535 erscheint Mr. Pope, ein guter Bekannter aus seiner Zeit als Richter, und teilt ihm mit, daß die Hinrichtung um neun Uhr früh stattfinden werde. Durch das Beil, wie der König in seiner unendlichen Güte zu bescheiden geruht habe. More nimmt die Nachricht wie eine Freudenbotschaft entgegen. Noch eine Gnade wird ihm gewährt. »Der König ist damit einverstanden, daß Eure Familie und Eure Freunde der Hinrichtung beiwohnen.« Beim Abschied sagt Pope: »Es ist auch der Wille des Königs, daß Ihr bei Eurer Hinrichtung nicht viele Worte machen sollt.«

Als einziges Mitglied der Familie ist dann Margaret Clement, die an Kindes Statt angenommene Tochter, auf dem Tower Hill zugegen. Sie beobachtet, wie More durch die Menge der Schaulustigen, die seit Mitternacht um die besten Plätze gekämpft hatten, geführt wird. Eine Frau erheischt seinen Segen; eine andere begeifert ihn wegen eines angeblichen Unrechts, das er ihr als Richter einmal angetan habe; ein Mann fleht ihn an, ihm bei einem bevorstehenden Prozeß beizustehen. Am Schafott angelangt, bittet Thomas Morus einen Offizier, er möge ihm die wackligen Stufen hinaufhelfen: »Herunter komme ich dann schon allein.«

Nach dem Brauch der Zeit kniet der Henker vor ihm nieder und bittet um Verzeihung. More hilft ihm auf und umarmt ihn. In einer kurzen Ansprache wendet er sich an die Zuschauer: »Betet für mich, und ich will – anderswo – für Euch beten. Betet auch für Euren König, damit es Gott gefalle, ihm guten Rat zu geben.« Bevor er sich mit eigener Hand die Augen verbindet, ruft er laut aus: »Ich sterbe als des Königs guter Diener – als Gottes Diener aber zuerst!«

Als der König die Nachricht von der Exekution erhielt, saß er mit Anna Boleyn beim Brettspiel. Er warf die Figuren um und schrie seine Frau an: »Daran bist allein du schuld!«

Den Kopf des Thomas Morus, der ihm einst ein Freund gewesen, ließ er auf das Gitter der London Bridge spießen, von wo er nach einigen Wochen in die Themse geworfen worden wäre. Eines Nachts jedoch erschien Margaret Roper, bestach den Aufseher und brachte »die heilige Reliquie« in ihren Besitz.

Ein Schauder des Entsetzens ging durch Europa, als die Nachricht, mit vielwöchentlicher Verspätung, die Hauptstädte erreichte. Ein Mann war auf schmähliche Weise zu Tode gekommen, den die Gebildeten der ganzen Welt verehrten, ein Humanist, ein bedeutender Schriftsteller, ein unbestechlicher Politiker. »Mit seinem Tod ist mir, als wäre ich selbst gestorben«, sagte Erasmus, »wir hatten *eine* Seele.« Und Kaiser Karl V. sprach aus, was viele empfanden: »Lieber wollten Wir die beste Stadt Unserer Länder verloren haben als einen so würdigen Ratgeber.«

3. Kapitel Sokrates oder Der inszenierte Tod

Xanthippe und das »Goldene Zeitalter«

Für die meisten Athener war er ein Original, einer, der in seiner ausgefransten Tunika barfuß über die Agorá schlurfte, am Brunnen bei den Weiden zwei Jünglinge ins Gespräch zog, am Hephaisteion eine Gruppe gesetzter Herren um sich versammelte, gegenüber der Tholos sich in den Schatten einer Werkstatt setzte und mit dem Schuster ein langes Gespräch begann. Sein Äußeres war nicht gerade anziehend: dickbäuchig, mit einer hängenden Schulter, die Nase wie ein Sattel, ein kahler Schädel, aus dem die Augen hervorquollen; eigentlich ein Ärgernis für die die Schönheit verehrenden Griechen. Und von geringer Herkunft dazu: der Vater ein Steinmetz, den Bildhauer zu nennen einer Übertreibung gleichgekommen wäre, die Mutter eine Hebamme, er selbst hatte ebenfalls den Beruf des Steinmetzen erlernt, ohne ihn lange auszuüben.

Dieser Mensch nun, von den Komödienschreibern verhöhnt als Erhabenheitsschwätzer, Priester des kniffligen Worts, spitzfindiger Rede Erfinder, schief gewachsen, häßlich, arm, vom Volk auf den Straßen nachsichtig geduldet, geschätzt nur von seinen Schülern und von den ganz Jungen (die ihren Eltern den Umgang mit ihm zu verschweigen suchten), Sokrates geheißen, ein Philosoph, der nur redete, aber kein Wort von dem aufschrieb, worüber er sprach (eine Eigenart, welche seine Mitwelt irritierte und seine Nachwelt bisweilen daran zweifeln ließ, ob es ihn *so* überhaupt gegeben habe), dieser Mensch nun, geboren um 470 vor Christus, zu Tode gekommen 399, wurde zum Vater der europäischen Philosophen, dergestalt, daß er die Philosophie vom Himmel herunterholte, sie in den Heimen der Menschen ansiedelte und seine Schüler zu Gründern eigener Lehren inspirierte, wie die sokratischen Schulen des Euklides aus Megara, des Phaidon aus Elis, des Antisthenes und des Aristippos aus Kyrene und die Akademie des Platon. »All die Probleme, die heute noch die menschliche Gesellschaft bewegen und den Zündstoff zu den endlosen Diskussionen der Jugend liefern, haben auch diese kleine Gruppe von Rednern und Denkern bewegt, die mit ihrem Lehrer fühlte, daß ein Leben ohne Austausch der Gedanken nicht menschenwürdig wäre.« (W. Durant)

Ob Sokrates lediglich eine dichterische Figur gewesen ist oder eine historische Gestalt, dürfen wir als entschieden betrachten: den Philosophen Sokrates hat es gegeben! Daß man seine Existenz überhaupt anzweifeln konnte, lag eben daran, daß er keine einzige Zeile hinterlassen hat. Wir kennen ihn vornehmlich aus den Werken des Platon und des Xenophon; in der Komödie »Die Wolken« von Aristophanes tritt er uns als – negativer – Held entgegen; Aristoteles schildert ziemlich detailliert seine Bedeutung. Am lebendigsten jedoch wird seine Gestalt in den Werken des Philosophen Platon und des Historikers Xenophon. Daß beide Autoren dem Sokrates von ihrem Fleisch und Blut gegeben haben, Platon zum Beispiel an vielen Stellen seiner Dialoge ihm seine eigene Philosophie in den Mund legt und ihn dichterisch verklärt, auch Xenophon ihn gelegentlich als Sprachrohr benutzt, ihn im übrigen allzu nüchtern-bieder schildert, mindert nicht ihren Wert als historische Quelle.

Viel Biederkeit schien tatsächlich in ihm und um ihn, wenn man sein Familienleben betrachtet. Verheiratet war er mit

Xanthippe, einer Frau, die in die Geschichte eingegangen ist als das Urbild eines bösen, zänkischen Weibes. Ein falsches Bild, wie inzwischen längst erwiesen. In einer Welt, in der es der Frauen höchster Ruhm war, ihrer »natürlichen Bestimmung« nachzukommen, also den Haushalt zu führen und Kinder zu gebären, wo der Blick durch die halb geöffnete Haustür bereits als unschicklich angesehen wurde und die Devise galt »Ein Übel sind die Weiber, jedoch kann der Mann sein Haus nicht führen ohne sie. Heiraten und Nichtheiraten ist gleich schlimm« – in einer solchen Welt mußten die meisten Frauen zu Xanthippen werden, das heißt, die ihnen feindlich gesinnte Gesetzgebung durch die Praxis unterlaufen. Was ihnen in der Öffentlichkeit versagt blieb, kompensierten sie im nichtöffentlichen Bereich, indem sie so tatkräftig wie handgreiflich das Zepter, sprich den Pantoffel, schwangen.
Für Xanthippe war ihr Ehemann einer, der an den Ecken herumstand, endlos schwätzte, seine drei Kinder vernachlässigte und mehr »Schalen Ruhm als gutes Brot« heimbrachte. Von seiner Philosophie verstand sie nichts. Daß sie ihn trotz allem liebte und die letzte Nacht im Gefängnis bei ihm blieb, spricht für diese Frau; und auch, daß sie für den Unterhalt der Familie sorgte. Sie führte die vom Vater des Sokrates ererbte kleine Werkstatt, in der von zwei oder drei Sklaven Grabsteine und Devotionalien hergestellt wurden. Alle Ehrenrettungen jedoch waren fruchtlos, denn nichts ist so dauerhaft wie ein durch die Jahrhunderte überlieferter schlechter Ruf. Wozu Xenophon kräftig beigetragen hat, als er Sokrates im Gastmahl des Kallias sagen ließ: »Da ich mit Menschen auskommen und umgehen will, habe ich mir dieses Weib angetan; denn ich weiß, wenn ich *sie* aushalte, kann ich mich mit allen anderen Menschen leicht vertragen.«
Was für ein Zeitalter, dieses 5. vorchristliche Jahrhundert, in dem Sokrates lebte, das »goldene« genannt oder das peri-

kleische nach dem Staatsmann Perikles, der Athen anderthalb Jahrzehnte beherrschte und prägte. Was sich damals in Griechenland entwickelte, kam einem Wunder gleich, einem kulturellen, einem politischen und einem wirtschaftlichen Wunder: ein kleiner Stadtstaat von nicht ganz 150 000 Einwohnern erblühte zu nie dagewesenem Wohlstand und schuf innerhalb von drei Menschenaltern die geistigen Grundlagen des Abendlands, Fundamente, auf denen wir noch heute bauen.

Ein kleines Volk gestaltete sein Leben zu einem Kunstwerk, an dem die Bildhauer und die Dichter, die Wissenschaftler und die Techniker, die Philosophen und die Politiker gleichermaßen beteiligt waren. Ein Werk, das nicht möglich gewesen wäre ohne die Masse der Bürger, die auf einer solchen Höhe der Bildung standen wie nie zuvor und nie danach bei einem Gemeinwesen.

Was für Namen! Namen von Männern, deren irdische Spur in Äonen nicht untergeht und die nach fast zweieinhalb Jahrtausenden von ihrem Glanz nichts eingebüßt haben. Sophokles, von dessen einhundertdreißig Dramen uns sieben erhalten sind, darunter »König Ödipus«, »Antigone«, »Elektra«; Aischylos mit seiner »Orestie«; Euripides, der »Medea« schrieb, »Iphigenie«, »Die Troerinnen«; und der Komödienschreiber Aristophanes, von dem wir die »Lysistrata« noch spielen und die »Vögel«. Der Bildhauer Phidias, der im Auftrag des Perikles der Leiter der Bauten und Bildhauerarbeiten auf der Akropolis war, von den Kunsthistorikern als der Schöpfer der hochklassischen attischen Kunst gefeiert; und sein Konkurrent Polyklet, vor dessen Statuen die Touristen staunend stehen. Die Philosophen Anaxagoras, Parmenides, Protagoras, Zenon kamen immer wieder nach Athen. Geschichtsschreiber wie Herodot feierten die Taten der Athener. Die attische Mundart wurde dank ihrer knappen Form und ihres kunstvollen Satzbaus die herrschende Schriftsprache. Politiker und

Feldherrn wie Miltiades, Themistokles, Aristides, Demosthenes und der bereits erwähnte Perikles machten Athen zur führenden Macht des Mittelmeeres. Die Stadt wurde zur geistigen Metropole ganz Griechenlands, zum Herz des Vaterlands, geachtet auch von denen, die seinen politischen Vorrang bekämpften.
Die Geschichte der an Weisheit und Geisteskraft größten und berühmtesten Stadt hatte, wie jede Epoche, auch ihre Schattenseiten, und wenn sie hier besonders ins Auge fallen, dann des goldenen Lichtes wegen, in dem Athen sich uns normalerweise zu zeigen pflegt. Nie wurden so viele Menschen aus ihrer Heimat vertrieben und bei den Kämpfen selbst oder bei inneren Unruhen umgebracht, schreibt der zeitgenössische Historiker Thukydides, nie wurden so viele Städte nach ihrer Eroberung verwüstet, solcher nicht zu gedenken, die man nach ihrer Einnahme mit anderen Einwohnern besetzte. Die Feldzüge gegen die Perser, mehr noch der Krieg mit Sparta, als Peloponnesischer Krieg bekannt, verheerten die Küsten, vernichteten die Ernten, ließen die Olivenhaine brennen. Hinmetzelung von Gefangenen, Geiselnahme, Massenhinrichtungen waren in jenem Bruderkrieg zwischen den Athenern und den Spartanern an der Tagesordnung, und keine Kriege sind grausamer als die zwischen Menschen desselben Volkes.

Die Erschütterung des Olymp

Sokrates selbst geriet dreimal in die Mühlen der männermordenden Kämpfe. So bei Potidaia, der Schlacht, die den Peloponnesischen Krieg einleitete; bei Delion, 424, einem Ort in Böotien, wo die Athener eine schwere Niederlage erlitten, und bei Amphipolis in Thrakien. Der Philosoph mit dem schlurfenden Gang, der schiefen Schulter, dem verwilderten Bart war eine Erscheinung, die jeden militä-

rischen Vorgesetzten zur Verzweiflung bringen mußte. Angetan mit Brustpanzer, Helm und Beinschienen, der Rüstung der zum Nahkampf eingesetzten Hopliten, bewaffnet mit Stoßlanze und Kurzschwert, muß er einer Spottfigur geglichen haben. Hatte dieser Sokrates doch noch andere irritierende Gewohnheiten, wenn er, wie im Feldlager, plötzlich stehen blieb und Stunden über Stunden auf demselben Fleck verharrte, so selbstversunken und geistesabwesend, als gehöre er dieser Welt nicht mehr an.
Der Spott der Mitkämpfer verstummte, als sie bemerkten, daß der sonderbare Mensch die Strapazen des Marsches, die Qual des Durstes, die Kälte der Nacht besser ertrug als sie, auch keine Furcht zeigte, wenn die Phalanx vorwärtsging und das Hauen und Stechen begann. Beim Rückzug nach der verlorenen Schlacht bei Delion wurde er mit seiner Gelassenheit und Umsicht zum ruhenden Pol »... und ich versichere«, erzählt Laches, einer der Heerführer in der Schlacht, »wenn die anderen sich hätten so mannhaft erwiesen, unsere Stadt hätte damals ihre Ehre gewahrt und nicht einen so schmählichen Sturz erlitten.«
Bei Potidaia rettete er Alkibiades das Leben, einem Mann, von den Göttern ausgezeichnet mit Genie, Reichtum und Schönheit, einem Staatsmann und Feldherrn, einem Helden und Verräter, auch Schüler des Sokrates, der jedoch auf den leichtfertigen, egoistischen und maßlos ehrgeizigen Mann keinen nachhaltigen Einfluß auszuüben vermochte. Er berichtete über die Schlacht: »Im Kampfgetümmel hat mich kein anderer Mensch gerettet als dieser Weise, der mich, der ich schwer verwundet, nicht verlassen wollte und mich und meine Waffen glücklich heimführte.« Den Preis, der Sokrates seiner Tapferkeit wegen zuerkannt wurde, lehnte er ab mit dem Hinweis, daß Alkibiades dieser Auszeichnung würdiger sei als er.
Sokrates war nie mutig, aber immer tapfer, eine Haltung, die er im politischen Leben Athens gleichermaßen zeigte:

Zivilcourage gegenüber dem Übermut der Ämter, Tapferkeit im politischen Leben, auch dann, wenn das Leben dadurch lebensgefährlich wurde. Zum Prytanen, Ratsherrn, gewählt, weigerte er sich als einziger, einem Urteil zuzustimmen, das er für ein Unrecht hielt. Die Befehlshaber der bei den Arginusen – siegreichen! – Flotte waren angeklagt, gegen die heilige Pflicht eines Feldherrn verstoßen zu haben, den Gefallenen ein ehrenvolles Begräbnis zu sichern. Vergeblich führten sie an, daß die Bergung der Leichen, und damit die Bestattung, des hohen Seegangs wegen unmöglich gewesen sei. Sie wurden, sieben an der Zahl, darunter der Sohn des Perikles, trotz Einspruchs des Sokrates als Vorstehers der Prytanen, hingerichtet. Als Athen von den Tyrannen beherrscht wurde, unter dem Namen »Die Dreißig« geschichtsnotorisch, verschwanden Tausende von Bürgern über Nacht, ohne daß man sie jemals wiedergesehen hätte. Zu den Kommandos, die die Unglücklichen zur Hinrichtung abholen mußten – meist waren es unschuldige Bürger, die man nach bewährtem Muster totalitärer Regime in Schuld verstricken wollte –, wurde eines Tages auch Sokrates befohlen. Auf dem Weg zu dem Todgeweihten drehte sich Sokrates plötzlich um und schlug gemächlichen Schritts den Weg nach Hause ein. »Denn mich konnte jene Regierung, so gewalttätig sie auch schien, nicht so schrecken, etwas Unrechtes zu tun. Und vielleicht hätte ich deshalb sterben müssen, wenn nicht die Tyrannen kurz darauf gestürzt worden wären.«
Manche Historiker haben zwischen dem 5. vorchristlichen Jahrhundert und unseren letzten hundert Jahren Parallelen gezogen, als da wären: staatlicher und wirtschaftlicher Aufschwung zu Beginn, blutige Kriege, kultureller und wissenschaftlicher Aufschwung, erneuter Krieg mit der Zerstörung ganzer Länder, staatliche Ohnmacht, sittlicher Verfall. Sosehr solche Vergleiche bisweilen hinken, einiges haben wir mit der Zeit des Sokrates doch gemeinsam: die

Umwertung aller Werte, ausgelöst durch die rasante Entwicklung der Technik und der Naturwissenschaften, das Infragestellen überkommener Moral und Sitte, die Erschütterung der religiösen Grundlagen.
Jahrhundertelang saßen die Götter unangefochten auf dem Olymp und herrschten über die Welt, Zeus, der Allgewaltige, Hera, seine Gemahlin, seine Brüder Poseidon und Hades, seine Kinder Athene, die Beschirmerin der Städte, Apollon, der Gott des Heils und der Ordnung, Artemis, die Nächtliche, Aphrodite, die über die Liebe wachte, Hephaistos, der Bewahrer des Feuers, der Götterbote Hermes, der Kriegsgott Ares. Sie waren selig, unsterblich, und ihre ewige Jugend erhielten sie sich durch den Genuß von Nektar und Ambrosia. Die Menschen liebten die Olympier, verehrten sie, fürchteten sie, aber bisweilen belächelten sie sie auch, denn sie waren nicht frei von ziemlich ungöttlichen Schwächen.
Doch ließ es sich gut leben unter ihrem Schutz, vorausgesetzt, man vergaß nicht, ihnen regelmäßig zu opfern, oder erweckte ihren Neid nicht durch allzu großes, eben übermenschliches Glück. Ihnen und ihren Helfern überall zu begegnen, sie um sich zu wissen auf den Feldern, in den Hainen, im Meer, über den Flüssen, in Haus und Hof machte die Welt erträglich. Sie bannten das Grauen vor den unfaßbaren Gewalten der Natur, begann doch das Chaos für die Griechen bereits vor den Toren ihrer Städte.
Die Horen öffneten und schlossen das Wolkentor, die rosenfingrige Eos verkündete den Morgen, Helios brachte das Licht des Tages, Wellen und Meer beherrschte Poseidon, die Erde Gäa, die Unterwelt Hades. Priapos mit seinem gewaltigen Penis schenkte Fruchtbarkeit, Hypnos den Schlaf, und sein finsterer Zwillingsbruder Thanatos brachte den Tod.
Unglücklicherweise hatte der Schöpfer allen Seins die

Menschen mit dem Verstand ausgerüstet, und sie gingen daran, ihn in einer Weise zu gebrauchen, die den Himmlischen nicht gefallen konnte: die Menschen fragten sich, ob es überhaupt Götter gab. »Am Anfang war das Chaos, dann sorgten die Strafgesetze für Ordnung, bis ein schlauer Mann die Götter und die Gottesfurcht erfunden hat«, ließ Kritias in seinem Satyrspiel einen seiner Helden sagen. Euripides nannte den Götterglauben »ein altes Märchen«.

Die Dichter und besonders die Philosophen waren es, die an die Allmacht der Götter die Elle des Zweifels legten. Die Philosophie, die Liebe zur Weisheit und zum Wissen, wie die wörtliche Übersetzung aus dem Griechischen lautet, war aufgekeimt in den griechischen Kolonien Kleinasiens und anfänglich den Physikern vorbehalten gewesen. Vom Mythos im Stich gelassen, suchten sie den Urgrund allen Seins und das Wesen der Dinge auf mathematisch-geometrischem Wege zu erforschen, ein Weg, der in dem Satz des Demokrit seinen Abschluß fand: »In Wahrheit gibt es nichts anderes als Atome und den Raum.« Bald wurde der Mensch das Maß aller Dinge und alles Wissen für Scheinwissen erklärt. Die Sophisten, die Wanderlehrer der Weisheit, zogen durch die Lande, feierten die Redekunst, ließen sich jede Rede und den Unterricht darin hoch bezahlen, kritisierten alles, relativierten jedes. Ihr Ziel war der, um einen modernen Ausdruck zu gebrauchen, mündige Bürger, und insofern trägt ihre Tätigkeit durchaus aufklärerische Züge. Sie forderten vor allem den überlieferten Glauben vor die Schranken der Vernunft. Doch lieferten sie den Menschen nur die Waffen der Zerstörung, aber nicht die Werkzeuge, anstelle des Zerstörten etwas Neues aufzubauen. Die allgemeine Zersetzung der religiösen Überlieferung brachte den Olymp, wenn noch nicht beim Volke, so doch bei den Gebildeten ins Wanken. Die Kunst der Rede erhoben sie zur wichtigsten Kunst, ließ sich doch mit ihrer Hilfe die schlechtere Sache zur besseren Sache machen.

»Ich weiß, daß ich nichts weiß«

Vor diesem Hintergrund erschien die Gestalt des Sokrates. Er war kein Sophist, als den ihn die Komödienschreiber hingestellt hatten. Er bildete sich nicht ein, alles Mögliche und Unmögliche zu wissen, und Standpunkte wie die des Sophisten Hippias, wonach es schlimm wäre, wenn er nicht auf jede Frage eine Antwort wisse, waren ihm ein Greuel. Auch leugnete er die Götter nicht. Jedermann in Athen konnte ihn dabei beobachten, wie er auf den Altären seine Opfer darbrachte – das Beste vom Gebackenen, die schönsten Früchte, den lieblichsten der Weine – und seine Gebete verrichtete. Da der Staat und die Religion eins waren und er die Meinung vertrat, daß jeder sich nach den Gesetzen richten müsse, so konnte daraus nichts anderes folgen, als daß Gesetzestreue gleich Gottesfurcht war. Dem Olymp allerdings mit den nach Hunderten zählenden göttlichen Wesen, dieser Fabelwelt von einem Götterpack, das sich schlug und vertrug, sich liebte, haßte, intrigierte, versöhnte, konnte er keinen rechten Glauben schenken. Er glaubte im Grunde seines Herzens an *eine* Gottheit, an eine Einheit in der Vielfalt, ohne daß man ihn deshalb einen Monotheisten nennen könnte.

Er war ein tief religiöser Mensch. Jenes geheimnisumwitterte »daimonion« legte hierfür Zeugnis ab, ein Phänomen, das im Laufe der Jahrhunderte die abenteuerlichsten Deutungen erfahren hat. Der Meister selbst sagte darüber: »... was ihr mich oft und vielfältig sagen gehört habt, daß mir etwas Göttliches und Dämonisches widerfährt. Mir ist dieses von meiner Kindheit an geschehen, eine Stimme nämlich, welche jedesmal, wenn sie sich hören läßt, mir

von etwas abrät, was ich eben zu tun im Begriff bin; niemals aber mich zu irgend etwas antreibt.«
War das »daimonion« eine Warnung des Gottes oder eine Stimme des Gewissens? War es der Instinkt für das jeweils Angemessene in einer bestimmten Lebenssituation oder eine Art geistigen Selbsterhaltungstriebs, der sich dann vernehmlich äußerte, wenn ein Schritt vom Wege drohte? Oder waren es, wie die Mediziner nüchtern meinen, bloße Halluzinationen, die scheinbare Wahrnehmung von Geräuschen oder, nach Meinung der Psychologen, die verschiedensten seelisch bedingten Hemmungen?
Sokrates war zu bescheiden, oder sagen wir, zu weise, um aus der Existenz seines Dämons auf einen göttlichen Auftrag zu schließen. Solcher Selbstüberhebung hätte er sich nicht unterfangen. Doch spürte er schon, daß hier etwas Unnennbares wirksam war, das, wie man es auch bezeichnen wollte, ihn immer wieder ermutigte, den einmal eingeschlagenen Weg weiterzugehen.
Der Anspruch, alles zu wissen und beantworten zu können, den die Sophisten allen Ernstes erhoben, war für Sokrates eine frevelhafte Selbstüberhebung. Lautete doch sein eigener Wahlspruch, ein Wort wie in Stein gehauen in seiner ewigen Bedeutung: »Ich weiß, daß ich nichts weiß.« Oder in seinem ganzen Wortlaut: »Denn es ist ein Dünkel, etwas zu wissen, was man nicht weiß. Und wollte ich behaupten, daß ich um irgend etwas weiser wäre, so wäre es um dieses, daß, da ich nichts weiß, es auch nicht glaube zu wissen.«
Sokrates begann sein Erziehungswerk in einer Zeit, die ihre Mitte verloren hatte, in der man zu den Göttern betete und ihnen opferte, weil es Tradition war, und nicht, weil man noch wirklich an sie glaubte. »Man zahlte die Kirchensteuer weiter, man trat nicht aus der Kirche aus, aber man ging auch nicht hinein«, meint Benvenuto Samson und schlägt damit die Brücke zur Gegenwart. Ein Zeitalter der

Begriffsverwirrung war dieses ausgehende 5. Jahrhundert. Die Bilder gleichen sich auch, weil das Wort »Freiheit« nicht unbedingt *mehr* Freiheit bedeutete, unter »Wahrheit« jeder das verstand, was ihm frommte, die Wörter »Integrität« und »Anstand« zu einer Frage der Auslegung geworden waren. Oder wie der zeitgenössische Historiker Thukydides es ausdrückte: »Selbst die gewohnte Bedeutung für die Sachen änderten sie nach Gutdünken.«

Der Philosoph wendet sich an die jungen Menschen, deren Charakter noch formbar ist, ohne die satten, gedankenträgen Bürger auszuschließen, jene, die die Tugenden gepachtet haben. Selbstgerechte, engherzige, beschränkte Kleinbürger sind es, die dem Fortschritt so mißtrauen wie der Jugend; sie kleben an den alten Gesetzen und Rechten, die sich forterben wie eine ewige Krankheit, ohne zu merken, daß Vernunft längst Unsinn geworden ist und Wohltat Plage.

Aus diesem Schlaf der Selbstzufriedenheit will Sokrates die Bürger aufschrecken, will sie irritieren, sie verunsichern, mit einem Wort: ihren Frieden stören. Bei dieser, wie er es selbst nennt, »Menschenprüfung« bedient er sich einer Methode, in der sich List und Raffinesse die Hand geben. Ihr Mittel ist die »Eironeia«, auf griechisch die Verstellung. Bei der »sokratischen Ironie« – unter diesem Namen gehört sie zum philosophischen Begriffsvokabular – stellt sich der Fragende, obgleich der Wissende, als sei er unwissend, und gibt vor, von dem Gefragten, als ob dieser wissend wäre, belehrt zu werden (obwohl es in Wirklichkeit dieser ist, der belehrt wird).

Sokrates betrieb die Menschenprüfung mit Leidenschaft, so leidenschaftlich, daß er bekannte, auch im Hades wolle er ein Störenfried sein, die im Schattenreich Lebenden ebenso ausforschen und ausfragen, wer unter ihnen glaube, daß er etwas wisse. Schon in den frühen Morgenstunden machte er sich auf und suchte auf der Agorá, in den Gymnasien, den Palästren, unter den Säulengängen der Tempel, vor den Werkstätten seine Opfer. Ein für ihn ideales Gelände, bevölkert von Menschen, die mit ihrer Redelust und Geschäftigkeit so gar nichts zu tun hatten mit der uns von Winckelmann überlieferten »edlen Einfalt und stillen Größe«. Der Meister stellte sich auf seinen Partner so einfühlsam ein, daß das Gespräch mit einem Handwerker anders verlief als mit einem Ratsherrn, mit einem reichen Nichtstuer anders als mit einem Schüler. Den Zuhörern wird Sokrates dabei nicht selten als ein Mensch erschienen sein, der mit seinem Gegenüber lediglich spielt, ihn aufzieht, sich über ihn lustig machen will. Sokrates, der in das Wort Verliebte, hatte gewiß das, was man den Schalk im Nacken nennt, und Humor hatte er auch. »Er salzte die trostlosen Wüsten der Logik mit einem Humor, der in der Geschichte der Philosophie eines frühen Todes starb«, bemerkte Will Durant sarkastisch.

Den Eindruck des Verspielten, Schalkhaften aber konnte nur ein oberflächlicher Zuhörer gewinnen, denn in Wahrheit ging es bei der Menschenprüfung immer um die Selbstprüfung, die zur Selbst*erkenntnis* führen sollte. Wenn er hörte, daß sich zwei Bürger über, sagen wir, die Ehre unterhielten, über die Tugend, das Vaterland, die Moral, dann pflegte er sofort einzugreifen mit der Frage: »Ti estin – was ist das?« Was versteht ihr eigentlich unter diesen Begriffen, die ihm abgegriffen und entwertet schienen wie alte Münzen.

Wie Sokrates den Laches, einen sehr selbstbewußten höheren Militär, mit der Frage »Was ist Tapferkeit?« zur gelinden Verzweiflung bringt, diesem Gespräch zu lauschen, richtiger, es zu lesen, ist ein delikates Vergnügen. Die Antwort scheint, beim Zeus, für einen alten Soldaten kein Problem. »Wenn jemand pflegt in Reih und Glied standhaltend die Feinde abzuwehren und nicht zu fliehen, so wisse, daß ein solcher tapfer ist.«

»Aber was ist denn der, welcher fliehend gegen die Feinde ficht und nicht standhaltend? Wie ja von den Skythen gesagt wird, daß sie nicht minder fliehend als verfolgend den Feind bekämpfen.«
Laches muß zugeben, daß auch solche Krieger tapfer sein können. Die Reiter kämpften ja nur so.
Doch nicht nur im Krieg gebe es Tapferkeit, so der Philosoph, auch im täglichen Leben; oder wenn einer schwer krank ist oder bitter arm, oder wenn einer in der Politik tätig ist.
Laches sagt schließlich: »So dünkt sie mich denn eine gewisse Beharrlichkeit der Seele zu sein, wenn ich an all die Arten von Tapferkeit denke.«
Nun, meint Sokrates, es gibt aber auch Menschen, die beharrlich sind im Geldausgeben, im Geiz oder einfach beharrlich töricht.
Eine Beharrlichkeit müsse eben verständig sein, vernünftig, wenn sie tapfer genannt werden möchte. So Laches.
Aber auch damit ist Sokrates nicht einverstanden. Es kommt zu immer neuen Definitionen, doch keine hält einer Überprüfung stand; immer wieder müssen sie verworfen werden. Was die Tapferkeit nun wirklich ist, erfährt Laches bei diesem Gespräch bis zum Schluß nicht. Er erfährt nur, daß er das, was er auf seinem ureigensten Gebiet zu wissen glaubte, eben nicht weiß. Sein Scheinwissen ist zerstört, aber gleichzeitig sind Geist und Seele gereinigt und zur Aufnahme des wahren Wissens vorbereitet. Die Selbstprüfung führt zur Selbsterkenntnis. Dem Menschen wird bewußt, daß er bisher im Kreise herumgeirrt ist und sein ganzes bisheriges Leben nicht des Lebens wert gewesen war.
»Erkenne dich selbst«, so lautet die Inschrift am Tempel zu Delphi, wo die weissagende Pythia thront.

Umgeben von schönen Knaben

Die Gegner des Sokrates, und davon hatte er, besonders unter den Sophisten, eine ganze Anzahl, warfen ihm vor, daß er jede Antwort drehe und wende, niemals aber eine eigene Antwort gebe. Das ständige Niederreißen ohne Wiederaufbau müsse auf die Dauer die Moral zersetzen und das Gehirn lähmen. Sokrates, der alte Fuchs, gewaschen mit allen Wassern des Streitgesprächs, der wie die Ringer in der Palästra alle erlaubten Kniffe und Tricks kannte, er pflegte, hatte man ihn einmal mit Fragen in die Enge gedrängt, meist mit Gegenfragen zu antworten.

Als es um das Thema ging: »Was ist das Gerechte?«, wurde der Sophist Hippias zornig. »Du wirst nicht eher hören, was nach meiner Meinung das Gerechte ist«, fuhr er den Meister an, »ehe du dich nicht selbst äußerst. Denn es genügt dir, daß du die anderen alle durch deine Fragen und Widerlegungen verunsicherst, du selbst aber willst nicht Rede stehen und deine Meinung über irgend etwas äußern.«

Sokrates antwortete diesmal nicht mit einer Frage, sondern verwies ganz ernsthaft – auf seine Mutter, die, wie jedermann wußte, eine Hebamme gewesen war. »Und so ergeht es auch mir wie den Hebammen, nur daß ich nicht Körpern, sondern Seelen zur Geburt dessen verhelfe, was sie schon in sich tragen. Geburtshilfe zu leisten, nötigt mich der Gott, Weisheit zu gebären aber hat er mir versagt. Somit bin ich selbst gar nicht sonderlich weise und habe wenig aufzuweisen, was als Geburt meiner Seele gelten könnte.«

Die Moral zu zersetzen und das Denken zu lähmen, ein solcher Vorwurf mußte ihn hart treffen. Ihm konnte es nicht darum gehen, mit Hilfe dialektischer Kunststücke das Falsche wahr und das Wahre falsch erscheinen zu lassen, wie eben den Sophisten, er mühte sich mit ganzem Herzen um die Wahrheit. Sie zu erkennen war jedoch nur möglich, wenn man vom Wesen einer Sache einen klaren Begriff hatte. Daher rührte sein ständiges Bemühen, Begriffe zu definieren, sie von ihrem Umfeld abzugrenzen und, auf dem Wege der Induktion, vom Besonderen auf das Allgemeine zu schließen, denn: allgemein gilt, was im Einzelnen gefunden wurde.

Am liebsten wandte sich Sokrates an die jungen Menschen, an die Jeunesse dorée, die, nachdem sie im Gymnasium und in der Palästra den Körper gestählt, nun etwas für ihren Geist tun wollte. Denn, so Sokrates, »dazu haben wir ja unsere Söhne, damit, wenn wir selbst im höheren Alter uns irren, ihr Jüngeren bei der Hand seid und das Leben wieder berichtigt in Tat und Wort«.

Sie sollten nicht so werden wie ihre saturierten, in Dünkel und Vorurteil versteinerten Väter. Bei seinem Prozeß wird ihm vorgeworfen werden, daß er die Jugend gegen die Älteren aufgehetzt habe. Aristophanes beschuldigte ihn sogar, er habe die Söhne animiert, die Prügel der Väter mit gleicher Münze heimzuzahlen. Auch wenn der Dramatiker das nur im übertragenen Sinn gemeint haben mag, Sokrates scheute vor nichts zurück, wenn es darum ging, die Jungen zu innerlich und äußerlich unabhängigen, ihrer Persönlichkeit bewußten Staatsbürgern zu erziehen. War es bei den Alten seine Absicht gewesen, morsch gewordene Denkgebäude zum Einsturz zu bringen, bei den Jungen wandte er die Mäeutik an, seine Hebammenkunst, jene heute in der Pädagogik längst selbstverständlich gewordene Methode, den Schülern keine fertigen Ergebnisse vorzusetzen, sondern sie durch Fragen dahin zu bringen, diese Ergebnisse aus eigener Einsicht zu erlangen.

Sie hörten ihm um so lieber zu, weil seine Auffassung von dem, was gut ist, sehr irdisch klingt: er identifizierte das Gute unbefangen mit dem Nützlichen. Das Gute mußte im Sinne des Wortes zu etwas gut sein, mußte nützlich sein,

und da es nichts Nützlicheres gab als Wissen, war Wissen die höchste Tugend. Nur wer die richtige Erkenntnis gewonnen hatte und das richtige Wissen, konnte richtig handeln. Als höchstes Gut des Menschen galt die Glückseligkeit, der sicherste Weg dorthin führte über Wissen und Verstehen. Doch wäre es falsch, den unergründlichen Mann nun zum bloßen Nützlichkeitsapostel zu machen.
Sokrates war häufig von schönen Knaben und Jünglingen umgeben, und es konnte in dieser homoerotischen Männerwelt nicht ausbleiben, daß es dabei zu Beziehungen kam. Ob sie lediglich psychisch waren oder physisch, auch dieser Frage ist die Wissenschaft nachgegangen. Die Knabenliebe galt in Griechenland keineswegs als pervers. Sie wurde nicht nur geduldet, sie wurde, zumindest in den höheren Kreisen, sogar gefördert. Die Gebildeten sahen darin ein Unterscheidungsmerkmal von den Barbaren, priesen sie als ein Bildungsmittel des Charakters und als Förderung des geistigen und seelischen Lebens. (Verpönt und unter Strafe gestellt war lediglich die gewerbsmäßige Päderastie.) Meist kam es jedoch nur zu gegenseitiger Masturbation, seltener zum Analkoitus.
Sokrates betrachtete die Sexualität mit derselben Natürlichkeit wie seine Landsleute. Mit ihren Frauen schliefen sie, um Kinder zu zeugen; zu den Dirnen gingen sie um der Lust willen. Wer Geld hatte, leistete sich eine Hetäre, die neben ihrem Körper ihre Künste im Tanz, im Flötenspiel und in der Konversation verkaufte. Bisweilen waren ihre Preise so hoch, daß selbst vermögende Klienten zögerten. Als die Hetäre Lais von Demosthenes zehntausend Drachmen für eine Nacht verlangte, ließ er ihr ausrichten: »So teuer kaufe ich die Reue nicht.«
Ehebrecher waren für Sokrates – soviel wissen wir von Xenophon, der sich in seiner Jugend dem Meister angeschlossen hatte – die reinsten Narren, stürzten sie sich doch für eine Sache in Gefahren, die sie auf gefahrlose

Weise erlangen konnten. Ähnlich unbefangen urteilte er über die Knabenliebe. Zwar war er, wie es hieß, äußerst erotischer Natur, und sein Kreis wurde nicht zuletzt durch den Eros zusammengehalten, doch drang er, seiner Lehre getreu, auf Selbstbeherrschung und Veredlung des Verhältnisses zu den Jünglingen. Denn die Sublimierung des Triebs sollte zu dem Wunsch des Liebhabers führen, durch eigenes Vorbild den Jüngeren zu erziehen, während dieser dem Älteren ähnlich zu werden trachtete, womit Sokrates der Erfinder des »pädagogischen Eros« wurde.

Mit seiner Methode, die Jungen durch das Gespräch auf den rechten Weg zu bringen und die Alten von ihrem Irrweg fortzuholen, wollte Sokrates nichts anderes als seinem Staat dienen. Dieser Staat aber sah das Wirken des philosophierenden Müßiggängers anders. Da war einer, der die Söhne gegen die Väter aufbrachte, der zwar vorgab, religiös zu sein, die attischen Schutzgottheiten aber kaum erwähnte, dafür ständig von seinem »daimonion« sprach; der bewährte Gesetze und geheiligte Traditionen prüfend abklopfte, die Kompetenz von Politikern zur Diskussion stellte; ein solcher Mann war ein Störenfried (wozu er sich auch noch provokativ bekannte!), und Störenfriede waren zu allen Zeiten wenig beliebt. Sie verbreiteten Unruhe, sie untergruben die Fundamente des Staatsgebäudes oder, wie es viel später hieß, die Stützen von Thron und Altar. Ja, schlimmer noch war Sokrates.

Im Jahre 403 hatten die Athener endlich die Tyrannei der Dreißig brechen können, und jedermann wußte, daß Sokrates im Gegensatz zu den meisten anderen den Tyrannen nie hörig gewesen war. Mußte er nun aber die Demokratie angreifen, die, gerade wieder installiert, auf noch wackligen Füßen stand? War es Rechtens, vom Terror des Stimmzettels zu sprechen, von Stimmvieh, von der Volksversammlung als einem zusammengewürfelten Haufen dummer Bauern und beschränkter Händler, die der Mei-

nung waren, daß schon deshalb etwas weise ist, wenn es von einer Mehrheit beschlossen wird? War es nötig, daß, nachdem das Volk seinen Respekt vor den Göttern zu verlieren begann und damit die für Moral und Sitte notwendige Furcht, nun auch die Autorität der Regierung und ihrer Gesetzgebung untergraben wurde?
Wer so sprach und handelte, war ein Staatsfeind und mußte vor ein Gericht gestellt werden. Die Anklage lautete: »Sokrates handelt gesetzwidrig, weil er an die Götter nicht glaubt, an die der Staat glaubt, vielmehr andere, neue Gottheiten einführt; er hat sich ferner vergangen dadurch, daß er die Jugend verführt. Strafe: der Tod.«

Der Prozeß Sokrates

Eingereicht wurde die Anklage – eine Staatsanwaltschaft gab es nicht – von drei Privatpersonen: von Lykon, einem Rhetor, von Meletos, einem bläßlichen Dichter, und von Anytos, einem reichen Lederfabrikanten. Wie war es möglich, einen Mann eines todeswürdigen Verbrechens anzuklagen, der sich um das Vaterland verdient gemacht hatte; mit Zivilcourage im Frieden und Tapferkeit im Krieg? Den zu hören und zu sehen viele eigens nach Athen reisten: das also war er, der in des Euripides Tragödie aus Protest aufgestanden war, bei jenem Vers, in dem die Suche nach dem Wesen der Tugend, nach letzter ethischer Wahrheit, als aussichtslos bezeichnet wurde; der noch dazu ein Alter erreicht hatte, das ihn eher jenseits von Liebe und Haß erscheinen ließ denn als einen Staatsfeind.
Anytos habe ihn aus persönlichen Gründen vor Gericht gezerrt, weil sein Sohn ein Schüler des Philosophen gewesen und durch dessen Lehre zu einem Nichtsnutz verkommen sei. Das hat man jahrhundertelang geglaubt, doch diese Überlieferung gehört in die umfangreiche Kategorie

»historischer Klatsch«, in die Welt gesetzt von den über das Urteil empörten Sokrates-Jüngern. Auch die Tatsache, daß der blutige Tyrann Kritias sein Schüler gewesen war und der als Hochverräter geltende Alkibiades sein engster Freund, hat bei der Erhebung der Anklage keine entscheidende Rolle gespielt. Anytos, einer der Führer der wiederhergestellten Demokratie, war die treibende Kraft, unehrenhaft war er nicht, und als Politiker eher gemäßigt, kein Scharfmacher, sondern ein Mensch, der davon durchdrungen war, daß sein nach einem verlorenen Krieg gedemütigtes Vaterland – Sparta hieß der hochmütig triumphierende Sieger – nur auferstehen könne zu alter Herrlichkeit, wenn man ein Exempel statuiere. Ein Exempel an einem jener alles zerredenden, alles zersetzenden Intellektuellen vom Schlage des Sokrates, der noch dazu ein aristokratisches und damit antidemokratisches »Programm« vertrat.
Solche Existenzen brauchte niemand in einer Zeit, in der alle Kräfte dem Aufbau zu dienen hatten und der Befreiung von den Ketten, mit denen das siegreiche Sparta die Athener geknebelt: die einst mächtige Flotte war, bis auf zwölf der Einfuhr von Getreide dienende Schiffe, aufgelöst worden, die auswärtigen Besitzungen abgetreten, die »langen Mauern« zwischen Piräus und Athen geschleift. Der Handel lag darnieder, der Wert des Geldes war so niedrig wie die Preise hoch. Unsicherheit überall, Not, Verzweiflung.
Anytos, Lykon und Meletos hatten sich ihre Klageerhebung genau überlegen müssen, denn, so das Gesetz des attischen Stadtstaats, wer nicht mindestens ein Fünftel der Richterstimmen für sich gewann, mußte eine hohe Geldbuße entrichten und verlor für die Zukunft das Recht zu klagen. Fünfhundertundein Richter versammelten sich beim Dikasterion, dem Volksgericht, auf den mit Schilfmatten belegten Holzbänken. Sie wurden durch das Los

aus der Bürgerschaft gewählt, und man traute ihrem gesunden Menschenverstand mehr als ihren juristischen Kenntnissen (die die meisten von ihnen nicht besaßen). Die Kläger setzten die Wasseruhr in Betrieb, deren fallende Tropfen jeden Redner an das ihm zustehende Zeitmaß mahnten, denn jeder Prozeß mußte bis zum Anbruch der Dämmerung beendet sein.

Der »Prozeß Sokrates« gehört zu den berühmten Prozessen der Weltgeschichte, und vorweggenommen sei, daß es weder ein Schauprozeß war noch an seinem Ende ein Justizmord stand. Es ging Rechtens zu. Ein Vergleich mit der gegen Thomas Morus inszenierten Gerichtsverhandlung, wie er häufig angestellt wurde, muß deshalb hinken.

Sokrates verteidigte sich gegen die drei Anklagepunkte – Unglaube gegenüber den Staatsgöttern, Einführung anderer neuer Gottheiten, Verführung der Jugend – in einer Weise, die einem Verteidiger, hätte es dieses Amt bereits gegeben, als Wahnwitz erschienen wäre. Er bat nicht um Verständnis, machte keine Konzessionen, gelobte für die Zukunft nicht Besserung. Er sprach zu den Richtern so, wie er zu Menschen auf der Agorá gesprochen hätte: überlegen, ironisch, witzig, belehrend. Mit allen Mitteln seiner Dialektik benutzte er die Chance, vor diesem Forum seine Lehre zu vertreten. Der Stadtstaat Athen hatte von seiner geistigen Faszination, trotz der Niederlage im Peloponnesischen Krieg, nichts eingebüßt, und der alte Mann wußte, daß seine Verteidigungsrede im ganzen Mittelmeerraum, und der war gleichbedeutend mit der damaligen Weltöffentlichkeit, gehört werden würde. Er machte ganz bewußt Propaganda für seine Lehre und wich nicht ein Jota von dem ab, was er bisher vertreten und für wahr gehalten hatte.

Ja, sollte er unter der Bedingung freigelassen werden, daß er, bei Androhung des Todes, seine Wahrheitssuche in

Zukunft lasse, so müsse er sagen: »Ich bin euch, Männer von Athen, zugetan in Respekt und Zuneigung, gehorchen aber werde ich dem Gott mehr als euch, und solange noch Atem in mir ist, werde ich nicht aufhören, nach Weisheit zu forschen und euch zu ermahnen und zu unterweisen. Wen von euch ich auch treffe, ich werde zu ihm sprechen: ›Wie, guter Mann, als ein Athener aus der für Weisheit berühmtesten Stadt, du schämst dich nicht, nach Geld und Gut zu streben, und wie du davon am meisten bekommen kannst, auch nach Ruhm und Ehre – um Einsicht aber und Wahrheit und um deine Seele aber sorgst du dich nicht und willst auch nicht daran denken?‹ Und ich werde auf keinen Fall anders handeln, ich müßte noch so oft sterben.«

Immer wieder wird Sokrates von den Geschworenen des Volksgerichts, das seiner hohen Zahl wegen mehr einer Volksversammlung glich, lärmend unterbrochen. Worauf seine häufigen Aufforderungen »Macht kein Getümmel, ihr Männer!« schließen lassen. Lärm, Getümmel, Proteste auch, als er selbstbewußt betont, daß einem Staat noch niemals größeres Glück zuteil geworden sei als der Dienst, den er für ihn leiste. »Wenn ihr mich tötet, werdet ihr nicht leicht einen finden, welcher der Stadt von dem Gott in den Nacken gesetzt worden ist wie einem großen edlen Roß, das seiner Größe wegen ein wenig träge ist und den Sporn braucht, es anzutreiben und zu führen.«

Und was hat es mit dem Vorwurf auf sich, er verführe, er verderbe die Jugend? Ein Menschenalter lang habe er die jungen Menschen nach seinem Sinne belehrt, mit Hunderten, ja Tausenden von ihnen gesprochen: es sollte sich kein einziger finden, der gegen ihn Zeugnis abzulegen bereit sei? Wo sind denn solche Belastungszeugen, die das Gericht gewiß mit Eifer gegen ihn hätte aussagen lassen.

Wo, wo sind sie?

Mit Logik und mit dem üblichen Gewürz der Ironie geht

er gegen den Anklagepunkt vor, daß er die Götter leugne, die der Staat anerkenne. Da man ihm gleichzeitig vorwerfe, er glaube an Dämonen, Dämonen aber zumindest Kinder der Götter seien, könne er doch die Existenz der Götter gar nicht leugnen. Ebenso ungereimt wäre es, wenn jemand behaupten würde, es gäbe Maulesel, aber keine Pferde und Esel (aus deren Verbindung sie doch entstammten). »Also, Meletos, es kann nicht anders sein, als daß du diese Klage erhoben hast, um mich in Versuchung zu führen oder in gänzliche Verlegenheit, was für ein wirkliches Verbrechen du mir wohl andichten könntest.«

Sokrates billigt den Richtern zu, daß sie sich mit Recht fragten, woher denn alle die Verleumdungen kämen. Denn wenn er nichts Besonderes betrieben habe, würde nicht solch übler Ruf und solches Gerede entstanden sein. Denn wo kein Feuer, ist kein Rauch. »Den Chairephon kennt ihr doch. Er war mein Freund von Jugend auf, und auch euer, des Volkes Freund war er. Und ihr wißt doch, wie Chairephon war, wie heftig in allem, was er auch beginnen mochte. Als er einst nach Delphi gegangen, erkühnte er sich, ein Orakel zu begehren. Er fragte also, ob jemand weiser sei als ich – keine Aufregung, ihr Männer! –, und die Pythia antwortete ihm: Niemand ist weiser als Sokrates.«

Der Orakelspruch ist historisch verbürgt. Warum die Priester den »rasenden Mund« der Pythia so sprechen ließen, darüber ist in der Folgezeit viel orakelt worden. Vielleicht wollten sie, die meist nach der Väter Sitte rieten, des Sokrates Gegnerschaft zu den Radikaldemokraten in Athen belohnen, oder sie hielten ihn tatsächlich für Griechenlands bedeutendsten lebenden Philosophen. Sokrates wird das Warum gleichgültig gewesen sein. Der Prophet, der im eigenen Land so wenig galt, daß man ihn vor Gericht zerrte, und der dennoch die Gunst des delphischen Gottes genoß – diese Genugtuung kostete er zur Gänze aus.

Erschrocken über der Pythia Spruch, daß er der weiseste sei, habe er versucht, Menschen zu finden, die ihm vielleicht doch an Weisheit überlegen seien. Die Künstler, Handwerker, Politiker, Dichter, die er befragt, hätten alle geglaubt, noch sehr viel mehr zu wissen, als für ihren Beruf notwendig sei. Er, Sokrates, jedoch habe ihnen klarzumachen versucht, daß nur der weise ist, der wisse, daß er nichts wisse. Der delphische Gott habe ihn also beauftragt, und das sei der Sinn seines Spruchs gewesen, sich selbst und andere immer wieder zu prüfen. Und er fügte in einer Anwandlung von Selbstmitleid hinzu: »Über diesem Geschäft habe ich nicht Muße gefunden, weder in den Angelegenheiten der Stadt etwas der Rede Wertes zu leisten, noch in meinen häuslichen, sondern in tausendfältiger Armut lebe ich wegen dieses dem Gott geleisteten Dienstes.«

Die Pythia als Auftraggeberin anzugeben und den eigenen schlechten Ruf der Mißgunst der Athener anzulasten, die ja nur neidisch seien auf des Gottes Gunst, raffinierter ist das Plädoyer eines Angeklagten schwer denkbar – aber auch nicht provokativer! Die Richter herauszufordern hieß, die eigene Existenz aufs Spiel zu setzen. Wußte er nicht, daß der Sophist Protagoras vertrieben, der Dichter Diagoras verbannt, der Philosoph Anaxagoras zum Tode verurteilt worden war? Er wußte es. Die Lust jedoch, die Kleinbürger zu verhöhnen, sie mit Ironie zu strafen, ist größer als jegliche Vernunft. Ja, im Laufe des Prozesses wird eines immer deutlicher: er legt es darauf an, zum Tode verurteilt zu werden. Sein Plädoyer ist weniger dazu geeignet, ihn zu verteidigen, als seine Philosophie zu erläutern.

Nachdem der Angeklagte das Wort abgegeben hatte, machten die Geschworenen auf ihren Täfelchen die Zeichen, die über schuldig oder nichtschuldig entschieden. Das Urteil lautete *schuldig*, ein Spruch, der trotz des herausfordernden Benehmens des Angeklagten knapp ausgefallen war:

von den 501 Richtern stimmten 281 gegen Sokrates, 220 aber für ihn; ein Zeichen, wie wenig fundiert die Anklage, wie unsicher die Richter waren.
Nach attischem Recht konnte er nun von sich aus einen Vorschlag machen, welche Strafe er denn zu verdienen glaube.
Außerdem durfte der Angeklagte in diesem Stadium des Prozesses seine Frau und seine Kinder herbeirufen, die das Gericht kniefällig und unter Wehgeschrei um Milde anzuflehen pflegten. Sokrates ersparte seiner Frau Xanthippe und den Söhnen Sophroniskos, Lamprokles, Menexenos die Demütigung. Er lehnte es auch ab, das eigene Strafmaß festzusetzen, würde das doch das Eingeständnis einer Schuld sein. Als man ihn von allen Seiten zu diesem Antrag drängte, sagte er: »Wenn ich mich also selbst einschätzen soll, was ich von Rechts wegen verdient habe, so beantrage ich die lebenslange kostenlose Speisung im Prytaneion. Denn nur das kommt einem Manne zu, der sein Leben lang sich bemüht hat, seine Mitbürger weiser und besser zu machen.«
Im Amtsgebäude der Prytanen gespeist zu werden, wo sich als heiliger Mittelpunkt der Herd der Göttin Hestia befand, war eine Auszeichnung, die nur verdienten Kriegern und Olympiasiegern zukam. Ein Schrei der Empörung war die Reaktion auf diese Rede. Als Sokrates wieder zu Wort kam, lenkte er scheinbar ein und schlug eine Geldbuße von einer Mine vor (etwa einhundertvierzig Mark) – mehr besitze er leider nicht. Das nun war selbst seinen Freunden, darunter kein Geringerer als Platon, zuviel der Ironie, und sie riefen dem Gericht zu, daß sie für eine Buße von dreißig Minen garantieren würden.
Als die Stimmen diesmal ausgezählt wurden, fanden sich zweihunderteinundneunzig lange Striche auf den Wachstafeln. Sie bedeuteten den Tod.
Das letzte Wort bekam dem Gesetz gemäß der Verurteilte.

Wenn ihn etwas tröste, sagte er voller Verachtung, dann die Zuversicht, solchen Menschen wie diesen Richtern hier in der Unterwelt nicht zu begegnen. Von Athen werde man einst sprechen als von der Stadt, wo die Mörder des Sokrates zu Hause seien, eines weisen Mannes. Er bereue keineswegs, nicht die üblichen Mittel und Argumente bei seiner Verteidigung angewandt zu haben, die ihm vielleicht das Leben bewahrt hätten.

»Es ist wohl nicht schwer, ihr Männer, dem Tod zu entrinnen, schwerer ist es vielmehr, das Böse zu meiden, denn das Böse ist schneller als der Tod. So scheide ich, nachdem ihr mich zum Tode verurteilt habt, ihr aber geht hin und seid gezeichnet für alle Zeiten mit dem Brandmal der Bosheit und der Ungerechtigkeit. Und wenn ihr glaubt, dadurch, daß ihr Menschen tötet, auch die Wahrheit töten und verhindern könnt, so denkt ihr falsch.«

Sein Gerechtigkeitsgefühl ist so ausgeprägt, daß er selbst zu dieser Stunde der Geschworenen gedenkt, die für seinen Freispruch plädiert haben. Er tröstet sie: der Tod, möge er nun ein tiefer, traumloser Schlaf sein oder die selige Wiederbegegnung mit den Heroen der Vorzeit, in beiden Fällen wäre er kein Übel.

»Jedoch, es ist nun Zeit, daß wir gehen, ich, um zu sterben, und ihr, um zu leben. Wer aber von uns zu dem besseren Geschäft hingeht, das ist allen verborgen außer dem Gott.«

Das Gift des Schierlings

Sokrates hat erreicht, was von Beginn des Prozesses an sein Ziel gewesen sein muß: das Todesurteil herauszufordern. Nur dann, so wird er gefühlt haben, würde seine Lehre weiterleben, wenn er selbst sein Leben hingab. Daß er sein Wirken durch den Tod besiegelte, hat ihn in der Tat erst unsterblich gemacht und macht seine historische Bedeutung aus.

Anytos hatte gehofft, daß Sokrates auf Verbannung plädieren würde. Es kam ihm nur darauf an, ihn unschädlich zu machen – mit seinem Blut mochte er sich nicht beflekken –, denn in der Fremde würde Sokrates Athen nicht mehr schaden. Der Philosoph hat selbst darauf geantwortet, was er davon hielt: »Ihr Athener! Ein schönes Leben wäre das für mich, wenn ich als alter Mann auswandern sollte und von Stadt zu Stadt ziehen und, aus jeder immer wieder vertrieben, so mein Leben fristen müßte. Denn das weiß ich: wohin ich auch käme, würden die jungen Leute meinen Worten lauschen, wie sie es hier getan haben. Wiese ich sie aber ab, dann würden sie mich vertreiben, indem sie die Älteren gegen mich aufbringen; wiese ich sie aber nicht ab, so würden ihre Väter und Verwandten mich um ihrer selbst willen fortjagen.«

Sokrates hat den Tod herausgefordert, ein Märtyrer war er deswegen nicht. So wie er sich sein Leben lang menschlich, allzu menschlich gezeigt hatte, an der Tafel, wenn er die Jüngeren unter den Tisch trank und die Älteren in Grund und Boden redete, wenn er zu den Hetären ging oder sich mit Xanthippe herumstritt, so natürlich zeigte er sich, wenn er, sich scheinbar selber tröstend, auf sein Leben zurückblickte: »Sollten meine Jahre verlängert werden, so weiß ich, daß sich die Gebrechen des Alters unvermeidlich einstellen: meine Augen werden schwächer werden und mein Gehör nachlassen; ich werde langsamer auffassen und schneller vergessen. Wie könnte ich dann noch Freude am Leben haben ...«

Auch eine weitere Hoffnung der Ankläger erfüllte sich nicht, die Hoffnung, Sokrates würde die ihm von seinen Freunden gebotene Gelegenheit zur Flucht nutzen. Zeit genug dazu hätte er gehabt. Wurde ein zum Tode Verurteilter normalerweise gleich nach Sonnenuntergang hingerich-

»Seid also still. Denn, so sagte man mir, es muß ein heiliges Schweigen sein ...« Sokrates setzte den Becher an, trank ihn ganz leicht und

in Ruhe leer. Und bevor er starb, bat er, den Göttern ein Dankopfer zu bringen – für die Genesung von der Krankheit des Lebens.

tet, diesmal mußte die Rückkehr jenes heiligen Schiffes abgewartet werden, das alljährlich nach Delos zum Heiligtum des Apollon entsandt wurde. Eine Hinrichtung vor der Rückkehr des Schiffs hätte die Stadt unrein gemacht. Sokrates aber hat das Ansinnen seiner Freunde zurückgewiesen.

Flucht hieße ja in Verbannung leben, und das vielleicht bei griechischen Volksstämmen, von denen Alkibiades gesagt hatte, sie spielten nur deshalb Flöte, weil sie nichts zu sagen wüßten. Flüchten, um noch eine Weile weiter essen zu können, erschien ihm würdelos. Und was, wenn ihm auf seiner Flucht an einem Kreuzweg die Gesetze seiner Vaterstadt leibhaftig erschienen und ihn fragten, warum er sich gegen sie vergangen habe? Zwar sei sein Urteil ungerecht, aber doch Rechtens, gefällt nach dem attischen Recht, das einzuhalten er immer wieder als eine sittliche Pflicht gelehrt.

Die zum Tode verurteilten Athener starben nicht durch das Schwert oder den Strick, sondern durch einen Becher, gefüllt mit dem aus der Schierlingspflanze gewonnenen Saft. Die zweieinhalb Meter hohe Pflanze »mit Mäusegeruch« enthält das Alkaloid Koniin, ein Gift, das das Zentralnervensystem lähmt. Der besonders in den Stengeln enthaltene Saft wurde auch bei Morden und Selbstmorden benutzt. In eigens angelegten Giftgärten zog man vornehmlich *Conium maculatum*, wie der gefleckte Schierling mit seinem botanischen Namen heißt.

Dreißig Tage vergingen bei Sokrates zwischen der Verkündung des Urteils und seiner Vollstreckung, eine Zeit, die er gefesselt im Gefängnis verbrachte. Er durfte jedoch von seinen Freunden und Verwandten besucht werden. Den letzten Tag hat uns Platon in seinem »Phaidon« geschildert, einem Dialog, der über den Anlaß hinaus zu einem zeitlos gültigen Werk geworden ist über das Leben und den Tod, über die Bewährung im Dunkel der letzten Stunde, über

die Unsterblichkeit der Seele. Sokrates war von seinen Freunden umgeben, die mit ihm zusammensein wollten, bis die Sonne gesunken und es Abschied zu nehmen hieß.
Er war heiter und gelassen, ja selbstironisch, als er sagte: »Ihr alle werdet euch später einmal, jeder zu seiner Zeit, auf die Reise machen. Mich aber ruft schon jetzt, würde ein tragischer Dichter sagen, das Schicksal, und es ist beinahe die Stunde da, mir das Bad zu bereiten. Denn es erscheint mir richtig, erst nach dem Bad den Trank zu nehmen und den Frauen keine Mühe zu machen mit dem Waschen des Leichnams.«
Einer unter den Freunden, Kriton mit Namen, fragte ihn, wie sie ihn begraben sollten. Sokrates lachte und meinte: »Diesen Kriton, ihr Männer, überzeuge ich nicht, daß ich dieser Sokrates bin, der jetzt mit euch redet, sondern er glaubt, ich sei jener, den er nun bald als einen Toten sehen wird, und fragt mich deshalb, wie er mich begraben solle. Daß ich aber nun schon des längeren darüber geredet habe, ich werde, wenn ich das Gift getrunken habe, nicht länger bei euch bleiben, sondern fortgehen zu irgendwelchen Freuden der Seligen, das, meint er wohl, sage ich nur eben so, um euch zu beruhigen und mich zu ermutigen.«
Die Schilderung der letzten Szene sei hier kommentarlos wiedergegeben als ein die Jahrtausende überdauerndes Zeugnis menschlicher Größe.
»Als er gebadet hatte, brachte man seine Kinder zu ihm und die Frauen seiner Verwandtschaft. Nachdem er ihnen aufgetragen hatte, was sein Wille war, bat er sie wieder zu gehen und kam zu uns. Die Sonne begann bereits zu sinken, da erschien der Bote der Elfmänner [Gerichtsbehörde] und sagte: ›Sokrates, über dich werde ich mich nicht zu beklagen haben wie über andere, die mir zürnen und mich verfluchen, wenn ich sie auffordere, das Gift zu trinken auf den Befehl der Archonten. Ich habe dich in den

letzten Wochen als einen edlen, sanften und guten Mann kennengelernt, den besten von allen, die jemals hier gewesen sind. Deshalb weiß ich auch, daß du nicht mir fluchen wirst, sondern jenen – du kennst ja die Schuldigen. Lebe wohl denn und suche das Unvermeidliche so leicht als möglich zu tragen.‹ Die Tränen traten ihm in die Augen, er wandte sich um und ging.

Sokrates sah ihm nach. ›Wie feinfühlig ist der Mann! Während der ganzen Zeit hier ist er zu mir gekommen und hat sich zuweilen mit mir unterhalten – wie ehrlich beweint er mich. Doch nun, Kriton, laß uns ihm gehorchen. Bring einer das Gift, wenn es schon ausgepreßt ist.‹

›Ich glaube‹, meinte Kriton, ›die Sonne steht noch auf den Bergen. Auch weiß ich, daß andere erst sehr spät getrunken haben, nachdem es ihnen befohlen worden war. Sie haben sogar noch gut gegessen und getrunken und haben sich Schöne kommen lassen, nach denen sie Verlangen hatten. Übereile dich also nicht, denn du hast noch Zeit.‹

›Wenn ich ein wenig später trinke, werde ich nichts gewinnen, meine Freunde. Es sei denn, mir lächerlich vorzukommen, so am Leben zu hängen und zu sparen, wo nichts mehr ist.‹

Darauf winkte Kriton dem Knaben, und der ging hinaus, den Menschen zu holen, der den Becher reichen sollte. Sokrates begrüßte ihn und sagte: ›Mein Bester, du wirst dich ja darauf verstehen. Was muß man tun?‹

›Nichts weiter als Folgendes‹, antwortete der Mensch. ›Wenn du getrunken hast, gehe umher, bis dir eine Schwere in die Schenkel kommt. Dann lege dich nieder, und du wirst die Wirkung schon spüren.‹

Sokrates nahm den Becher ganz getrost, ohne zu zittern oder auch nur eine Miene zu verziehen. Er sah vielmehr dem Mann nach seiner Gewohnheit in die Augen und fragte: ›Was meinst du. Ob man von dem Trank wohl jemandem opfern darf?‹

›Wir bereiten nur soviel‹, antwortete der, ›wie es nach unserer Meinung das rechte Maß ist.‹
›Ich verstehe. Aber zu den Göttern beten darf man gewiß, auf daß die Wanderung in jenes Reich glücklich vor sich gehe. Darum bete ich denn – und nun möge es geschehen.‹
Er setzte den Becher an und trank ihn ganz leicht und in Ruhe leer.
Da begannen auch jene zu weinen und zu wehklagen, die sich bis dahin beherrscht hatten.
Sokrates aber sagte: ›Was macht ihr, ihr wunderlichen Leute! Die Frauen habe ich weggeschickt – und nun jammert *ihr.* Seid also still. Habe ich mir doch sagen lassen, es müsse ein heiliges Schweigen sein, wenn einer stirbt.‹
Er ging einige Male auf und ab, und als er merkte, daß ihm die Schenkel schwer wurden, legte er sich rücklings auf sein Lager, so wie es ihm geraten worden war. Nach geraumer Zeit drückte der Wärter ihm heftig den Fuß und fragte, ob er etwas spüre. Sokrates verneinte es. Darauf drückte er die Unterschenkel, dann die Knie, die Oberschenkel, und so ging es immer höher hinauf, und er zeigte uns, wie Sokrates langsam erkaltete. Wenn es bis ans Herz gekommen, dann sei es zu Ende mit ihm.
Als Sokrates schon bis an den Unterleib erkaltet war, enthüllte er sich noch einmal, denn er hatte sein Haupt mit dem Gewand bedeckt, und sagte: ›Kriton, wir sind dem Asklepios einen Hahn schuldig. Opfert ihm den, aber versäumt es nicht.‹ [Ein Dankopfer für die Genesung von der Krankheit des Lebens.]
›Das soll geschehen‹, sagte Kriton. ›Willst du uns noch etwas mitteilen?‹
Aber Sokrates antwortete nicht mehr. Bald darauf zuckte er zusammen. Der Wärter deckte ihn auf; da waren seine Augen gebrochen. Als Kriton es bemerkte, schloß er ihm den Mund und die Augen.«

Archäologisches

Fast zweieinhalb Jahrtausende nach des Sokrates Tod, Mitte der siebziger Jahre unseres Jahrhunderts, untersuchte der amerikanische Archäologe E. Vanderpool in Athen einen Gebäudekomplex, der etwa hundert Meter von der Südwestecke der Agorá lag, unterhalb der Akropolis. Der 37,5 Meter mal 16,5 Meter umfangende Komplex, bereits Ende der vierziger Jahre ausgegraben, hatte den Experten immer schon Rätsel aufgegeben. Werkstätten hatte er nicht beherbergt, auch keine Marktstände, als Privathaus kam er so wenig in Frage wie als Tempelanlage, und doch mußte er einem ganz bestimmten Zweck gedient haben.

Als Vanderpool auf die Idee kam, das Gebäude mit Hilfe eines Modells zu rekonstruieren, wurde er sehr nachdenklich. Er stand vor einem Komplex aus zwei ebenerdigen Trakten mit insgesamt sieben Räumen zu zwanzig Quadratmeter und einem kleineren Raum. Letzterer war offensichtlich ein Bad, wie der vor Ort gefundene Brunnen und der tönerne Waschtrog bewiesen. Eine zwei Meter hohe Mauer umschloß das Ganze. Bei weiteren Ausgrabungen in den Ruinen des Gebäudes entdeckten die Archäologen dreizehn vier Zentimeter hohe Gefäße und eine stark beschädigte Statuette.

Nach mehrmonatigen Überprüfungen und Vergleichen war die Sensation perfekt: Vanderpool hatte das Gefängnis des Sokrates gefunden! Lage und Größe stimmten mit den Angaben der antiken Autoren überein. Die sieben Räume waren die Zellen; im achten Raum hatte der Philosoph das letzte Bad genommen; der Anbau hatte die Wärter beherbergt; die kleinen Gefäße waren gerade groß genug für die tödliche Dosis von zwei Gramm Schierlingsgift, und – die Statuette erwies sich als die verkleinerte Nachbildung einer im Britischen Museum aufgestellten Sokrates-Statue.

Was eigentlich ist aus den Anklägern geworden, wird oft gefragt; denn, wie man weiß, hatten die Athener das Todesurteil rasch bereut. Als in einer Tragödie des Euripides der Chor auf Palamedes die Worte sang: »Getötet habt ihr sie, die wahrhaft weise, schuldlose Nachtigall der Musen, den Besten der Hellenen«, da verhüllten die Zuschauer im Gedenken an Sokrates ihr Haupt. Der Fremdenführer, der den Touristen heute das Gefängnis des Sokrates zeigt, weiß die Antwort: Anytos, Meletos und Lykon seien dem Volk so verhaßt geworden, daß, da niemand ihre Fragen beantworten, im selben Wasser mit ihnen baden, ihnen Feuer für den Herd geben wollte, sie sich schließlich vor Verzweiflung erhängt hätten. Die Wissenschaft hat keine Beweise für diese Berichte und zweifelt daran, auch wenn sie im Altertum für echt gehalten wurden und allgemeinen Glauben fanden – paßten sie doch ausgezeichnet zum Charakter der Athener.

Was hat uns der alte Mann noch zu sagen, der da vor fast zweieinhalb Jahrtausenden gelebt hat? Symbol für die Macht des Geistes und der Selbstbeherrschung, Vorbild für das Streben nach Wahrheit und Gerechtigkeit, Kämpfer für die sittlichen Werte der Menschheit, ein Dichter des Lebens und Gottsucher, ein hellenischer Faust, ein Wegbereiter Christi, ein heidnischer Heiliger (»Sancte Socrates, ora pro nobis«, rief Erasmus von Rotterdam), das Urbild abendländischen Denkens – das alles und noch etliches mehr hat man von ihm gesagt, und es wird auch zutreffen.

Doch letztlich sind diese Bezeichnungen Begriffe ohne Anschauung, sind Worte, die sich für Denkmalsinschriften oder Sonntagsreden eignen.

Was er uns wirklich bedeutet, was er noch zu sagen hat, hat Gottfried Martin in seiner Monographie einfacher ausgedrückt. »... besteht das Vermächtnis des Sokrates für uns darin, unablässig zu fragen: Was ist das Wahre? Was ist das

Gute? und unablässig jede gegebene Antwort zu prüfen. Diese Aufgabe stellt sich für uns im Sinne des Sokrates auch dann, wenn wir uns in seinem Sinne darüber klar sind, daß auf diese Fragen eine absolut zureichende Antwort nicht gegeben werden kann. Auch dann und gerade dann bleiben die unergründlichen Fragen des unergründlichen Mannes, bleibt die Aufgabe: Was ist das Wahre? Was ist das Gute?«

4. Kapitel Galilei oder »Eppur si muove«

Topographie der Hölle

Der Mann, den man an jenem Sommertag des Jahres 1633 aus den Verliesen des Vatikans holt, ist halbblind durch die monatelange Dunkelhaft, und seine Glieder sind zerschunden von der Folter. Man schleppt ihn vor das Inquisitionsgericht, das im Dominikanerkloster Santa Maria sopra Minerva zusammengetreten ist, zieht ihm nach der Verkündigung des Urteils das härene Büßerhemd an und zwingt ihn, eine Erklärung zu verlesen, wonach die Erde sich *nicht* um die Sonne drehe.

Der Greis erhebt sich, reißt sich das Büßerhemd vom Leib und stößt, heftig mit dem Fuß aufstampfend, die Worte hervor: »Eppur si muove! – Und sie bewegt sich doch!«

Diese Darstellung ist Legende, gewoben im Zeitalter der kirchenfeindlichen Aufklärung, ausgebaut in der Los-von-Rom-Stimmung des wilhelminischen Deutschland, das seinem Helden Galileo Galilei so schmählich zu Kreuze zu kriechen nicht erlaubte. Dasselbe 19. Jahrhundert war andrerseits darum bemüht, Galilei-Legenden zu zerstören: wie die, wonach er *im* Dom zu Pisa anhand des hin und her schwingenden Kronleuchters und seines eigenen Pulsschlags den Isochronismus des Pendels entdeckte, und *auf* dem Schiefen Turm von Pisa, durch den Abwurf von Holz- und Bleigewichten, hinter die Geheimnisse der Fallgesetze kam. Die Zerstörung von historischen Legenden, die eine

Person oder ein Ereignis verfälschen, ist verdienstvoll, der Historie eher abträglich ist die Wichtigtuerei, mit der man Anekdoten zu Leibe geht; Anekdoten, die nichts anderes tun, als in pointierter Form den Kern einer Sache bloßzulegen, und insofern »wahrer« sein können als die wirkliche Begebenheit. Mit ziemlicher Sicherheit hat Luther, wie erwähnt, nicht gesagt: »Hier stehe ich, ich kann nicht anders!«, aber daß es für ihn und die historische Situation stimmig war, ist das Entscheidende.

Auf Galilei bezogen schreibt Carl Friedrich von Weizsäcker: »Es ist völlig gewiß, daß er in diesem Augenblick [des Abschwörens] dachte: ›eppur si muove‹, ›und die Erde bewegt sich doch‹; es dürfte ebenso gewiß sein, daß er die Worte nicht ausgesprochen hat, denn er war kein Narr.«

Am 25. Februar 1564 wurde dem Vicenzio Galilei in Pisa, einem Mann von edler Abkunft, aber kargen Verhältnissen, und seiner Gemahlin Giulia das erste Kind geboren, ein Knabe, den sie Galileo tauften. Im selben Jahr starb Michelangelo; erblickte in England Shakespeare das Licht der Welt; kam in Deutschland der protestantenfreundliche Maximilian II. auf den Kaiserthron; kämpfte in Rußland Iwan IV., der Schreckliche genannt, gegen die Bojaren; erschien auf der Frankfurter Messe der erste Bücherkatalog. In Italien begann die Fackel der Renaissance langsam zu verglühen, jenes Zeitalters, das wir mit Begriffen verbinden wie Ende des Mittelalters, Beginn der Neuzeit, Erweckung der Persönlichkeit, Schaffung eines neuen Weltbilds durch die Künste, die Wissenschaften, die Entdeckungen.

Galileis Werdegang bestätigt die alte Erfahrung, wie wichtig Umwege bisweilen sein können und daß der gerade Weg nicht immer zum Ziel führt. Er wurde vom Vater in das unweit von Florenz liegende Kloster Vallombroso geschickt, wo er, unterrichtet in Dichtkunst, Musik, Zeichnen, Mechanik, den Patres so wohlgefiel, daß sie einen künftigen Priester in ihm sahen. Um so größer der Ärger des Abtes, als eines Tages der Vater erschien und ihm erklärte, daß sein Sohn Arzt werden solle. Denn nur mit diesem Beruf könne er das Geld verdienen, das er, der Vater – Tuchhändler von Beruf, Maestro di musica aus Passion – leider nicht besitze. Galileo bekam erst einmal Privatunterricht in Mathematik und im Lautenspiel, bis es Vater Vicenzio, inzwischen in seine Heimatstadt Florenz zurückgekehrt, gelang, seinen Sohn an der Universität Pisa unterzubringen. Mit dem Erfolg, daß der Filius nach geschlagenen vier Jahren feststellte, mit dem Geist der Medizin habe er nichts zu schaffen, und das Studium abbrach. Er hatte ohnehin die meisten Vorlesungen geschwänzt und bei den Mathematikern schwarzgehört. Euklid und Archimedes hatten ihn mehr interessiert als Hippokrates und Galenus, Hebel und Flaschenzug mehr als die Lehre von den vier Lebenssäften und die Pneumatheorie.

Nun erwies sich die schwindsüchtige väterliche Börse als Segen: sie machte ein erneutes Studium, das der Mathematik, und damit die Laufbahn eines konventionellen Universitätsprofessors, unmöglich, zwang zur Rückkehr nach Florenz und zum Besuch einer weniger teuren Schule – und in der wurde praktische Mechanik und angewandte Mathematik gelehrt! Galileo Galilei kam mit jenen Menschen zusammen, deren Beruf zu seiner Berufung werden sollte – den sogenannten »virtuosi«, Ingenieuren, Künstlern, Handwerkern, Militärtechnikern.

Sie regten Galilei an, eine Arbeit über den Schwerpunkt der Körper zu verfassen, eine Wasserwaage zur Bestimmung des spezifischen Gewichts zu erfinden und – einen Vortrag zu halten über die »Topographie der Hölle Dantes«. Ein Dokument mathematischer Leidenschaft – oder auch Verstiegenheit –, diese Messung der Höllentrichter mit Hilfe von Kegelschnitten, die rechnerische Feststel-

lung, wie weit der zweite vom sechsten Himmel entfernt liege und wie lang die Arme Luzifers seien (645 Ellen).
Kaum fünfundzwanzig Jahre alt wurde Galilei, nach mancherlei abgelehnten Bewerbungen, als Lehrer an die Universität Pisa berufen. Aus dem mittellosen Studiosus wurde ein ebenso mittelloser Professor. Die sechzig Scudi Salair im Jahr reichten nicht aus, einem »nobil fiorentino«, einem edelgebürtigen Florentiner, das seinem Stande gemäße entsprechende Leben zu gewährleisten. Mit seinen Studenten langweilte er sich, mit seinen Kollegen stritt er sich. Streitpunkt Numero eins bildete schon jetzt *die* Lehre, das Weltbild des Aristoteles.
Den Philosophen und Naturforscher, der im vierten Jahrhundert vor Christus lebte und lehrte, bezichtigte er der Unkenntnis profunder Entdeckungen der Geometrie, ja beschuldigte ihn, geradezu das Gegenteil der Wahrheit geschrieben zu haben. Was kein Wunder sei bei einem Mann, der so wenig von Mathematik verstünde wie der Grieche. Solche Meinung erweckte bei den Kollegen Befremden und Mißbilligung. So waren die Pisaner eher erleichtert, als der aufsässige, ewig streitlustige, dazu eitle und überhebliche Herr die Stadt am Arno verließ und nach Padua übersiedelte, wo ihm der Lehrstuhl für Mathematik winkte.
War Pisa letztlich Provinz gewesen, das zu Venedig gehörende Padua genoß in wissenschaftlichen Kreisen Weltruf. Die Stadt beherbergte eine Universität, in deren Auditorien sich Europas Jugend versammelte, an der jeder nach seiner Fasson studieren konnte, ohne nach dem Woher und Wohin oder gar nach seiner Religion gefragt zu werden. Das galt selbst für Protestanten – eine Rarität in katholischen Landen im Zeitalter der Gegenreformation. Daß er auch in Padua mit den Kollegen stritt, änderte nichts an diesem Glück. Der Streit ging wieder um Aristoteles, das heißt, Galilei stritt wider ihn. Aber nur privat, offiziell las

er brav über das Gegenteil dessen, was er in seinem Innersten glaubte.

Die Lehre des Domherrn Kopernikus

Für Aristoteles war unsere Erde der Mittelpunkt der Welt. Um die ruhende, unbewegliche Erde bewegten sich die Sonne, der Mond und die Planeten in ewig unveränderlichen Kreisbahnen. Kristallene Schalen führten die Fixsterne und die Planeten um die Erde herum, sie bewegten einander durch Reibung. Dem Fixsternhimmel, der äußersten Sphäre, oblag die Funktion der »ersten Bewegung«, womit die Himmelsmaschinerie in Gang gehalten wurde. Das war ein System, das den Kirchenvätern gut gefiel, stimmte es doch mit dem überein, was die Bibel offenbarte: Gott hatte die Erde geschaffen und den Menschen, und da die Menschen zum Leben Wärme brauchten und Licht, setzte er die Sonne an den Himmel und den Mond als das kleine Licht für die Nacht und die Sterne als Orientierungspunkte. Es war ein schönes Gefühl zu wissen, daß der Herrgott das alles nur um des Menschen willen vollbracht hatte, diesen wunderbar komplizierten und doch so einfachen Bau, und wer nachts zum Himmel hinaufblickte mit seinen Myriaden von Sternen, empfand ein Gefühl tiefer Geborgenheit.
An Aristoteles glaubte die Kirche und glaubte die Gemeinde ihrer Gläubigen. Zwar brachte der letzte bedeutende Astronom der Antike, Claudius Ptolemäus, die Kreisbahnen in ein rechnerisches System, ließ der Däne Tycho de Braha die Planeten um die Sonne kreisen, schickte sie alle zusammen aber wieder um die Erde, am Weltbild des großen Griechen änderte sich nichts.
Es gab aber noch ein System, das des Domherrn zu Frauenburg in Ostpreußen, Nikolaus Kopernikus. Er hatte,

weniger aufgrund astronomischer Beobachtungen, dazu fehlte ihm das erst später erfundene Fernrohr, als vielmehr nach gründlicher Auseinandersetzung mit den antiken Autoren und mathematischen Berechnungen, erkannt, daß die Sonne den Mittelpunkt der Planetenbahnen bildet, daß auch die Erde um sie kreist, die Erde selbst sich täglich um ihre Achse dreht und ihrerseits vom Mond umkreist wird. Der Domherr schien derart erschrocken über seine Erkenntnis, daß er es nicht wagte, darüber etwas zu veröffentlichen. Als er, von seinen Freunden gedrängt, endlich, 1543, das Werk herausgab – »De revolutionibus orbium coelestium«, Über die Umläufe der Himmelskörper –, widmete er es vorsichtshalber dem Papst.
Eine falsche Adresse würde man meinen, denn der Heilige Vater konnte nicht damit einverstanden sein, daß Gottes eigene Schöpfung, die Erde, zu einem Staubkorn degradiert wurde und mit Milliarden anderer Körnchen durch den Weltraum wirbelte, auf dessen Oberfläche winzige Partikel namens Menschen hafteten; eine Erde noch dazu, die nicht ruhte und um die sich, außer dem Mond, nichts mehr drehte.
Und doch hatte Kopernikus sich an die richtige Adresse gewandt. »Durch Dein Ansehen und Urteil wirst Du die Bisse der Verleumder leicht verhindern können«, hieß es in der Widmung an Paul III. unüberlesbar. Da ein übervorsichtiger protestantischer Theologe überdies ein Vorwort geschrieben hatte – anonym und ohne des Kopernikus Wissen, geschweige Billigung –, das die heliozentrische Lehre als bloße Hypothese hinstellte, brauchte sich auch niemand beunruhigt zu fühlen. Widmung und Vorwort bewahrten das Werk ein dreiviertel Jahrhundert lang vor dem Scheiterhaufen.
Unter den Wissenschaftlern galt die Lehre des Domherrn aus Frauenburg, wenn sie sie nicht von vornherein ablehnten, zumindest als Diskussionsgrundlage. Man wußte über-

»So lenkt in der Tat die Sonne die sie umkreisende Familie der Gestirne …« Der Domherr Nikolaus Kopernikus.

dies, daß ein Astronom namens Aristarchos schon im dritten Jahrhundert vor der Zeitrechnung ein heliozentrisches Weltbild, also mit der Sonne im Mittelpunkt des Universums, aufgestellt hatte. Galilei dagegen sah im Heliozentrismus keine Hypothese, auch wenn er sich darüber im klaren war, daß es an Beweisen noch mangelte. Immer wieder konnte er die Stelle aus »De revolutionibus« lesen, in der es hieß: »Wer möchte in diesem schönsten Tempel [des Weltalls] die Leuchte an einen anderen Ort setzen, als von wo aus sie das Ganze zugleich bescheinen kann. So lenkt in der Tat die Sonne, auf dem königlichen Thron sitzend, die sie umkreisende Familie der Gestirne. Und die Erde empfängt von dem strahlenden Gestirn und wird jährlich schwanger ...«

Eines Tages erschien ein fahrender Scholar in Padua, ließ sich beim Professor Galilei melden und überreichte ihm ein Buch mit dem Titel »Mysterium cosmographicum«; geschrieben von einem gewissen Johannes Kepler, gebürtig aus dem Württembergischen, derzeit Lehrer an der evangelischen Stadtschule zu Graz (später Hofastronom des Kaisers Rudolf II.), ein großer Verehrer des Professors. Galilei, der oft solche, bisweilen lästigen Besucher empfangen mußte, wurde hellwach, als er das Vorwort las: dieser Kepler zeigte sich darin als überzeugter Kopernikaner! Er setzte sich auf der Stelle an den Schreibtisch, um dem Scholaren eine Antwort nach Deutschland mitgeben zu können.

Er sei überglücklich, schrieb er, »bei der Suche nach der Wahrheit einen so großen Mitstreiter gefunden zu haben. Es ist erbärmlich, daß es so wenige gibt, die nach Wahrheit streben und sich nicht in verkehrter Weise dem Philosophieren hingeben.« Er werde das Buch in Ruhe lesen und sei sicher, darin die schönsten Dinge zu finden. Und nun kamen die entscheidenden Sätze, die alles enthüllten: »... und tue ich es um so freudiger, als ich mir vor vielen Jahren die Lehre des Kopernikus zu eigen gemacht und mir aufgrund seiner Ansicht manche Naturerscheinung erklärbar wurde, die nach den landläufigen Theorien unerklärbar geblieben war. Ich habe viele Beweise zusammengetragen, um ihn zu unterstützen und Gegenteiliges ad absurdum zu führen. Wenn ich damit bisher nicht an die Öffentlichkeit gegangen bin, so war es das Schicksal des

Kopernikus, unseres Lehrers, der sich zwar bei einigen unsterblichen Ruhm erworben, von unzählbar vielen dagegen – so hoch ist die Zahl der Toren! – verhöhnt und ausgezischt wurde. Ich würde es dennoch wagen, meine Gedanken öffentlich vorzutragen, wenn ich wüßte, daß es mehr Menschen Euresgleichen gäbe.«

Die Furcht vor dem Spott und dem Hohngelächter der gelehrten Welt, besonders vor den Kollegen aus Pisa und Padua – dumpfen Talarträgern, die das leere Stroh des Aristoteles immer wieder droschen, gelehrte Esel, aufgeblasene Nichtse, wie er sie in dem ihm eigenen Hochmut titulierte –, diese Furcht war groß genug, ihn schweigen zu lassen. Daran änderten auch die Briefe nichts, mit denen ihn der vitale, couragiertere Kepler umzustimmen versuchte. »Habt Vertrauen, mein Galilei, und schreitet voran!« Mit seiner Hilfe werde es gelingen, den bereits rollenden Wagen ans Ziel zu bringen. Die Kraft der Wahrheit sei so groß, daß er sich getrost der Öffentlichkeit – und der Kirche – stellen könne. Aus diesem Holz aber, aus dem Holz, aus dem man Märtyrer macht, war Galilei nicht geschnitzt.

An einem Sommertag des Jahres 1609 stiegen einige edle Herren die steilen Stufen des Campanile von San Marco in Venedig empor, um von dessen oberster Plattform ein Gerät zu prüfen, mit dessen Hilfe man weit entfernte Gegenstände so deutlich zu sehen vermochte, als seien sie in unmittelbarer Nähe. Und in der Tat: hielt man das sechzig Zentimeter lange, mit karmesinrotem Stoff überzogene Rohr an das eine Auge und schloß das andere, »so sah ein jeder von uns deutlich die Kuppeln von Santa Giustina in Padua und auch viele andere wahrlich bewundernswürdige Einzelheiten in der Lagune«.

Die Herren waren stark beeindruckt, und Galilei, der sie auf den Turm gebeten hatte, beeilte sich, den Eindruck zu vertiefen, indem er sogleich zur praktischen Anwendung überging, daß man mit dem Augenrohr Schiffe des Feindes zwei Stunden früher entdecken, Verschanzungen genau erkennen, Truppenmanöver während einer Schlacht schneller durchschauen könne. Beim anschließenden Mahl im Dogenpalast machte er sein »Cannochiale« der Signora zum Geschenk.

Galilei hat das Fernrohr nicht erfunden, wie es noch in manchen Lesebüchern steht, er hat es aufgrund von Berichten aus Holland, wo die Erfindung herkam, nachgebaut und weiterentwickelt. Die Signori sicherten ihm aus Dankbarkeit die gewünschte Lebensstellung in Padua zu – mit einem Jahresgehalt von tausend Goldgulden –, wurden allerdings etwas nachdenklich, als im Jahr darauf die venezianischen Brillenmacher höchst wohlfeile Teleskope anboten. Bereuen mußten sie ihre Großzügigkeit dennoch nicht; des Professors Rohr war nicht nur viel besser, er benutzte es in einer Weise, die ihn bald zu einer europäischen Berühmtheit machen sollte.

Der »Sternenbote«

Wenn die Nacht einfiel und der Himmel klar, stieg Galilei von nun an in das Turmzimmer und beobachtete mit seinem neuen, dreißigfach vergrößernden Fernrohr das Firmament. Er sah große Dinge. Er sah zehnmal soviel Sterne wie mit dem bloßen Auge, allein im Gürtel des Orion entdeckte er achtzig neue, in den Plejaden sechsunddreißig bisher unbekannte Himmelskörper; die als leuchtender Nebel erscheinende Milchstraße löste sich auf in Myriaden von Sternen. Der Mond bot sich ihm nicht dar als eine glatte Kugel, wofür die Aristoteliker ihn hielten, sondern mit Bergen bedeckt und von Schluchten gefurcht – so wie das Antlitz der Erde selbst. Und jetzt kam eine Sensation.

»... bleibt noch das eine, das ich wohl als das Wichtigste

betrachten darf: ich habe vier Planeten gefunden, die auffallend einen bestimmten Stern umkreisen und vom Urbeginn der Welt bis in unsere Zeit nie gesehen worden sind.« Es waren die vier Monde des Jupiter. Galilei nannte sie nach dem Fürstengeschlecht, das über seine Heimatstadt Florenz gebot, die Mediceischen Sterne – nicht ohne Absicht, hoffte er doch, von Cosimo II. an den Hof von Florenz berufen zu werden.

Seine Entdeckungen teilte er der wissenschaftlichen Welt in einer Abhandlung mit, der er den Namen »Sternenbote« gab. Der Bote verursachte eine Welle aus Begeisterung, Haß, Freude, Hohn, Zustimmung, Neid und Dummheit. Die Freunde sahen darin eine Bestätigung des Kopernikus. Nun verfüge man über ein durchschlagendes Argument, um die Skrupel jener zu beseitigen, die zwar das Kreisen der Planeten um die Sonne im kopernikanischen System noch ertrügen, durch den Umlauf nur *eines* Himmelskörpers – des Mondes – um die Erde aber (während beide eine jährliche Kreisbahn um die Sonne beschrieben) so beunruhigt seien, daß sie ein solches Weltbild für unmöglich erachteten.

Galileis Bewunderer priesen sich glücklich, in einem Zeitalter leben zu dürfen, das einen solchen göttlichen Geist hervorgebracht habe. Rudolf II., der sternengläubige deutsche Kaiser, der von seines Schlosses Zinnen in Prag nächtens den Himmel beobachtete, verlangte ungeduldig nach einem optischen Rohr galileischer Qualität. König Heinrich IV. von Frankreich ließ durch einen Hofbeamten diskret anfragen, ob der Maestro seinen nächsten neuen Stern nicht »Henri« nennen wolle. Der getreue Kepler, von seinem bewunderten Galilei nicht gerade mit Informationen verwöhnt, stellte sich unverzüglich als Schildträger gegen den gemeinen Haufen zur Verfügung.

Dieser »Haufen« war größer, als Galilei je vermutet hätte. Daß seine Widersacher nicht leicht zu überzeugen sein würden, damit hatte er gerechnet, doch nicht damit, daß sie sich jeder Logik und jedem Augenschein verweigerten. Die Kollegen in Padua, Florenz, Pisa, die er durch sein Fernrohr gucken ließ, sahen einfach nichts, oder sie sagten, wenn sie etwas gesehen, das seien nur Spiegelungen, Reflexe, Augentäuschungen, oder sie lehnten es von vornherein ab, einen Blick durch das Rohr zu werfen.

Als einer jener Verweigerer kurz darauf starb, meinte Galilei sarkastisch: »Auf Erden wollte er meine himmlischen Kleinigkeiten nicht anschauen, nun aber, wenn er zum Himmel auffährt, auffahren sollte, wird er sie sehen *müssen.*«

Und an Kepler schrieb er: »Was sagt Ihr zu den hier tonangebenden Philosophen, denen ich mehr als tausendmal angeboten habe, ihnen meine Entdeckungen zu zeigen, die aber, mit der müden Trägheit eines vollgefressenen Reptils, nie dazu bereit waren ... Wahrhaftig, wie die Schlangen keine Ohren, so haben diese Männer keine Augen für das Licht der Wahrheit.«

Man hat dieses Nicht-wahr-haben-wollen der Experten mit dem Verhalten von Wissenschaftlern unseres Zeitalters verglichen, die sich weigerten, Fotos unbekannter Flugobjekte, von »Ufos«, auch nur in Augenschein zu nehmen. Der Vergleich hinkt, denn Fotos lassen sich beliebig manipulieren, das Teleskop des Galilei dagegen nicht. Daß moderne Wissenschaftler sich gegenüber der Parapsychologie so verhalten wie die »professores« damals gegenüber dem kopernikanischen System, wäre als Vergleich eher denkbar.

Arthur Koestler spricht in diesem Zusammenhang von den akademischen Hinterwäldlern, die zu allen Zeiten, von Aristarchos bis zu Darwin und Freud, eine geschlossene feindselige Phalanx schulmeisterlicher Beschränktheit gebildet haben. Diese Bedrohung war es, die den Kanonikus Kopernikus so einschüchterte, daß er sein Leben lang schwieg. In Galileis Fall glich diese Phalanx einer Nachhut, die, allerdings noch fest verschanzt, die Lehrstühle und Kanzeln besetzt hielt.

Der Prokurator Antonio Priuli, der sich mit seiner ganzen Autorität dafür eingesetzt hatte, daß dem Professor Galilei die hochdotierte Lebensstellung an der Universität Padua zugesichert wurde, hatte allerdings einen anderen Grund, mit Galilei zu brechen. »Ich verbiete jedem, in meiner Gegenwart den Namen Galilei zu nennen«, sagte er. Und die Herren, die bei der Abstimmung in der Signoria gegen den Mann gestimmt hatten, fühlten sich in ihrem Mißtrauen bestätigt. Der Doge selbst war tief verletzt ob der Handlungsweise eines Menschen, dem er vertraut hatte.

Was war geschehen? Galilei hatte Padua verlassen.

Zu dem Zeitpunkt, da die Signoria über Signor Galileis Vertragsbruch beriet, näherte sich die Wagenkolonne des gewesenen Paduaner Professors den Toren der Stadt Florenz. Anderntags würde ihn der Großherzog empfangen, um ihm die Ernennungsurkunde zum Hofmathematiker und Hofphilosophen zu überreichen. In der Reisekutsche saßen außer Galilei ein kleines Mädchen namens Livia (hinter deren Namen im Taufregister die Bemerkung stand »padre incerto« – Vater unbekannt) und ihre etwas ältere Schwester Virginia (im Taufregister mit der Bemerkung bedacht »nata di fornicazione« – in Unzucht geboren). Der vierjährige Vicenzio war bei seiner Mutter im Venezianischen geblieben.

Sie hieß Marina Gamba, die Mutter von Galileis drei Kindern, eine Frau, die von den frühen Biographen totgeschwiegen, von den späteren mit den Worten abgespeist wird, daß sie des edlen Florentiners Herz weniger erfüllt habe als seine Sinne gereizt. Marina war nicht edel, gehörte wohl gar dem Bedienstetenstand an und heiratete nach ihres Liebhabers Weggang einen Diener. Der Professor hat mit ihr in der Tat selten den Tisch, doch immer das

Bett geteilt, die gemeinsamen Kinder allerdings anerkannt und später adoptiert.
Wer den Italiener nicht mag, und das sind viele, denn an ihm scheiden sich die Geister, dem kamen solch laxe Sitten gerade recht, das Charakterbild zu schwärzen. Für sie war er nicht nur moralisch suspekt, auch maßlos eitel, unfair, prioritätssüchtig, den Genüssen von Küche und Keller ergeben; »nur mir ist es zugekommen, alle neuen Phänomene am Himmel zu entdecken und niemandem sonst«, hat er gesagt; hat dem armen Kepler das dringlich erbetene Fernrohr nicht geschickt; hat dem Ingolstädter Astronomen Christoph Scheiner die Priorität auf die Entdekkung der Sonnenflecken bestritten. Und vor allem war er geldgierig.
Selbst in modernen Biographien spürt man das Kopfschütteln, wenn Galileis Bemühungen geschildert werden, aus seinen Erfindungen und Entdeckungen Kapital zu schlagen, Kapital in Form von barem Geld, Renten, Dotationen. »An die Geschäfte dachte er stets sehr intensiv«, heißt es da, oder »... hatte immer ein waches Verhältnis zum finanziellen Nutzen«, oder »... war äußerst geschäftstüchtig«. Was jedem Knopfmacher, jedem Krämer, jedem Tuchhändler zugestanden wird, einem Wissenschaftler steht es nicht zu. Das Genie hat zu darben.
Warum Galilei seine padovanische Professur aufgegeben hat, darüber ist gerätselt worden. Schon deshalb, weil er selbst später bekannte, daß er in Padua die achtzehn besten Jahre seines Lebens verbracht habe. Gewiß ist er nicht außer Landes gegangen, wie die Tugendwächter meinen, um Marina Gamba auf bequeme Weise loszuwerden. Auch finanzielle Gründe werden keine Rolle gespielt haben: sein Jahresgehalt in Florenz entsprach dem, was ihm die Signoria gerade bewilligt hatte. Eher schon die Tatsache, daß er keine Vorlesungen mehr halten mußte. Vielleicht hoffte er auch, durch die Autorität eines Medici unbehelligt arbeiten

zu können; an jenem Buch besonders, das er in seinem Bewerbungsschreiben an erster Stelle genannt hatte (»Über das System und die Konstitution des Universums«) und das, wie er wußte, gefährlichen Zündstoff barg. Eine Hoffnung, die sich, wie wir sehen werden, in keiner Weise erfüllte.
Es fehlte nicht an Warnungen jener Freunde, deren Zuneigung größer war als ihre Enttäuschung über seinen Weggang. »Ihr dient nun Eurem angestammten Herrn, einem wohl trefflichen Manne«, schrieb der Venezianer Sagredo, »aber hier nahmen Männer Ihre Befehle entgegen, die selbst zu befehlen gewohnt sind, und Ihr waret niemandem verpflichtet als Euch selbst, einem Herrscher des Universums gleich. Wer aber kann auf den tückischen Wassern eines Fürstenhofes sicher sein, daß er in den Stürmen der Mißgunst und der Eifersucht – ich will nicht sagen den Untergang findet, aber doch herumgestoßen und umgetrieben wird?!« Sagredo beendete den Brief mit einer Warnung. »Daß Ihr an einem Ort seid, wo – wie man sich erzählt – die Freunde Berlinzones in so hohem Ansehen stehen, das macht mich sehr besorgt.« Berlinzone war für Sagredo die Verkörperung der gehaßten Jesuiten.
Galilei baute auf die Kraft der Vernunft und der Wahrheit, vergaß aber, welchen Schutz ihm Venedig geboten hatte, ein Stadtstaat, dessen welterfahrene Signori sich um die Direktiven der römischen Kurie wenig scherten. Sie trotzten sogar jenen furchtbaren Waffen des Bannes und des Interdikts, indem sie ihren Priestern befahlen, weiterhin Gottesdienste abzuhalten und den Papst einen guten Mann sein zu lassen.
Wäre er doch nur in Padua geblieben, dann hätte es nie einen »Fall Galilei« gegeben, seufzt einer seiner Biographen. Doch mit dem Wörtchen »wenn« ließ es sich schon immer gut spekulieren, besonders in der Historie ...

… daß nicht sein kann, was nicht sein darf

Im Frühjahr 1611 unternahm Galilei eine Reise nach Rom. Die Römer waren so begeistert vom Ersten Mathematiker und Philosophen des Großherzogs der Toskana, daß sie ihm am liebsten, nach dem Brauch ihrer Vorfahren, auf dem Capitol eine Säule errichtet hätten. Die hochvornehme Accademia dei Lincei (Die Luchsäugigen) lud ihn zum Bankett und wählte ihn zu ihrem Mitglied. Der Papst empfing ihn in Privataudienz und ließ nicht zu, daß er nach dem Fußkuß auf den Knien blieb. Kardinäle, Prälaten, Fürsten luden ihn in ihre Paläste, und die Feste endeten damit, daß man mit dem Teleskop den Himmel beobachtete. Selbst jene ließen sich jetzt dazu herab, die der Meinung waren, man würde keine neuen Gestirne entdecken, hätte der Herr doch sonst den Menschen gleich mit schärferen Augen geschaffen.

Die größte Genugtuung aber wurde ihm im Jesuitenkollegium zuteil. Die gelehrten Patres, inzwischen mit dem Teleskop auf du und du, bestätigten ihm aufgrund ihrer eigenen Beobachtungen alle seine Entdeckungen: daß der Mond und die Planeten von irdischem Stoffe seien, der Jupiter vier Trabanten habe, die Venus wie der Mond alle Phasen zeige von der Sichel bis zur Scheibe; selbst der Kardinal Bellarmin, als Mitglied der obersten Inquisitionsbehörde ein gefürchteter Mann, zeigte sich verständnisvoll.

Rom, die Ewige, Gewaltige, Unzerstörbare, die durch die Kunst der Baumeister gerade zu neuer Schönheit erblühte, gewährte dem Signor Galilei einen Triumph. So viel Wohlwollen mußte ihn glauben lassen, daß die Patres aus den neuen Entdeckungen zwangsläufig neue Schlüsse ziehen würden. Das aristotelische System konnte niemand mehr

»Ich weiß, daß ich nichts weiß …« Sokrates, Sohn des Steinmetzen Sophroniskos und der Hebamme Phainarete.

Die Agorá von Athen (nach der Rekonstruktion von Thompson) – bevorzugtes »Jagdgebiet« des Philosophen.

Galileo Galilei. »Oh, wie groß ist die Zahl der Toren, deren Augen nicht sehen wollen, was augenfällig ist.«

Der Kerker des Sokrates. Hier fanden die Ausgräber die zur Bereitung des Schierlingsgifts benutzten Gefäße.

»Ich schwöre ab, verwünsche und verfluche alle diese Irrtümer ...« Galilei vor dem Gericht der Heiligen Inquisition.

Florenz um 1500, Sitz der Medici, geistiger Mittelpunkt der italienischen Renaissance und des Humanismus.

guten Gewissens verteidigen, und das des Tycho Brahe, wonach die riesigen Planeten Jupiter, Saturn, Uranus, Neptun zusammen mit Merkur, Venus, Pluto sich um die noch riesigere Sonne drehten und sie alle um die winzige Erde, schien auch nicht mehr zu retten.

Der Papst, die Kardinäle und die Patres aber erwiesen ihm nicht den Gefallen, Kopernikus zu umarmen, so häufig Galilei auch die Rede auf den großen Astronomen brachte. Er tat es vorsichtig, sozusagen zwischen den Zeilen, doch wohl nicht vorsichtig genug, sie merkten sehr wohl, daß das kopernikanische System für den Mann aus Florenz längst keine Arbeitshypothese mehr war.

Während Galileo Galilei sich allabendlich auf den Weg zu seinen jeweiligen Gastgebern machte, die Diener mit der Laterne und dem kostbaren Teleskop in gebührendem Abstand, meinte Kardinal Bellarmin zum toskanischen Gesandten: »Die Rücksicht, die wir Eurem durchlauchtigsten Herrn, dem Großherzog schulden, in allen Ehren, wenn des Galilei Treiben hier jedoch zu weit geht, werden wir nicht umhinkönnen, ihn zur Rechenschaft zu ziehen.«

Und in einer Notiz der Generalkongregation der Heiligen Inquisition vom 17. Mai 1611 wird sein Namen zum ersten Mal aktenkundig ...

Galileis Gegner begannen sich langsam zu formieren. An der Spitze standen zu Beginn keineswegs Vertreter der Kirche, wieder waren es die Professoren der Universitäten, die gegen ihn zu Felde zogen, diesmal konsequenter denn je, ja mit so viel Haß und Vernichtungswillen, daß aus Gegnern Feinde wurden. Ihre Anführer waren der Rektor der Pisaner Universität d'Elci und ein Philosoph namens Colombe, der nicht erwähnenswert wäre, hätte nicht er der ganzen Gruppe der Antigalileisten seinen Namen gegeben. »Die Tauben« (la colombe – die Taube) nannten Galileis Freunde sie von nun an, der Einfalt dieser Vögel entsprechend, wie sie sich in italienischen Sprichwörtern ausdrückt.

Daß es bei dem Streit auch um handfeste finanzielle Belange ging, zeigte die Streitschrift des Rektors, in der es hieß: »Wer weiß, wie viele junge Leute von lebhaftem und lernbegierigem Geist, von der Neuheit der Lehre [Galileis] verlockt, sich unvorsichtig von der sicheren Straße der aristotelischen Philosophie abbringen lassen in eine neue Philosophie voller Umwälzungen, die alle Erscheinungen des Universums anders darstellt. Zu sehr würden die Universitäten und Schulen an Besuchern einbüßen, und wenig würden die großen Lehrer gehört werden, die den Aristoteles zum Führer und obersten Meister haben.«

Der Streit, der sich auch an Galileis »Traktat über schwimmende Körper« entzündete, währte zwei Jahre, immer aufs neue entfacht von Antworten und Widerlegungen, von Darstellungen und Gegendarstellungen, von Angriffen und Konterattacken, und der Erste Mathematiker des Großherzogs war zu leidenschaftlich, um zu schweigen. Zu spät kam er zu der Erkenntnis, daß es sinnlos ist, Ignoranten bekehren zu wollen, anstatt sie, früher oder später, »in den Pfuhl ihrer eigenen Dummheit stürzen zu sehen. Mit unsäglichem Widerwillen bin ich nun so weit, zu bereuen, was ich alles unternommen habe«, notierte er. »Wie unfruchtbar die aufgewendete Mühe, wie vergeudet die Zeit ...«

Die nächste Kontroverse folgte bald, doch hier war der Gegner gefährlicher, und Galilei selbst, gelinde gesagt, so streitsüchtig in seinem Prioritätswahn, daß er sich ohne Not einen Mann zum Feind machte, hinter dem eine machtvolle Organisation stand, die Gesellschaft Jesu. Es ging um die Sonnenflecken, jene dunklen Stellen beiderseits des Sonnenäquators, denen wir schöne Nordlichter und häßliche Störungen im Funkverkehr verdanken. Galilei hatte sie entdeckt und, unabhängig von ihm, der Engländer Harriot, der Ostfriese Fabricius und ein Pseudonymus namens Apelles. Gleichzeitigkeiten, die in der Geschichte der Erfindungen und Entdeckungen nicht so selten sind und meist zu bitteren Fehden führten. So auch in unserem Falle. Galilei betrachtete den Himmel als seine Domäne, und wenn unter der Sonne etwas Neues geschah, so durfte es nicht ohne sein Wissen geschehen. Dieser Apelles, der die Flecken auch noch falsch deutete, nämlich als die Sonne umkreisende kleine Satelliten, während Galilei sie als zur Sonne gehörig erkannte und damit gleichzeitig als einen Beweis für die Umdrehung dieses Gestirns um seine eigene Achse, dieser Apelles mußte in seine Schranken verwiesen werden.

In seiner Schrift »Briefe über die Sonnenflecken« benutzte er nicht das zwischen Wissenschaftlern übliche Latein, er schrieb sie auf italienisch, genauer, im florentinischen Dialekt, jenem Italienisch, das noch heute als das klassische gilt. Der Zorn darüber, daß er mittels der Volkssprache das Volk aufzuwiegeln versuchte, war so groß wie die Unfähigkeit, ihm mit der gleichen stilistischen Meisterschaft antworten zu können.

Galilei war nicht sonderlich erschrocken, als er erfuhr, daß sich hinter »Apelles« der Ingolstädter Astronom – und Jesuitenpater! – Christoph Scheiner verbarg. Er war sich seiner Sache sicherer denn je. Als er im Sternbild des Saturn Veränderungen bemerkte, die mit seinen ursprünglichen Beobachtungen nicht übereinstimmten, schrieb er ungerührt: »Ich sage Euch, daß auch dieser Stern, nicht weniger als die gehörnte Venus, in wunderbarer Weise mit dem erhabenen kopernikanischen System harmoniert, zu dessen universaler Offenbarung uns so günstige Winde und leuchtender Glanz geleiten, daß nun kaum noch Wolken oder Gegenwinde zu befürchten sind.«

Ein Optimismus, der durch nichts begründet war als durch die Leidenschaft des Forschers, eine Leidenschaft, die blind machte …

Der Dominikanerpater und Professor der Kirchengeschichte Lorini beschuldigt Galilei, der Meinung des »Ipernikus«, oder wie der auch heiße, zuzustimmen, obwohl sie im Gegensatz zur Heiligen Schrift stehe. Am Hof des Großherzogs kommt es zu einer erregten Diskussion über die neue Lehre, wobei einer der Gäste die Großherzogin zu überzeugen versucht, daß die Bewegung der Erde nicht stattfinden könne, da die Bibel gegen diese Möglichkeit spreche. Colombes Traktat »Gegen die Bewegung der Erde«, worin er, neben anderen »Beweisen«, die Stelle aus dem Alten Testament anführt, wo Josua von Gott den Stillstand der Sonne erwirkt, wird eifrig gelesen.
Die Verleumdung, sie ist ein Lüftchen, kaum vernehmbar im Entstehen, heißt es im Italienischen, doch kriechend, schleichend wächst und wächst sie ... Das Gift der Denunziationen begann zu wirken. Galilei sah sich gezwungen, trotz seiner Einsicht, daß gegen die Dummheit selbst Götter vergebens kämpften, erneut Stellung zu beziehen. Er tat das in Form eines Briefes an Benedetto Castelli, der in Pisa die Professur für Mathematik innehatte. Der »Brief an Castelli« (später erweitert zum Brief an die Großherzoginmutter) setzt sich auseinander mit dem Verhältnis von Religion und Naturwissenschaft, von Glauben und Wissen.
»Die Heilige Schrift kann weder lügen noch irren, weil ihre Aussagen von absoluter und unverbrüchlicher Wahrheit sind. Wer aber sehr wohl irren kann, das sind ihre Ausdeuter, und zwar immer dann, wenn sie sich auf die wörtliche Bedeutung stützen. Auf solche Art ließen sich nicht allein Widersprüche aus der Bibel herauslesen und Behauptungen, die weit entfernt davon sind, wahr zu sein, sondern sogar Irrlehren und Unsinniges. So wäre es notwendig, dem Herrgott Füße, Hände und Augen zuzuschreiben und menschliche Gefühle wie Zorn, Reue, Haß, auch das Vergessen vergangener Dinge und die Unkenntnis künftiger Dinge.

Die Schrift enthält also vieles, was nach dem nackten Wortsinn von der Wahrheit abweicht, aber mit Fug so formuliert wurde, um der sinnlichen Anschauung der einfachen Menschen entgegenzukommen. Deshalb sollte nichts Physikalisches, das die Erfahrung der Sinne uns vor Augen führt oder ein zwangsläufiger Beweis uns bestätigt, in Frage gestellt werden – und noch weniger verurteilt! – aufgrund des Zeugnisses biblischer Zitate, unter deren Worten sich ein ganz anderer Sinn verbergen kann.«
Galilei weist den Anspruch der Kirche zurück, die Theologie als Königin zu proklamieren, in dem Sinne, daß sie auch über andere Wissenschaften zu entscheiden hätte. Oder wolle jemand im Ernst behaupten, daß Geometrie, Astronomie und Medizin durch die Bibel besser vermittelt würden als durch die Bücher von Archimedes, Ptolemäus, Boethius und Galen?! Die Theologen sollten sich keine Befugnisse anmaßen in Berufen, die sie nicht studiert hätten noch jemals ausgeübt. Das wäre so, als wolle ein absoluter Fürst, der weder Arzt noch Baumeister ist und nur zu befehlen gelernt hat, plötzlich Arzneien verabreichen und Gebäude errichten, wie es ihm gerade in den Sinn kommt – was zur schweren Gefährdung der Kranken und der Sicherheit seiner Bauten führen würde.
»Ich bin bereit zu glauben, daß die Autorität der Heiligen Schrift zum Ziel hat, die Menschen von jenen Wahrheiten zu überzeugen, welche für ihr Seelenheil notwendig sind und, da sie die menschliche Vernunft übersteigen, durch keine andere Wissenschaft einsichtig gemacht werden können als durch die Offenbarung des Heiligen Geistes.
Daß aber derselbe Gott, der uns mit den Sinnen, der Vernunft und dem Verstand begabt hat, wünschen würde, davon keinen Gebrauch zu machen und uns auf einem anderen Wege jene Kenntnisse zu vermitteln, die wir doch durch eben jene Gaben erlangen könnten –, das bin ich, scheint mir, nicht verpflichtet zu glauben.«

Was hier gesagt wurde, klingt uns Heutigen selbstverständlich, damals war der »Brief« für die einen ein Manifest der Gedankenfreiheit, für die anderen eine Provokation, vergleichbar mit jenen Thesen beinahe, die der deutsche Antichrist in Mönchsgestalt, Luther geheißen, vor einem Jahrhundert an die Schloßkirche zu Wittenberg genagelt hatte. Trotz dieser Herausforderung schwieg die Gegenseite. Eine Zeitlang, genauer ein Jahr lang, herrschte Ruhe in der Liga der Anti-Galileisten. Es war die Ruhe vor dem Sturm.

Die Spürhunde Gottes

»Das ist die Kanzel«, sagt der Dominikanerpater, der die Besucher durch die Kirche Santa Maria Novella in Florenz führt, »die Kanzel, wo der Anfang von seinem Ende ...« Er bekreuzigt sich und setzt hinzu: »...vom Ende des Signor Galilei begann.«

Einer seiner Ordensbrüder, der Pater Caccini, hatte damals dort gestanden, es war der letzte Advent im Jahr 1614, und seine Predigt mit den Worten begonnen: »Was steht ihr dort, ihr Männer von Galiläa und glotzt zum Himmel hinauf?!« Da Predigten in Latein gehalten wurden, hießen die Männer »viri Galilei«, ein raffiniertes Wortspiel, doch die Gemeinde hätte auch so gemerkt, gegen wen die Predigt sich richtete. Gewohnt, die Kanzel immer auch als politische Plattform zu gebrauchen, griff der Pater die Mathematiker an, diese Jünger einer Teufelskunst, die Urheber aller Ketzereien, die man aus allen christlichen Staaten vertreiben müßte, entblödeten sie sich doch nicht, die Sonne zum Mittelpunkt der Welt zu machen und nicht die Erde, eine Irrlehre, im Widerspruch stehend zur Heiligen Schrift, und deswegen ketzerisch! ketzerisch! ketzerisch!

Der Pater allein hätte sich nicht vermessen, gegen einen Mann vorzugehen, der als Erster Mathematiker unter dem

Der Mensch blickt über den Erdenhimmel hinaus. Holzschn., 16. Jh.

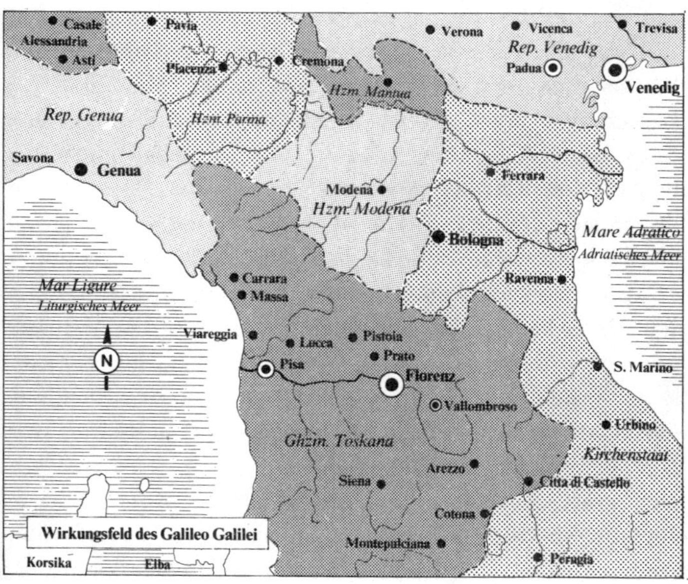

Schutz des Großherzogs stand und über zahlreiche einflußreiche Freunde in ganz Italien, besonders in Rom, verfügte. Die »Liga« hatte ihn damit beauftragt, von deren Gesinnungsgenossen eine nicht geringe Zahl hinter den Mauern des Klosters San Marco saßen, einer der Hochburgen des Dominikanerordens. Die Spürhunde des Herrn, »domini canes«, schlugen, wie gewohnt, laut an, wenn sie einen Ketzer zu wittern glaubten. Als erbarmungslose Inquisitoren hatten sie in den vergangenen Jahrhunderten Hunderttausende von Menschen auf die Scheiterhaufen geschickt: sittsame Frauen, die unter Qualen der Folter gestanden, mit dem Teufel Buhlschaft getrieben zu haben; unschuldige Männer, die nach der Tortur sich bezichtigten, in die vom Satan gelegten Fallstricke einer Irrlehre geraten zu sein.
Tommaso Caccini eignete sich für die Zwecke der Anti-Galileisten im besonderen Maße. Engstirnig, fanatisch, seinen Oberen in Kadavergehorsam ergeben und bemüht, ihren Beifall zu erringen, betrachtete er die Lüge, die Fälschung und die Intrige als Mittel zum *heiligen* Zweck. Er war geradezu der Prototyp des von den Satirikern der Renaissance karikierten heuchlerischen Mönchs. Man konnte ihm nicht einmal zugute halten, daß er »optima fide«, besten Glaubens, handelte, wie so viele seiner Glaubensbrüder. Caccini und der bereits erwähnte Lorini waren sich darüber im klaren, was sie taten.
Der Pater wußte von Kopernikus nicht viel mehr als gewisse hohe Kirchenherrn, die dringlich empfahlen, diesen Menschen einzusperren, und schonend darauf hingewiesen werden mußten, daß es sich bei dem Entdecker des ketzerischen Systems um einen toten Deutschen handelte, der sein Buch vor siebzig Jahren geschrieben und es dem Heiligen Vater gewidmet hatte.
Der erste Anschlag der Caccini-Clique war sorgfältig geplant. Sie verschafften sich eine Abschrift des Galileischen »Briefs an Castelli«, fälschten, um den Schreiber

noch stärker zu belasten, zwei Stellen und schickten sie an das für die Überwachung des Glaubens zuständige Heilige Offizium nach Rom; mit einem Begleitbrief, in dem sie, die uneingeschränkte Verpflichtung ihrer Brüder zur Aufspürung aller Ketzer betonend, ihre tiefe Sorge ausdrückten, daß ein Irrtum, der am Anfang klein, groß im Ausgang werde. Der die Prüfung vornehmende Inquisitor befand, daß einige Wendungen (und das waren die Fälschungen!) sehr schlecht klängen, doch alles in allem weiche der Inhalt von der katholischen Lehre kaum ab.
Anfängliche Mißerfolge haben Denunzianten noch nie entmutigt. So erschien vier Wochen später Pater Caccini persönlich in Rom und wandte sich an den Generalkommissar der Inquisition mit der Bitte, Zeugnis ablegen zu dürfen hinsichtlich der Irrtümer des Galilei zur Erleichterung des eigenen Gewissens. Seiner Bitte, man möge seine Aussage vertraulich behandeln, bedurfte es nicht. Geheimhaltung während einer laufenden Untersuchung gehörte zu den Prinzipien des Offiziums. Selbst Galileis hochgestellte weltliche und geistliche Freunde in Rom erfuhren trotz vielfältiger Bemühungen kein Sterbenswort von den Vorgängen. Caccinis Aussage begann mit den Worten: »Ich bringe zur Anzeige, daß das öffentliche *Gerücht* geht, der genannte Galilei lehre, die Erde bewege sich ganz und gar und auch in täglicher Umdrehung; die Sonne dagegen stehe still.«
Zur Sache selbst hatte er wenig vorzubringen: er wisse vom Hörensagen (daß Galilei mit deutschen Protestanten korrespondiere); man habe ihm hinterbracht (daß er mit dem berüchtigten Servitenmönch Paolo Sarpi befreundet gewesen sei); es sei die Rede (daß er die Wunder der Heiligen für wunderliche Täuschungen halte) und so fort. Er hinterließ keinen günstigen Eindruck bei dem Inquisitor und wurde gefragt, ob besagter Galilei nicht vielleicht doch sein persönlicher Feind, ja ein Todfeind sei. Vollends schei-

terten seine Versuche, aus dem guten Katholiken Galilei einen schlechten Katholiken zu machen. Daß er ein gehorsamer Diener der Kirche war und ihr mit Leib und Seele anhing, haben ihm selbst erbitterte Feinde nicht abgesprochen.

Der Dominikaner ließ sich jedoch nicht abschütteln. Als er hörte, daß Galilei in Rom erschienen sei, meldete er sich in dessen Quartier, der Villa Medici, um ihn, unter dem Vorwand, sich bei ihm zu entschuldigen, auszuhorchen. »Was der Mensch sagte«, berichtete Galilei später, »war von ausgesuchter Dummheit, und ich entdeckte einen Geist voller Gift und Mangel an Menschlichkeit.«

Der Erste Mathematiker des Florentiner Hofes war wieder nach Rom gereist, in die Höhle des Löwen, mit der Absicht, nun seine Zunge zu gebrauchen statt seiner Feder. An Warnungen derer, die mit ihm befreundet waren oder ihm wohlwollten, hatte es nicht gefehlt: er möge sich, vorerst, damit begnügen, ex suppositione, hypothetisch, zu sprechen; er dürfe ja über alles schreiben und reden, wenn er dabei nicht »in die Sakristei einbreche«; er solle mehr Diskretion wahren und der Wahrheit soviel Zeit lassen, wie Wahrheiten brauchten, um sich durchzusetzen. Merkte er nicht, wie der toskanische Gesandte warnend schrieb, daß dies kein Land sei, um hierher zu kommen und über den Mond zu diskutieren, um neue Lehren aufzustellen und sie vorzutragen?

Nun war Galilei ein Mensch, dem gute Ratschläge feil erschienen wie Brombeeren. Sich nach ihnen zu richten hieße, sein Lebenswerk zu verraten. Wie sinnlos mußten ihm seine Entdeckungen durch das Teleskop erscheinen, wenn sie nicht fruchtbar werden durften für den kopernikanischen Gedanken. Er war nicht bereit, seine Lehre durch Anpassung oder gar Schweigen zu »retten«. Und was hieß hier Vernunft? Konnte man einem Genie raten, vernünftig zu sein?

Bald war er wieder Mittelpunkt bei den Empfängen der Großen in ihren Palazzi. Wie eh und je erwies er sich seinen Kontrahenten im Disput überlegen, so scharf sie ihn von allen Seiten attackierten. Die Aufgabe des Heiligen Geistes sei es, so polemisierte er, den Weg *in den* Himmel zu zeigen, aber nicht den Weg *des* Himmels. Und: wer wollte der Intelligenz und der Erfindungsgabe des Menschen Grenzen vorschreiben; wer behaupten, daß alles, was in der Welt erfahrbar und erkennbar ist, bereits entdeckt und erkannt sei? Er warb um jeden einzelnen seiner Zuhörer. Ließen sie sich nicht überzeugen, überantwortete er sie vor aller Augen und Ohren der Lächerlichkeit. Oft besaß er kein Gespür dafür, daß Triumphe des Augenblicks Feinde fürs Leben zur Folge haben können.

Die wirklich wichtigen Männer entzogen sich ihm diesmal und blieben auf Distanz. Kardinal del Monte, einst ein Bewunderer, gehörte nun zu den wohlmeinenden, aber letztlich lästigen Ratgebern. Kardinal Barberini, der spätere Papst Urban VIII., wies ihn in einem Gespräch, auf die Allmacht Gottes deutend, in die Schranken. Der Generalinquisiteur Bellarmin weigerte sich, ihn zu empfangen. Die Luft um Galilei wurde dünner. In der beginnenden Vereinsamung entschloß er sich zu einer Unternehmung, die ihn über alle Feinde triumphieren lassen würde: der Heilige Vater höchstselbst, Paul V., mußte gewonnen werden. Als Mittelsmann verpflichtete er Paolo Giordano Orsini, mit zweiundzwanzig Jahren Roms jüngsten Kardinal, vornehmstem Geschlecht entstammend, begeisterungsfähig, fortschrittlich, überdies höchst geschmeichelt, dem großen Mann aus Florenz helfen zu dürfen. Galilei schrieb eigens für ihn eine Abhandlung über Ebbe und Flut, die durch die Erdbewegung verursacht werde, nicht etwa durch den Mond, wie Kepler »fälschlich« angenommen, womit ein weiterer wichtiger Baustein für die kopernikanische Lehre geliefert wäre.

Daß Orsini mit des Meisters größtem Irrtum zu seinem schweren Gang ausgerüstet wurde, mutet mehr komisch an denn tragisch. Es interessierte sich ohnehin niemand für das Meer und seine Bewegungen. Schlimmer war die Abfuhr, die sich der junge Kardinal holte; von einem Papst, der all die geistreichen Leute mit ihren Spitzfindigkeiten verabscheute und sie am liebsten als Ketzer verbrannt hätte. Daß Galilei diesen Heiligen Vater für seine Lehre gewinnen wollte – und ihn so schlecht kannte – zeigt nur, wie naiv er im Grunde war.

Innerhalb von wenigen Wochen fiel nun die Entscheidung. Elf als Sachverständige geltende Theologen des Heiligen Offiziums, die auf Befehl des Papstes ein Gutachten abgegeben hatten über den Kopernikanismus, versammelten sich und gaben nach kurzer Beratung einstimmig folgende Qualifikation zu Protokoll: die Annahme, wonach die Sonne das Zentrum der Welt und unbeweglich, steht im Widerspruch zur Heiligen Schrift, ist philosophisch töricht und formal häretisch; die Annahme, wonach die Erde nicht das Zentrum der Welt, sondern sich in bezug auf sich selbst bewegt und auch in täglicher Bewegung, ist ebenso tadelnswürdig und hinsichtlich der theologischen Wahrheit zumindest irrig im Glauben. Das waren deutliche Worte: wer sich für eine solche »formalhäretische Annahme« einsetzte, konnte auf den Scheiterhaufen wandern.

Kurz darauf wies Papst Paul den Kardinal Bellarmin an, Galilei vorzuladen, ihm das Dekret mitzuteilen und zu ermahnen, daß er sich zukünftig danach richte. Weigerte er sich zu gehorchen, sollte der Generalkommissar der Inquisition ihm in Gegenwart eines Notars und von Zeugen den Befehl erteilen, seine Lehre fernerhin nicht mehr zu verteidigen noch zu behaupten. Sofern er sich nicht darein schicken wolle, solle man ihn in den Kerker werfen. Als Galilei anderntags den Palast des Kardinals betrat, man schrieb den 26. Februar 1616, schien er arglos – bis zu jenem Moment, da er erschauernd den Kommissar der Inquisition bemerkte. Bellarmin belehrte ihn weisungsgemäß und ermahnte ihn, seine irrtümliche Meinung aufzugeben. Der Belehrte und Ermahnte erklärte, daß er sich der Weisung unterwerfe.

Wieder eine Woche später wurde das Dekret gegen die kopernikanische Lehre veröffentlicht mit der Maßgabe, es überall, wo Katholiken lebten, von den Kanzeln der Kirchen, von den Podien der Universitäten zu verkünden. Der Name »Galilei« kam darin nicht vor; auch das Wort »Häresie«, Ketzerei, das die elf Weisen benutzt hatten, war gestrichen worden (auf Drängen des Kardinals Barberini, des späteren Papstes). Im Mittelpunkt des Dekrets stand das Buch des Kopernikus über die Umläufe der Himmelskörper. Es wurde, damit die darin enthaltene Auffassung »nicht weiter zum Verderben der katholischen Wahrheit sich einschleiche«, auf den Index gesetzt. Der »Index librorum prohibitorum«, der über die Jahrhunderte hinweg manch berühmten Schriftstellernamen aufwies, verbot allen Katholiken, wes Grades oder welcher Stellung sie auch seien, die genannten Bücher zu lesen, bei sich zu bewahren, weiterzugeben, zu drucken oder drucken zu lassen, bei Androhung schwerer Strafen.

Da Rom also gesprochen hatte, schien auch die Welt, besser der Weltraum, wieder in Ordnung. Fest stand die Erde im Raum, von den Gestirnen umkreist, und die Menschen brauchten nicht mehr zu befürchten, mal kopfüber, mal kopfunter mit ihr durch das Universum zu rasen.

Und Galilei? Seine Reaktion war insofern überraschend, als er gar nicht reagierte. Warum auch: sein Name war nicht genannt worden; sein Buch über die Sonnenflecken nicht verboten; die Kardinäle del Monte und Orsini beeilten sich, seinem Herzog mitzuteilen, daß an seines Ersten Mathematikers Person nicht der geringste Makel hafte;

der Heilige Vater hatte ihn in einer Audienz empfangen und seines Wohlwollens versichert. Caccini und seine Brüder hatten ihr Ziel, Galilei aus dem Buch der Lebenden zu tilgen, nicht erreicht.

Doch ihre Mühlen mahlten langsam – mahlten aber trefflich klein …

In den drei Monaten, die Galilei noch in Rom blieb, schien er gelassen, fast heiter. Doch es war eine Rolle, die er spielte: einem Schauspieler gleich machte er sich und den anderen etwas vor. Man hatte ihn bis ins Mark getroffen, ihm seine Mitte genommen. Das Dekret stahl ihm die Freude am Ergründen der Wahrheit und verdüsterte sein Gemüt, denn es schuf einen Zwiespalt zwischen wissenschaftlicher Überzeugung und der Pflicht des getreuen Katholiken, seiner Kirche zu gehorchen. »… beraubt und verarmt in seinem besten Hoffen, im Innersten verbittert, kehrte Galilei nach Florenz zurück. Wie ein Epilog klingt, wenn er einige Monate später in einem vertraulichen Brief schrieb: ›Ich glaube, daß es in der Welt keinen größeren Haß gibt als den der Unwissenheit gegen das Wissen.‹«

Die Wächter über des Glaubens Reinheit

Sechzehn Jahre später.

Der Vertreter der Inquisition erschien zur Mittagsstunde vor der Villa Il Giojello in Florenz, wartete in der Eingangstüre auf den Hausherrn und bat ihn, zu dessen Verwunderung, in den Garten. Dort zog er ein Schriftstück aus seiner Soutane und verlas mit lauter Stimme, der Adressat, Galileo Galilei, möge noch im Laufe dieses Monates, des Oktobers 1632, in Rom erscheinen, um dem Generalkommissar des Heiligen Offiziums Rede und Antwort zu stehen. Sie gingen wieder ins Haus zurück, ohne daß Galilei die drei Männer bemerkt hätte, die sich hinter den dichten

Lorbeerbüschen als Augen- und Ohrenzeugen verborgen gehalten.
Galilei erklärte sein Einverständnis, bat aber wegen seines schlechten Gesundheitszustands um Aufschub. Drei vom Inquisitor beauftragte Ärzte bestätigten, daß für den fast Siebzigjährigen jede Ortsveränderung lebensgefährlich sei; wobei erschwerend hinzukomme, daß die Reise von Florenz nach Rom durch pestverseuchte Gebiete führe. Die Antwort des Vatikans bestand in der Drohung, man werde einen Kommissar in Begleitung eines autorisierten Arztes entsenden, die, fänden sie den Vorzuladenden irgendwie transportfähig, ihn in Ketten nach Rom zu bringen hätten, und den Transport müsse Galilei dann aus eigener Tasche bezahlen.
Ende Januar 1633 machte Galilei sich auf die weite, beschwerliche Reise. Die Straßen waren gesäumt von den Pestleichen, die Luft geschwängert vom Rauch der Pestfeuer und allgegenwärtig das Geläut der Totenglocken. Seine zwischen zwei Maultieren befestigte Sänfte kam unendlich langsam voran. Die Sänfte – sie war das einzige, womit ihm sein Großherzog hatte helfen können. Schutz gegen Rom zu gewähren, war er zu schwach gewesen. Jenen Schutz, den ihm die tapferen Venezianer sofort angeboten, einschließlich des seinerzeit von ihm so schmählich aufgegebenen Lehrstuhls in Padua. Einen alten Baum aber, so hatte er geantwortet, solle man nicht mehr verpflanzen. Daß er nicht freudig und feierlichen Empfangs gewiß nach Rom reiste, wie er es von früher gekannt, sondern als ein schwerer Verbrechen Angeklagter, wie es dazu gekommen war, darüber nachzudenken hatte er in der elenden Quarantänestation von Ponte a Centino reichlich Zeit.
Am Anfang stand Galileis berühmtestes, für seine Gegner berüchtigtstes Buch, der 1632 erschienene »Dialogo«, ein Gespräch über die beiden hauptsächlichen Weltsysteme. Es wird geführt von drei Männern, deren einer die koper-

nikanische Lehre mit souveräner Kenntnis erklärt und verteidigt, deren zweiter als gebildeter, mit gesundem Menschenverstand begabter Laie das Gespräch durch kluge Fragen bereichert, während der dritte die konservative Schulwissenschaft vertritt, die keine anderen Argumente als die in den alten Büchern verzeichneten anerkennen will. Den Wissenschaftler nannte er Salviati, den Laien Sagredo – Namen zweier Freunde, denen er damit ein Denkmal setzte; der dritte hieß Simplicio nach einem Aristoteles-Kommentator aus dem 6. Jahrhundert. Daß Simplicio »Simpel« bedeutete, diesen Doppelsinn hatte Galilei augenzwinkernd beabsichtigt, hätte ihn jedoch wohl vermieden, wenn er gewußt, welche Folgen er bewirken würde.

Dem Edikt von 1616 gemäß, bringt Salviati die Lehre des Kopernikus nur als Hypothese, und Sagredo tut so, als sei er völlig unparteiisch. Doch agieren beide so geschickt und mit so schlagenden Argumenten, daß der arme Simplicio trotz verzweifelter Gegenwehr immer neue Niederlagen erleidet und jedem Leser am Ende gar nichts anderes übrigbleibt, als die Hypothese für eine Tatsache zu halten. Daran konnte auch das von den Zensoren verlangte Vorwort nichts ändern, das dem, was der Autor wirklich glaubt, ins Gesicht schlägt und deshalb als ein Produkt würdeloser Heuchelei erscheinen muß. »In den letzten Jahren erließ man in Rom ein heilsames Edikt, das den gefährlichen Ärgernissen der Gegenwart begegnen sollte und der Ansicht, daß die Erde sich bewege, rechtzeitig Schweigen auferlegte«, heißt es da.

Ohne dieses Vorwort jedoch hätte Galilei die Druckerlaubnis nicht bekommen; die Zensoren hatten es so verlangt. Auch die Schlußpassagen des »Dialogo«, wo Salviati plötzlich bekennt, daß er niemandem zumute, dieser phantastischen Meinung (daß die Erde sich um die Sonne drehe) den Beifall zu zollen, den er selbst ihr versage, stellt nichts

DIALOGO
DI
GALILEO GALILEI LINCEO
MATEMATICO SOPRAORDINARIO

DELLO STVDIO DI PISA.

E Filosofo, e Matematico primario del

SERENISSIMO

GR.DVCA DI TOSCANA.

Doue ne i congressi di quattro giornate si discorre sopra i due

MASSIMI SISTEMI DEL MONDO
TOLEMAICO, E COPERNICANO,

Proponendo indeterminatamente le ragioni Filosofiche, e Naturali tanto per l'vna, quanto per l'altra parte.

CON PRIVILEGI.

IN FIORENZA, Per Gio:Batista Landini MDCXXXII.

CON LICENZA DE' SVPERIORI.

»Der größte Skandal der Christenheit«. Galileis Dialogo, *ein Meisterstück wissenschaftlicher Gelehrsamkeit und literarischer Kunst.*

anderes dar als eine Konzession an den Papst. Sechs lange Jahre hatte Galilei an diesem Meisterstück wissenschaftlicher Gelehrsamkeit und literarischer Kunst gearbeitet, getrieben von dem Gedanken, die Schmach von 1616 zu tilgen, gequält von seinem nicht zum Schweigen zu bringenden Gewissen. Er wäre zu jedem Zugeständnis bereit gewesen, das sein Buch der Veröffentlichung näherbrachte. Nach zähen Verhandlungen mit dem Heiligen Offizium und den Zensoren in Rom und Florenz, die die Verantwortung für dieses schwer verständliche Werk (die Patres glaubten fest daran, daß die Gestirne von den Engeln bewegt würden) sich gegenseitig zuschoben, nach langen Audienzen bei Papst Urban hatte er das Imprimatur durchsetzen können.

Urban VIII. war jener Kardinal Barberini, der seinem florentinischen Landsmann seit jeher zugeneigt gewesen, der ihn bewundert, ja ihn in einem Gedicht gefeiert hatte – und, wie erwähnt, für die Streichung des Ketzerparagraphen in dem Dekret von 1616 gesorgt hatte. Eine Zuneigung, die Galilei nach der Erhebung auf den Heiligen Stuhl glauben ließ, daß nun ein günstigerer Wind wehe, hatte doch Urban selbst erklärt, daß, wäre es nach ihm gegangen, das Dekret nie erlassen worden wäre. Doch wie so oft hatte Galilei seine Menschenkenntnis im Stich gelassen. Der Kardinal Maffeo Barberini zeigte sich als Papst so, wie er wirklich war: despotisch, unberechenbar in seinen Launen, von maßloser Selbstüberhebung und noch größerer Eitelkeit.

Dieser Mann, ein, laut Ranke, anachronistisches Spätrenaissance-Monster, wandelt sich von einem Freund zu einem Feind, als man ihm vom Inhalt des »Dialogo« berichtet. Zur eigenen Lektüre wird er nicht gekommen sein, von der Passage abgesehen, in der der einfältige Simplicio Worte von der Allmacht Gottes benutzte, die er höchstselbst mit Vorliebe zu gebrauchen pflegte. Die ihn beratenden Jesuiten wiesen immer wieder darauf hin, daß Galilei den Heiligen Vater damit bewußt zum Gespött der Leute habe machen wollen, ja daß seine Lehren verwerflicher seien als die eines Luther und Calvin. Daß sie selbst, besonders die Schulgelehrten des Collegium Romanum, sich in der Person des Einfaltspinsels Simplicio wiedererkannten, war beinah noch ärger. Wichtiger aber war, erst einmal den Papst an seiner empfindlichsten Stelle zu treffen, an seiner Eitelkeit. Und ihre Rechnung ging auf: Urban VIII. machte aus der Verfolgung Galileis seine eigene Sache.

Der Heilige Vater sah sich überdies als ein betrogener Liebhaber. Sein Landsmann hatte ihm all die Gunst, die er ihm gewährt, schlecht gelohnt.

Doch wäre es falsch, die Dinge lediglich als eine persönliche Auseinandersetzung zwischen zwei bedeutenden Männern anzusehen (wie es oft genug geschehen). Zu einfach machte man es sich auch, die Schuld an allem, wieder einmal, den Jesuiten zuzuschieben, den allmächtigen, im Hintergrund die Fäden ziehenden Ordensgeistlichen. Beide, der Papst und die Gesellschaft Jesu, hatten persönliche Gründe, Galilei übel zu wollen. Ausschlaggebend waren sie nicht. Der »Fall Galilei« war nichts anderes als die Auseinandersetzung zwischen der neuen Wissenschaft und der in überlebten Traditionen erstarrten Kirche, die den Menschen in dem Augenblick aufzuhalten versuchte, da er sich an das kühnste seiner Abenteuer wagte: die Entdeckung, besser, die Erkennung des Universums.

Galilei war dort eingedrungen, wie Urban das ausdrückte, wo er nicht sollte, und zudem noch in die wichtigsten und gefährlichsten Materien, die man in dieser Zeit aufrühren konnte. Die Kirche befand sich in einem seit vielen Jahrzehnten währenden Abwehrkampf gegen den immer bedrohlicher um sich greifenden Protestantismus. Viele Länder waren der »Irrlehre« des Mönches Luther anheimgefallen, der Felsen Petri schien zu wanken. In immer neue

Händel verwickelt – man befand sich in einem Glaubenskrieg, den die Geschichte als den Dreißigjährigen Krieg kennt –, verwandelte Papst Urban die Ewige Stadt in eine Festung, in eine Waffenschmiede, in ein Heerlager. Die Kirche hatte in der Tat andere Sorgen, als sich mit einem neuen Weltsystem auseinanderzusetzen, das die Menschen noch mehr verwirren würde.

Seine erste Maßnahme bestand in der Weisung an den Drucker und Verleger Landini, das Buch anzuhalten und die fertiggestellten Exemplare nach Rom zu schicken, desgleichen das handschriftliche Original. Nach den bereits ausgelieferten Büchern, etwa tausend Stück, sollte man fahnden und sie beschlagnahmen. Und dann kam jener Befehl an den Autor, sich unverzüglich nach Rom zu begeben …

Feige, verlogen, charakterlos

Was in den nächsten Monaten geschah, ist ein schauerliches Beispiel dafür, wie einfach es ist, einem Menschen die Würde zu nehmen, seine Selbstachtung zu zerstören, ihn zu zerbrechen – wenn man über eine allmächtige Institution verfügt, die sich in der Anwendung der dafür geeigneten Mittel auskennt. Arthur Koestler, der sonst an Galilei kaum ein gutes Haar läßt, vergleicht die vom Heiligen Offizium angewandten Praktiken des Verhörs und der Prozeßführung mit den unter Stalin üblichen Praktiken: die dem Gefangenen auferlegte absolute Geheimhaltung, das Fehlen von Verteidigern und die Annahme, der Angeklagte sei schuldig, solange er seine Unschuld nicht bewiesen habe; der psychologische Druck, wechselnd zwischen Drohungen und väterlichen Ermahnungen, die auferlegte Selbstbezichtigung und vor allem der metaphysische Grundsatz der Willensübereinstimmung zwischen Ankläger und Büßer sind bloß die hervorstechendsten Züge, die die GPU nach eindringlichem Studium der Inquisition kopierte.

Es war trotzdem nicht leicht, Galilei eine Schuld nachzuweisen: er war den Auflagen des Offiziums vor dem Druck nachgekommen; hatte sich zumindest der Form nach befleißigt, die kopernikanische Lehre lediglich als Hypothese darzustellen; war bei den Zensoren in Rom und Florenz vorstellig gewesen, um nach erfolgtem Imprimatur das Werk zum Druck aufzulegen. Alles Gründe, um Galilei optimistisch zu stimmen; eine Stimmung, die durch die rücksichtsvolle, stets höfliche Behandlung von seiten der Inquisitoren untermauert wurde. Sie sperrten ihn nicht in die Verliese des Vatikan, wie es bei anderen Verdächtigen üblich war, sondern wiesen ihm im Palazzo del Sant' Ufficio einige Räume an. Anscheinend fürchtete man, daß der alte, von vielen Leiden geplagte Mann den Kerkeraufenthalt nicht überstehen würde. Die Kirche sollte ihn zur Rechenschaft ziehen, ihn demütigen, ihm und allen anderen ihre Macht demonstrieren – an seinem Tod schuldig werden, am Tod eines weltberühmten Gelehrten, wollte sie nicht, schon mit Rücksicht auf die öffentliche Meinung in Europa.

Den Richtern wurde aus der anfänglichen Verlegenheit, wie dem Beklagten beizukommen wäre, rasch geholfen, als sie in dem Aktenkonvolut aus dem Jahre 1616 fündig wurden. Galilei war damals vom Kardinal Bellarmin ermahnt worden, wie wir wissen, des Kopernikus Lehre nicht zu verteidigen noch zu behaupten. Ein nun aufgefundenes Dokument aber bewies, daß der Generalkommissar des Heiligen Offiziums ihm persönlich befohlen hatte, die Lehre in keiner Weise für wahr zu halten, zu lehren oder zu vertreten – weder in Wort noch Schrift.

Die beiden Formulierungen unterschiedlich zu finden mag als Haarspalterei erscheinen, in der Praxis konnte der Unterschied Freiheit bedeuten oder Tod (auf dem Scheiterhaufen). Der Ermahnung durch Bellarmin gemäß durfte die Lehre als eine Hypothese diskutiert werden, nach dem neuen Dokument aber war *alles* verboten. Galilei gab beim Verhör an, von der *Ermahnung* zu wissen, an den durch den Generalkommissar ergangenen Befehl könne er sich nicht erinnern.

Das plötzlich aufgefundene Dokument vom 26. Februar 1616 hat zu Auseinandersetzungen geführt, wie sie selbst in der vom Gelehrtenstreit durchzogenen Wissenschaftsgeschichte selten sind. Sie haben bis zum heutigen Tag kein Ende gefunden. Das betreffende Aktenstück wirkt schon auf den ersten Blick einigermaßen merkwürdig: es steht auf der Rückseite zweier anderer Dokumente; trägt keine Unterschrift (weder die des Gemaßregelten noch die des Zeugen und des Notars); hat, als einziges Blatt, keine Seitenzahl; spricht von einer amtlichen, die Verhandlungen führenden Person, ohne deren Namen zu nennen; ist eine Kopie unter lauter Originaldokumenten.

Merkwürdigkeiten, die gegen die Echtheit des Dokuments sprechen und eine Fälschung wahrscheinlich machen. Fragwürdig ist es auf jeden Fall und für einen Prozeß, bei dem es um Sein oder Nichtsein geht, denkbar ungeeignet. Dennoch diente es den Richtern des Offiziums als – höchst willkommene – juristische Grundlage. Es hätte ausgereicht, den Angeklagten des Verstoßes gegen eine ihm auferlegte Verpflichtung zu überführen. Nun war Galilei seinerzeit, 1616, so klug gewesen, sich von Kardinal Bellarmin schriftlich bestätigen zu lassen (in Form eines »Persilscheins«, wie man heute sagen würde), daß er besagte *Lehre* lediglich nicht *behaupten* noch *verteidigen* dürfe. Dieses Gutachten stand einem exemplarischen Urteil im Wege. Auch brauchte man einen geständigen Angeklagten, nach dem, auch bei den Hexenprozessen befolgten Grundsatz: »Ohne Geständnis kein Urteil«. Die Eminenzen des Offiziums erörterten die Möglichkeit »größerer Strenge

und geringerer Berücksichtigung der Schonung« (was in Praxis die Folterung des Angeklagten hieß), entschlossen sich dann aber zu einem anderen Weg.
Eines Tages erschien der Generalkommissar Maculanu da Firenzuole bei Galilei, der schwer krank darniederlag, plauderte mit ihm über die Mittel, wie man ein Geständnis erzielen könne; über Urteil und Strafe, die Möglichkeiten der Verschärfung und der Milderung; über die Problematik, das Gesicht zu wahren, das eigene und das des Gerichts, »und nachdem viele, viele Argumente und Gegenargumente zwischen uns hin und her gegangen, erreichte ich mit Gottes Hilfe mein Ziel, dergestalt, daß er klar erkannte, geirrt zu haben und in seinem Buch zu weit gegangen zu sein. Er bekannte sich von Herzen dazu, schien tief erleichtert, seinen Irrtum endlich eingestanden zu haben, und erklärte sich bereit, die Schuld auch vor Gericht zu bekennen.«
Die Anwendung physisch-psychischen Drucks mit dem Ziel, über die geistige Desorganisation Änderungen politischer und moralischer Ansichten herbeizuführen – so lautet die Definition des modernen Begriffs Gehirnwäsche. Der Generalkommissar des über die Reinheit des Glaubens wachenden Heiligen Offiziums scheint seiner Zeit weit voraus gewesen zu sein.
Galilei hat begriffen, was er nie hat glauben wollen: daß es jetzt um sein Leben geht. Des Hinweises auf Giordano Bruno, der als Ketzer lebendigen Leibes in Rom verbrannt worden ist, hätte es nicht bedurft. Galilei will am Leben bleiben. Er ist alt, fast siebzig, erschöpft, krank und so gebrechlich, daß er sich während der Verhöre nur mühsam aufrecht hält. Wegen seiner Schwerhörigkeit müssen die Fragen immer wieder laut wiederholt werden.
Was er nun sagt, ist von so grenzenloser Unterwürfigkeit, daß einige Passagen einer Mischung aus Resignation und Ironie zu gleichen scheinen. Er habe sich sein Buch besor-

gen lassen und bei der Lektüre festgestellt, daß der unbefangene Leser in der Tat den Eindruck gewinnen könne, er sei *für* Kopernikus, und dabei sei doch sein ganzes Bestreben gewesen, dessen Lehre zu widerlegen. Der »Dialogo«, der sei ihm nun wie das Buch eines anderen Autors erschienen, und warum er sich so mißverständlich ausgedrückt habe, das könne er sich nur durch die den Menschen eigene Schwäche erklären, unbedingt klüger sein zu wollen als andere. »Mein Irrtum lag, ich muß es bekennen, in eitlem Ehrgeiz, hoffärtiger Ehrsucht und reinem Unwissen.« Wenn man es wünsche, sei er gern bereit, seinem Buch noch zwei Kapitel anzufügen, um die falsche und verdammte Lehre eindeutiger zu widerlegen.

So mancher hat Galilei deswegen Charakterlosigkeit vorgeworfen, Feigheit, Verlogenheit, Rückgratlosigkeit, Würdelosigkeit, Gesinnungslosigkeit. Zu solchen Vorwürfen mag der das Recht haben, der sich in ähnlicher Situation, von Folter und Tod bedroht, bewährt hat. Das sind nur wenige Menschen.

In seiner Verteidigungsschrift, die Galilei dem Gericht vorlegte, zeigt er die Würde, die ihm bei den Verhören gefehlt hat. Der amerikanische Historiker Gerald Dickler nennt sie ein dramatisches Dokument menschlichen Stolzes in einer ausweglosen Situation. In der ihm eigenen stilistischen Meisterschaft belehrte er die Richter, daß er, da ihm nur die Ermahnung durch den Kardinal Bellarmin erinnerlich (die schärfere Belehrung sei ihm neu und wie nie gehört erschienen), keinen Grund gesehen habe, sich mit der Lehre des Kopernikus *nicht* hypothetisch zu beschäftigen; im übrigen habe er sein Werk den Zensoren eingereicht, die es abgesegnet und dafür wohl auch Verantwortung trügen.

Als die Richter in ewigen Wiederholungen desselben Sachverhalts auf ihn eindringen, meint er: »Ich bin hier in Ihrer Hand. Machen Sie mit mir, was Ihnen beliebt.«

»Mir bleibt nur noch zu bitten«, wendet er sich schließlich an die Inquisitoren, »meinen jammervollen körperlichen Zustand zu berücksichtigen, in den ich im Alter von fast siebzig Jahren geriet, verursacht durch die nun zehn Monate währende geistige Unruhe und die Beschwerlichkeit einer langen, mühseligen Reise in der unbarmherzigsten Jahreszeit. Auch bleiben mir nicht mehr viele von jenen Jahren, auf die ich nach meinem vorherigen Gesundheitszustand hatte hoffen dürfen.«

»Ich schwöre ab, verwünsche und verfluche«

Galilei ist *nicht* gefoltert worden, diese im 19. Jahrhundert von antikatholischer Seite immer wieder aufgewärmte Behauptung gehört in das Reich der Legende. Daß man dem alten Mann »nur« gedroht hat, ihn auf die Folter zu spannen, ist dagegen erwiesen. Man ist sogar über die »territio verbalis«, die Drohung mit Worten, hinausgegangen bis zur »territio realis«, bei der die Folterwerkzeuge dem Angeklagten vorgeführt werden: den Daumenstock, der beim Anziehen der Schrauben die Daumen zerquetscht; die Spanischen Stiefel zur Zersplitterung der Schienbeine; die Zangen zum Ausreißen der Fingernägel; die Streckbank zum Ausrenken der Glieder und so fort. Was eine solche Vorführung zu wirken vermag, läßt sich auch bei gering entwickelter Phantasie ausmalen.
Am 22. Juni 1633 wird Galilei in den Kollegiensaal des Dominikanerklosters Santa Maria Sopra Minerva geführt, wo ihn vor den versammelten Kardinälen und Prälaten sein Urteil erwartet. Nach der bis in das Detail gehenden Schilderung der Vorgeschichte verkündet der vortragende Kardinal, daß, da der Angeklagte für wahr gehalten habe, die Sonne sei der Mittelpunkt der Welt und die Erde bewege sich, er sich der schweren Häresie schuldig

»Ein anachronistisches Spätrenaissance-Monster; despotisch, unberechenbar, eitel.« (Ranke) Urban VIII., »betrogener Liebhaber«,

machte die Verfolgung Galileis über den Tod hinaus zur persönlichen Angelegenheit, verbot die Errichtung eines Denkmals.

gemacht und jenen Strafen verfallen sei, die für solche Verbrecher von den heiligen Kirchengesetzen vorgesehen. Strafen, die man ihm zu erlassen die Gnade haben werde, falls er seinen Ketzereien in der vorgeschriebenen Form abschwöre.
Damit er aber nicht gänzlich straffrei ausgehe, künftig vorsichtiger sei und als abschreckendes Beispiel für andere diene, verbiete man hiermit das »Buch der Dialoge« und verurteile ihn zu formalem Kerker nach des Offiziums Gutdünken.
Galilei, angetan mit dem härenen Gewand des Büßers, kniet nieder und verliest die vom Gericht verfaßte Schwurformel. »Ich schwöre ab, verwünsche und verfluche mit redlichem Herzen und nicht erheucheltem Glauben alle diese Irrtümer und Ketzereien, sowie überhaupt jeden anderen Irrtum und jede Meinung, welche der heiligen katholischen Kirche entgegen ist. Auch schwöre ich, in Zukunft weder in Wort noch in Schrift etwas zu behaupten, was den Verdacht einer Häresie begründen könnte; und sollte ich einen Ketzer oder der Ketzerei Verdächtigen kennen, so werde ich ihn dem Heiligen Offizium oder dem Inquisitor oder meinem Bischof anzeigen. So wahr mir Gott helfe und diese seine heiligen Evangelien, die ich mit den Händen berühre.«
Als Galilei sich erhob, wußte er, daß er zu einem Meineid gezwungen worden war. Er hatte geschworen, er *habe* geglaubt, die Sonne sei der Mittelpunkt der Welt und nicht die Erde, und werde das nun nicht mehr für wahr halten. Selbstverständlich glaubte er noch immer an des Kopernikus Lehre. Daran zweifelte auch keiner seiner Richter und die versammelten hohen Kirchenherren. So dubios der Eid war, so fehl war das Urteil. Es stützte sich auf ein gefälschtes Dokument und prangerte als Ketzerei an, was kirchenrechtlich, das heißt, durch ein Konzil oder ein »ex cathedra« des Papstes, niemals als Ketzerei erklärt worden war.

Drei der zehn Richter schienen das gespürt zu haben: ihre Unterschriften finden sich nicht unter dem Urteil.
Papst Urban hat den Fall Galilei als den größten Skandal der Christenheit bezeichnet, man kann ihn auch als die größte Dummheit der katholischen Kirche bezeichnen. »Einen Gelehrten um die Mitte des 17. Jahrhunderts unter Todesdrohungen schwören zu lassen, daß die biblische Ausdrucksweise die Grundlage für Astronomie und Kosmologie ist und bleibt, war nicht nur eine Beleidigung der Wissenschaft, sondern vor allem auch eine Beleidigung der Theologie; das Urteil der Inquisition hat den geistigen Rang der Kirche zum Gespött gemacht und die Verachtung der ganzen Welt provoziert.« Schlimmer noch: die durch Galilei begründete Naturwissenschaft wurde aus dem Tempel gejagt, die – verhängnisvolle – Trennung zwischen Forschung und Kirche, Wissen und Glauben, nahm ihren Anfang.
Rund dreieinhalb Jahrhunderte später begann man in Rom darüber nachzudenken – der »Dialogo« wurde erst 1835 vom Index gestrichen –, wie diese Trennung zu beseitigen wäre. »Wir geben zu, daß Galilei von den Männern und Organen der Kirche Leid erfuhr«, erklärte Papst Johannes Paul II. im Jahre 1983 »Und Wir wünschen, daß Theologen, Wissenschaftler und Historiker, vom Geist ehrlicher Zusammenarbeit beseelt, die Überprüfung des Falles Galilei vertiefen und aufrichtig das Unrecht, welche Seite auch immer es begangen haben mag, bekennen, um das Mißtrauen zu eliminieren, das jenes Geschehen noch immer gegen eine fruchtbare Zusammenarbeit von Glauben und Wissenschaft hervorruft.«
Die Frucht dieser Einsicht, eine Veröffentlichung der Dokumente des Galilei-Prozesses, erschien den Wissenschaftlern wenig schmackhaft. Die Dokumentation wiederholte Bekanntes, berücksichtigte die Akten aus dem Archivio Segreto offensichtlich nicht, schwieg dort, wo es für die

Kirche peinlich wurde. Einer Rehabilitierung der Wissenschaft durch den Vatikan bedürfe es im übrigen nicht, so das Echo auf die Veröffentlichung, sie sei bereits seit geraumer Zeit im Besitz einer legitimen Autorität; auch habe man den Eindruck, daß es der Kirche mehr darum ginge, sich selbst zu rehabilitieren; um das wiederzugewinnen, was ihr mit dem Prozeß Galilei verlorengegangen war: das Mitspracherecht im Bereich der Wissenschaften.

Galilei mußte nicht in den Kerker, ein Gefangener der Inquisition blieb er dennoch. Wen er in seinem Landhaus in Arcetri bei Florenz empfangen, worüber er schreiben und mit seinen Gästen reden, wohin er gehen durfte, das alles wurde von seinen Wächtern bestimmt und kontrolliert. Als er um die Erlaubnis bat, nach Florenz überzusiedeln, der besseren ärztlichen Betreuung wegen, wurde ihm bedeutet, daß man ihm bei Wiederholung solcher Eingaben kein Stadthaus, sondern ein Verlies in Rom anweisen werde.

Galileis geistige Kraft war trotz aller Schikanen nicht zu brechen. Unterstützt von seinen Freunden, unter denen, zu ihrer Ehre sei es gesagt, sich viele hohe Kirchenherren befanden, erwies er sich als der Stärkere. Schon im Juli 1633 erreichte der »Dialogo« auf geheimen Wegen die Stadt Straßburg, wo der getreue Bernegger für die Übersetzung aus der italienischen Volkssprache in die Gelehrtensprache, das Latein, sorgte. Die einzige Reise, die Galilei gestattet wurde, führte ihn nach Poggibonsi zum Botschafter Frankreichs am Heiligen Stuhl, einem alten Freund aus Padovaner Tagen. Als eine Art Gastgeschenk übergab er dem Grafen de Noailles heimlich ein Manuskript mit dem Titel »Discorsi e demonstrazioni matematiche intorno a due nuove sciencі« (Unterredungen und mathematische Beweisführungen über zwei neue Wissenszweige). Abgehandelt wurden darin die Lehre von der

Festigkeit der Körper und die Lehre von den örtlichen Bewegungen; ein Werk, das den Grundstein legte für die Entwicklung der modernen Physik. Noailles sandte das Manuskript unverzüglich nach Holland, der damaligen Zuflucht aller verbannten freien Geister, wo die berühmte Verlegerfamilie Elzevier es in Druck gab.

Es war wie so oft in der Geschichte, und das ist tröstlich, auch wenn es altmodisch klingen mag: man kann einen Menschen mundtot machen, die Wahrheit wird weiterleben.

Dann starb Maria Celeste. Der Tod der geliebten Tochter, die als Nonne in der Nachbarschaft von Il Giojello lebte, ihm mit Rat und Tat half, nie den Glauben an ihn verlor, traf Galilei schwer. »Tiefe Melancholie hat mich nun befallen«, klagte er. »Ich bin mir selbst zuwider; und ständig fühle ich mich von meiner Tochter gerufen.« Er wurde immer hinfälliger, zählte die Plagen nicht mehr, die ihn um den Schlaf brachten. Ein Leibbruch bereitete ihm besonders starke Schmerzen, doch am meisten litt er darunter, daß er erblindet war.

Er kann die Sterne nicht mehr sehen, die Sonne nicht, seinen Himmel nicht, dem er mit seinem Teleskop, das nun nutzlos verstaubt, so manches Geheimnis entrissen hat. Endlich genehmigt der Papst dem todkranken Mann, vorübergehend Wohnung in Florenz zu nehmen – verbunden mit der Auflage, nicht auszugehen und mit niemandem, wer es auch sei, über die verdammte Meinung der doppelten Erdbewegung zu sprechen.

Am 8. Januar 1641 stirbt Galileo Galilei. An seinem Sterbebett wachen seine Schüler, der Sohn, die Schwiegertochter, der Ortspfarrer – und die Beamten der Inquisition. Ein Grab im Hauptschiff von Santa Croce, dort, wo Michelangelo ruht, wird ihm vom Papst verwehrt, die Errichtung eines Denkmals als »unziemlich für einen Häretiker« nicht empfohlen.

5. Kapitel Spartacus oder Der gerechte Krieg

Der Aufstand der Gladiatoren

Der Ausbruch begann, als er bereits verraten war.
Verraten von einem, der sich die Gunst von Gnaeus Lentulus Batiatus sichern wollte, dem Besitzer der Gladiatorenschule in Capua. So starben über hundert Männer unter den Äxten der Bewacher, und der Sand in der Übungsarena färbte sich rot von ihrem Blut. Achtundsiebzig Gladiatoren aber erreichten die Tore, sprangen die Wächter an mit Küchenmessern, Bratspießen und den hölzernen Übungsschwertern (denn scharfe Waffen bekamen sie nur im Amphitheater), gewannen das Freie, schlugen den Weg nach Neapel ein, die viel befahrene Via Appia genauso meidend wie die Via Flacca, überfielen jeden Reisenden, der ihnen begegnete, ließen ihm das Leben, aber nicht seine Waffen. Auf ihrem Marsch an den riesigen Landgütern vorbei riefen sie die Hirtensklaven auf, die Ackersklaven, die Haussklaven, ihnen zu folgen. Ihr Zug wuchs auf Hunderte, bald auf Tausende an. Menschen aus aller Herren Länder schlossen sich an: Thraker, Skythen, Numidier, Syrer, Griechen, Samniten, Parther, Libyer, Gallier und Germanen.
Kein wilder Haufe war hier auf der Flucht, sondern jeder Schritt schien durchdacht, zeugte von der Hand eines klugen, tatkräftigen Anführers. Was auch die Wahl des weiteren Wegs bewies, den die Sklaven einschlugen, eine Wahl,

die auf den ersten Blick allerdings seltsam anmutete. Sie kletterten die Hänge des Vesuvs empor und verschanzten sich auf einem Seitenplateau unterhalb des großen Kraters. Nur ein einziger Zugang führte auf dieses Plateau, und der war leicht zu verteidigen. Daß sie auf einem Vulkan saßen, wußten sie so wenig wie die Bewohner des umliegenden Landes. Der Berg hatte seit Ewigkeiten geschwiegen, und der begehrte Wein, der auf den fruchtbaren Lavahängen wuchs, hatte ihm den Namen »Tafel des Bacchus« eingetragen. Erst anderthalb Jahrhunderte später sollte er sein anderes, sein schreckliches Gesicht zeigen, als er die Stadt Pompeji unter seiner Asche begrub.

Der Mann, der den Ausbruch aus der Kaserne von Capua vorbereitet hatte und wie selbstverständlich in die Rolle des Befehlshabers hineingewachsen war, hieß Spartacus. Ein Name, der bis in unsere Zeit hinein als Symbol galt – Mißbrauch eingeschlossen – für den uralten Kampf der Menschheit um ihre Freiheit, um die Möglichkeit, frei sich entscheiden, frei reden, frei sich bewegen zu können. »In tyrannos«, wider der Tyrannen Willkür, dieses Wort steht über seinem Leben, regte die Dichter an, beeinflußte die politische Agitation, erregte die Historiker. In Deutschland versuchten Lessing, Grillparzer, Hebbel sein Leben zu dramatisieren; Karl Liebknecht und Rosa Luxemburg gaben ihrem linksradikalen Bund seinen Namen; Mommsen zog seinen Hut vor dem Löwenmut dieses Schreckens der Legionen; Karl Marx erschien er als der »famoseste Kerl«, den die ganze Antike aufzuweisen habe. Für Voltaire war sein Aufstand der einzige Krieg der Weltgeschichte, der ein gerechter Krieg war und der Held ein Gewissenstäter.

Spartacus stammte aus Thrakien. Er war ein Sproß des Adelsgeschlechts der Spartakiden, die das kulturell hochstehende Bosporanische Reich auf der Halbinsel Krim beherrschten – so hat man vermutet. Denn wie anders wäre nach Meinung manches Historikers Intelligenz, Feldherrngabe, politischer Weitblick, ja Genialität zu erklären als durch adlige Herkunft? Indes brauchen wir, wie Siegfried Lauffer treffend feststellt, keine fürstliche Abstammung anzunehmen, um seine Fähigkeiten zu erklären. Das Siedlungsgebiet der Thraker erstreckte sich über die Osthälfte der Balkanhalbinsel, die nördliche Ägäis und den Westen Kleinasiens. Ein Gebiet, reich an Getreide, Wein und edlen Metallen, bewohnt von Menschen, die freiheitsliebend waren, stolz, von hoher soldatischer Tüchtigkeit, ein Volk, zur Herrschaft geboren über große Reiche, wenn nicht, und auch hierin ähneln sie den Germanen, ständiger Stammeshader sie immer wieder gelähmt hätte.

Bei zahlreichen Aufständen bereiteten sie den Römern die Hölle auf Erden. Besonders gefürchtet war ihre Reiterei, schienen sie doch mit ihren Pferden verwachsen wie die Zentauren. Ihre Tapferkeit war legendär, und über ihre Grausamkeit erzählte man sich in den Feldlagern gruselige Geschichten; wie die, daß sie bei ihren Gelagen den Wein aus den noch behaarten Schädeln der Feinde tranken. Nach Thrakien abkommandiert zu werden wurde im Legionärsjargon nicht umsonst als »letzte Reise« bezeichnet, und Meutereien in den dort eingesetzten Legionen waren nicht selten.

Kriegsgefangene Thraker wurden in Auxiliareinheiten gepreßt, wie die – nie ganz zuverlässigen – römischen Hilfstruppen hießen. Auch Spartacus wurde Hilfskrieger und fand sich plötzlich im Kampf gegen die Dadarner, die mit seinem Volk bluts- und sprachverwandt waren. Er verließ die Truppe, ging in die Berge, sammelte andere Deserteure um sich, überfiel römische Nachschubtransporte und versprengte Abteilungen. Bei einem dieser Überfälle fiel er den Römern wieder in die Hände. Deserteur und Guerilla zugleich, war ihm, damals wie heute, der Tod gewiß, doch hatten sie Schlimmeres mit ihm vor: sie schleppten ihn als Sklaven nach Rom und verurteilten ihn »ad gladium«, zum

Schwert der Gladiatoren, zu einem Dasein, das nur gleichzusetzen war mit der Arbeit in den Bleibergwerken, den Steinbrüchen, auf den Galeeren.

Mit einem Schild um den Hals, das Auskunft gab über Herkunft, Alter, Fähigkeiten und den Preis, stand er auf einem der hölzernen Podeste, die dem Sklavenmarkt nördlich des Forums das Gepräge gaben, und ließ sich von den an Gladiatoren interessierten Kunden betasten. Gekauft wurde er schließlich von jenem Lentulus, dem er nach einer Lehrzeit von zwei Jahren den Gladiatoreneid schwören mußte: »Ich will mich mit Ruten schlagen, mit Feuer brennen, mit Eisen töten lassen.«

Spartacus wurde seiner thrakischen Herkunft gemäß als Thrax ausgebildet, als ein Fechter, der mit Visierhelm, Rundschild und Krummsäbel kämpfte. In der Regel wurden die Thraker gegen die mit rechteckigem Schild, Langschwert oder Lanze bewaffneten Gallier in die Arena geschickt. Beliebt beim Publikum waren auch Kämpfe zwischen Thrakern und Germanen (die mit der Frame, einem zu Stoß und Wurf geeigneten Speer, arbeiteten) und gegen den mit Netz und Thunfischharpune ausgerüsteten Netzkämpfer, »retiarius« genannt.

Der Thraker hauste zusammen mit einem Berufskollegen in einer vier Quadratmeter großen lichtlosen Zelle. Wer Pompeji besucht, kann die Ruinen einer Gladiatorenkaserne besichtigen, und Schauer wehen jeden an, der die in die Wände gekratzten Inschriften und Malereien entdeckt. Auf demselben Gelände fand man dreiundsechzig Skelette von Männern, die beim Ausbruch des Vesuvs im Jahre 79 nach Christus ums Leben kamen. Einige von ihnen trugen noch ihre Ketten, was ein bezeichnendes Licht wirft auf die zur Disziplinierung angewandten Methoden. Im übrigen tat man alles, um ihre Kampfkraft zu stärken. Ärzte überwachten die Gesundheit, heilten die Verletzungen, verordneten Massagen, stellten eine spezielle muskelbildende

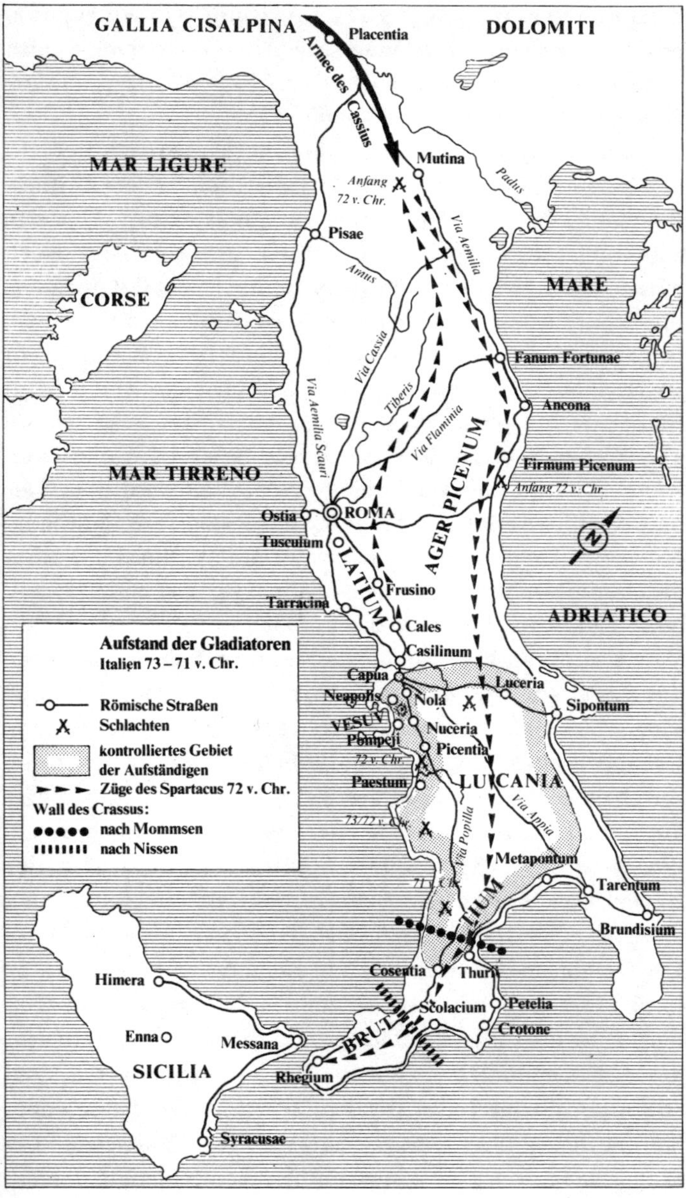
GALLIA CISALPINA
Placentia
DOLOMITI
Armee des Cassius
MAR LIGURE
Mutina
Anfang 72 v. Chr.
Padus
Pisae
Via Aemilia
Arnus
CORSE
MARE
Via Cassia
Fanum Fortunae
Via Aemilia Scauri
Tiberis
Ancona
Via Flaminia
PICENUM
Firmum Picenum
MAR TIRRENO
Anfang 72 v. Chr.
Ostia
ROMA
AGER
Tusculum
LATIUM
Frusino
Tarracina
ADRIATICO
Cales
Casilinum
Aufstand der Gladiatoren
Italien 73 – 71 v. Chr.
Römische Straßen
Schlachten
kontrolliertes Gebiet der Aufständigen
Züge des Spartacus 72 v. Chr.
Wall des Crassus:
nach Mommsen
nach Nissen
Capua
Neapolis
Nola
Luceria
Sipontum
VESUV
Nuceria
Pompeji
Picentia
72 v. Chr.
Paestum
LUCANIA
Via Appia
73/72 v. Chr.
Via Popilia
Metapontum
71 v. Chr.
Tarentum
Brundisium
Cosentia
Thurii
Himera
Scolacium
Petelia
Crotone
Enna
Messana
BRUT
SICILIA
Rhegium
Syracusae

Kampfdiät zusammen, die aus einem mit Bohnen angereicherten Gerstenbrei bestand. Am Abend vor dem Kampf gab es die »libera cena«, eine reichhaltige Mahlzeit, die für viele zur Henkersmahlzeit wurde.
Am Kampftag erfolgte der feierliche Einmarsch, der vor der Kaiserloge endete, wo die Gladiatoren in den Ruf ausbrachen: »Ave, imperator! Morituri te salutant – Heil dir, Imperator, die dem Tod Geweihten grüßen dich!« Nach einem Scheingefecht ertönte der dumpfe Schall der Tuben, die Kämpfer traten einzeln oder paarweise an, später auch in ganzen Gruppen. Nero stellte Hunderte von Kämpfern gegeneinander, Claudius ließ die Eroberung einer Stadt blutig nachspielen, Augustus rekonstruierte auf einem künstlichen See die Seeschlacht von Salamis, wobei Hunderte getötet, Tausende schwer verwundet wurden. Der ursprünglich religiöse Charakter der Spiele, mit dem Sinn, die in der Unterwelt Lebenden durch das Blut der Kämpfer gnädig zu stimmen, war längst pervertiert zur Befriedigung primitiver Instinkte des Pöbels.
Wer kampfunfähig in den Staub mußte (Schrei des Publikums: »Er hat's!«), konnte um Gnade bitten, indem er einen Finger der linken Hand emporstreckte. Die Entscheidung über Sein oder Nichtsein überließen die Kaiser meist den Zuschauern. Schwenkten sie Tücher, durfte der Besiegte am Leben bleiben, streckten sie den Daumen nach unten, bekam er den Fangstoß. Der Anblick der Sterbenden, der Geruch des Blutes, die Schreie der tödlich Getroffenen erregten die Masse, und das »Peitsche! Brenne! Töte!« ertönte tausendstimmig von den Rängen.
In den Pausen erschienen Männer in den Masken der Götter der Unterwelt, drückten Brandeisen auf die Gefallenen, um festzustellen, ob sie den Tod nur simulierten, und schleiften sie durch das Tor der Todesgöttin in die Leichenkammern. Mohrenknaben harkten den blutgetränkten Boden der Arena und schütteten frischen Sand auf.

Die Belagerung des Vesuv

Der Zwischenfall in Capua im Jahre 73 vor Christus wurde in Rom mit einiger Gelassenheit registriert. Es war eine Affäre, an der Sklaven beteiligt waren, ein kleinerer Aufstand. In Campanien waren Gutshäuser in Flammen aufgegangen, Latifundienbesitzer entführt, Frauen vergewaltigt, Aufseher umgebracht, doch derartige Aufstände waren nicht selten, und man war noch immer mit ihnen fertig geworden. Gewiß, im großen Sklavenkrieg auf der Insel Sizilien hatte es Jahre gedauert, bis die Ordnung wiederhergestellt worden war, doch das war lange her. Die dreitausend Mann, die man unter Führung des Proprätors Gaius Claudius Glaber in Marsch setzte, gehörten nicht gerade zur Elite, aber sie würden genügen, die Bande zu erledigen. Auch der Prätor war kein großes Licht, aber er erkannte immerhin, daß das, was als eine Festung erschien, der Vesuv, gleichzeitig eine Falle war. Er besetzte jenen einzigen Zugang zum Krater und wartete geduldig, wohl wissend, daß Hunger und Durst die größten Feinde der Belagerten sind. Späher, die bis zum Kraterrand vordrangen, meldeten ihm, daß seine Rechnung aufgehen würde: die Lebensmittel bei den Sklaven schienen aufgebraucht, der Wasservorrat am Ende. Glaber machte sich daran, den Text der Siegesmeldung nach Rom zu entwerfen, und ließ die mit Falerner gefüllten Ziegenschläuche an die Mannschaften ausgeben.

Zur selben Stunde lassen die Sklaven an den zum Meer fast senkrecht abfallenden Felswänden die ersten Strickleitern hinab. Sie haben sie aus den zähen Ranken des wilden Weins in tagelanger Arbeit geflochten. Gegen Mitternacht sind etwa fünfhundert Männer am Fuß der Wand versammelt. Die sich beim Abstieg verletzt haben, bitten ihre Kameraden um den Tod. Campanische Berghirten führen die Truppe über nur ihnen vertraute Pfade an das Lager

In Pompeji – hier der Blick vom Forum auf den Vesuv – wurde eine Kaserne ausgegraben, deren Zellenwände die Inschriften der Gla-

diatoren trugen: letzte Grüße vor dem Kampf in der Arena, der nur wenigen das Leben ließ.

der Römer heran. Der Überfall auf die in ihren Lederzelten schlafenden Römer erfolgt mit der Bestialität von Menschen, die man wie Bestien behandelt hat. Wem es nicht gelingt, zu entkommen, der wird erschlagen. Wer um Gnade bittet, stirbt auf die gleiche Weise. Das gesamte Lager mit seinen Zelten, Waffen, Ausrüstungen, dem Schanzgerät, den Vorräten an Wein, Weizen und Fleisch, den Pferden, Maultieren, lebendem Vieh, den Geldern für den Sold fallen den Siegern in die Hände. Die in solchen Fällen üblichen Plünderungsexzesse weiß Spartacus zu verhindern. Die Beute wird, auch das ist ungewöhnlich, so verteilt, daß jeder den gleichen Anteil erhält; die Anführer eingeschlossen. Eine Maßnahme, die sich in Windeseile herumspricht und Tausende neuer Anhänger einbringt.

Was der Thraker nicht verhindern konnte, sind die Greueltaten, die bei den Streifzügen durch das Land begangen wurden. Der jahrelang angestaute Haß, der Durst nach Rache waren stärker als der Appell an die Vernunft. Die Stadt Nola wurde, mit Hilfe dort lebender Sklaven, gestürmt, gebrandschatzt, geplündert und buchstäblich ausgemordet. Sie erlitt damit das Schicksal, das den meisten antiken Städten, die zu einer Kapitulation nicht bereit gewesen waren, zuteil wurde. Reguläre Truppen wie die Legionen unterschieden sich lediglich darin, daß die Plünderungen organisiert wurden: man ließ die jüngeren Männer und Frauen leben, um sie in die Sklaverei verkaufen zu können.

In Rom war man inzwischen etwas nervös geworden und nahm die Verbrecherbande, wie man die Sklavenschar nannte, nun ernster. Immerhin war sie inzwischen auf etwa zwanzigtausend Menschen angewachsen und bekam, wie gemeldet wurde, immer neuen Zulauf. Die versklavten Hirten und Arbeiter der riesigen Latifundien, deren Dasein besonders elend war, bildeten das Hauptkontingent. Aber auch die durch den Großgrundbesitz enteigneten Bauern,

verschuldete Lohnarbeiter, Proletarier schlossen sich an. Zwei Legionen, etwa zwölftausend Mann und die Reiterei, wurden diesmal aufgeboten, besser ausgerüstete, sorgfältiger rekrutierte Leute, doch noch immer nicht von jenem Legionärsschlag, deren Marschtritt Europa erzittern ließ. Die waren unter Pompeius in Spanien beschäftigt und in Kleinasien, wo Lucullus mit dem kriegerischen König Mithridates nicht fertig wurde.
Der einer Plebejerfamilie entstammende Publius Varinius rückte mit den beiden Legionen in Eilmärschen nach Süden. Der Herbst stand vor der Tür, und Feldzüge unternahm man nach Möglichkeit im Sommer, des Wetters und der Verproviantierung wegen, auch wollten die Bauern unter den Legionären zur Saatzeit wieder zu Hause sein. Eile kann Kriege entscheiden, Hast sie jedoch verlieren. Varinius ging hastig zu Werk, als er, um die Fühlung mit dem in die Berge des Apennin ausweichenden Sklavenheer nicht zu verlieren, seine Reiterei mit zweitausend Leichtbewaffneten vorausschickte, seine Truppen damit halbierend. Daß jede Hälfte schwächer war als das Ganze, erkannte Spartacus sofort, machte kehrt, ging, wieder von Hirten geführt, bei Nacht über die Gebirgspässe von Picentia, faßte im Morgengrauen den ahnungslosen Feind in der Flanke und rieb ihn völlig auf.
Einer zweiten zur Hilfe entsandten Abteilung erging es nicht anders, so daß Spartacus es nun wagte, dem unter dem Befehl des Varinius stehenden dritten Heeresteil eine offene Feldschlacht zu liefern. Nicht ohne Grund hatte er das bisher zu vermeiden gewußt. Zwar kämpften seine Männer mit dem Mut, den die Verzweiflung verleiht, erwartete sie doch als Gefangene die qualvollste aller Todesarten, der Tod am Kreuz, doch gegen disziplinierte, taktisch geschulte Soldaten half oft der größte Mut nichts. Aber sie siegten dennoch! Die Nachricht von der Niederlage ihrer Kameraden schien den Kampfeswillen der

Legionäre von vornherein gebrochen zu haben, denn bereits beim ersten Anstrum der Sklaven wurde ihre Phalanx durchbrochen und in alle Winde zerstreut.
Wieder bestand die Beute aus kostbaren, weil so notwendigen Waffen – die meisten Kämpfer behalfen sich noch immer mit Sensen, Hacken, Beilen, Keulen, Dreschflegeln – und aus Pferden, ein Beutegut, das sich noch als lebenswichtig herausstellen sollte. Unter den eroberten Feldzeichen, unseren Regimentsfahnen vergleichbar, befand sich das heiligste Zeichen der Legion, der goldene Adler. Den Adler zu verlieren galt für eine Legion als die größte Schmach. Als Germanicus sechs Jahre nach der Schlacht im Teutoburger Wald den Ort der Katastrophe erreicht hatte, ließ er als erstes nach den Feldzeichen suchen, mit denen ihre Träger sich, wie Augenzeugen berichtet hatten, in den Sumpf gestürzt, um sie nicht in die Hände der Germanen fallen zu lassen.
Noch einmal geriet Spartacus in Schwierigkeiten, als aus Rom eingetroffene Nachschubtruppen sein Lager, das er zwischen einer Felswand und einem Fluß aufgeschlagen hatte, abriegelten. Er entkam aus der aussichtslosen Position durch eine Kriegslist, indem er – neben den brennenden Lagerfeuern an Pfähle gebundene Leichen als »Schildwachen« zurücklassend, während ein Trompeter zur Stunde der Wachablösung Signal blies – sich mit seinen Männern, deren Schuhe mit Stroh umwunden waren, lautlos absetzte.
Im Spätherbst zog das Heer der Sklaven nach Lukanien, einer wilden, bergigen Landschaft, bedeckt mit Wäldern und Wiesen, auf denen die riesigen Herden der Großgrundbesitzer weideten, bewacht von Hirtensklaven, die ihre römischen Herren ebenso haßten, wie die eingeborenen Lukanier sie verabscheuten. Die Lukanier hatten schon Hannibal unterstützt und waren im Bundesgenossenkrieg gegen Rom führend gewesen. Ein schier endloser

Zug war es nun, dessen bloßer Anblick furchterregend war: Menschen aller Rassen und Hautfarben, halb nackt oder in Felle gehüllt, mit Helmen, Strohhüten, mit Hacken und Schwertern, Brustpanzern, Lederkollern, zerlumpten Tuniken; an der Spitze die Gladiatoren, die Führer, die Unterführer, die Reiterei, am Ende der Troß mit den Karren, auf denen die leichter Verwundeten lagen (Schwerverwundete wurden getötet), Frauen, ihre Kinder auf dem Rücken, Proviantkarren, Kühe, Ochsen, Schafe, die halbwilden Hunde der Hirten, die die Kolonne umkreisten; das Fluchen und Schreien der flankierenden Reiter, das Blöken des Viehs, das Bellen der Hunde, eine alles überziehende Staubfahne und der Gestank – eine Symphonie des Infernos.

Crixus und Oinomaos

In der weiten Ebene zwischen Sybaris und Chratis am Golf von Tarent gebot Spartacus Halt und ließ ein festes Winterlager errichten. Die an das Lager grenzende Stadt Thurii, das heutige Terranova di Sibari, zu betreten war seinen Leuten bei Strafe an Leib und Leben verboten. Die ersten drei, die dagegen verstießen, ließ er ans Kreuz schlagen und zur Warnung dort hängen. Das Schicksal, das die Sklaven Nola und einigen kleineren Städten bereitet hatten, hatte auch die ärmere Bevölkerung der Städte gegen die Sklaven aufgebracht. Thurii brauchte er überdies als Hauptquartier, Ausbildungszentrum und Waffenstation.
Ihre Kaufleute machte er zu Heereslieferanten und achtete darauf, daß ihre Rechnungen beglichen wurden. Was auch für die in Scharen herbeiströmenden Händler galt. Er bezahlte alles mit dem erbeuteten Edelmetall – allein in Metapont waren ihm fünfzig silberne und goldene Statuen in die Hände gefallen –, verbot seinen Leuten aber dessen

Besitz. Er selbst hielt sich an seine eigenen Gebote und wirkte durch sein Beispiel.
»Er bekundete«, schrieb der römische Historiker Sallust, »mehr Edelmut als die meisten *unserer* Feldherren, die den Krieg vornehmlich zu dem Zwecke führen, sich die Taschen zu füllen.« Plutarch lobte den Thraker, weil er nicht nur große Körperkraft und stolzen Sinn besaß, »sondern sich auch durch Verstand und Herzensgüte weit über seinen Stand erhob und mehr griechische Bildung besaß, als sich von seiner Geburt erwarten ließ ...«
Aus den überall eingerichteten Schmiedewerkstätten ertönte nun tagaus, tagein der Klang der Hämmer, mit denen die Schwerter geschmiedet wurden, die Lanzen, Dolche, die Helme, die Harnische. Daß das Material dazu auch aus den Gitterstäben der ehemaligen Sklavenzwinger bestand, war nicht ohne Pikanterie. In anderen Werkstätten wurden auf runde Holzschilde frisch abgezogene Tierhäute gespannt. Die Gladiatoren wurden zu Ausbildern und lehrten unermüdlich, wie die verschiedenen Waffen am wirkungsvollsten zu führen waren. Wer nicht schanzte, mußte exerzieren oder lernte, ein Pferd im Kampf zu führen, denn ohne Reiterei war auf die Dauer kein Feldzug zu gewinnen. Es galt eben, aus einem wilden Haufen ein diszipliniertes Heer zu formen.
Da der Thraker in der römischen Armee gedient hatte und deren Schlagkraft kannte, ging er daran, ihre Organisation zu übernehmen. Er stellte an die Spitze jeder Legion (etwa sechstausend Mann) einen als Legaten fungierenden bewährten Mann und unterstellte jedem sechs Tribunen als Unterführer. Großen Wert legte er darauf, die Posten der Centurionen gut zu besetzen. Diese Unteroffiziere (die eine hundert Mann starke Einheit, die Centurie, befehligten) bildeten, wie bei allen Armeen in der Militärgeschichte, das Rückgrat. Auf sie kam es an, wenn es darum ging, die Leute zu begeistern, sie in kritischen Situationen

zu beruhigen, Panik zu steuern, sie nach einem Sieg zu mäßigen, nach einer Niederlage wieder aufzurichten.
Spartacus selbst hatte sich den Oberbefehl vorbehalten, mußte aber Crixus und Oinomaos neben sich dulden, was sich später zum Verhängnis auswuchs. Die beiden Gallier waren von ihren Landsleuten und den Germanen auf den Schild erhoben worden. Bald kam es im Lager zu den ersten Zwistigkeiten. Thraker gegen Gallier oder gegen Germanen waren beliebte Paarungen in der Arena der Gladiatoren gewesen, und man hat angenommen, daß die alte Gegnerschaft nun zur Feindschaft geworden war. Der wahre Grund liegt in der unterschiedlichen Zielsetzung von Thrakern und Keltogermanen. Spartacus hatte den Plan, mit den Sklaven in einem gewaltigen, alles niederwalzenden Marsch nach Norditalien durchzubrechen, den Alpenkamm zu überschreiten, und sie dann, nachdem romfreies Territorium erreicht war, in ihre Heimatländer Gallien, Thrakien, Griechenland, Illyrien zurückzuführen.
Ein phantastisch anmutender, aber letztlich konsequenter Plan, dessen erster Teil jedoch nur dann zu verwirklichen war, wenn er bald in die Tat umgesetzt wurde, das hieß so lange, wie Roms kampfkräftigste Legionen in Spanien und Kleinasien noch gebunden waren. Ein Marsch auf Rom und die Übernahme der Staatsgewalt erschienen ihm in doppelter Hinsicht utopisch: die Ewige Stadt war zu gut befestigt, um sie erobern, der römische Staat zu fest gefügt, um ihn aus den Angeln heben zu können. Noch dazu von Menschen, die außer dem Willen, frei zu sein, wenig aufzuweisen hatten, um ein neues staatliches Gebilde zu schaffen.
Crixus und Oinomaos aber dachten primitiver. Von den Siegen berauscht und in ihrem Selbstbewußtsein gestärkt – fast ganz Süditalien in Sklavenhand! –, schwebte ihnen nichts anderes vor, als ganz Italien zu erobern, die Fackel des Aufstands überall zu entzünden, Rom einzunehmen,

um dann ..., nun ja, dann würde man weitersehen. Die Gallier zog es überdies nicht unbedingt zurück ins wilde Gallien; und für die Germanen, unter denen viele Kimbern und Teutonen zu vermuten sind, die als Kinder und Jünglinge nach den Vernichtungsschlachten bei Vercellae und Aquae Sextiae in Kriegsgefangenschaft geraten waren – für sie existierten die heimatlichen Stammesgebiete lediglich als schemenhafte Erinnerung, zu unwirklich, um sich dorthin zu sehnen. Die Bewohner des unterjochten italischen Festlands, die enteigneten Bauern, die sich dem Sklavenheer angeschlossen hatten, waren für den Weg zurück über die Alpen ohnehin nicht zu gewinnen. Sie wollten ihre Höfe wiederhaben, mit denen man ausgediente Legionäre belohnt hatte.

Die Bedenken des Spartacus, Rom einen Kampf auf Biegen und Brechen zu liefern, rührten auch aus der resignierenden Erkenntnis, daß die Stadtsklaven überwiegend ihren Herren treugeblieben waren. Den Aufrufen, zu ihren Brüdern zu stoßen, waren sie nicht gefolgt, einesteils, weil es ihnen besser ging als den auf den Latifundien schuftenden Männern, andererseits, weil es ihnen weniger hoffnungslos schien, eines Tages zu den von ihren Herren Freigelassenen zu gehören, als diese Freiheit von Spartacus zu erlangen.

Als das Frühjahr nahte, war die Sklavenschar auf fast fünfzigtausend Menschen angewachsen, was die Schlagkraft erhöhte, die Einigkeit aber nicht förderte. Bald sollte der Streit der Meinungen zum offenen Bruch sich auswachsen ...

Menschen als Ware

Der Aufstand des Spartacus wirft ein grelles Licht auf einen Staat, der den größten Teil seiner Industrie, seiner Landwirtschaft, seines Handels, seiner Haushalte von Menschen bestreiten ließ, die nicht frei waren. In der späten Republik wohnten allein in Rom etwa dreihunderttausend Sklaven – ein Drittel der Bevölkerung. Sklaven bedienten in den Läden, fegten die Straßen, pflügten kettenbeschwert auf den Gütern, starben in den Arenen, lehrten die Kinder, pflegten die Gärten, nährten die Säuglinge, heilten die Kranken, beerdigten die Toten, massierten, musizierten, arbeiteten als Schneider, Schuster, Schmiede, lasen vor, schrieben ab.

Der gewöhnliche Bürger kam nicht ohne ein Dutzend Sklaven aus, besser gestellte Leute beschäftigten einige hundert, die Reichen Tausende. Wer sich gar nichts leisten konnte, leistete sich wenigstens *einen* Sklaven. So hatte der Rentner seinen Laufburschen, die Witwe ihren Marktgänger, und von Bettlern ist überliefert, daß sie versklavte Unterbettler beschäftigten. Die verschiedenen Volksstämme wurden je nach ihrer Begabung eingesetzt. Gallier konnten am besten mit Pferden umgehen, Syrer waren die idealen Gärtner; die Leute aus Illyrien, dem heutigen Jugoslawien, verstanden sich auf die Viehzucht; die Lyder aus Kleinasien stellten das beste Hauspersonal; Köche kamen von dorther, woher die Kunst des Kochens gekommen war, aus dem Orient. Die Griechen stellten die besten Ärzte, gebildetsten Unterhalter, kundigsten Sekretäre. Die Germanen waren begehrt als Sänftenträger. Es gehörte zum guten Ton im Kreis der oberen Zehntausend, besonders bei den Damen, sich von blonden, riesenwüchsigen Söhnen Germaniens durch die Straßen tragen zu lassen, scheel betrachtet vom Gastgeber, vor dessen Tür man »vorfuhr«. Die germanischen »lecticarii«, wie die Sänftenträger hießen, trugen schwarze Pantherfelle um die Lenden. Auch als Leibwächter waren sie hochbegehrt, weil sie mit Dolch und Schwert umzugehen wußten und bereit waren, sich für ihren Herrn in Stücke reißen zu lassen.

Die römische Gesellschaft war auf Sklaverei aufgebaut

und konnte ohne Sklaven nicht existieren. Der Bedarf war so hoch, wie er sich aus dem Verbrauch ergab – eine Ausdrucksweise, die gewöhnlich auf Ware angewandt wird, aber Sklaven waren keine Menschen, sondern eine Sache, galten bestenfalls als ein »instrumentum vocale«, ein stimmbegabtes Werkzeug. Wem sie gehörten, der konnte mit ihnen weitgehend nach seinem Gutdünken verfahren. Er durfte sie vermieten, verkaufen, verschenken, vererben, sie bei Arbeitsunfähigkeit durch Krankheit abschaffen (indem er sie, da Töten von Gesetzes wegen nun doch nicht erlaubt war, verhungern ließ). Und selbstverständlich waren sie völlig rechtlos.
Bei den einzelnen Feldzügen gehörten Sklaven zur begehrten Beute, ja, um die Nachfrage zu befriedigen, entarteten manche Kriege zu reinen Menschenjagden. Nach der Niederlage der Kimbern und Teutonen fielen weit über hunderttausend Germanen in Kriegsgefangenschaft und wurden umgehend als Sklaven verkauft. Kein Geringerer als Cäsar rühmte sich, die Märkte mit dreiundfünfzigtausend wohlgebauten Galliern beliefert zu haben. Tiberius Sempronius, der Vater der Gracchen, erregte sogar den Unwillen der – regelmäßig den Heeren folgenden – Sklavenhändler. Er machte auf Sardinien so reiche (Menschen-) Beute, daß der Kurs ins Bodenlose fiel und Sardinier zu umgerechnet 25 DM pro Kopf notiert wurden. Auch der Terminus »notiert« ist hier am Platze, es gab tatsächlich eine Börse, die gleichzeitig Hauptumschlagplatz war, nach deren Preisen sich die Sklavenhändler in der ganzen damaligen Welt richteten.
Diese Börse lag auf Delos, einer Insel im Zentrum der Kykladen. Wer von den Touristen sich heute von Mykonos aus übersetzen läßt, um die Löwenallee zu bewundern, die Ruinen der Tempel und der prächtigen Wohnhäuser, möge daran denken, daß hier täglich bis zu zehntausend Sklaven umgeschlagen wurden, das heißt von den Händlern aus

Kleinasien geliefert, verkauft und von ihren Abnehmern, den italischen Spekulanten, weitertransportiert. Der Bedarf war nicht zuletzt deshalb so groß, weil die Lebenszeit der auf den Latifundien, in den Bergwerken, den Getreidemühlen, auf den Galeeren und in den Arenen beschäftigten Sklaven der unmenschlichen Bedingungen wegen ziemlich kurz war.

»Das Meer von Jammer und Elend«, schreibt der berühmte deutsche Historiker Theodor Mommsen, »das in diesem elendesten aller Proletariate sich vor unsern Augen auftut, mag ergründen, wer den Blick in solche Tiefen wagt; es ist leicht möglich, daß, mit denen der römischen Sklavenschaft verglichen, die Summe aller Negerleiden ein Tropfen ist.«

Nicht allen Sklaven ging es so schlecht wie diesen Elendesten unter den Elenden. Wer im Haus der Wohlhabenden diente als Amme, Koch, Erzieher der Kinder, Schreiber, Magd, Kindermädchen, erfreute sich eines einigermaßen angenehmen Lebens. Wo täglich, über Jahre hinweg, die Familie des Herren mit den Knechten und Mägden zusammenlebt, entstehen leicht persönliche Bindungen. In der Literatur und auf der Bühne kam nicht umsonst der »treue Sklave« vor, der an seinem Herrn hing und der Herr an ihm. Auch behandelte man Sklaven, die als Ärzte, Gutsverwalter, Fabrikleiter, Pädagogen tätig waren, schon aus Gründen des Eigennutzes möglichst gut, denn sie stellten einen beträchtlichen Wert dar. Die Zeitumstände in Rechnung gezogen, wird es nicht wenige (Stadt-)Sklaven gegeben haben, denen es besser ging als armen freien Bürgern. Auch war der Gesetzgeber klug genug gewesen, den versklavten Menschen die Hoffnung zu lassen. Wer die Möglichkeit besaß, sich Geld zurückzulegen, konnte sich freikaufen oder – auf testamentarischem Wege – von seinem Herrn freigelassen werden.

Hatte der Prätor nach den Entlassungserklärungen des

Besitzers das Haupt des Sklaven feierlich mit dem Freilassungsstab berührt, durfte der seines Weges ziehen. Daß der ehemalige Sklave zum Militärdienst nicht zugelassen war, konnte er verschmerzen, weniger, daß er keine Freigeborene heiraten durfte. Rein rechtlich gesehen, verlor sich erst in der dritten Generation der Makel, ein Sklave gewesen zu sein. Doch in der späteren Kaiserzeit nahm man es nicht mehr so genau: Beamten- und Militärhierarchie waren von Sklaven und Freigelassenen stärker durchsetzt als von Angehörigen der Patrizierfamilien.

Spartacus ante portas

Der Beginn des Jahres 72 vor Christus sah Rom in heller Aufregung. Mit Hilfe seines gut funktionierenden Spionagesystems war der Senat genau darüber informiert, wie stark das Sklavenheer inzwischen geworden war, wie planvoll seine Führer sich auf die kommenden Kämpfe vorbereiteten, daß sie sich mit den Städten Thurii, Metapont, Nuceria, Cosenza ein Machtzentrum geschaffen hatten, daß die Kleinbauern ganz Süditaliens im Begriff waren, sich Spartacus anzuschließen oder ihn zumindest tatkräftig zu unterstützen. »Jetzt war es nicht mehr nur das Unwürdige und das Schmachvolle, was den Senat kränkte«, notierte Plutarch in seiner Lebensbeschreibung des Crassus. Denn Spartacus war für ihn nichts anderes gewesen als ein Räuberhauptmann und die Sklaven eine kriminelle Bande. »Auch die Furcht und die tatsächlich vorhandene Gefahr bewog ihn, beide Consuln ins Feld rücken zu lassen, weil man den ausgebrochenen Krieg nun als einen der schwierigsten und bedeutendsten ansah.«
Keine Prätoren also mehr, sondern Konsuln, Träger der höchsten Staatsgewalt der Republik, denen neben den Gerichten, dem Recht, Senat und Volksversammlung ein-

»Schlage du, ich bin zu zornig.« Aufforderung eines Sklavenhalters an seinen Aufseher, die Bestrafung vorzunehmen.

zuberufen, die gesamte Militär- und Zivilverwaltung unterstand sowie der Oberbefehl im Krieg. Mit etwa dreißigtausend Mann, die in zwei Heeresabteilungen gegliedert waren, rückten Lentulus und Gellius gegen die Rebellen vor, dergestalt, daß, als die Kunde von einer Spaltung des Sklavenheeres sich verbreitete, Lentulus den etwa zehntausend Mann starken Verband der Germanen und Gallier am

Garganus, wie der Sporn des italienischen Stiefels genannt wird, stellte und sie in blutigem Ringen trotz tapferer Gegenwehr fast vollständig aufrieb. Unter den nach Tausenden zählenden Gefallenen waren auch Crixus und Oinomaos.

Spartacus, der den Gallo-Germanen beim letzten Kriegsrat ihr Schicksal vorausgesagt hatte, ohne sie indes umstimmen zu können, weil die sprichwörtliche Kampfeswut dieser beiden Völker wieder einmal stärker gewesen war als ihre Vernunft, nahm auf seinem Weg nach Norden die Reste des geschlagenen Haufens auf. Obwohl er Grund gehabt hätte, die Eigenmächtigkeit des Crixus zu verdammen, ließ er es sich, die Nähe der Legionen nicht weiter beachtend, nicht nehmen, dem Gallier eine würdige Feier zu bereiten. Er zelebrierte sie auf diabolische Weise, befahl, wie es im frühen Rom bei Leichenbegängnissen üblich war, Gladiatoren in das Rund. Diesmal waren es jedoch nicht zum Schwert verurteilte Sklaven, die sich gegenseitig umbringen mußten, sondern dreihundert vornehme römische Gefangene. Mit Dreizack, Axt und Keule schlugen sie aufeinander ein, angefeuert vom blutigen Hohn der zuschauenden Sklaven. Ein schauerliches Sinnbild der Rache.

Nie ist Rom mehr gedemütigt worden in seiner Jahrtausende währenden Geschichte, und niemals haben die Römer diese Demütigung vergessen können. »Wer hätte je den unvorstellbaren Gedanken fassen können«, schrieb Marcus Tullius Cicero, »daß irgendwer es wagen würde, römische Bürger einem Schicksal von so unmenschlicher Schmach auszusetzen.«

Anderntags setzt der Thraker seinen Marsch fort, unbeirrt sein Ziel im Auge, die Alpen zu überschreiten, als ihm gemeldet wird, daß Lentulus mit seinen beiden Legionen in den sich an der etrurischen Grenze hinziehenden Gebirgszügen des Apennin, unweit des Flusses Arno, eine

Sperrstellung aufgebaut hat, während die Soldaten des Gellius sich in Eilmärschen seiner Nachhut nähern. Im Norden und Süden derart blockiert, zwischen Meer und Gebirge eingezwängt, scheint die Lage der Sklaven hoffnungslos, doch in diesem Moment beweist Spartacus, daß er mehr ist als ein tapferer Soldat und ein geschickter Taktiker. Der Mensch hatte strategische Begabung, ja Genie, stellen die Militärgeschichtler späterer Jahrhunderte fest und beklagen gleichzeitig, daß das ausführliche Zeugnis des zeitgenössischen Historikers Sallust nur in Fragmenten vorhanden ist und die nach ihm kommenden Livius und Appian sich ärgerlich kurz fassen.

Während er seiner Vorhut Befehl gibt, den langsam gegen sie vorrückenden Lentulus durch ständige Scheinangriffe zu beschäftigen, wirft er sich mit seinem Gros auf den in seinem Rücken stehenden Gellius, und zwar mit solchem Ungestüm, daß er die Legionäre zu Paaren treibt, ehe Lentulus die dünne Phalanx der Sklaven durchstoßen und seinem Mit-Consul zur Hilfe kommen kann. Als er endlich zur Stelle ist, dreht Spartacus seine Front um 180 Grad, greift frontal an, treibt ihn zurück, dabei wirksam unterstützt vom Pfeilhagel seiner Hirten, die er vorher die steilen Pfade des Hochtals hatte erklettern lassen. Als die Sonne sank, hatten die verschiedenen Götter, die die Sklaven in ihren Muttersprachen angerufen, über das Kriegsglück entschieden. Tausende von Gefangenen, der gesamte Troß fielen den Männern des Spartacus in die Hände, ihre eigenen Verluste waren hoch, wurden aber wettgemacht durch Scharen neuer Zuläufer, denn nichts ist bekanntlich erfolgreicher als der Erfolg.

Wochen später überschritt das inzwischen auf etwa sechzigtausend Mann angewachsene Heer die Grenze Umbriens und drang in die Provinz Gallia Cisalpina ein, das diesseitige Gallien. Wieder stellten sich ihm zwei Legionen in den Weg, diesmal befehligt vom Statthalter der Provinz,

Gaius Cassius. Bei Mutina, dem heutigen Modena, kam es zum Treffen in einer offenen Feldschlacht, bei dem die Truppen, Phalanx an Phalanx, flankiert von der Reiterei, unterstützt von den Bogenschützen, aufeinander zurückten, um, nach dem Abschießen der Speere, in den Nahkampf überzugehen. Auf der weiten Ebene des Flusses Padus (Po) galt es, die Truppen zu führen wie auf einem Schachbrett, und wieder erwies sich Spartacus strategisch überlegen! Nach dieser letzten Schlacht lag der Weg über die Alpen frei vor ihm; keine Macht der Welt hätte ihn daran hindern können, ihn einzuschlagen.

Was aber nun geschah, scheint so unverständlich wie unbegreifbar. Generationen von Historikern unserer Zeit haben darüber gerätselt und nach Antworten auf die Frage gesucht: Warum ist Spartacus im Augenblick des größten Triumphes umgekehrt und wieder nach Italien gezogen?

Hatten sich die Gegensätze zwischen den einzelnen Völkern einerseits und die zwischen den Sklaven und den freien Bauern andrerseits derart verschärft, daß sie durch keinen Befehl mehr zusammenzuhalten waren? Hatte Spartacus nach den überraschenden Siegen seine Meinung geändert und wollte nun einen Bundesgenossenkrieg entfesseln, einen Krieg der verbündeten Italiker also gegen Rom wie in den Jahren 91 und 82? Oder war er von den übermütig gewordenen Unterführern, die Gefallen gefunden hatten an Raub, Plünderung und Beutemachen, Beute, die nur im reichen Italien zu holen war, überstimmt worden?

Die Quellen schweigen; ehe nicht neue erschlossen werden, wird es auf diese Fragen keine endgültigen Antworten geben. Die Ursachen, die man hier dem *Weg zurück* des Spartacus zugrunde legt, scheinen nicht stichhaltig. Wahrscheinlicher ist es, daß der Plan, in die Heimat zurückzukehren, auf dem langen, blutigen Marsch durch ganz Italien viel von seinem Glanz verloren hatte. Die Männer standen, zu Tode erschöpft, an den Ufern des durch die herbstlichen Regenfälle stark angeschwollenen Padus, dessen Wassermassen ein unüberwindliches Hindernis schienen. Was würde sie in Thrakien und Gallien erwarten? Im thrakischen Bergland waren die Römer, soviel erfuhr man, in letzter Zeit immer weiter vorgedrungen. Diese Zuflucht schien versperrt. Würde der Übergang über die Alpen angesichts der fortgeschrittenen Jahreszeit überhaupt noch gelingen?

Und der gewaltige Zug der Sklaven mit seinem länger gewordenen Troß kroch wieder durch Italien, diesmal in umgekehrter Richtung, von Nord nach Süd, das Land verheerend wie ein riesiger Heuschreckenschwarm, denn wie anders sollten sich sechzigtausend, achtzigtausend, ja hunderttausend Menschen – man kann ihre Zahl jetzt nur noch schätzen – versorgen und ernähren? Ein Grund, warum Spartacus Anweisungen gab, keine neuen Zuläufer mehr aufzunehmen. Er hielt sein Heer für stark genug. Was er bei Picenum, ein an der Adria in der Höhe von Rom gelegener Ort, beweisen mußte. Quintus Arrius hatte den Oberbefehl über die Reste der von Lentulus und Gellius befehligten Legionen übernommen. Er hatte am Garganus die Germanen und Gallier geschlagen und bot mehr Gewähr für einen Sieg als die beiden Konsuln. Politische Wahlbeamte, die von Strategie und Taktik nichts verstanden, zu Oberbefehlshabern zu ernennen anstelle von professionellen Militärs war eine römische Unsitte, die schon viel Blut gekostet hatte. Wie es Arrius gegen den »Zirkuskünstler«, wie er Spartacus verächtlich titulierte, erging, lesen wir bei Livius: »Die Scham verbietet mir, länger bei den Einzelheiten einer Begebenheit zu verweilen, die für die Römer eine schändliche Niederlage bedeutete.«

Als die Nachricht von der erneuten Niederlage in Rom eintraf, erscholl der zum Sprichwort gewordene Alarmruf »Hannibal ante portas!«, und die Szenen, die sich nun abspielten, glichen denen, als den Legionären damals das Cannae bereitet worden war. Die im Glück hochmütigen, im Unglück panischen Römer gebärdeten sich wie rasend. Sie zerrissen ihre Kleider, zerrauften sich das Haar, beschworen die Götter und bespuckten die Senatoren. »Spartacus ante portas!« Der Gedanke bedeutete Schrecken und Schmach zugleich.

Oder wie es Florus ausdrückte in seiner »Epitome rerum Romanorum«: »Vielleicht hätte sich die Schande, die Waffen gegen Sklaven führen zu müssen, noch ertragen lassen. Denn sie sind, wenn sie auch ihr Schicksal jedem Schimpf preisgegeben hat, doch etwas wie Menschen. Aber wie soll ich den Krieg nennen, den Spartacus entfesselt hat? Man sah Sklaven kämpfen, Gladiatoren befehlen, die einen, die in der Erbärmlichkeit geboren, die anderen, die dazu verdammt waren. Diese absonderlichen Feinde fügten zum Unglück noch die Lächerlichkeit.«

Zum Stolz des geborenen Römers kam die Verständnislosigkeit.Was wollten diese Sklaven? Etwa die Freiheit und die Gleichberechtigung? Wußten sie nicht, daß die Götter die Menschen geteilt hatten in Sklaven und Freie? Beruhte nicht die Ordnung der Welt darauf, daß die einen arbeiteten und die anderen von dieser Arbeit lebten? Und hatten nicht Philosophen wie Aristoteles und Platon erklärt, die Sklaverei sei eine der Natur entsprechende Einrichtung und deshalb gut und gerecht? Was also wollten dieser Spartacus und der ganze Sklavenpöbel?

Die Dezimierung der Kohorten

Nun, Spartacus wollte eines nach wie vor nicht: Rom berennen und einnehmen. Und das, obwohl die Stadt über keinerlei einsatzfähige Truppen mehr verfügte. Doch wie hätte er seine Männer in der Riesenstadt unter Kontrolle

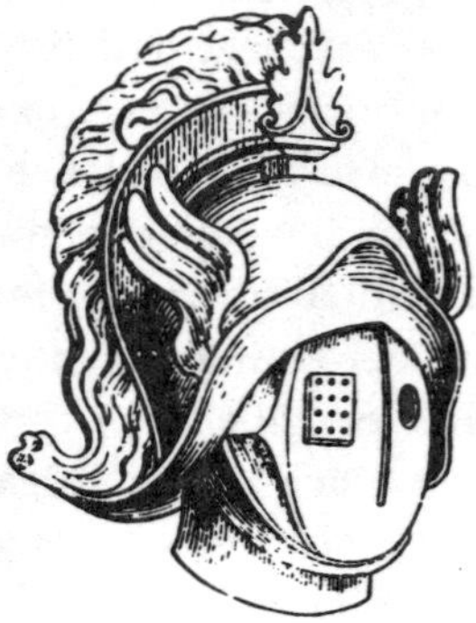

Fig. 1. Visierhelm.

Fig. 4. Myrmillo.

Fig. 3. Secutor (mit übergeworfenem Netz). Retiarius (Nach einem Mosaik.)

Fig. 5. Andabatä. (Relief von Pompeji.)

»Ave, imperator! Morituri te salutant!« Thraker gegen Gallier, Germanen gegen Numidier, Karthager gegen Parther waren, neben den Kämpfen mit Raubtieren, beliebte Paarungen in den Amphitheatern.

halten können? Wie Plünderungen, Morde, Brandstiftung verhindern? Wahrscheinlich ist es auch, daß inzwischen Nachrichten aus Spanien eingetroffen waren, wonach der Aufstand des Sertorius niedergeworfen, so daß bald mit dem Eintreffen des Pompeius und seiner sieggewohnten Legionäre zu rechnen war. Womit Rom zur Falle geworden wäre. Nein, die Stadt am Tiber konnte ihm nur Unheil bringen, das Heil lag woanders: in Sizilien.

Die sizilianischen Sklaven hatten sich in den vergangenen Jahrzehnten mehrmals erhoben, die Römer besiegt und, das war das Entscheidende, diese Siege nicht zu Exzessen mißbraucht. Sie hatten versucht, einen Staat zu gründen, getragen von einem gemeinsamen Glauben und gemeinsamer Herkunft – die meisten von ihnen stammten aus Syrien –, geführt von Männern, die ihrer Regierung den Charakter einer hellenistisch-orientalischen Monarchie gegeben mit der Verheißung, daß das Reich kommen werde, in dem alle Menschen gleich sein würden.

Einem dieser Sklavenkönige, Eunus mit Namen, haben die Sizilianer 1960 ein Denkmal errichtet. Es steht in der Stadt Enna unterhalb des alten Kastells und trägt die Inschrift: »Zweitausend Jahre bevor Abraham Lincoln die Massen unglücklicher Neger befreite, hat von dieser Burg aus der einfache Sklave Eunus den Schrei nach Freiheit ausgestoßen und für sich und seine armen Kameraden das Recht eines jeden Menschen bekräftigt, frei geboren zu werden und frei zu sterben.«

Mit seinen Männern nach Sizilien überzusetzen, um gemeinsam mit den dortigen Sklaven ein von Rom unabhängiges Reich zu gründen, war das Ziel des Spartacus. Seine Verhandlungen mit den das Mittelmeer beherrschenden Seeräubern, die ihre Schiffe als Transportmittel zur Verfügung stellen sollten, sind hierfür Indiz. »Die Frage ist gleichwohl berechtigt, wie man sich einen Staat oder eine Gesellschaft unter Spartacus und seinen Anhängern in befriedeten Verhältnissen vorzustellen habe. Die Zahl der Aufständischen war zu groß, als daß sie ein permanentes Räuberleben führen konnten. Es gab auch in Unteritalien nur die Alternative eines Abzugs über See in die Heimatländer und Fluchtgebiete oder die Gründung eines unabhängigen Staates der ›Spartiaken‹. Dafür können wir nach Analogie der sizilischen Erhebungen annehmen, daß auf jeden Fall der Großgrundbesitz aufgelöst und verteilt werden sollte. Also eine gewisse Rückkehr zur bäuerlichen Wirtschaft« (Lauffer).

Der Praetor Marcus Licinius Crassus war ein Mittvierziger, von untersetzter Gestalt, schwerhörig, linkisch, sein Geiz so berüchtigt wie seine Habgier, einer jener in allen Jahrhunderten vorkommenden Figuren, die Geschäft und Politik so skrupellos miteinander verbanden, daß ihnen das Geld die Kassen füllte, Geld, das nicht stank, aber auf anrüchige Art erworben ward: durch Bestechung, Ausbeutung, Betrug, ja schlimmer noch – durch Leichenfledderei. Während der sullanischen Schreckensjahre, als die politischen Gegner mit Hilfe sogenannter Proskriptionslisten für vogelfrei erklärt wurden, bereicherte er sich am Vermögen der Ermordeten, besaß bald ganze Straßenviertel in Rom, Silberbergwerke in Griechenland, Steinbrüche, Latifundien, und war schließlich so reich geworden, daß er von den Zinsen seines Kapitals eine eigene Armee hätte ausrüsten können. Das erschien ihm das Kriterium für wirklichen Reichtum.

Dieser Mann nun, den wenige mochten, aber viele brauchten, erklärte sich auch prompt bereit, das Vaterland zu retten. Auf eigene Kosten, verstand sich. Nicht aus Liebe zum Vaterland – Rom und die Römer waren ihm gleichgültig –, sondern aus dem durch Erfahrung gewonnenen Wissen, daß zwei Dinge nötig waren, um an die Macht zu kommen: Geld und Soldaten. Geld besaß er, die Soldaten würde er anwerben, und wenn er gesiegt hatte, wären sie auch nach dem Krieg von Nutzen.

Der Senat zeigte sich dankbar dafür, daß jemand bereit war, einen Krieg zu finanzieren und zu führen, der nur faulen Lorbeer bringen konnte. Spartacus zu vernichten schien lebenswichtig, ein Sieg aber nicht rühmenswert, denn seine Heere bestanden, nach Meinung Roms, aus minderwertigen Menschen. Der Praetor Crassus wurde zum Proconsul ernannt und bekam sechs Legionen bewilligt, was zusammen mit den Resten der von Spartacus geschlagenen Konsularlegionen eine Streitmacht von etwa fünfzigtausend Mann ergab.

Seine erste Tat als Befehlshaber bestand aus der Durchführung der »decimatio«, einer Militärstrafe, die bei Meuterei oder Feigheit vor dem Feinde angewandt wurde. Die bei Picenum geflüchteten Kohorten ließ er antreten und Lose ziehen, von denen jedes zehnte Los den Tod bedeutete. Die Unglücklichen, die ihren eigenen Namen gezogen hatten, wurden unter düsteren Zeremonien von den Kameraden erschlagen. Eine Maßnahme von barbarisch erscheinender Härte, die, da sie selten ihren Zweck verfehlte, von den Söldnerheeren des Mittelalters übernommen wurde. Die Österreicher bei Leipzig (1642), die Franzosen bei Trier (1675) ließen meuternde Truppen dezimieren; selbst Blücher wollte die aufrührerischen Sachsen im Krieg gegen Napoleon auf ähnliche Weise bestrafen; im Ersten Weltkrieg verlangten französische Generale, ihre Truppen »nach altrömischer Art«, das heißt, durch Dezimierung, zu disziplinieren.

Nachdem er den Seinen furchtbarer erschienen war als der Feind, begann er dem Gegner vorsichtig zu folgen. Auf eine Schlacht war er nicht aus, er bevorzugte Scharmützel, Überfälle auf abgesprengte Abteilungen, kleinere Gefechte, dazu lange Märsche; eine Ermüdungstaktik, die Fabius Maximus Cunctator, der Zauderer, mit Erfolg gegenüber Hannibal angewandt hatte, als er ihn zu Tode marschierte. Auch wußte Crassus von den Zwistigkeiten im Sklavenlager, von Krankheiten, von beginnender Resignation. Die Zeit würde für ihn arbeiten …

Spartacus hatte inzwischen das Felsengebirge der Sila erreicht, ein gewaltiges, von dichten Wäldern bedecktes Massiv in Brutium, heute Kalabrien genannt, das Römern, Griechen, Syrakusern jahrhundertelang Holz für ihre Flotten geliefert hatte, ein ideales Gelände, sich feindlichen Angriffen zu entziehen. Seinen Plan, wieder nach Thurii zu ziehen, konnte er des nachdrängenden Crassus wegen nicht ausführen; so wich er auf die Spitze des italienischen Stiefels aus, dorthin, wo die Küste Siziliens zum Greifen nahe erscheint – vom Kap Cavallo bis zum Kap Faro mißt die Meerenge nicht mehr als dreitausend Meter.

Die »Piraten«, mit denen er nun verhandelte, hatten nichts zu tun mit einer zuchtlosen Verbrecherbande, sie waren eine politische Macht, ein Militärstaat auf schwimmenden Festungen, der den Seeverkehr auf dem ganzen Mittelmeer beherrschte. »In der Tat fanden auf ihren Schiffen die Verzweifelten und Abenteurer aller Nationen sich zusammen: die entlassenen Söldner von den kretischen Werbeplätzen, die Bürger der vernichteten Städte Italiens, Spaniens und Asiens, die Soldaten und Offiziere aus Sertorius' Heeren, die gehetzten Flüchtlinge aller Nationen, alles, was elend und verwegen war – und wo war nicht Jammer und Frevel in dieser unseligen Zeit?« (Mommsen).

Auf ihren kleinen, schnellsegelnden Barken sollten sie das Sklavenheer hinüberbringen nach Sizilien, einen kleinen Teil des Heeres zumindest. Schon zweitausend Mann hätten genügt, wie Plutarch später schrieb, den erst kürzlich erloschenen Bürgerkrieg wieder zu entfachen. Es bedurfte nur eines Funkens, und die schönste Feuersbrunst würde ausbrechen.

Ungeahnte, phantastisch anmutende Möglichkeiten taten sich auf: wer Sizilien hatte, besaß die Kornkammer Roms, verfügte über eine Basis für weit ausgreifende Unternehmungen, konnte sich mit dem Todfeind Roms, dem pontischen König Mithridates, verbünden und Verbindung aufnehmen mit dem in Spanien meuternden Feldherrn Sertorius, besaß die Chance, mit Hilfe der Piraten das Mittelmeer zu kontrollieren – das römische Weltreich würde wie zu Zeiten Hannibals in seinen Grundfesten erzittern, ja vielleicht zum Einsturz gebracht werden. Das Gedankenspiel des Was-wäre-gewesen-wenn, *wenn* Spartacus nach Sizilien gelangt wäre, ist wie immer verlockend, bleibt aber letztlich Spekulation.

Die Piraten, mit denen der Thraker zäh verhandelt hatte, wurden im voraus für den Transport in Gold bezahlt. Als sich nach Tagen zermürbenden Wartens noch immer kein Segel zeigte, war klar, daß sie ihren Vertrag nicht einhalten würden. Der römische Senat, so vermutet man, schien, wie gewohnt, den Verrat gekauft zu haben, mit einer höheren Summe, als sie Spartacus für die Überfahrt bezahlt hatte. Ein Versuch, die Straße von Messina mit selbstgebauten Flößen zu bezwingen, scheiterte. Der Felsen der Skylla und die Strudel der Charybdis, die so manches Schiff hatten scheitern lassen, bewahrheiteten ihren schrecklichen Ruf.

Die letzte Schlacht

Als der Thraker sich mit seinen Unterführern von der Küste wieder absetzte und bei Rhegion (dem heutigen Reggio di Calabria) ein Lager bezog, meldeten ihm seine Späher merkwürdige Vorkommnisse: die Legionäre seien auf breiter Front mit umfangreichen Schanzarbeiten beschäftigt, und zwar an der Stelle, wo die bruttische Halbinsel dreihundert Stadien mißt (etwa 53 Kilometer); es habe den Anschein, als wolle man die ganze Halbinsel durch ein Befestigungswerk abriegeln. Bald war klar, was hier im Entstehen begriffen war: ein viereinhalb Meter breiter und

Das Wandbild aus dem Haus des Amandus in Pompeji, von italienischen Archäologen 1927 entdeckt, bestätigte die antike Überlieferung vom Tod des Spartacus.

Neapel und der Vesuv. Ein Seitenplateau unterhalb des Kraters diente den Sklaven als Versteck.

»Ich will mich mit Ruten schlagen, mit Feuer brennen, mit Eisen töten lassen!« mußten die Gladiatoren am Schluß ihrer zwei Jahre dauernden Ausbildung schwören. Die römischen Mosaiken aus Torre Nuovo zeigen eindringlich, wie sie kämpften, womit sie kämpften, gegen wen sie kämpften – und wie sie starben.

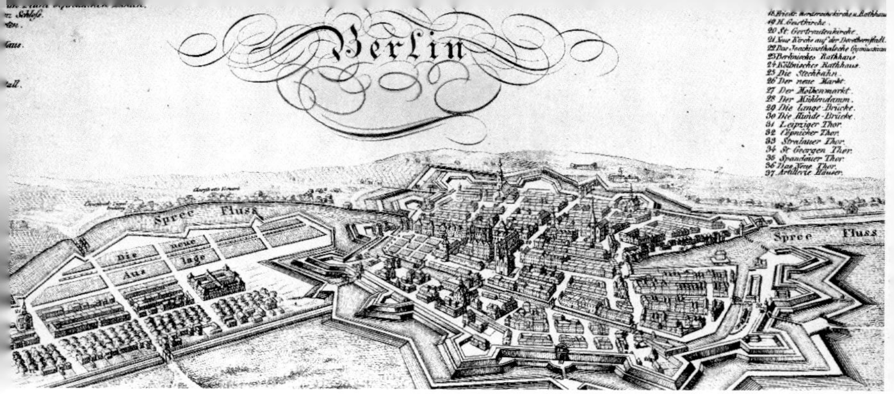

Gesamtansicht der Doppelstadt Berlin-Cölln, Residenz der Kurfürsten, Metropole Brandenburgs.

(unten links) Hans Kohlhase, Produktenhändler aus Cölln, forderte sein Recht, »und solt die Welt drüber zu grund gehen.«

»Numquid tu es, Hans Kohlhase?« »Sum, Doctor Luther.« Nächtlicher Besuch in Wittenberg.

Alt-Berlin, Fischerstraße 28, Kohlhases Wohnhaus, das bis in unser Jahrhundert hinein erhalten geblieben war.

Johann Friedrich von Sachsen. Vergeblicher Hilferuf an Oheim Joachim, den Kohlhase zu fangen und zu hängen.

Tod durch Rädern. Der vom Henker zerschlagene, noch lebende Delinquent wurde in die Speichen eines Wagenrads geflochten.

ebenso tiefer von Küste zu Küste reichender Graben, das ausgehobene Erdreich zu einem hohen, mit Türmen bestückten Wall aufgehäuft, von Bogenschützen und Kavalleristen bewacht. Mit dem wahnwitzig anmutenden Werk, das nur möglich war durch die den Römern eigene Kunst der Organisation bis ins kleinste Detail, erfüllte Crassus einen doppelten Zweck. Er beschäftigte seine Soldaten, für die Müßiggang Gift war, den Winter über, und er engte den Bewegungsraum des Gegners entscheidend ein.

Die Versuche der Sklaven, die Arbeiten an dem Zwingwall durch überfallartige Angriffe zu stören, verliefen ergebnislos, da sie nur halbherzig ausgeführt wurden. Denn noch immer hofften sie, nach Sizilien zu gelangen. Bald saßen sie in einer einzigen riesigen Falle. Auf dem Landweg abgeriegelt, ohne Zufuhren von See her, konnten sich ihre Führer ausrechnen, wann der Hunger sie in die Knie zwingen würde: hunderttausend Menschen, denen noch dazu die Städte ihre Tore verschlossen, monatelang zu ernähren schien unmöglich.

Es gab nur einen Ausweg: den Durchbruch. In einer für die Gegend typischen Unwetternacht, in der Himmel und Erde, Land und Meer sich chaotisch mengten, ließ Spartacus den Graben auf einer Länge von fünf Kilometern mit Reisig, Erde, Viehkadavern, den Leichen getöteter Römer und der Verhungerten auffüllen, setzte im Morgengrauen zum Sturm an und überwand, trotz starker Verluste, mit dem größeren Teil seines Heeres Graben und Wall.

So einig das Sklavenheer bei diesem Durchbruch gewesen war, so zerstritten gab man sich bei der Beratung über die weiteren Pläne. Die totale Niederlage des Crixus am Garganus hatte Germanen und Gallier nichts gelehrt, wieder trennten sie sich von der Hauptmacht und gingen, diesmal unter Führung des Castus und des Gannicus, ihre eigenen Wege. Am Lucanischen See (wohl eine heute nicht mehr erkennbare Lagune) erlitten sie ihre erste Niederlage, die

vernichtend ausgefallen wäre, wäre nicht Spartacus in letzter Stunde als Retter aufgetaucht. Das zweite Mal vermochte er ihnen nicht zu helfen. Trotz der Niederlage erneut in Richtung Norden weitermarschierend, ereilte die Gallo-Germanen bei Paestum ihr Schicksal in Gestalt einer römischen Übermacht. Zwölftausend Sklaven fielen. »Man fand aber unter ihnen nur zwei Leichen, die auf dem Rükken die Todeswunde trugen«, schreibt Plutarch anerkennend. »Alle anderen waren in vorderster Front beim Kampf Mann gegen Mann getötet worden.«
Mit den Germanen und den Galliern hatte Spartacus die Elite seines Heeres verloren. Noch jedoch hoffte er, noch ließ er sich das Gesetz des Handelns nicht diktieren. Er zog nun mit seinem Heerhaufen nach Apulien, das über einen Hafen verfügte, Brundisium, das heutige Brindisi, von dem aus sich vielleicht die griechischen Inseln erreichen ließen. Auf dem Weg dorthin bewies er, daß er die Kunst, Truppen im Gefecht zu führen, nicht verlernt hatte, als er aus dem Marsch heraus durch ein blitzschnelles Manöver, bei dem er seine Front um hundertachtzig Grad drehte, die ihn verfolgenden Truppen des Crassus in die Flucht schlug. Nach diesem überraschenden Erfolg kam ein Bote mit der Nachricht, daß der Feldherr Marcus Lucullus sich mit seiner Flotte von der Küste Kleinasiens her Brundisium näherte. Wenig später traf die Meldung ein, wonach das Heer des Pompejus die Grenzen Norditaliens passiert habe.
Von den Piraten im Stich gelassen, von Crassus bedrängt, den Weg nach Norden durch Pompejus versperrt und den über die See durch Lucullus, schien sich das Ende abzuzeichnen. Drei Jahre fast dauerte der Krieg nun schon. Die Männer waren abgezehrt, von Strapazen gezeichnet, der ewigen Märsche müde, ohne Hoffnung. Sie waren bereit zu sterben, aber der Preis für ihren Tod sollte hoch sein, und sie forderten Spartacus auf, sie zur letzten Schlacht zu führen. Der Thraker war bereit dazu, nachdem seine an

Crassus gesandten Parlamentäre kurzerhand aufgeknüpft worden waren: mit Sklaven verhandelte kein römischer Feldherr.
Am Silarus, einem kleinen Grenzfluß zwischen Lucanien und Campanien, der im Golf von Salerno ins Meer mündet, stoßen die beiden Heere aufeinander. Spartacus läßt eine der mitgeführten römischen Geiseln ans Kreuz schlagen, um seinen Männern anschaulich zu machen, was sie erwarte, wenn sie lebend in die Hände des Feindes fielen. Der Schildträger bringt ihm sein Pferd. Er stößt es mit seinem Schwert nieder. »Siege ich, so finde ich ein besseres Pferd bei den Römern«, sagt er. »Falle ich, so bedarf ich seiner nicht mehr.« Ein rituelles Opfer? Oder die Demonstration seines Entschlusses, nicht zu flüchten, was auch kommen möge? So wie die Griechen vor Troja ihre Schiffe verbrannten, um, einen Rückzug unmöglich machend, nur noch dem Sieg zu leben.
Über den nun entbrennenden Kampf berichten die antiken Autoren. Ihr Zeugnis wiegt schwer, denn sie brachten weder den Sklaven noch ihrem Anführer Sympathie entgegen. »Umzingelt, verfolgt, angegriffen von allen Seiten, kämpften sie, als hätten sie die Pflichten des Gladiatorenberufs nicht vergessen. Keiner gab sein Leben hin, ohne seinen Tod grausam gerächt zu haben. Unter den Toten, die das Schlachtfeld bedeckten, war nicht einer, der nicht an der Stelle gefallen wäre, die zu behaupten, Befehl und Ehre von ihm gefordert« (Sallust). »Nachdem sie ihren letzten Angriff vorgetragen und auf Tod und Leben gefochten, starben sie, wie es tapferen Männern geziemt ...« (Florus).
Spartacus selbst, von Haß und Verzweiflung erfüllt, versucht mit einigen seiner Besten zu einem kleinen Hügel vorzudringen, von dem herab der goldene Adler des römischen Oberbefehlshabers leuchtet. »Der Waffen und Wunden nicht achtend, schlug er sich zu Crassus durch,

erreichte ihn zwar nicht, tötete aber zwei Centurionen, die sich ihm entgegengeworfen ...« (Plutarch) »Durch einen Wurfspieß an der Hüfte verwundet, sank er schließlich auf die Knie; mit dem Schild sich deckend, wehrte er sich, solange ihm Atem war, bis er samt seinen Getreuen, die einen Kreis um ihn geschlossen, gefallen« (Appian).
Skeptiker meinten, daß diese Schilderung dem heroischen Repertoire der antiken Historiker entstamme, sie wurden aber in unserem Jahrhundert auf sensationelle Weise eines Besseren belehrt. Italienische Archäologen entdeckten 1927 in Pompeji, im sogenannten »Haus des Amandus«, ein Wandgemälde, das einen dramatischen Kampf wiedergibt. SPARTAKS (Spartacus) steht in oskischer Schrift, die einer ausgestorbenen altitalischen Sprache entspricht, über einem der Kämpfer zu Pferd (was der Schilderung des Roßopfers widersprechen würde); PHE ... NS (Phelix Pompejans) über dem anderen, der seinen Gegner mit einer Lanze am Knie verwundet. Auf der linken Seite des Freskos sind trotz des schlechten Erhaltungszustands zwei Figuren klar auszumachen: ein kniender, den Arm schützend nach oben streckender Krieger, der sich gegen einen auf ihn eindringenden Legionär wehrt. Da das Haus und damit das Wandgemälde aus der Mitte des 1. Jahrhunderts vor Christus stammt, nehmen die Ausgräber an, daß Phelix aus Pompeji an der letzten Schlacht gegen Spartacus teilgenommen und seine Taten auf dem Fresko verewigt hat. Der russische Althistoriker A.W. Mischulin hat diese Annahme durch eine brillante Analyse bestätigt.
Sechzigtausend Sklaven starben in der Schlacht am Silarus, eine Zahl, die Zeugnis ablegt für ihren selbstmörderischen Einsatz. Auf den Hügeln der Flußlandschaft türmten sich die Leichen, und als man sie zu Scheiterhaufen aufgeschichtet hatte, lag der Gestank verbrannten Fleisches tagelang in der Luft. Die Leiche ihres Führers, der die Römer neunmal besiegte, gegen den zehn Legionen hatten

aufgeboten werden müssen, wurde trotz sorgfältiger Suche nicht gefunden. Und beim einfachen Volk raunte man, daß Spartacus nicht tot sei, sondern eines Tages wiederkehren werde, um die Sklaven endgültig zu befreien. Etwa fünftausend Männern war es gelungen, die Phalanx der Römer zu durchbrechen und sich, nachdem die Schlacht verloren war, nach Norden abzusetzen. Sie trafen auf die Legionäre des Pompejus, die mit den zu Tode ermatteten Kriegern kurzen Prozeß machten. In einer gnadenlosen Menschenjagd wurden sie einer nach dem anderen umgebracht.
Da Pompejus schon beim Passieren der Grenzen in Norditalien einige versprengte Abteilungen des Sklavenheeres aufgerieben hatte und da ihn die Massen liebten, wurde er vom Senat zu dem Mann gekürt, dem man in Wahrheit die Niederschlagung des Sklavenaufstandes verdanke. Der Prokonsul Crassus erhielt statt eines Triumphzugs, wie er dem siegreichen Feldherrn zustand, lediglich eine Ovatio, ein Einzug in Rom zu Fuß, ohne Soldaten, mit Myrten bloß statt mit Lorbeeren geschmückt. Schienen dem Senat doch die Voraussetzungen für einen Triumph nicht gegeben: ein gerechter Krieg und ein würdiger Feind.
Crassus errichtete sich seine Triumphstraße auf seine Art. Zwischen Capua, der Stadt, wo die Revolte der Gladiatoren begonnen hatte, und Rom, ließ er sechstausend Kreuze errichten, an die er, als lebende Meilensteine, sechstausend Gefangene nagelte. Der Tod am Kreuz bedeutete ein qualvolles Sterben, das bis zu drei Tagen währen konnte. Die Leichen ließ man monatelang hängen, Geier kreisten am Himmel, in der Nacht kamen Wölfe und wilde Hunde – ein Schreckensmal für alle, die es in Zukunft wagen sollten, die Hand gegen ihren Herrn zu erheben.
Doch auch Proteste erhoben sich gegen die Hinrichtung: wäre es nicht passender gewesen, sie, die einem Gladiator gefolgt waren, den Tod in der Arena sterben zu lassen – zur allgemeinen Lustbarkeit? Es gab Händler, die flugs

nachrechneten, was für ein Kapital dort an den Kreuzen hing.

Die Sklaverei hatten Spartacus und seine Mitstreiter nicht abschaffen können. Der römische Staat und seine Gesellschaft ruhten auf den Schultern der Sklaven und ihrer Arbeit. Dieses System von heute auf morgen zu ändern hätte ein wirtschaftliches Chaos bedeutet. Für eine Änderung der Gesellschaftsordnung mit mehr Rechten für das Volk war die Zeit ohnehin nicht reif. Was für Ideale, was für ein Weltbild, was für ein wirtschaftliches und soziales Programm hätten die Sklaven den Idealen, dem Weltbild, der Wirtschaftsform Roms entgegenstellen können? Spartacus als Revolutionär, als Begründer einer neuen Ordnung hinzustellen, wie geschehen, ist deshalb abstrus.

Gewiß hat er den Sklaven ein besseres Schicksal geben wollen, wie es ihm die antiken Autoren ungewollt bestätigen, seine *Ziele* aber waren bescheidener. Er wollte seine Leute dorthin zurückführen, wohin Roms Arm nicht mehr reichte, wo sie in Freiheit zu leben vermochten. Zwistigkeiten, der Mangel an Rückhalt bei der städtischen Bevölkerung, die überlegenen militärischen Reserven Roms waren schuld daran, wenn er dieses Ziel nicht erreichte.

Und dennoch waren die Männer, die auf den Schlachtfeldern verdarben, die verhungert waren, die am Kreuz hingen, nicht umsonst gestorben.

Die Zahl der Freigelassenen nahm auffällig zu. Die großen Latifundienbesitzer wagten es nicht mehr, so viele versklavte Arbeiter zu beschäftigen (manche hatten über tausend besessen) – einige aus Vernunft, andere aus Angst vor des Thrakers blutigem Schatten (wie auch die Warnung vor einem neuen Spartacus von nun an zu den ständigen Redewendungen im Senat gehörte); doch vielen schlug das Gewissen, und sie sahen die Sklaven nicht mehr als Sachen an, sondern als Menschen, und dementsprechend besserte sich ihr Los. Vereinzelt wurden gewichtige Stimmen laut wie die des Historikers Diodor, eines Zeitgenossen, wonach es für einen vernünftig denkenden Menschen unerläßlich sei, mit seinen Sklaven freundlich umzugehen.

Die Aufteilung eines Teils der Riesengüter in einzelne Parzellen, auf die man Kleinpächter, sogenannte Colonen, setzte, wurde entscheidend vorangetrieben. In den großen Manufakturen zog man freie Handwerker den versklavten vor. »Die geschichtliche Bedeutung der Spartacus-Bewegung hat ... einen Prozeß tiefgehender sozialer und wirtschaftlicher Wandlungen eingeleitet, wie die neuere Forschung immer mehr erkennt.«

Der Thraker Spartacus – und das ist nicht die geringste Wirkung des großen Sklavenkriegs – hat ein Zeichen gesetzt für die Hunderttausende, die entrechtet und geknechtet waren. Er vermittelte ihnen Hoffnung und das Gefühl, ein Menschenantlitz zu tragen. Dieses Fanal leuchtete über die Jahrtausende hinweg bis in unsere Zeit. Einer seiner Biographen stellte zum Ende des 18. Jahrhunderts, des Zeitalters der Französischen Revolution, seinem Werk die Widmung voran: »Nicht Erbrecht, nicht Geburt, der Geist schafft groß und klein. Ein König könnte Sklav', ein Sklave König sein.«

6. Kapitel Hans Kohlhase oder »Solt die Welt drüber zu grund gehen«

Zwischenfall in Wellaune

»An den Ufern der Havel lebte, um die Mitte des sechzehnten Jahrhunderts, ein Roßhändler, namens Michael Kohlhaas, Sohn eines Schulmeisters, einer der rechtschaffensten zugleich und entsetzlichsten Menschen seiner Zeit. – Dieser außerordentliche Mann würde, bis in sein dreißigstes Jahr, für das Muster eines guten Staatsbürgers haben gelten können. Er besaß, in einem Dorfe, das noch von ihm den Namen führt, einen Meierhof, auf welchem er sich durch sein Gewerbe ruhig ernährte; die Kinder, die ihm sein Weib schenkte, erzog er, in der Furcht Gottes, zur Arbeitsamkeit und Treue; nicht einer war unter seinen Nachbarn, der sich nicht seiner Wohltätigkeit, oder seiner Gerechtigkeit erfreut hätte; kurz, die Welt würde sein Andenken haben segnen müssen, wenn er in einer Tugend nicht ausgeschweift hätte. Das Rechtsgefühl aber machte ihn zum Räuber und Mörder.«
So beginnt ein Meisterwerk der Novellenliteratur, 1810 in Berlin erschienen, von wenigen beachtet oder gar geschätzt, später gefeiert, mißverstanden, angefeindet; als Schulbuchlektüre verschlissen, in germanistischen Seminaren zu Tode analysiert, auf die Bühne gebracht als Schauspiel und Oper, im Rundfunk gesendet, verfilmt; vor allem aber von den Lesern verschlungen, Lesern, die inzwischen dreißig verschiedenen Nationen angehören.

»Michael Kohlhaas« lautet der Titel der Novelle. Der Autor, Heinrich von Kleist, starb ein Jahr nach dem Erscheinen. Er starb den Freitod, ein Mensch, dem, wie er in seinem Abschiedsbrief bekannte, auf Erden nicht zu helfen war.

Der Untertitel der Novelle heißt »Aus einer alten Chronik«. Das war keine literarische Fiktion, sondern der Hinweis darauf, daß der Held der Geschichte keine Kopfgeburt war, sondern aus Fleisch und Blut. Kleist hat die »Märckische Chronic« des Berliner Schuldirektors Peter Hafftiz (1520/25 bis 1602) benutzt, in der Nachricht gegeben wird von Hans Kohlhasen, einem Befehder der Chur-Sächsischen Lande. Daß Michael Kohlhaas sein historisches Urbild in Hans Kohlhase hat, ist wenig bekannt. Selbstredend entspricht die Figur des Dichters der Gestalt aus der Wirklichkeit nicht in allen Einzelheiten, doch die verwandtschaftlichen Züge sind offensichtlich. Auch bleiben genügend Charakteristika einer starken, eigenständigen Persönlichkeit, um die Suche nach dem Urbild lohnend erscheinen zu lassen.

Am 1. Oktober 1532 rüstet Hans Kohlhase, ein Produktenhändler aus Cölln an der Spree, der Schwesterstadt Berlins, sich zu einer Reise nach Leipzig, wo er seine Waren an den Mann zu bringen gedenkt, bietet doch die Michaelismesse jedem Kaufmann günstige Absatzmöglichkeiten. Er macht sich, während er der Landstraße über Beelitz, Treuenbrietzen nach Wittenburg folgt, trotzdem Sorgen. Die Waren – Speck, Honig, Heringe, Wachs –, die er mit einem Planwagen vorausgeschickt hat, laufen auf kurzfristigem Kredit, dessen Rückzahlung einen unverzüglichen Verkauf nötig macht. Als er am Dorfkrug vor Wellaune, nach dem langen Tagesritt ermüdet, eine Rast einlegt, um seine beiden Pferde zu tränken, wird er von einigen Knechten angesprochen.

»Woher des Weges und wohinaus?« meint der Wortführer.

»Es ist unseres Herrn Befehl anzuhalten, wer uns verdächtig. Sagt Euren Namen und woher Euch diese Pferde?!« Kohlhase, befremdet über diese Frage, antwortet, daß er sie gekauft und ordnungsmäßig bezahlt habe; wenn sie ihm nicht trauten, möge einer von ihnen mit ihm nach Leipzig reiten, wo er ihnen glaubhafte Zeugen gegenüberstellen könne. Das wollen sie nicht, und der Kaufmann merkt bald, daß das einzige, was sie wollen, die Pferde sind. Ehe er sich's versieht, reißen sie ihn aus dem Sattel, beschimpfen ihn als Pferdedieb; in dem sich entwickelnden Handgemenge kann Kohlhase gerade noch seine Haut retten und zu Fuß flüchten. Im Triumph ziehen die Knechte mit den Rössern zur – heute noch existierenden – Wasserburg ihres Herrn, des Erb-, Lehns- und Gerichtsherrn auf Schnaditz und Wellaune, Günther von Zaschwitz, der die Tiere sogleich in seine Ställe führen läßt.

Zaschwitz war kein Raubritter, keiner von jener Spezies heruntergekommener Rittersleut', die die Wagenkolonnen der Kaufleute, »Pfeffersäcke« genannt, überfielen, Geiseln nahmen und Lösegelder erpreßten. Ihre Zeit war vorbei, ihre Burgen längst gebrochen von der Kraft der Städter und der Macht der großen Territorialherren. Zaschwitz war schlimmer als jene adligen Straßenräuber, die immerhin ihr Leben eingesetzt hatten bei ihren Überfällen. Er gehörte zu den Grundherren, den Landjunkern, die längst vergessen hatten, daß das ursprüngliche Verhältnis zwischen ihnen und ihren – leibeigenen oder zinspflichtigen – Bauern ein Vertrag im Sinne des »do ut des« gewesen war, des Nehmens *und* Gebens. Das hieß, ich, der Bauer, gebe dir einen Teil von dem, was ich auf dem mir zur Leihe überlassenen Ackerlands ernte; du, der Herr, gibst mir dafür deinen Schutz.

Wahre Schinder gab es unter solchen Zaschwitzens. Ihre Verachtung für die ihnen hörigen Bauern schlug sich nieder in Schikanen und Drangsalierungen: sie erhöhten die

Abgaben, erfanden neue Rechte, beanspruchten Teile der Allmende, des gemeinschaftlichen Dorfbesitzes an Weide, Wald, Wasser; verboten ihnen, das die Saat vernichtende Schwarzwild zu verjagen; trieben ganze Familien von Haus und Hof.

Zwölf Tage nach dem Zwischenfall, bei dem ihm, wie Kohlhase in Leipzig berichtet hatte, wider Recht, Ehr' und alle Billigkeit auf fürstlich freier Straße zwei Rösser mit Gewalt genommen, traf der Handelsmann wieder in Wellaune ein. Er wirkte abgezehrt, erschöpft, unruhig. Zu spät in der Messestadt eingetroffen, seine Termine versäumend, hatte er die Waren mit Verlust abstoßen müssen.

Er meldete sich auf der Burg Schnaditz, zeigte dem Ritter das Empfehlungsschreiben eines Leipziger Honoratioren, das ihn als fromm, ehrlich, von gutem Wandel und Gerücht auswies, und bat um die Rückgabe seines Eigentums. Die Rösser, meinte Zaschwitz, der von dem Schreiben kaum Notiz genommen, könne er haben, vorausgesetzt, er würde sechs Groschen zahlen – für Hafer und Heu, das sie in den beiden Wochen gefressen. Sechs Groschen waren viel Geld und die Forderung unbillig, hatte Kohlhase doch inzwischen erfahren, daß sich seine beiden Rösser ihr Futter bei harter Feldarbeit mehr als verdient. Er lehnte die Forderung ab und eilte, unter Zurücklassung der Pferde, seiner Heimat zu.

In Cölln an der Spree erwartete ihn neues Unheil. Seine Gläubiger, die ihm ihr Geld anvertraut und von seinen schlechten Geschäften erfahren hatten, präsentierten ihre Schuldscheine. Da er sie nicht auslösen konnte, sah er sich gezwungen, sein Haus und seinen Hof, seine Äcker und Wiesen zu verpfänden. Nicht mehr kreditwürdig, in seiner Existenz als Kaufmann auf das äußerste bedroht, war er, gleichsam über Nacht, ein armer Mann geworden.

Trotz des an ihm begangenen himmelschreienden Unrechts und seiner nunmehrigen Situation blieb Kohlhase beherrscht, nahm den Federkiel zur Hand und schrieb ein Gesuch an den Kurfürsten Johann Friedrich von Sachsen, Zaschwitzens Landesherrn, in dem er die Sachlage schilderte und um die Rückgabe seines Eigentums bat. Er tat es eigenhändig; der Kaufmann war nicht nur wohlangesehen, von guter Familie, er besaß eine für seinen Stand ungewöhnliche Bildung, konnte sich auch in der freien Rede ausdrücken. Tugenden, die ihm auch den Zugang zu *seinem* Herrn, dem Kurfürsten von Brandenburg, erleichterten.

Joachim I. war gern bereit, das Gesuch mit einem Begleitschreiben zu versehen und höchstselbst »Euer Liebden, den hochverehrlichen Neffen und Bruder in Christo«, zu bitten, bei der Wiedererlangung des Eigentums eines seiner Untertanen, des Gewerbebürgers Kohlhase Hans, behilflich zu sein. Er tat das weniger aus Gerechtigkeitsgefühl als aus Antipathie gegenüber den sächsischen Wettinern, die in den Mauern ihrer Residenz Wittenberg nicht nur den Reformator Luther beherbergten, sondern selbst lutherisch geworden waren.

Dem Sachsen war der Zaschwitz nicht wichtig genug, um seinetwegen das ohnehin gespannte Verhältnis zum brandenburgischen-katholischen Großonkel noch zu verschlechtern, er gab Order, die beiden Gäule wieder herauszugeben. Die jedoch waren inzwischen durch ruinöse Spanndienste und mangelhafte Fütterung in einem derart schlechten Zustand, daß Kohlhase, als er sie abholen wollte, ausrief: »Das sind nicht meine Rösser!«

Der Fehdebrief

Sein Kurfürst trat ihm noch einmal hilfreich zur Seite, indem er die Sachsen dazu brachte, einen Rechtstag auf der Burg Düben abzuhalten unter Leitung des für den Tatort Wellaune zuständigen Landvogts. Kohlhase, angetan mit einem weiten Mantel und weißblauem Federhut, hochgewachsen, breitschultrig, eine imponierende Gestalt (siebenunddreißig mag er zu diesem Zeitpunkt gewesen sein), forderte die Rücknahme der Beleidigung, daß er ein Pferdedieb sei; die Erstattung des doppelten – jetzigen – Werts der abgetriebenen Mähren und einhundertfünfzig Gulden für den durch das verspätete Eintreffen in Leipzig erlittenen Schaden.

Zaschwitz, der den Kaufmann aus Berlin-Cölln keines Blikkes würdigte, erwiderte, da der Kläger ohne jeden Grund seine Pferde im Stich gelassen habe, sei ihm gar nichts anderes übriggeblieben als sie in seine Ställe zu stellen und sie – mit teurem Winterfutter! – die dunklen Monate durchzubringen, wofür er, bei Ablehnung aller Forderungen, ein Futtergeld von nun zwölf Gulden beanspruche.

Einwände, die Kohlhase zum erstenmal um seine Beherrschung zu bringen drohten, doch auf die Vorstellungen des Landvogts, er möge die Pferde auslösen, unter dem Vorbehalt, seine Forderungen später beim Amt Bitterfeld geltend zu machen, gab er nach. Für die zwölf Gulden mußte ein Freund bürgen, er selbst besaß inzwischen kaum einen roten Heller mehr. Der Kaufmann verließ mit seinen beiden Pferden, die so abgetrieben waren, daß sie das Bündel Heu verschmähten, das er ihnen reichte, die Gerichtsstätte, und als er am Morgen danach den Stall betrat, lag das eine, der Rotschimmel, verendet in der Box.

Eine weitere, nunmehr dritte, Eingabe an Johann Friedrich zeigte ihm lediglich, daß der Kurfürst den ihm von seinen Hofleuten gegebenen Beinamen »der Großmütige« nicht verdiente. Obwohl Kohlhase sich vom Wittenberger Landvogt auf eine Entschädigungssumme von vier Gulden herunterhandeln ließ, unter Streichung des Futtergeldes, weigerten sich seine Gegner, auf diesen Vergleich einzugehen; und eine Ehrenerklärung könne einer von Adel einem Bürgerlichen ohnehin nicht abgeben. Mitte Februar 1534, fast anderthalb Jahre waren nun seit dem Vorfall in Wellaune vergangen, erschien Kohlhase noch einmal beim Wittenberger Landvogt – und wurde mit den Worten abgefertigt, er möge in der Angelegenheit nicht weiter querulieren.

Nein, sagt Hans Kohlhase, querulieren werde er gewiß nicht mehr; und der Vogt begegnet einem Blick, der ihn nachdenklich macht, ja beunruhigt: Was hat dieser Mensch vor? Eine Woche darauf weiß er es.

Der Bote bringt ein Schreiben – und Landvogt Metzsch ist nicht der einzige, dem es zugestellt wird –, auf dessen Siegel die Initialen HK zu erkennen sind. Als er es erbricht, das grobe Papier entfaltet und zu lesen beginnt, färbt sich sein Gesicht fahl. Er hält den Fehdebrief in der Hand, der alsbald so berühmt wie berüchtigt werden sollte. » … hat er dem Landvogt zu Wittenberg ein absagbrieff uberschickt«, heißt es im »Stambuch« des Balthasar Mentz, »dorin er sich des von Zaschwitz unnd des gantzen Landes zu Sachsen zum oeffentlichen abgesagten feind erkleret / und wo er jemand bekomen an henden und fuessen zu lehmen / auch zu rauben / brennen / und sie hinweg zu fuehren und zu schatzen sich fuergenommen / bis so lang im von Guenther Zaschwitz vor solche grosse injurien der bezuechtigung halben auch fuer den hohn / spott und schmach genztlicher abtrag geschehe.«

Da er nun nichts mehr zu verlieren habe, heißt es weiter, so wolle sich's gebühren, daß er seinem Gewissen folge und seine Ehre, wie dies einem Ehrliebenden zustehe und welche ihm mit keinem Gold und Silber bezahlbar sei, aus Notwehr verteidige. »Ich will alle list und behändigkeit gebrauchen, will seyn aller welt und Gottes freund, allein Zaschwitz und Sachsen sein feind; moege er sich beyzeiten mit Wasser und fester scheun eynrichten, daß ich ihn nicht mit feuerkohle heymsuche und ihn mit seynem schloss verbrenne.«

Das Land der Deutschen glich zu Beginn der Neuzeit, wenn man die Landkarte betrachtete, einem Flickenteppich; jeder Flicken, ob er nun groß oder klein, hatte einen Herrscher – einen Herzog oder einen Fürstbischof, einen Kurfürsten oder einen Markgrafen, einen Landgrafen oder einen Freigrafen oder einen Burggrafen. Das Reich war im Sumpf der Kleinstaaterei versunken und sollte sich für Jahrhunderte nicht wieder daraus erheben. Diese *fürstliche Anarchie* hatte Grenzhäuser aus dem Boden wachsen lassen, Zollschranken, Schlagbäume, Brückenposten, ein System obrigkeitlicher Wegelagerei, das das wirtschaftliche Wachstum hemmte und das Rechtsgefühl pervertierte. Die edelste Pflicht der deutschen Kaiser aus den großen Dynastien der Sachsen, Salier und Staufer, den Landfrieden zu wahren und das Recht zu schützen, wurde von niemandem mehr wahrgenommen. Auch Maximilians I. »Ewiger Landfrieden« tat der allgemeinen Rechtsunsicherheit nur wenig Abbruch. Die Ungewißheit darüber, was wem wie lange schon gehört hatte und wieviel wem zustand, blieb; die Liste der zu rächenden Beleidigungen und des angetanen Schimpfes war lang. Gründe alles, um damit vor ein ordentliches Gericht zu gehen, doch die meisten Richter waren nicht unabhängig, die Schöffen korrumpiert, die gesetzlichen Fundamente brüchig.

Der in seinen Rechten Verletzte oder Bedrohte versuchte, mangels genügenden staatlichen Schutzes, sich sein Recht selbst zu holen. Ein gutes Pferd, ein scharfes Schwert und eine kräftige Faust galten nach wie vor als die besten Voraussetzungen für derartige Selbsthilfe. Faustrecht nannte man das, »jus manuarium«, und wer es ausüben wollte, erteilte seinen Feinden mit Hilfe eines Fehdebriefes Absage. Die Selbstjustiz nahm derart überhand, daß sich der brandenburgische Kurfürst noch 1526 gezwungen sah, auf einem Landtag zu Spandau strenge Verordnungen zu erlassen gegen die »täglichen todschläge, durch den Adel und Andere verübt, die einander sogar ungewarnt schlagen und fangen, und Recht verweigern. Keiner, welcher wegen obiger Verbrechen verfestet worden ist, soll in der Mark gehauset, gesegnet, gespeiset oder getränket, noch ihm irgendeine Hilfe geleistet werden ...«

Nun sollte die Kriegserklärung eines einzelnen Mannes gegen ein ganzes Kurfürstentum, wie die des Krämers Kohlhase, der allenfalls einige berittene Verwandte oder Knechte hätte aufbieten können, den Vertreter dieses Landes lediglich zu einem Achselzucken veranlaßt haben. Der Landvogt jedoch geriet in fieberhafte Erregung und jagte seine Boten los, die Herren in den Städten und auf dem Land zu warnen. Bald waren die Posten auf den Türmen und Mauerringen verstärkt, die Stadttore strenger kontrolliert, und in den Dörfern patrouillierten die von den Gutsbesitzern eingesetzten Brandwachen. Sie alle hatten gute Gründe für ihre Wachsamkeit ...

Wenige Jahre waren erst vergangen, da im benachbarten Thüringen Adlige, Geistliche und Stadtherren von den Bauern zu Paaren getrieben wurden, Kirchen geplündert, Klöster gebrandschatzt, Rathäuser ausgeraubt, Schlösser und Burgen in Flammen aufgegangen waren. Die Fahnen der Aufrührer zeigten einen Fisch, einen Vogel und ein Holz zum Zeichen, all dies möge in Zukunft allen gehören. Fronen, Steuern, Zölle, Ungelt, Lehngeld wollten sie künftig nicht mehr leisten, die Herren möchten ein göttliches und löbliches Regiment führen, das Blut und den Schweiß ihrer Untertanen nicht unnütz vertun, und frei wollten sie sein, da Christus *alle* Menschen erlöst habe.

Und waren nicht gerade die Wiedertäufer erneut aufgestanden, hatten in der Stadt Münster ihr »Neues Jerusalem« errichtet, jene Fanatiker, von deren Schlachtruf noch alle wußten: »Nur dran, dran, dran! Lasset euch nicht erbarmen und euer Schwert nicht kalten werden vom Blut [der Tyrannen]!« Mit beispielloser Grausamkeit waren die

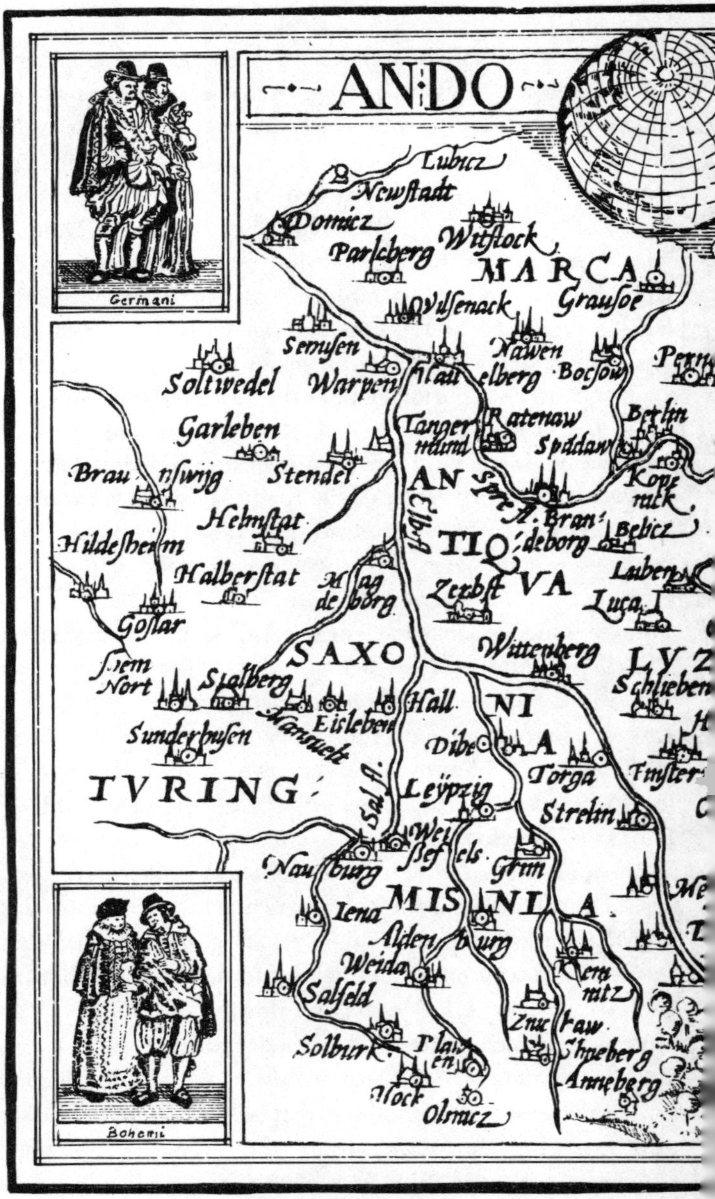

Deutschland im Jahre 1540. Schauplatz des Kohlhase-Dramas war

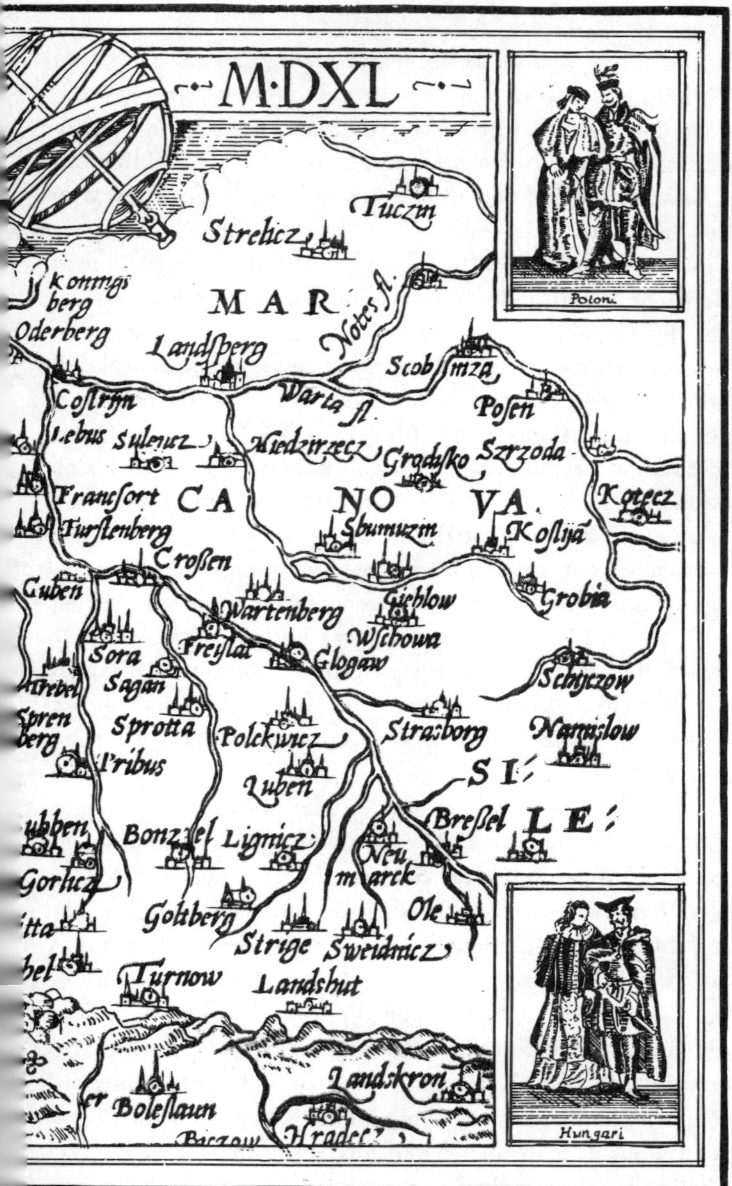

das Land zwischen Elbe, Oder und Spree.

Aufständischen damals hingemetzelt worden. Die sozialen Verhältnisse, die sie hatten ändern wollen, waren unverändert, der Zündstoff geblieben, und ein Funke könnte genügen, so die Furcht von Adel und Geistlichkeit anläßlich des Kohlhase-Briefes, den Aufruhr, nun auch in Sachsen, wieder auflodern zu lassen.

Einer der Kuriere eilte in diplomatischer Mission nach Berlin an den brandenburgischen Hof, um den Kurfürsten, auf die Ungeheuerlichkeiten eines seiner Untertanen hinweisend, zum sofortigen Eingreifen zu veranlassen, auf daß er den Rasenden fange, richte und henke. Der Brandenburger ließ den Abgesandten fünf Tage lang in seinem Quartier schmoren, und als er ihn endlich empfing, gab er sich ungnädig. Er sei durch den Erbeinigungsvertrag zwischen den beiden Häusern zu Hilfeleistung verpflichtet? Wie das – wo doch der Vertrag nach dem Tod Johanns des Beständigen (von Sachsen) noch nicht wieder beschworen worden sei? Im übrigen könne er gar nicht helfen, selbst wenn er wolle: der Kohlhase habe sein Cöllner Bürgerrecht längst verloren; und scheine es nicht auch, daß der Mensch durch sächsische Justiz um seinen Glauben und ins Verderben gekommen?!

»Ja, ja, der Minckwitz«, meinte er dann, bevor er mit einem Fingerschnippen zur Tür wies, scheinbar zusammenhanglos. Der Abgesandte aus Sachsen begriff sehr wohl. Der von Minckwitz war ein Raubritter, hatte vor einigen Jahren die – brandenburgische – Stadt Fürstenwalde geplündert und die Beute gemütlich im – sächsischen – Wittenberg geteilt. Nicht nur wegen dieses Zwischenfalls mochten sich die beiden hohen Herren nicht. Joachim war, wie erwähnt, katholisch, Johann Friedrich nicht nur lutherisch, sondern skandalöserweise auch Gastgeber der zum Protestantismus konvertierten und aus Berlin geflüchteten Gemahlin des Brandenburgers.

Das Schreiben des Doktor Luther

Anfang April 1534 brannte es in der Wittenberger Residenz der Ernestiner an zwei Stellen. In der Nacht darauf erleuchtete der Feuerschein des brennenden Dorfes Schützberg die Gassen der Stadt. Dann war Wittenberg wieder an der Reihe; diesmal die Vorstadt jenseits des Fischertors. Wer das getan haben könnte, schien mit den Händen greifbar: hatte Kohlhase es nicht im Fehdebrief angekündigt? War nicht sein Schwager gerade in Wittenberg gewesen? Und die Fuhrleute, hatten sie nicht berichtet, daß er sie vor den Toren angehalten und ihnen mitgeteilt, daß er einige seiner Leute in die Stadt gelegt, die ihr noch viel zu schaffen geben würden?
Gerüchte, Vermutungen, Verdächtigungen, keine Beweise. Klar, daß jeder, der sich schon lange hatte rächen wollen an einem korrupten Ratsherrn, einem tyrannischen Junker, einem mißliebigen Nachbarn, es nun tat, wußte er doch, daß jede Brandstiftung, jeder Überfall, jeder Totschlag nur einem zur Last gelegt würde. Kohlhase, ob er der Täter gewesen war oder nicht, zog auf jeden Fall Nutzen daraus. Die öffentliche Meinung richtete sich zunehmend gegen Zaschwitz. Selbst seine eigenen Standesgenossen, ja die Verwandten, verurteilten ihn, hatte doch niemand Lust, für die Torheit des Junkers von Wellaune mit seinem Gut, vielleicht auch Blut, zu büßen.
Der war bald gezwungen, sich auf eilig an die Kirchenportale und Rathaustore angeschlagenen Plakaten öffentlich zu rechtfertigen, dergestalt, daß er leugnete, mit der ganzen Sache etwas zu schaffen zu haben, man ihn fälschlich beschuldige, der eigentliche Schuldige dieser verbrecherische Kaufmann sei mit seinem Drohbrief und so fort – eine Argumentation, von Wittenberger Juristen aufgesetzt, die niemanden zu überzeugen vermochte.
Auch den Kurfürsten von Brandenburg nicht, den die Sach-

sen nach den Wittenberger Bränden wieder bedrängten, von seinen Räten jedoch die Antwort bekamen, er, Joachim I. Nestor, des Heiligen Römischen Reiches Erzkämmerer, biete besagtem Individuum weder Geleit noch Schirm; vergehe der sich dennoch gegen die Gesetze, so tue er es auf seine Abenteuer.

Was alle Gesuche nicht vermocht hatten, bewirkte die, wie man heute sagen würde, gegen Sachen angewandte Gewalt: auf Vermittlung Eustachius' von Schlieben, eines im sächsisch-brandenburgischen Grenzgebiet ansässigen Edlen, wurde ein Rechtstag in Jüterbog anberaumt, wo die Parteien zur Beilegung des Rechtsstreits sich einzufinden hätten. Kohlhase erklärte sich bereit dazu, wenn man ihm freies Geleit zusichere. Johann Friedrich hätte dem Kerl lieber ein Halseisen angelegt, doch erteilte er schließlich die gewünschte Garantie – zu groß war die Unruhe in der Bevölkerung inzwischen –, vorausgesetzt, *seine* Bedingung werde erfüllt: Kohlhase möge sich durch einen Eid von dem Verdacht reinigen, die Brände in Wittenberg gelegt zu haben.

Anfang Dezember 1534 zogen die Sachsen unter Führung des Landvogts in das Städtchen an der Nuthe ein mit ihren Richtern, Rechtsbeiständen, Räten, Gerichtsdienern, Zeugen, Reisigen – und der Edeldame Sophie von Zaschwitz, die in einer Kutsche den Schluß des Zuges bildete, tief verschleiert, denn der Mann, der all das hier zu verantworten hatte, war vom Schlagfluß hinweggerafft worden. Auch Kohlhase hatte, seine Verwandten und Freunde alarmierend, einen Zug von etwa fünfzig Berittenen aufgeboten, die das, was ihnen an der Pracht der Roben und Rösser fehlte, durch martialisches Aussehen wettmachten. Auf dem Marktplatz trafen die beiden Züge zusammen, und die Jüterboger waren sich einig, ein solches Spektakel seit dem Auftritt des Ablaßkrämers Tetzel und der Predigt Thomas Münzers nicht wieder erlebt zu haben.

Als Kohlhase vortritt, um den geforderten Eid zu schwören, ruhen alle Blicke auf ihm. So sieht der Mann also aus, der einem ganzen Land den Krieg erklärt, um dessen willen ein Kurfürst hatte nachgeben müssen.
Ob er einen Meineid geschworen hat, in der Überzeugung, diesem Klüngel bestochener Richter, liebedienender Räte, ehrloser Junker gebühre nichts anderes, oder ob er tatsächlich unschuldig war an den ihm zur Last gelegten Taten – wir werden es nie mit Gewißheit erfahren.
Des Klägers Anwalt ist der Magister Johann Gentzke aus Berlin, assistiert von Dr. Lorenz Schreck aus Frankfurt an der Oder und dem Vetter Johann Kohlhase, einem Hufschmied aus Wriezen. Gentzke fordert in einem Plädoyer, die verzweifelte Situation seines Mandanten durch die Vernichtung seiner bürgerlichen Existenz schildernd, moralische Wiedergutmachung durch die Rücknahme des Vorwurfes, sein Mandant sei ein Pferdedieb, und materielle Wiedergutmachung, sprich Schadenersatz, für den Niedergang seines Geschäfts, die Pfändung seiner Liegenschaften, von den beiden Rössern nicht zu reden.
Kohlhase merkt, kaum daß der gegnerische Anwalt die ersten Worte entgegnet, daß es denen nur darauf ankommt, den Prozeß zu vertagen, an ein sächsisches Gericht zu verweisen, um, nach bewährtem Muster, ihn so lange zu verschleppen, bis der Kläger, mit seinen Nerven, seiner Zeit und seinem Geld am Ende, schließlich aufgibt. Die Anwälte der Zaschwitzens reden und reden, und als sie, wider jede juristische Grundlage, anführen, mit dem Tode des Günther von Zaschwitz seien ohnehin alle Ansprüche erloschen, tritt Kohlhase vor die Schranken und verlangt, ihm möge hier und heute Recht werden.
»Ich habe nichts mehr als meinen Leib und mein Leben«, schließt er seine kurze Rede, und es wird totenstill im Saal, »die aber will ich daran setzen!«
Und Kohlhase siegte! Nach längerem Feilschen gestand

ihm die beklagte Seite die geforderte Ehrenerklärung zu und eine Abfindung in Höhe von sechshundert Gulden – eine für jene Zeit enorme Summe –, die bis zum Neujahrsfest am Gerichtsort zu hinterlegen war. Der Kläger selbst gelobte die Einstellung aller Feindseligkeiten jetzt und immerdar. Vertraglich aufgesetzt am …, gegeben zu …, unterschrieben von …, beurkundet mit dem kurfürstlichen sächsischen Siegel.

Mitte Dezember klopfte ein Mann in einer Mönchskutte an die zum Hof führende Tür des Kohlhaseschen Hauses (das bis in das 20. Jahrhundert hinein in der unweit des Cöllnischen Fischmarktes gelegenen Fischerstraße erhalten geblieben ist) und übergab dem Kaufmann einen Brief. Ein Glückwunsch, dachte er, als er ihn erbrach. Viele hatten ihm geschrieben in den letzten Tagen, ihn auf der Straße angesprochen, waren persönlich erschienen: ja, das sei schön, daß manchmal eben doch der Rechte sein Recht bekomme. Kohlhase schaute auf die Unterschrift, las den Namen Martinus Luther und wurde rot vor Freude. Hatte ihn der große Mann, an den er sich kurz vor dem Jüterboger Rechtstag gewandt, doch noch geschrieben. Doch was er las, wollte ihm nicht in den Kopf.

»Gnad und Fried in Christo! Mein guter Freund! … Die Rache ist mein, spricht der Herr, *Ich* will vergelten. Und ist ja wahr, daß Euch Euer Schaden und fama [Leumund] billig wehe tun soll, und schuldig seid, dieselbige zu retten und zu erhalten, aber nicht mit Sunden oder Unrecht. Unrecht wird durch ander Unrecht nicht zurecht bracht. Nun ist Selbstrichter sein und Selbstrichten gewißlich Unrecht, und Gottes Zorn läßt es nicht ungestraft. Was ihr mit Recht ausführen moget, da tut ihr wohl; könnt Ihr das Recht nicht erlangen, so ist kein ander Rat da, denn Unrecht leiden. Und gott, der Euch also läßt Unrecht leiden, hat wohl Ursach … Demnach, so Ihr meines Rats begehret (wie Ihr schreibet), setzt Euch zufrieden, gott zu

Ehren und lasset Euch Euren Schaden von Gott zugefüget sein und verbeißet's umb seinetwillen, und so werdet Ihr sehen, er wird wiederumb Euch segenen und Euer Erbeit reichlich belohnen, daß Euch lieb sei Eurer Geduld, so Ihr getragen habt. Amen.«

Kohlhase verstand nicht, warum der Reformator ihn davor warnte, sich sein Recht mit Gewalt zu holen, wo er doch gerade den Jüterboger Vergleich unterzeichnet hatte, in dem er jeder Gewalt für immer entsagt. Nun, er konnte nicht wissen, was Luther bereits wußte und warum er, besorgt, der Kaufmann könne angesichts dieser Nachricht zum Gewalttäter werden, ihm sofort diesen Brief geschrieben.

Der Kaufmann selbst sollte es am zweiten Weihnachtstag erfahren durch einen weiteren Boten, doch der kam diesmal vom Landvogt Metzsch: die Hofräte bedauerten unendlich, daß sie in ihrem Unverstand, schuldigen Respekt und pflichtige Untertänigkeit gegen Kurfürstliche Gnaden Johann Friedrich von Sachsen vergessend, gegen Seinen erhabenen Willen gehandelt, ihn damit dem Spott und Schimpf der Leute ausgesetzt, der Vertrag zu Jüterbog hiermit null und nichtig sei; würde ein solches Papier darüber hinaus jedem Leichtfertigen zum Exempel dienen, aus Fehden einen Gelderwerb zu machen, und sei auch der Sophie von Zaschwitz wie ihren Kindern strengstens untersagt worden, von sich aus Zahlungen zu leisten.

»Sagt Eurem Landvogt, ich habe die Meinung wohl vernommen«, war alles, was Kohlhase dem Boten auftrug. Seine Stimme klang dabei so kalt und gelassen und sein Blick war so starr, daß dem Mann, wie er seinem Herrn unverzüglich mitteilte, »bös unheimlich« zumute geworden sei. Dem Landvogt selber anscheinend auch. Wieder ließ er Briefe an die Torriegel der Häuser stecken, »Steckbriefe«, auf denen jedem, der Hans Kohlhase einbringe, sei es tot, sei es lebendig, eine Belohnung von einhundert Taler versprochen wurde, eine Summe, für die man zehn gute Pflugochsen bekommen hätte. Daß sie sich niemand verdienen wollte, bewies, wie stark der Rückhalt des Gesuchten in der Bevölkerung inzwischen geworden war. Der gemeine Mann hatte Kohlhasens Sache zu seiner eigenen gemacht, und so hatten weder die über die Grenze geschickten Spitzel noch die bewaffneten Häscher Erfolg bei ihrer Jagd.

Es blieb dennoch einigermaßen ruhig im Land. Luthers Mahnung, Unrecht nicht durch Unrecht zu vergelten, schien Kohlhase beeindruckt zu haben. Die Obrigkeit in Sachsen, die von Zaschwitz und ihr Anhang begannen aufzuatmen – und zu spotten; über einen Menschen, der wohl zu feige sei, seine Drohungen wahrzumachen. Doch soll man den Tag nicht vor dem Abend loben.

Im Frühjahr erschien der Kaufmann vor den Toren Jüterbogs mit einem Rollwagen, auf dessen Kutschbock er vermummt saß wie der Gevatter Tod, besetzte mit drei Gesellen eine Wirtschaft, schoß die Bierkrüge vom Schanktisch und hielt die Gäste drei Tage lang gefangen. Die Wittenberger Kaufleute, die er unter ihnen entdeckt hatte, schickte er zu ihrem Bürgermeister mit der Warnung, er werde das Wild hinüber nach Brandenburg jagen – eine für die jagdbesessenen Edlen schlimme Drohung – und die Lochhauser Heide anstecken, wenn man nicht aufhöre, nach ihm zu fahnden. Die Spielkarte mit seinem Namenszug, die er ihnen zum Beweis mitgab, eine grüne Herz-Zehn, ist im Weimarer Staatsarchiv zu besichtigen.

Wenige Wochen später fiel er mit acht Männern in die Mühle zu Gömnigk ein, stach den Müller, der sich erbittert wehrte, mit einem Spieß nieder, raubte sie aus und setzte den roten Hahn auf das Dach. Von den umliegenden Weilern erschien, wider jeden Brauch, niemand zum Löschen. Der Mühlenbesitzer, Friedrich Brand von Arnshagen, gehörte zu jenen Hofräten, die in Jüterbog Recht gesprochen hatten und es anschließend gebrochen. Kohlhase hinterlegte seine Beute beim Schulzen des Dorfes, aus dem einer seiner Leute stammte, mit der Maßgabe, er möge sie bis zur Erledigung des Rechtsstreits bewahren.

Vielerorts flammten jetzt die Feuer hinter der kursächsischen Grenze auf, wurden Kaufleute überfallen, Planwagen ausgeplündert. Wie ein Spuk verschwanden die Täter nach der Tat, wechselten nächtens ins Brandenburgische, geleitet von Wegkundigen, versorgt von den Bauern mit Wegzehrung; andere dienten als Botengänger, die Dorfkrüge bildeten Stützpunkte und Operationsbasen. Die kurfürstliche Kanzlei registrierte akribisch, daß der Bürger Hans Kohlhase in einhundertachtundfünfzig Städten und Dörfern gehaust, gespeist, getränkt und gesegnet worden war. Unter denen, die man als seine Anhänger verdächtigte, befanden sich allein siebzig Krugwirte.

Kohlhase war, wie weiland Robin Hood, überall und nirgends; er wurde an den verschiedensten Orten gesehen (auch dort, wo er nie gewesen war): in Bernau, Werneuchen, Müncheberg, Petershagen, Beeskow, Mahlow, Schöneiche, Strausberg, Schwedt, Müllrose, Freienwalde, Storkow – Namen, die im Westen heute kaum einer mehr kennt, es sei denn aus den »Wanderungen« des Theodor Fontane. Unterstützt von der Bevölkerung, begünstigt von einer Landschaft, die aus dichten Wäldern, Sümpfen, Brüchen bestand, die durchsetzt war mit wüst liegenden Dörfern, verfallenen Klöstern, zugewachsenen Kirchhöfen – eine Szenerie wie aus einem Ritter- und Räuberroman –, war er schwer zu fassen.

»Denn obwohl bisweilen die Sachsen ihm sehr nahe sind kommen«, heißt es in der »Märckischen Chronic« des Peter Hafftiz, »und vermeinet, sie wolten ihn ertappen, so ist er doch Steg und Weg kundig gewesen, hat so manchen Forth durch die Sprew und andere fliessende Wasser gewust, daß, wenn sie ihn gleich in einem Sacke zu haben vermeinet, er gleichwohl im Hui durch die Wasser ihnen weit hat entgehen koennen.« Verspottet, verhöhnt, mit Prügel bedroht von der aufgebrachten Bevölkerung, mußten die berittenen Fangkommandos regelmäßig den Rückzug antreten.

Sachsens Kurfürst war derart verzweifelt, daß er mit dem Gedanken spielte, Brandstifter über die Grenze zu schikken, die, als Anhänger des Kohlhase auftretend, den Brandenburger endlich zum Eingreifen gegen den Empörer veranlassen sollten. Joachim II. jedoch verhielt sich so wie sein inzwischen verstorbener Vorgänger. Er könne, ließ er verlauten, sich nicht vorstellen, daß der Kohlhase solcher Taten fähig sei, die man ihm nachsage, und im übrigen, Punktum, möge man ihn in Zukunft in der Angelegenheit nicht mehr inkommodieren.

Die Sachsen jedoch ließen nicht nach in ihrem Bemühen, den Kohlhase zu fangen. Auch wenn inzwischen laut gefragt wurde und nicht mehr nur gedacht, ob man sich eigentlich bewußt sei, was hier geschehe: ein Krämer habe es fertiggebracht, zwei Fürstentümer gegeneinander aufzubringen, und das alles zweier Mähren halber! Nun ja, fühlte Johann Friedrich sich genötigt zu sagen, fürchten solle man sich natürlich nicht vor dieser Krämerseele, aber ... aber leicht nehmen dürfe man's auch nicht, fein auf ihn achtzuhaben sei dennoch empfehlenswert.

Eine Empfehlung, die man in die Tat umsetzte, indem man sich, da man den Großen nicht bekam, an den Kleinen rächte. Wer von ihnen den Häschern in die Hände fiel, wurde nach seinen Mitverschworenen befragt, *peinlich* befragt; das geschah, diesmal mit stillschweigender Duldung der Behörden, auch auf brandenburgischem Boden. Die Daumenschrauben, die Spanischen Stiefel, die Streckbank, die glühenden Zangen, die die Gerichtsbeamten und ihre Folterknechte anwandten, nutzten wenig. Die meisten Delinquenten blieben trotz fürchterlicher Qualen standhaft

oder nannten Namen von Verstorbenen, bereits Gehenkten oder bloße Vornamen wie Friedrich, Carl, Otto.
Eustachius von Schlieben, dem der, wenn auch ergebnislose Rechtstag zu Jüterbog zu verdanken war, bemühte sich inzwischen darum, die beiden Parteien erneut vor die Schranken eines unabhängigen Gerichts zu bringen. Während der Verhandlungen schwiegen die Waffen für geraume Zeit. Als Kohlhase merkte, daß die Gegner den Waffenstillstand nur deswegen eingegangen waren, um einen Schlag gegen ihn vorzubereiten, ließ er dem Landvogt Metzsch ausrichten, er möge seinem Herrn sagen, daß er, Kohlhase, wenn der Rechtstag nicht alsbald stattfinde, ein Spiel anrichten werde, von dem noch die Enkel singen und sagen würden. In Wittenberg kannte man den Mann aus Cölln inzwischen zur Genüge, um die Ankündigung nicht als leere Drohung abzutun. Eilig erklärte man sich zu einem neuen Rechtstag, wieder in Jüterbog, bereit.
Es wurde ein Treffen, das wieder ausging wie das Hornberger Schießen. Nach dem Spruch des Gerichts, das der Gerechtigkeit Hohn sprach, verließ Hans Kohlhase grußlos den Saal. Als kurz darauf seine Frau Margarete in Berlin erschien, um den auf seinen Namen ausgestellten kurfürstlich-brandenburgischen Geleitbrief den Behörden zurückzugeben, einen Brief, der ihm bis dahin Sicherheit auf brandenburgischem Boden gewährt, ahnten die Hofräte, was das zu bedeuten hatte: der Mensch wollte niemandem mehr verpflichtet sein …

Die Geiselnahme

Ende Juli 1538 kehrt der Seidenhändler Georg Reiche mit seinem Wagen von der Frankfurter Messe zurück, ein angesehener Mann, Hoflieferant seines Kurfürsten, Schwager des einflußreichen kurfürstlich-brandenburgischen Se-

kretärs. Froh über die Heimkehr, zufrieden mit den getätigten Geschäften, deren Ergebnisse in Form kostbarer Stoffballen in dem geräumigen Planwagen liegen, zeigt er, des Lärmes wegen, seiner neben ihm sitzenden Frau mit Hilfe der Finger, wie viele Meilen sie noch von Wittenberg – man hat bereits sächsischen Boden unter den Rädern – trennen, als aus dem die Straße flankierenden Gehölz vier Reiter hervorbrechen. Sie blockieren den Weg, reißen den Kutscher vom Bock, plündern die Ladung, und während drei der Männer den Kaufmann auf ein Pferd fesseln, tritt der vierte auf die Frau des Reiche zu, sagt, daß er Hans Kohlhase heiße, steckt ihr einen Brief in den Busenlatz mit der Weisung, wenn ihr das Leben lieb sei, ihn unverzüglich dem Bürgermeister von Wittenberg zuzustellen; schwingt sich dann, nachdem er der Frau den kostbaren Schmuck abgenommen, in den Sattel und sprengt mit seinem Gefangenen in scharfem Galopp davon.
Nach einem kurzen Aufenthalt beim Amtmann in Storkow, dem die Beute, wie gehabt, »bis zum Tage des Rechts« zu treuen Händen übergeben wird, reiten sie weiter. Sie reiten drei Tage und einen halben, vom Sonnenaufgang bis in die sinkende Nacht, durch den Wald, über die Heide, Hohlwege entlang, jede Ansiedlung meidend, machen schließlich bei einer einsam gelegenen Mühle, unweit von Wendischwusterhausen, eine längere Rast, in deren Verlauf, wie Zeugen später berichten, Kohlhase mit dem Seidenhändler einen Spaziergang unternimmt. Vorher habe er ihm die Augenbinde, die er wohl während des ganzen Rittes getragen, abgenommen und die Fesseln gelöst. Den Eindruck eines Gefangenen habe er, wie er so neben seinem Entführer im Gespräch vertieft einherging, keineswegs gemacht. Tatsächlich bestätigt Reiche später, daß er ritterlich behandelt worden sei und durch die Unterhaltung mit dem Kohlhase erkannt habe, wie bitter Unrecht diesem Manne geschehen sein mußte.

Das Sendschreiben an den Wittenberger Bürgermeister, von Frau Reiche auftragsgemäß abgeliefert, enthielt eine detaillierte Schilderung dieses Unrechts und die Erläuterung, warum man ihn, Kohlhase, nachdem der Vertrag von Jüterbog einseitig gebrochen worden sei (von Männern, die er für ehrenwert gehalten), zwinge, wieder mit Gewalt um sein Recht zu kämpfen.
»Verstoßen nenne ich den, dem der Schutz der Gesetze versagt ist!« läßt Kleist seinen Michael Kohlhaas sagen. »Und wer mir ihn versagt, der stößt mich zu den Wilden der Einöde hinaus; er gibt mir, wie wolltet ihr das leugnen, die Keule, die mich selbst schützt, in die Hand.«
Drei Briefe trafen bald darauf von dem scheinbar spurlos verschwundenen Reiche ein. Einen erhielt die Schwägerin Bressy, eine Seidenstickerin in Berlin, mit Anweisungen, wie die notwendigsten Geschäfte seines Hauses zu ordnen seien. Einen weiteren der erwähnte Sekretär am Hofe zu Berlin, Johann Weinleben (und nachmalige Staatskanzler), mit der Bitte, seine Verbindungen zu nutzen, auf daß Kohlhase zu seinem Recht verholfen werde und ihm, Reiche, zu seiner Freiheit. Der dritte Brief war an die Universität Wittenberg gerichtet in der Hoffnung, die Herren der juristischen Fakultät möchten sich des »Falles Kohlhase« einmal annehmen und ihn, mit dem Ziel eines Vergleichs, sorgfältig studieren. Alle drei Schreiben trugen den Absendervermerk: »Gegeben auf der heyde im gewildniß.«
In dieser Wildnis wurde Kohlhase urplötzlich von einem Trupp zu allem entschlossener Männer überfallen …
Unmittelbar nach der Nachricht von der Geiselnahme waren die sächsischen Kommandos wieder auf Jagd gegangen. Legal diesmal; Kurfürst Joachim hatte ihnen dazu die Erlaubnis gegeben, geben müssen; sein Schützling war durch die Entführung schuldig geworden an des Heiligen Römischen Reiches Deutscher Nation Landfrieden. Die

Häscher stießen, wie noch immer bisher, ins Leere. Der Mann schien tausend Verbündete zu haben, nicht nur beim gemeinen Volk, wie sie feststellten, sondern nun auch bei den Honoratioren, bei Amtmännern, Dorfschulzen, Handwerksmeistern, Ratsherren, protestantischen Pfarrern (von denen allein zwanzig später der aktiven Beihilfe beschuldigt wurden).

Das ausgesetzte Kopfgeld war erhöht worden; und das Gerücht ging um, daß der Gesuchte in seinem Gürtel tausend Golddukaten mit sich trüge, von den dem Kaufmann abgenommenen Schätzen zu schweigen. Die Aussicht auf solche Beute ließ die Spitzel nicht ruhen. Eines Tages hatten sie das Versteck des Gesuchten entdeckt: auf dem Schmöckwitzer Werder, einer von Buschwald und dichtem Gestrüpp überwucherten Halbinsel zwischen Seddin- und Krossinsee, hatte er sein Lager errichtet. Das Versteck lag auf dem Boden der Brüder Wolf und Christoph von Birkholz, Vasallen des Bischofs von Lebus; und wie viele Junker waren sie arm und beutelüstern.

Sie bewaffnen ihre Leute, setzen in der Abenddämmerung über den See, umstellen das Lager, und ehe sich's Hans Kohlhase versieht, sind sie über ihn her, dergestalt, daß sie den Reiche befreien, einen Mann gefangennehmen, Kohlhase selbst und einen seiner Knechte, die sich mit ihren Kurzdegen verzweifelt zur Wehr setzen, zum Seeufer treiben – wo sie dann allerdings ohnmächtig mit ansehen müssen, wie die Flüchtenden mit dem Birkholzschen Fährkahn das Weite suchen.

Georg Reiche freute sich über die wiedergewonnene Freiheit; er freute sich zu früh. Die Befreier wurden zu seinen – neuen – Gefangenenwärtern. Sie verwahrten den Seidenkaufmann sicherer, als es Kohlhase vermocht hatte, im Schloßgefängnis von Markgrafpieske; sie scheuten sich sogar nicht, des entgangenen Kopfgeldes wegen, von Reiches Verwandten ein Lösegeld zu fordern. Kohlhase ließ

Wolf von Birkholz daraufhin einen Brief zukommen, in dem er drohte, sie an Hab und Gut, Leib und Leben zu strafen, wenn sie Reiche – und den Knecht Meiße – nicht freiließen. Ein Schreiben, dessen Sprachkraft beeindruckt, das darüber hinaus den Zeitgeist widerspiegelt; so wie Kohlhase schrieb, mag der gemeine Mann empfunden haben. Da heißt es (in die Orthographie unserer Zeit transponiert):

»Meinen ganz unwilligen Dienst früh und spät, so mir und dem ganzen Haufen allzeit möglich ist. Ich hätte nicht gemeint, daß Du so ein Bluthund seiest, welcher wohl um Geldes willen einen guten Menschen aufs Kreuz opfern würde, so wie es der Apostel Judas tat. Du, ein ehrlicher, hochkundiger Mann von Adel und solche Schelmenstücke? Du bist auch nicht besser als irgendein anderer! Ich aber erkläre Dir bei Ja und Nein: bringst Du Meiße auf die Armbrust [ein Foltergerät], so sollst Du oder die Deinen mir nicht entgehen, es stehe lang an oder kurz! Ich will Euer einen, so Gott will, erschleichen und will Euch wieder auf die Lyren bringen, daß Euch die Sehnen im Leibe knarren und schnarren, ohne alle Barmherzigkeit!«

Aus seinem Namen und dem des Wolf von Birkholz ein Wortspiel machend, schließt er: »... wie Du Dich mitsamt Deinen Brüdern mit den Hasen nicht vertragest, so sollst Du wissen: die Hasen werden Dir und all den Deinen den Kohl mitsamt den Strünken abfressen, daß Ihr für den Winter kaum welke Rüben werdet behalten. Heißest Du Birkholz, so heiße ich Kohl, heißest Du der schnöde grimmige Wolf, so heiße ich Hase. Es gilt hier! Laß sehen, welcher unter uns beiden der schnellere ist.«

Die von Birkholz lasen es mit Schaudern; sie wußten, daß mit dem Manne nicht zu spaßen war, und so eilten sie nach Storkow, um die Folterung Stephan Meißes zu verhindern, der dort im Stadtturm saß. Storkows couragierter Amtmann war ohnehin nicht geneigt, der sächsischen Forderung nach peinlicher Befragung des Delinquenten nachzukommen. Sein Bischof deckte ihn; wenn auch nicht ganz freiwillig, war doch Kohlhase gerade bei ihm aufgetaucht und hatte ihn »überzeugt«, daß ein Bischof gewiß nicht vergessen werde, daß er der »Handhaber und tröstliche Liebhaber der göttlichen Gerechtigkeit« sei. Als die Sachsen jedoch kriegerische Gewalt androhten, ging der Bischof zu den stärkeren Bataillonen über. Er befahl, Reiche freizulassen, und überließ Meiße seinem Schicksal.

Zwei Hofjuristen aus Wittenberg trafen mit der Eilpost in Storkow ein und gingen sogleich ans Werk. Ihre Folterknechte brachen Stephan Meiße Arme und Beine, stachen ihn mit glühenden Nadeln, damit er gestehe, wo sein Herr sei, wieviel Spießgesellen er habe und wie die hießen. Da sie mit seinem Geständnis nichts anfangen konnten, setzten sie ihn wieder auf das Querholz und ließen ihn in das Verlies hinab, wobei der Strick riß und der Gefangene klaftertief hinabstürzte. Er verletzte sich dabei so schwer, daß er zur zweiten Befragung nicht mehr taugte, sondern nur noch für den Schindanger.

Immer wieder kam es nun zur Festnahme mutmaßlicher Mittäter oder Sympathisanten durch die Sachsen, die sich immer mehr Freiheiten auf brandenburgischem Boden herausnahmen. Unschuldige bekannten sich auf der Folter als schuldig. Ehrbare Bürger wanderten um eines bloßen Verdachts willen in die Verliese. Die Tatsache, auch nur einmal mit dem »verbrecherischen Individuum HK« in Verbindung gestanden zu haben, reichte für das Todesurteil. Doch nicht immer irrte die Justiz: in Hainichen wurde Bernhard Krüger gehenkt, der an der Brandschatzung Wittenbergs beteiligt war; Martin Brückmann, ebenfalls an der Wittenberger Aktion beteiligt, wurde gerädert; Hans Voit, vom Verfolger zum Übergelaufenen geworden, starb auf dem Schafott.

Kohlhase zahlte heim gemäß dem Sühnegesetz im 2. Buch

Mose, wo es heißt: »Auge um Auge, Zahn um Zahn, Hand um Hand, Fuß um Fuß, Brand um Brand, Wunde um Wunde.« Seine Taktik, mit höchstens fünf Mann zu operieren, die sich kurz vor dem Überfall trafen und sich anschließend zerstreuten, die genaue Kenntnis des Geländes, ein Netz von Informanten, Botengängern, Kundschaftern, ließ seine Gegner verzweifeln; bald hieß es, er könne über Wasser gehen, sich unsichtbar machen, sei mit dem Teufel im Bunde.

Nur einmal ging er von seinem Prinzip der kleinstmöglichen Streitmacht ab – beim spektakulären Überfall auf Marzahna, unweit von Wittenberg am Südhang des Fläming gelegen. Das Pfarrdorf war Zollstation; der Zoll brachte Einkünfte, ließ für jeden etwas abfallen und hatte viele Einwohner, wenn nicht reich, so doch wohlhabend gemacht. Marzahna wies auch sonst alles auf, was einen Überfall lohnend machte: es war sächsisch und hatte in seinen Mauern einen Mann, den Kohlhasens Männer haßten wie den Schwarzen Tod. Michael Hayn war kurfürstlicher Geleitsmann für die über die Grenze gehenden Häscher und Hinrichtungskommandos, ein Sadist, der die Bauern durch Hausdurchsuchungen schikanierte, Folterungen leitete und selbst mit Hand anlegte.

»O Menschensöhne, wenn Ihr richtet …«

Achtunddreißig Männer sind es, die an einem Novemberabend des Jahres 1538 – einige kommen von weit her – im Waldversteck des Fläming eintreffen. Sie sind beritten, bewaffnet, kampflustig, und wenn auch nicht alle mehr wissen, was dem Kohlhase eigentlich angetan worden ist – über sechs Jahre sind vergangen seit dem Straßenraub des Zaschwitz –, für sie ist er der Mann, der sie führt gegen die Tyrannei der Herrschenden, den Übermut der Ämter, die

Anmaßung der Kirchenoberen. Aber es sind auch andere dabei: Schnapphähne, dem Galgen Entronnene, desertierte Landsknechte – Raubgesindel, dem es nur um die Beute geht.
Um Mitternacht fallen sie in Marzahna ein, zertrümmern die Türen, plündern, brandschatzen, stechen jeden nieder, der sich wehrt; sie stöbern den Hayn im Dachboden seines Hauses auf, binden ihn vor dem Dorfkrug an die Linde, verlesen unter Trommelschlag sein Todesurteil – und Kohlhase ist der erste, der ihn mit seinem Spieß durchrennt.
Während sie mit ihren Gefangenen und dem Beutegut, die Brücken hinter sich abbrechend, den Rückzug antraten, warfen sie ihre Feuerpfeile auf die Strohdächer des Weilers Schmögelsdorf. Ein sinnloser Zerstörungsakt – hier wohnten Bauern, Kätner, kleine Leute –, den Kohlhase dennoch nicht verhindern konnte. Es schien, als begännen ihm die Dinge aus den Händen zu gleiten. In solchen Momenten überfiel ihn schwärzeste Verzweiflung. Wieder im Waldversteck, bekannte er Herse, dem Knecht, der zum Freund geworden war, daß sein Gewissen ihm den Schlaf raube. Das Prasseln der Flammen, die Schreie der zu Tode Getroffenen, das grelle Weinen der Weiber verfolge ihn in seinen Träumen. Wann wird es ein Ende haben mit dem Morden, Brennen, Plündern? Wie gern würde er, wenn man ihm nur den kleinen Finger reichte, seinen Frieden mit allen machen. Er spielte mit dem Gedanken, den Kampf um das Recht, den er doch niemals gewinnen könne – hatte er sich doch schon zu sehr mit Schuld beladen –, aufzugeben, und tatsächlich bemühte er sich, wenn auch vergeblich, unter dem Namen Jörs Platte um Aufnahme und Schutz im Fürstentum Braunschweig. Wer ihm damals begegnete, berichtete von einer düsteren, ausgezehrten Gestalt, die im nächtlichen Dunkel umhereilte, in Furcht und fieberhafter Aufregung, rat- und tatlos geworden. Sein Vetter Hans sprach das aus, was viele dachten:

»Man muß sich seiner erbarmen, die Christenpflicht gebietet es.«
Um diese Zeit war es, daß Margarete Kohlhase sich im Namen ihrer drei kleinen Kinder an Seine Kurfürstliche Gnaden Johann Friedrich von Sachsen wandte und flehentlich bat, »das unordentlich Fürnehmen des ihr von Gott Bestimmten zu verzeihen, unter widererstattung der scheden und die, welche Schaden gestiftet, zur Schadloshaltung anzuhalten«. Sie erhielt keine Antwort.
Hans Kohlhase wußte nichts von dem Gesuch, das er kaum gebilligt hätte, und wenn er sich wieder gefangen hatte, so konnte er sich bei seinen Verfolgern bedanken. Seine trübe Stimmung nämlich schlug jäh um, als er eines Tages in der Nähe von Zinna am Galgenhügel vorüberritt und in den beiden aufs Rad geflochtenen Männern Caspar Fischer und Jakob Berndt erkannte, zwei Schneidergesellen, die zu seinem Haufen gehört hatten. Sie waren grauenvoll zugerichtet, und Kohlhase …, doch geben wir dem Chronisten Peter Hafftiz, einem Augenzeugen, das Wort: »… hat Kohlhase bald in derselben Nacht die Räder lassen abhauen und die Räder den Berg hinab gegen den Busch lauffen, die Cörper hinweggeführet, und mit zwey Hufnageln, auff einen Zettel diß geschrieben, und an dem einen Galgen, steil auff dem Pferd sitzend, angenagelt ›O filii hominum, si vultis judicare, recte judicate, ne judicemini‹ [O Menschensöhne, wenn Ihr richten wollt, so richtet gerecht, auf daß nicht Ihr gerichtet werdet!] Welchen Zettel wir … gefunden, herabgenommen, und ich habe ihn selbst ins Kloster getragen umd dem Abte überantwortet.«
Der Text jenes Zettels verbreitete sich wie ein Lauffeuer und trug dazu bei, die Unruhe unter der Bevölkerung zu verstärken, den Haß gegen die sächsischen Söldner zu schüren, die auf ihrer Jagd nach Sachsens Staatsfeind Numero eins die Bevölkerung terrorisierten. In Mittenwald rotteten sich die Menschen zusammen, unterstützt

von der Geistlichkeit, den Patriziern, dem niederen Adel, um einen zum Tode Verurteilten aus dem Turm zu holen. In Gransee mußten Spießträger die gegen die »ausländischen Bluthunde« Protestierenden auseinandertreiben. Die Brandenburger, Beelitzer, Liebenwalder, Trebbiner Ratsleute weigerten sich, gegen Kohlhase-Anhänger gerichtlich vorzugehen.

Am Hof zu Berlin war man längst nervös geworden; so hatte der Kurfürst nicht gerechnet, als er, um den Wittenberger Neffen zu sekkieren, des Kohlhasens Taten stillschweigend geduldet. Und wie wieder eine Delegation über die Grenze kam, um im Auftrag Johann Friedrichs den hochverehrten Oheim, Schwager und Bruder in Christo zu beschwören, endlich die Friedbrecher und Vorschuber energisch zu verfolgen, gab Joachim augenblicklich nach. »Nur um Namen handelt es sich«, beschied er, »dann wollen wir strafen.«

Die Sachsen hatten eine entsprechende Liste gleich mitgebracht. Neununddreißig Personen waren darauf vermerkt, darunter alle Verwandten des Gesuchten. Weitere Listen folgten, so daß schließlich einhundertdreiundfünfzig Verdächtige gerichtsnotorisch waren. In den Städten und Dörfern zogen die Büttel über die Marktplätze und trommelten das kurfürstliche Dekret aus, worin die Bürger aufgefordert wurden, sich an der Ergreifung des Mordbrenners Kohlhase und seiner Spießgesellen zu beteiligen; jeder aber, der ihnen auf irgendeine Weise helfe, werde strenger Bestrafung anheimfallen.

Bald bekommt der Henker zu tun. Kaum eine Woche vergeht, ohne daß ein Delinquent gehenkt, gerädert, geköpft, gevierteilt wird. Wobei man, wie immer in der Geschichte, nur die Kleinen hängt; die Großen, jene Honoratioren, die mit dem Kohlhase sympathisiert oder passive Resistenz geübt haben, läßt man, nach gelinder Vermahnung, wieder laufen. Hans Kohlhase fassen sie nicht – oder war es Kurfürst Joachim gar nicht ernst gewesen mit dem Fahndungsdekret? Seinen Behörden jedenfalls konnte nicht verborgen geblieben sein, daß er in Brandenburg an der Havel, mit zehntausend Einwohnern nach damaligen Begriffen eine große Stadt, zu packen gewesen wäre, auch wenn er jede dritte Nacht seinen Unterschlupf wechselte. Spitzel sahen ihn, wie er auf offener Straße von Bewunderern umringt war und viele Hände schütteln mußte. Kurfürst Joachim II. schien wichtigere Dinge zu tun zu haben, als der Sachsen wegen einen Räuberhauptmann einzufangen: er bereitete den Übergang seines Landes vom Katholizismus zum Protestantismus vor.

Folgt man dem Chronisten Hafftiz, so hat Kohlhase Mitte 1539 den Reformator Martin Luther aufgesucht, in der Hoffnung, daß er kraft seines Ansehens eine Vermittlung zustande brächte. Die Begegnung hat mit hoher Wahrscheinlichkeit stattgefunden, ist wissenschaftlich aber nicht gesichert, da sie in anderen Quellen nicht erwähnt wird.

»... ist er auff den Abend fuer D. Luther Thuer gegangen«, schreibt Hafftiz, »angeklopfet und begehret den D. [Doctor theologiae] zur Sprache zu haben. ... und hat er starck drauff gedrungen, er mueste den D. in eigener Person zur Sprache haben, da ist's dem Luther eingefallen, daß es vielleicht Kohlhase sayn moechte, ist deßwegen selbst an die Thuer gegangen, und zu ihm gesaget: ›Numquid tu es, Hans Kohlhase?‹; hat der geantwortet: ›Sum, Domine Doctor.‹ [›Bist du es etwa, Hans Kohlhase?‹ – ›Ich bin es, Herr Doktor.‹]

Da hat er ihn eingelassen, heimlich in sein Gemach gefuehret, den Herrn Philippum, Crucigerum, Majorem und andere Theologen zu sich beruffen lassen, da hat ihnen Kohlhase den gantzen Handel berichtet und sind spaete bey ihm in die Nacht geblieben. Des Morgens fruehe hat er dem D. gebeichtet, das hochwuerdige Sacrament empfangen, und ihnen zugesagt, daß er von seinem Fürnehmen

[Plänen] wolte abstehen, und dem Lande zu Sachsen keinen Schaden hinfort zufuegen ... Ist also unerkennt und unvermerckt geschieden, weil sie ihn getroestet, seine Sache befodern zu helffen, daß sie eine gute Endschafft solle gewinnen.«
Der Bittsteller hielt zwar seine Zusage ein, auf die versprochene Förderung seiner Angelegenheit wartete er allerdings vergebens, und als sich nichts ereignete, kam der Versucher in Gestalt des Georg Nagelschmidt. Der ehemalige Landsknecht gehörte zu jenen dubiosen Figuren, die sich unter Kohlhases Anhänger mischten, ohne daß der das hätte immer verhindern können. Er flüsterte ihm ein, daß er, wolle er sein Recht, auch den eigenen Landesherrn befehden müsse; wäre Kurfürst Joachim doch dann gezwungen, um die Geißel Kohlhase loszuwerden, in Wittenberg nachdrücklich auf Wiedergutmachung des dem Kaufmann zugefügten Schadens zu dringen. Er hatte auch sogleich einen Plan bereit, wie das zu bewerkstelligen wäre. Kohlhase, in den verzweifeltsten Situationen sonst kühl und besonnen, sagte: »So sei es denn.«

Verurteilt zum Tod durch das Rad

Kurfürst Joachim II. war, wie die meisten Fürsten damals, ständig in Geldnöten; einer von denen, die mehr ausgaben, als sie einnahmen; die Schulden machten und nicht zurückzahlten; Kredite aufnahmen und die Zinsen vergaßen; ihre Güter verpfändeten und auf keinem Gebiet kreativer waren als in der Erfindung neuer Steuern. Diesen Herrscher, der »Reformation« sagte und »Säkularisation« meinte, die Umwandlung geistlichen Besitzes in weltlichen, sprich kurfürstlichen Besitz, bei seiner empfindlichsten Stelle zu treffen, der Geldgier, genau das schwebte dem Nagelschmidt vor.

»... sagte Reformation und meinte Säkularisation.« Kurfürst Joachim II. von Brandenburg, genannt Hektor.

Anfang Februar 1540 überfällt Kohlhase mit einigen wenigen ihm noch verbliebenen Getreuen einen Wagen, der die Potsdam mit Berlin verbindende Landstraße passiert. Sie entwaffnen die den Transport begleitenden Reiter und holen den Kutscher sowie den neben ihm Sitzenden, der sich als der kurfürstliche Faktor Konrad Drettzieher zu erkennen gibt, vom Bock. Das Innere des unscheinbaren Kastenwagens enthält das, was die Männer aufgrund sorgfältiger Rekognoszierung erwartet hatten: Silberbarren. Drettzieher hat sie im Namen und Auftrag seines Landesherren in den Mansfelder Silberbergwerken abgeholt, zeichnet für den Transport verantwortlich und steht nun zitternd da, den Zorn des Kurfürsten genauso fürchtend wie die Wildheit der Räuber. Ihr Anführer jedoch krümmt ihm kein Haar, steckt ihm lediglich einen Brief zu, in dem geschrieben steht, daß er, Hans Kohlhase, die Barren nicht gestohlen habe, sondern lediglich gepfändet.

Ein Pfand, das unverzüglich zurückgegeben würde, wenn Seine Kurfürstliche Gnaden ihm endlich zu seinem Recht verholfen habe. Während der Wagen leer in Richtung Residenz davonrollt, werden die Barren unter einer hölzernen Brücke versenkt, die über das Teltower Fließ führt. Kohlhasenbrück heißt die Brücke seitdem, wie später auch die an der Einmündung des Teltowkanals liegende Siedlung (eine Namensgebung, die von Heimatforschern neuerdings angezweifelt wird).

Kohlhase, besser Nagelschmidt, hatte seine Rechnung ohne den Wirt gemacht. Zwar traf der Raub der Barren den Kurfürsten in der Tat schwer, doch reagierte er nicht wie gewünscht. Statt sich für Kohlhase einzusetzen, setzte er seinen Scharfrichter auf die Fährte, »daß er ihm die Gaeste solte in die Stadt Berlin schaffen, so wolte er sehen, wie er sie möchte zu Gehorsam bringen«. Meister Hans, der Scharfrichter, galt als ein »ausbündiger Schwartzkünstler«, das heißt, er war ein mit allen Wassern gewaschener Bursche, der seine Aufträge derart gerissen durchführte, daß nach Meinung des Volkes nur Zauberei im Spiel sein konnte. Auch diesmal hatte er Erfolg. Ende Februar konnte er seinem Herrn melden, daß Kohlhase und Nagelschmidt die Tore passiert hätten …

Warum Kohlhase sich in die Höhle des Löwen hatte locken lassen, wissen wir nicht. Wir können nur vermuten. Hatte der Kurfürst ihm, neuer Verhandlungen wegen, freies Geleit zugesichert? War Kohlhase daraufhin gekommen, doch, im berechtigten Mißtrauen, verkleidet, um die Lage zu sondieren? Glaubte er, auf irgendeine Weise seine Gefährten retten zu können, die in den Kerkern auf ihren Prozeß und damit auf ihr Todesurteil warteten? Wahrscheinlicher ist es, daß der Mann, des aussichtslosen Kampfes müde, an sich und der Welt verzweifelnd, in Schuld verstrickt, den Tod, wenn auch unbewußt, herbeisehnte, ein geschlagener Mann, ohne die Chance der Umkehr …

Hans Kohlhase also war in der Stadt, und sogleich wurden die Tore verrammelt, die Gassen abgesperrt, Haus für Haus durchsucht. Den Nagelschmidt stöberten die Stadtsoldaten als ersten auf. Im Hause eines Bürgers namens Putelitz, hart am Georgentor, zog man ihn hinter der Feuermauer hervor, legte ihn in Ketten, schleppte auch den betagten Hausbesitzer und seine Frau mit, die, da sie den Kumpanen beherbergt, dem Beil verfallen waren. Die Hinrichtung der beiden alten Leutchen sollte, der Abschrekkung halber, sofort vollzogen werden, der Richter aber meinte, einen Blick auf die Frau werfend: »*Sie* möge wieder heimgehen.«

Frau Putelitz entgegnete ihm: »Sind wir miteinander alt geworden, so wollen wir auch miteinander sterben.« Auf *einem* Schemel hockend, empfingen sie beide den Todesstreich.

Die Suche nach Kohlhase erweist sich als schwieriger. Er hat sich dort versteckt, wo ihn niemand vermutet: in der Probststraße Numero 15, wo der Küster der Nikolaikirche, Thomas Meißner, wohnt. »… da hat er in einem Kasten [Truhe] gelegen, und als man denselben eröffnet, ist er behend herausgesprungen und unverzagt gesagt: ›Hier bin

ich und trage in der Jopen, womit ich büßen und bezahlen kann, was ich mißgehandelt.«
Was nun folgte, glich dem üblichen Ritual: Einlieferung in das Turmverlies des Rathauses; Verhör mittels peinlicher Befragung; öffentlicher Prozeß unter freiem Himmel in der Gerichtslaube.
Die Anklage lautet auf Verletzung des Ewigen Landfriedens, der auf dem Wormser Reichstag, 1495, in Form einer Kaiserlichen Landfriedensordnung verkündet worden war. In schweren Fällen wurden Verletzungen mit Kerkerhaft, Reichsacht oder dem Tod geahndet.
Es wird totenstill, als dem Angeklagten Kohlhase das Wort erteilt wird. Hoch aufgerichtet steht er vor seinen Richtern, die Wangen eingefallen, der Körper malträtiert von der Folter; ein Gerichtsdiener hat ihm vor dem Prozeß mitgeteilt, daß seine Frau, nachdem sie tagelang durch die Gassen geirrt sei, in einem Holzschuppen unweit des Cöllner Rathauses zwei Kinder tot zur Welt gebracht habe; dieser Mann, der sein Recht erlangen wollte, indem er das Recht brach, der aus seinem Gerechtigkeitsgefühl heraus zum Räuber und Mordbrenner geworden, der eine Welt in die Schranken gefordert hat, er macht das Tribunal zur Szene, als er in einer dreistündigen Verteidigungsrede die Geschichte seines Kampfes, beginnend vom Straßenraub des Zaschwitz bis zum Tag des Gerichts, detailliert schildert; ein Plädoyer, abwägend, erklärend, anklagend zugleich, bestimmt von dem Grundsatz »Das Recht muß sein gang haben, und solt die Welt drüber zu grund gehen« und in seiner Argumentation so zwingend, »daß sich des jedermann drüber verwundert und ihm Beyfall geben müssen«.
Das Urteil für Kohlhase, Nagelschmidt und den Küster Meißner lautet, nicht zuletzt auf Drängen des vom sächsischen Hof entsandten Anwalts, auf Tod durch das Rad. Im letzten Moment wird Hans Kohlhase, wie es heißt auf-

grund mächtiger Fürsprache (wohl die des Kurfürsten von Brandenburg) zum Schwert begnadigt.
Als Nagelschmidt ihm daraufhin zuruft: »Sind wir gleiche Brüder gewesen, so wollen wir auch gleiche Kappen tragen!«, lehnt er die Gnade ab.
Am Mittag des 22. März 1540 wird er, begleitet von Tausenden von Menschen, auf den vor den Mauern gelegenen Strausberger Platz geführt, die Richtstätte. Die Henkersknechte werfen ihn bäuchlings auf den Boden, fesseln die ausgestreckten Arme und Beine an vier Pflöcke und schieben unter den Körper runde Hölzer. Der Henker ergreift das schwere Wagenrad, zerstößt damit, von den Beinen aufwärts, die Gelenke und das Rückgrat, sorgfältig darauf achtend, daß der Delinquent dabei nicht zu Tode komme. Der zerschmetterte Körper wird in die Speichen des Rads geflochten und auf einen Pfahl gesteckt. Die letzten Worte des Kohlhase lauten: »Nie sah ich einen Gerechten verlassen ...«

7. Kapitel Friedrich von Spee oder Einer, der die Wahrheit sagt

Das langsame Sterben der Katharina von Henot

»Die Absicht, die Überreste des berühmten Jesuitenpaters Friedrich von Spee aufzufinden, ist, wie aus Beiliegendem sich ergibt, nicht erreicht worden.«
Das Protokoll über die Grabung in der Krypta der Jesuitenkirche zu Trier aus dem Jahre 1859 war zwar schon weit über ein Jahrhundert alt, als die Patres des Jesuitenordens es 1980 erneut studierten, seine Schlußfolgerung aber basierte auf präzisen Untersuchungen. Bereits in den Jahren 1799, 1859 und wieder 1933 waren die Ausgräber nicht zu ihrem Ziel gelangt. Als man nun daranging, der Begräbnisstätte des alten Jesuitenkollegs in eben jener Krypta ein würdigeres Aussehen zu geben, bestand kaum Hoffnung, bei dieser Gelegenheit des Paters Grab zu entdecken. Sicherheitshalber zog man jedoch die Experten des Rheinischen Landesmuseums hinzu, um die Zerstörung etwaiger Funde zu verhindern.
Über einen Einstiegsschacht von der Hofseite gelangten die Wissenschaftler in die acht mal vier Meter im Geviert messende, 1,28 Meter hohe Gruft, an deren Wänden sich mit Ruß gemalte Symbole und Inschriften fanden. ANNO 1628 MATHIAS MARAT stand dort. JOA COCHENHEIM 1656. P EGMONT 1632. Und schließlich die bereits von dem Baugewerksmeister Mendgen 1896 entdeckte, mit einem Kreuz versehene Inschrift P. FRE. SPE A 1635. Bis

zu einer Tiefe von einem Meter war der Boden durchsetzt mit Menschenknochen, Kalk (ausgestreut zur schnelleren Verwesung), Leinen (von den Leichenhemden) und Holzteilchen (von den Särgen). Die Inschrift hieß nichts anderes als »Pater Fredericus Spee, Anno 1635«, und das Kreuz bedeutete, daß er hier bestattet worden war. Doch wo?
Mendgen hatte hierüber zu Protokoll gegeben: »Nach meinem Dafürhalten wurde, sobald das Gewölbe mit Särgen gefüllt, jedesmal die älteste Reihe in den Boden begraben, um Platz für die neuen Särge zu schaffen. Deshalb kann der Sarg von Pater Spee nicht aufgefunden werden, sondern seine Gebeine wurden, als die Reihe an demselben war, mit den anderen in den Boden begraben. Man schrieb deshalb zum Andenken an die Begrabenen die Namen an die Gewölbe und Wände.«
Die damaligen Suchgräben und Suchschächte waren noch deutlich zu erkennen. Im südöstlichen Teil der Gruft begann man nun erneut zu graben, trug das Gebein-Holz-Gemisch ab bis auf eine darunterliegende helle lehmige Erdschicht, die aus römischer Zeit hier angelagert war. Die Ausgräber entfernten die Schicht mit äußerster Behutsamkeit – und trafen zu ihrer Überraschung auf ein noch intaktes Grab. Zwischen der hellbraunen, lockeren Verfärbung eines sich verengenden Sargs lag das Skelett, die Arme und Hände über dem Körper gekreuzt, der Schädel genau unter der Inschrift P. FRE. SPE A 1635.
»Aus dem Wechsel der Bestattungsform (Erdgrab – freistehendes Sarggrab)«, schrieb der leitende Museumsdirektor Heinz Cüppers in seinem Abschlußbericht, »ist in der Abfolge der noch erfaßten Erdgräber die Grablege des Paters Spee absolut sicher zu identifizieren.«
Für die Presse in Deutschland war es keine Sensation. Die meisten Zeitungen brachten gar keinen Bericht, einige wenige begnügten sich mit einer kurzen Meldung: »Jesuitengrab gefunden.« Niemand interessierte sich sonderlich

für das Grab eines Mannes, den die Mitwelt gehaßt hatte, den die Nachwelt so oft vergaß, daß sie ihn mehrmals wiederentdecken mußte, dessen Namen in unserer Gegenwart nur noch Literaturwissenschaftlern und Theologen bekannt ist; ja selbst in dem repräsentativen Sammelwerk über »Die Großen Deutschen« sucht man ihn vergebens, in einem Werk, dessen Persönlichkeiten, laut Herausgeber, stellvertretend für die fruchtbaren Gaben unseres Volkes sein sollten. An Friedrich von Spees trauriger Unberühmtheit änderte auch die Ausstellung nichts, die die Stadt Trier anläßlich seines dreihundertfünfzigsten Todestags veranstaltete, und nicht die Bemühung von Günter Grass, ihn in einem seiner Bücher zu Wort kommen zu lassen.

Die Jesuiten, deren Orden er angehört und die eine moralische Verpflichtung gehabt hätten, schwiegen ihn tot über die Jahrhunderte hinweg; aus gutem Grund und doch grundlos, wie wir erfahren werden. Nicht anders verhielt sich die katholische Kirche: seine Lieder benutzte sie gern und auch sein »Güldenes Tugendbuch«, hauptsächlich jedoch erinnerte er sie an das düsterste Kapitel ihrer Geschichte, an jene Zeit, da Hunderttausende unschuldiger Menschen im Namen des Christengottes den Flammentod sterben mußten.

Wer war dieser Pater, den kein Geringerer als der große Leibniz als den Verfasser des mannhaftesten Buches preist, das je der Feder eines Kämpfers für Wahrheit und Recht gegen Lüge und Unrecht entflossen ist?

Als Pater Friedrich im November 1627 in Köln eintraf, um am Tricoronatum, dem Jesuitengymnasium, das Ordinariat der Metaphysik zu übernehmen, war er froh, dort lehren zu können, wo er einst gelernt hatte und seinen Bakkalaureus gemacht. Köln, zum Ende des Hochmittelalters mit hundertzwanzigtausend Einwohnern eine der größten Städte Europas, hatte einen Niedergang erlebt, doch war die Stolze am Rhein noch immer eine glanzvolle Metropole; mit Hunderten von Kirchen und Kapellen, darunter der Dom (der ein Torso geblieben war, denn die Bauarbeiten waren 1560 eingestellt worden). Spees Frohsinn schwand rasch, als er bemerkte, daß auch hier der Hexenwahn grassierte wie eine Seuche und keine Woche verging, ohne daß vom Galgenberg bei Melaten her der Gestank verbrannten Menschenfleischs herüberwehte, ja daß es unter den Patres am Tricoronatum nicht wenige gab, die es sich zur Aufgabe gemacht hatten, Hexen aufzuspüren, zu »riechen« und sie den Gerichten zu übergeben.

Köln war eine Stadt in Angst, eine Angst, die jetzt die oberen Tausend ergriffen hatte, da nicht mehr nur alte Frauen, Hebammen, Landstreicherinnen, Bettler, Handwerksburschen, Tagelöhner als Hexen und Zauberer verbrannt wurden. Denunziert, verurteilt und hingerichtet wurden nun auch Patrizierinnen, Ratsleute, Priester, Stiftsdamen, Kaufherrinnen. Es war noch nicht lange genug her, daß die Empörung über den grausigen Tod der Katharina von Henot sich gelegt hatte. Ein Fall, der im Jesuitenkolleg erregt diskutiert wurde, nicht allein deshalb, weil Jesuiten darin verwickelt waren; es gab nicht wenige Patres, die hier, vielleicht zum erstenmal, nachdenklich geworden waren.

Katharina, jung, schön, verwitwet, Tochter des kaiserlichen Postmeisters, nach dessen Tod jahrelang selbst Postmeisterin; ein Amt, das sie durch einen Prozeß verliert, worauf sie zu ihrem Bruder zieht, einem Domherrn und päpstlichen Notar, um ihm den Haushalt zu führen; diese Frau wird eines Tages, nachdem sie des öfteren ihre bei den Klarissinnen dienende Schwester besucht hat, von einer angeblich vom Teufel besessenen Laienschwester beschuldigt, an deren Besessenheit schuld zu sein, dergestalt, daß sie nach einem Glas Wein, das ihr die Henot anläßlich eines Botengangs gereicht, gespürt habe, wie der Teufel in sie hineingefahren sei; eine Beschuldigung, die eine im

Kerker sitzende Hexe auf der Folterbank bestätigt, indem sie aussagt, mit Katharina auf einem Besen zum Blocksberg geritten zu sein und dort Unzucht mit dem Teufel getrieben zu haben, der einen unförmig großen, mit Fischschuppen besetzten Penis besessen habe und dessen Samen eiskalt gewesen sei.

Katharina von Henot, vom Generalvikar und den Kommissarien daraufhin streng verhört, kann sich so eindeutig rechtfertigen, daß man ihr ein Zeugnis ausstellen muß, wonach sie über jeden Verdacht, eine Hexe zu sein, erhaben ist.

Der Kurfürst und Erzbischof Ferdinand jedoch, seinem Ruf als fanatischer Hexenjäger getreu, erklärte, daß sein Herz ihn mahne, sich mit der Reinigungsurkunde nicht zufriedenzugeben. Die Henot habe sich vor einem weltlichen Gericht zu verantworten, vor dessen Schranken sich ihre Schuld oder Unschuld ja erweisen würde. Katharina wurde nach dem üblichen Brauch in Untersuchungshaft genommen, will heißen, im feuchten, finsteren, von Ratten besiedelten Frankenturm angekettet, während die Richter die Anklageschrift vorbereiteten, unterstützt von einer immer größer werdenden Anzahl von Zeugen, die bekundeten, die Henot habe Kinder zu Tode gezaubert, eine Raupenplage herbeigehext, einen Mann impotent, einer Frau eine Totgeburt gemacht. Sie stellten außerdem fest, daß die Inkulpatin an der Stirn eine kleine Narbe trüge, was ein »stigma diabolicum« sei, ein Hexenmal, und nicht etwa, wie angegeben, von einem als Kind erlittenen Sturz herrühre.

Katharina von Henot beteuerte standhaft ihre Unschuld, was man, wie in solchen Fällen üblich, als Verstocktheit auslegte, so daß man ihr, dem ersten Grad der Folter entsprechend, die Daumenschrauben anlegte, sie im zweiten Grad, da sie immer noch nicht gestand, in die Spanischen Stiefel zwängte und sie schließlich mit auf den Rücken gebundenen Händen emporzog, die Füße mit schweren Steinen belastend. In zehn Tagen dreimal gefoltert, lag die Inkulpatin mit ausgerenkten Gliedern, zerfetzten Händen, zersplitterten Schienbeinen in ihrem Blut, gequält, erniedrigt, und war immer noch nicht bereit, ein Geständnis abzulegen; für die Richter ein eindeutiger Schuldbeweis, denn niemand hätte solche Höllenqualen ausgehalten, wenn er nicht mit dem Teufel im Bunde.

Schauerliche Verirrung der Menschheit

Katharina wurde zum Tod durch Verbrennen verurteilt; mit dem Gnadenerweis vorheriger Erdrosselung am Richtplatz durch den Henker. Auf der Fahrt dorthin mit dem Schinderkarren ereignete sich ein dramatischer Zwischenfall. An dem Kreuz vor dem Johannesspital, wo der Priester sich mahnend und warnend an das den Karren begleitende Volk zu wenden pflegte, bahnte sich der kaiserliche Notar einen Weg durch die Menge, hielt der Todeskandidatin einen Brief entgegen mit der Frage, ob *sie* ihn geschrieben habe.

Ja, rief Katharina, den habe sie im Kerker geschrieben, mit der linken Hand allerdings, wobei sie zum Beweis, daß es anders nicht möglich gewesen wäre, die durch die Folter verstümmelte Rechte hochreckte. Mit lauter Stimme bekräftigte sie noch einmal ihre Unschuld, und wie man sie wider alles Recht behandelt habe, das stehe in dem Schreiben.

Katharinas Brüder hatten den Brief als Unschuldsbeweis vorher dem Erzbischof geschickt. Vergeblich. Doch da sie das Leben ihrer Schwester nicht hatten retten können, ihre Ehre jedenfalls wollten sie retten.

Friedrich Spee war als Schüler in Köln, als Novize der Gesellschaft Jesu in Trier, als Theologiestudent in Mainz, als Lehrer der Philosophie und Beichtvater in Paderborn immer wieder mit Hexen und Hexenjägern in Berührung gekommen. Er wußte, daß allein in Würzburg innerhalb von zwei Jahren einhundertsiebenundachtzig Menschen verbrannt worden waren; daß im Paderbornschen Land jeden Tag die Hexenfeuer loderten, die Chronisten das Jahr 1622 als »annus calamitatis et miseriae« bezeichneten; daß in Bamberg siebenjährige Kinder als Hexenbrut in die Flammen geschleudert wurden.

So manchem Zauberer und so mancher Hexe hatte er als Beichtvater gedient und sie auf ihrem letzten Gang begleitet. Wie oft war er mit ihnen niedergekniet und hatte gebetet: »O du allermiltester Herr Jesu, wie kannst du leyden, daß deine Creaturen also gepeinigt werden? Komme doch zu hülff allen unschuldigen, beträngten, daß sie nit verzweifflen: und erleuchte die Obrigkeit, daß sie wol zusehen was sie machen unnd die Gerechtigkeit nit in eine grausamkeit und Gottlosigkeit verkehret werde.«

Sein Haar war, wie wir aus einem Brief Leibnizens wissen, weit vor der Zeit ergraut, denn, und das könne er beeiden, »bei keinem von all denen, die er zum Holzstoß geleitet, habe er etwas entdecken können, daß sie zu Recht der Hexerei beschuldigt waren«. Das galt auch für Katharina von Henot, wie Pater Friedrich entdeckte, als er bei den Richtern herumfragte, mit Geistlichen sprach, die Verwandten aufsuchte, sich heimlich die streng verschlossenen Prozeßakten besorgte. Nach dem Unterricht vergrub er sich in der umfangreichen Kollegbibliothek und studierte sorgfältig die gesamte Hexenliteratur. Darunter war der »Malleus maleficarum«, der »Hexenhammer«, ein 1487 erschienener Traktat, verfaßt von zwei Dominikanerpatern, der den Richtern als Strafkodex bei allen Hexenprozessen diente und dem Pater Spee schon damals als das erschien, worunter es bei den Juristen später firmierte: als das widerwärtigste Buch der Rechtsgeschichte.

Die Zeit, dieses beginnende 17. Jahrhundert, das den längsten und schlimmsten aller Kriege gebären sollte, war aus den Fugen, das Reich in zwei Teile gespalten, die Protestanten bemüht, das ganze Land zu erobern, die Katholiken bestrebt, alles Verlorene zurückzugewinnen. Ohnmächtig fühlten sich die Menschen, den Glaubensskrupeln ausgeliefert, den Hungersnöten, den Epidemien, den Mißernten, dem Viehsterben. Die himmlischen Mächte konnten das nicht gewollt haben, daran mußten andere Mächte schuld sein, Mächte der Finsternis, die sich Hexen und Zauberer bedienten. Damit waren die Schuldigen gefunden, die Jagd konnte beginnen.

Die Hexenjagd gehört zu den schauerlichsten Verirrungen des Menschengeschlechts. Vom Nährboden heidnischer Bräuche begünstigt, vom Sexualhaß und der Dämonenfurcht der Priester angestachelt (2. Buch Mose: »Die Zauberer sollst du nicht leben lassen«), von der Obrigkeit des finanziellen Nutzens wegen (Gütereinziehung) gutgeheißen, vom Zauberglauben des einfachen Volkes gefördert, wuchs sich die Jagd zu einer Massenpsychose aus, zu einem Wahn, der über Hunderttausende von Familien in ganz Deutschland namenloses Unglück brachte.

Um als Frau in den Geruch zu kommen, eine Hexe zu sein, bedurfte es nicht allzu vieler Verdachtsmomente. Wer rote Haare besaß oder an Erschlaffung der unteren Lidhaut litt, Triefaugen genannt, oder Warzen im Gesicht hatte oder körperlich mißgebildet war, war gefährdet. Junge Mädchen machten sich verdächtig, wenn sie mit Männern anbandelten oder Männer mieden, zu selten in die Kirche gingen (Gottlosigkeit) oder zu oft (Verstellung); wenn sie zuviel schwatzten oder zu oft schwiegen, zu schön waren oder zu klug, zu traurig oder zu lebenslustig, zu arm oder, schlimmer noch, zu reich, oder wie im Falle der Katharina von Henot, zu den tatkräftigen, selbstbewußt auftretenden Frauenspersonen gehörten.

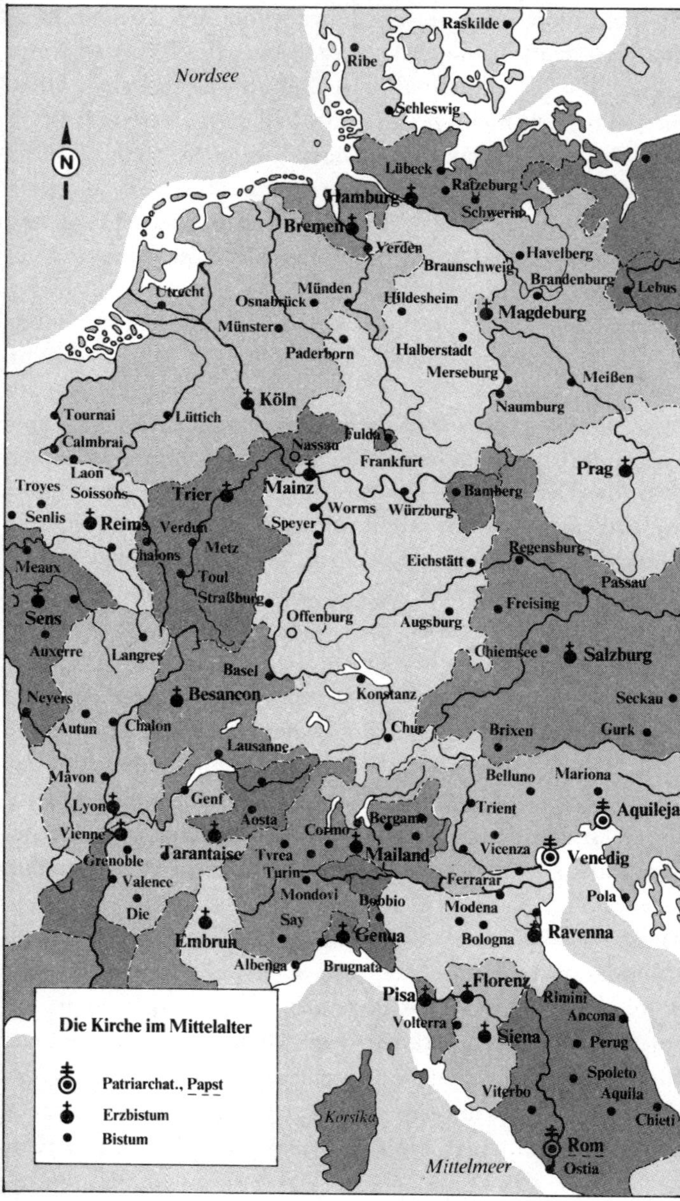

Nordsee
N
Raskilde
Ribe
Schleswig
Lübeck
Ratzeburg
Hamburg
Schwerin
Bremen
Verden
Havelberg
Braunschweig
Brandenburg
Lebus
Utrecht
Osnabrück
Münden
Hildesheim
Magdeburg
Münster
Paderborn
Halberstadt
Merseburg
Meißen
Naumburg
Köln
Tournai
Lüttich
Calmbrai
Fulda
Nassau
Frankfurt
Laon
Troyes
Soissons
Trier
Mainz
Prag
Bamberg
Senlis
Reims
Verdun
Worms
Würzburg
Speyer
Metz
Chalons
Meaux
Toul
Eichstätt
Regensburg
Passau
Straßburg
Sens
Offenburg
Augsburg
Freising
Auxerre
Langres
Chiemsee
Salzburg
Basel
Besancon
Konstanz
Seckau
Neyers
Autun
Chalon
Chur
Brixen
Gurk
Lausanne
Mavon
Belluno
Mariona
Genf
Trient
Aquileja
Lyon
Aosta
Bergamo
Vienne
Cormo
Tarantaise
Tvrea
Mailand
Vicenza
Venedig
Grenoble
Turin
Ferrarar
Valence
Mondovi
Bobbio
Modena
Pola
Die
Say
Embrun
Genua
Bologna
Ravenna
Albenga
Brugnata
Florenz
Pisa
Rimini
Volterra
Ancona
Siena
Perug
Spoleto
Aquila
Viterbo
Chieti
Korsika
Rom
Ostia
Mittelmeer
Die Kirche im Mittelalter
Patriarchat., Papst
Erzbistum
Bistum

Als besonders verdächtig galten Hebammen. Sie waren in der Heilkunst bewandert, einer Kunst, die die Magie einschloß. Da sie als erste das Neugeborene zu Gesicht bekamen, das noch nicht getauft war, hatten sie Gelegenheit, es dem Satan zu weihen. Im übrigen waren sie allein deshalb suspekt, weil sie einem in Lust erzeugten, mit der Erbsünde belasteten, dem unreinen Schoß zwischen Kot und Urin entspringenden Wesen (»Inter faeces et urinam nascimur«) Geburtshilfe leisteten.

Diente der »Hexenhammer« den Richtern als Strafkodex, so berief sich die katholische Kirche auf die von Innozenz VIII. erlassene Bulle »Summis desiderantes affectibus«, später kurz »Hexenbulle« genannt, in der der Papst voller Betrübnis erklärt, daß es in Deutschland, wie man ihm berichtet, viele Personen beiden Geschlechts gebe, welche, ihres eignen Heils uneingedenk, mit Teufeln in Manns- und Weibsgestalt sich fleischlich vermischten, durch teuflische Mittel die Früchte der Erde zugrunde richteten, Tiere quälten, die Männer am Zeugen und die Weiber am Gebären hinderten.

Mancher wurde damals irre an der Kirche, weil er nicht glauben mochte, daß ein liebender Gott imstande sei, so viele unschuldige Menschen in seinem Namen zu Tode quälen zu lassen. Sie zweifelten, aber sie waren nicht bereit, gegen den Hexenwahn auf irgendeine Weise anzugehen. Was auch hätte in ihren schwachen Kräften gestanden?

Wenn Friedrich von Spee seine Brüder in langen nächtlichen Gesprächen zu überzeugen suchte, daß man sehr wohl etwas tun könne, dann mochten sie wohl lächeln: dieser sensible, gütige, tränenselige Mensch, der so liebliche Lieder schrieb, mit denen er die Nachtigallen zum Wettkampf herausforderte, er wäre der letzte gewesen, der sich zum Kämpfer wider die Denunzianten, Richter und Henker eignete.

Das (immer noch) gültige »Tugendbuch«

Sie kannten ihren Bruder nicht. Er war kein Schwärmer, sondern in allem, was er tat, von praktischer Vernunft. Seine Lieder schrieb er, damit die Gemeinde den Herrgott in einer Sprache zu loben vermochte, die ihre eigene Sprache war: in Deutsch. Nicht nur das von den Dichtern verwendete Latein, meinte Spee, auch das Deutsche eigne sich für die Poesie. Dort, wo es an passenden Wörtern fehle in der eigenen Provinz, müsse man sie von anderen Dialekten leihen, immer eingedenk jedoch, daß nie etwas Rauhes, Ungeschliffenes die Zunge und die Ohren verletzen oder stören könne. Den – erst geraume Zeit nach seinem Tod herausgekommenen – Zyklus geistlicher Lieder nannte er »Trutz Nachtigal oder Geistlichs-Poetisch Lustwaldlein. Deßgleichen noch nie zuvor in Teutscher sprach gesehen«. Trutz Nachtigall, weil er seine Lieder trotz aller anderen Nachtigallen, sprich Dichter, sang, und er war überzeugt, daß sie sich auch »wol bey sehr guten Lateinischen und anderen poeten dörffen hören lasen und Gott auch in Teutsch seine senger« habe. Den »Lorbeer-Crantz ersingen in teutschem Gottes lob« war des Dichters Spee Devise, und sein Ziel, einer »lieblichen Teutschen Poetica die baan zu zeigen«.

Unter den Liedern waren Perlen, die die Zeiten überdauerten. Anderthalb Jahrhunderte später finden wir ihrer fünf in »Des Knaben Wunderhorn«, der ersten größeren Sammlung deutscher Volkslieder. Johannes Brahms vertonte den »Trauer-Gesang von der Not Christi am Ölberg im Garten«: »Bei stiller Nacht, zur ersten Wacht, ein Stimm sich gund [begann] zu klagen«.

Auch das zweite seiner Werke, das ihn überlebt hat, das »Güldene Tugendbuch«, ergeht sich nicht in mystischen Spekulationen oder theologischen Theoremen wie die anderen Erbauungsbücher der Barockzeit, es gibt in Form von Dialogen, Parabeln, Sprüchen, Gebeten praktische Ratschläge, wie sich ein christliches Leben führen ließe. Die Tugenden in der Praxis zu üben, die Caritas im Alltag zu beweisen, sich dessen eingedenk zu sein, daß es wichtig ist, das Rechte zu glauben, wichtiger aber noch, das Rechte zu tun, diese Überzeugung spricht aus jeder Seite. Lebenshilfe ist ein Begriff aus unserer Zeit, ihn hier anzuwenden scheint gerechtfertigt. Was dieser tätige, großherzige, geistreiche, liebenswerte, herrliche Mann – so nannte ihn Clemens von Brentano – zu sagen hatte, hat in den vergangenen dreieinhalb Jahrhunderten wenig eingebüßt von seiner Aktualität. Seine Forderungen sind, leider, sehr modern geblieben.

Da ist das Register der neunundneunzig guten Werke, das man aufschlug, mit geschlossenen Augen den Finger auf eine der Zahlen legte und sich das an diesem Tag zu verrichtende Werk gleichsam zuloste. Wessen Finger beispielsweise auf der Zwei landete, las: »Hab ich auch wol je einen armen krancken besucht? Dörffte ich vor Gottes angesicht kommen und solches nie getan haben? Nun wil ichs [bei] erster gelegenheit noch thun, waß ich biß hierher versäumet hab.«

Wer auf die Zahl Elf traf, wurde gefragt: »Wan [wenn] ich eine ledige behausung hab, die ich nit brauch: warumb laß ich nit ein armes mensch umbsonst drin wohnen?«

»Wie wan ich heut einem oder mehr studenten für dieses Jahr seine bücher oder papier bezahlte?« heißt es unter 21. »Was könte es mir schaden?«

17. »Bin ich über die maßen reich und habe keine Kinder: wie wan ich dieses oder jenes ehrliches oder armes kind für meinen Sohn oder Tochter annähme von Christi wegen?«

39. »Habe ich mich auch jemal unterstanden Fried zu machen unter feinden? Heut will ich gelegenheit suchen und nachdencken, wie ihm zu thun sey.«

46. »Nun weiß ich das diser oder jener gern das oder das buch hette: morgen wills ihm bringen.«
Immer wieder forderte er dazu auf, jener zu gedenken, die in den Kerkern schmachteten. Es seien viele, allzu viele darunter, die man peinige und foltere, und sie hätten nichts getan, als an etwas anderes zu glauben. »Hab ich auch wol je einen Gefangenen begeret zu erlösen oder sonsten erquicket, oder etwas guths getan auß christlichem mitleyden?«
Es waren hohe Forderungen, die er an seine Leser stellte; so, wenn er sie bat, Geschenke an Ärmere weiterzuverschenken; das von der Ehefrau zubereitete Leibgericht ins Hospital zu bringen und sich statt dessen mit trocknem Brot zu begnügen; sein Herz nicht an die Eitelkeiten des Besitzes zu hängen, sondern zum Beweis der Unabhängigkeit den liebsten Gegenstand, einen schönen Teppich zum Beispiel, ein kostbares Gewand, eine damastene Bettdecke den Armen zu geben; zu Unrecht Erworbenes reuevoll zurückzuerstatten; Gott zu bitten, er möge die Not anderer einem selbst aufbürden und so fort.
Er wußte auch, daß der Mensch schwach ist, aber Gott würde schon nicht allzu hart sein, wenn er die gute Absicht spüre und wenigstens einiges von dem, was man sich vorgenommen, in die Tat umgesetzt werde. So milde er hier urteilte, so streng ging er mit der Obrigkeit und den Reichen ins Gericht. Er wußte, wovon er sprach, entstammte er doch selbst einer adligen Familie, den Spees aus dem Hause Langenfeld. Sein Vater war kurkölnischer Burgvogt und Amtmann, auf dessen Residenz, der Feste Kaiserswerth, er 1591 das Licht der Welt erblickt. Den Kontakt mit seinen Adelsfreunden hatte er nie abgebrochen, schon deshalb nicht, weil er so manchen Renegaten, dem Auftrag seines Ordens gemäß, zur Mutterkirche zurückzuführen sich bemühte.
Die meisten Adligen waren, das erfuhr Spee immer wie-

der, blind angesichts des Elends ihrer dem einfachen Volk angehörenden Landsleute und lebten, dünkelhaft, vergnügungssüchtig, geldgierig, in den Tag hinein. Was waren das für Beamte, die sich bei den Fürsten einzuschmeicheln suchten, indem sie Unschuldige verfolgten und so »zu ämptern und ehren gelanen, dan die gerechtigkeit handhaben und seynd leider offt eben diejenigen, welche alles mit ungerechtigkeit erfüllen. Diese gelehrten [Juristen] seynd offt die verkehrten«, und jeder wird seinen Seufzer nachempfinden können, wenn er feststellt: »Wie wolte ich jubiliren, wan doch alle lebendige menschen in einem bestendigen frieden einhellig leben möchten!«
Als Spee in Köln eintraf, war der Große Krieg in sein zehntes Jahr getreten, und er sollte noch weitere zwanzig Jahre dauern; als Glaubenskrieg zwischen den Protestanten und den Katholiken hatte er begonnen, als Krieg aller gegen alle wuchs er sich aus und machte Deutschland zum Schlachtfeld, auf dem die Staaten Europas ihren Kampf um die Macht austrugen. Die apokalyptischen Reiter verwüsteten das Land, und als es zum Ende kam, waren die Städte zu Brandstätten geworden, die Dörfer verödet, Handel und Gewerbe gelähmt, jeder zweite Deutsche dem Hunger zum Opfer gefallen, der Pest, der Soldateska, den Inquisitoren – und den Hexenrichtern.

Für die Obrigkeiten Deutschlands notwendig

In jenem Kölner Jahr, 1628, war es wohl, daß Pater Spee daranging, den lang gehegten Plan in die Tat umzusetzen. Was er erfahren, beobachtet und erkundet hatte bei den Hexenjägern, begann er Tag für Tag, besser Nacht für Nacht zu notieren. An aktueller Anschauung fehlte es ihm nicht, denn die Hinrichtung der Katharina von Henot hatte eine wahre Epidemie von Hexenprozessen ausgelöst.

Möhn Tring, Catharina Eigelberg, Adelheid Esser, Sophie Court, Gertrud Sesenschmidt, Clara Metz, Cäcilia von Aachen, Catharina Vischer, Sophie Deckers, Anna Haußmann, Gertrud von Witzhelden sind nur einige wenige Namen jener Frauen, die man vor Gericht gebracht.
Sie hätten, so die aufgrund von Denunziationen erfolgten Anklagen, dem Roß des Nachbarn Schlangen in den Bauch gezaubert, ein Kind durch einen Apfel blöde gemacht, einer Frau im Wochenbett das Fieber angehext, dreißigbis vierzigmal nächtens den Hexentanz getanzt, mit einem schwarzen Kraut mehreren Kühen die Milch verdorben, aus einer Kindsleiche die Hexensalbe bereitet, Hostien gestohlen und an Kröten verfüttert, Feuer gezaubert, bös Wetter, Trockenheit, Hagelschlag. Nachzulesen in den »Thurmbüchern«, den »Rathsprotokollen« und den »Hexenbüchern«, die noch heute im Kölner Stadtarchiv liegen. Was man dort vergeblich suchen wird, ist die Antwort auf die Frage, warum die so zaubermächtigen, verwandlungsfähigen Hexen es nie fertiggebracht haben, ihrem Kerker zu entfliehen, sich in die Lüfte zu schwingen und bei ihrem Herrn, dem Teufel, Schutz zu suchen (den er ihnen, als seinen Dienerinnen, doch gewährt hätte).
Pater Spee war sich im klaren darüber, daß er vorsichtig zu Werke gehen mußte. Priester, selbst wenn sie einem so berühmten Orden wie der Societas Jesu angehörten, waren nicht gefeit gegen Verfolgungen. Der Abt von St. Martin in Trier, der sich den Hexenjägern entgegenstellte, wurde als Zauberer angeklagt und verbrannt. Dasselbe Schicksal erlitten auch Pfarrer aus der Trierer Diözese: sie hatten versucht, Frauen aus ihrer Gemeinde vor dem Feuertod zu retten. Der holländische Priester Cornelius Loos, Verfasser des den Hexenwahn anklagenden Buchs »De vera et falsa Magia«, wurde zum schimpflichen Widerruf gezwungen (»Der Teufel hat mir die Feder geführt ...«) und starb als Häftling im Kloster St. Maximin. Dietrich Flade, Schult-

heiß und kurfürstlicher Rat, führte im Moselanischen den Vorsitz des Hexengerichts, eines Amts, das er, nachdem er erkannt hatte, daß die inkriminierten Männer und Frauen so unschuldig waren wie er selbst, unter einem Vorwand zurückgab, woraufhin man ihn in den Turm warf und so lange folterte, bis er gestand, ein Zauberer zu sein: die böse Schneckenplage, die damals die Gemüsebeete befallen hatte, habe er herbeigehext.
Vorsicht war auch geboten im eigenen Kolleg, wo Spee sich des öfteren unbeliebt gemacht hatte. Sei es, daß er die an Festtagen üblichen verschwenderischen Gastmahle anprangerte, die einem Orden schlecht anstünden, der sich der Armut verpflichtet habe. Sei es, daß er den – jesuitischen – Ratgebern des Fürstbischofs vorwarf, sie würden schlechten Rat erteilen.
Spees Position war ohnehin nicht gefestigt, war er doch beim Provinzial, seinem die rheinische Ordensprovinz leitenden höheren Vorgesetzten, schlecht angeschrieben. Pater Bavingh gehörte zu jenen Männern, denen die Subordination als die Seele aller Tugenden galt: der Konstitution des Ordens gemäß, wonach alle, die unter dem Gehorsam leben, sich von der göttlichen Vorsehung, vermittelt durch seine Vorgesetzten, ebenso bewegen und regieren lassen müssen, wie wenn sie ein Leichnam wären: »Perinde ac si cadaver essent« auf Latein, eine Weisung, die als Kadavergehorsam sprichwörtlich wurde (allerdings nicht im Zusammenhang mit ihren »Erfindern«, sondern mit dem preußischen Militär). Pater Spee vermochte die geforderte völlige Aufgabe des eigenen Willens nicht zu erbringen, wenn es um Unrecht ging. Für den Provinzial war er somit ein verworrener Kopf, vor dessen merkwürdigen Ansichten die Jesuitenschüler geschützt werden müßten. Er versäumte keine Gelegenheit, den aufsässigen Menschen zu maßregeln oder ihn beim Ordensgeneral in Rom, dem allerhöchsten Vorgesetzten, anzuschwärzen.

Als Spee darum bat, nach Mailand der Sprache wegen geschickt zu werden, könne er sich doch dann den italienischsprechenden Soldaten der katholischen Liga seelsorgerisch widmen, lehnte Bavingh ab. Als Spee seinen Traktat »De perpetua Dei laude« (Vom immerwährenden Lob Gottes) zur Begutachtung nach Rom geschickt hatte, beschwerte Bavingh sich, dadurch um sein Zensurrecht gekommen zu sein. Als Spee um einen Lehrauftrag an der Kölner Universität einkam und trotz hoher Qualifikation abgelehnt wurde, wußten die Auguren, warum. Des Provinzials Sinnen und Trachten ging dahin, den unbequemen, lästigen Mahner kaltzustellen. Aber wie?
Spee saß indessen in der Kollegbibliothek über einem Buch, das ihn von der ersten Seite an in den Bann geschlagen hatte. Es stammte von einem Ordenskollegen aus Innsbruck, Tanner mit Namen, den die Welt der Gelehrten wegen seines Buches »De Justitia« kannte und schätzte. In dem gerade erschienenen dritten Teil setzte sich Adam Tanner mit den Hexenprozessen auseinander, und als Spee das Buch aus der Hand legte, wußte er, daß er hier nicht nur einen Gesinnungsgenossen gefunden hatte, sondern einen Schriftsteller, dessen eigentliche Aussagen *zwischen* den Zeilen standen. Er protestierte nicht, er widerlegte nicht, er gab lediglich zu bedenken und säte auf diese Art Zweifel in die Herzen seiner Leser – der gutwilligen Leser. Die böswilligen konnte er nicht überzeugen; die haßten ihn, und zwei Kölner Inquisitoren äußerten unverblümt, sie würden, wenn sie diesen Menschen zu fassen bekämen, ihn auf der Stelle foltern lassen.
Friedrich von Spee begann zu ahnen, auf welch lebensgefährlichen Weg er sich begab, als er daranging, den langgehegten Plan zu verwirklichen: gegen den Hexenwahn mit Feder, Tinte und Papier anzukämpfen. Noch in Köln entstand so etwas wie eine Urschrift, der er den Titel gab (denn dieses Buch schrieb er in der Gelehrtensprache, dem

Latein): »Cautio Criminalis, seu de processibus contra sagas liber« (Gewähr für größere rechtliche Sicherheit in der Führung der Strafprozesse gegen Hexen). Es ist ein Gewissensbuch, dazu bestimmt, aufzurütteln und, wie es weiter im Text heißt, »ad Magistratus Germaniae hoc tempore necessarius«, für die Obrigkeiten Deutschlands in dieser Zeit notwendig. »Aber auch für die Ratgeber und Beichtväter der Fürsten, für Inquisitoren, Richter und Anwälte, Beichtväter der Angeklagten, Prediger und andere äußerst nützlich zu lesen.«

Wer gegen die Hexenjäger vorgehen wolle, müsse schlangenklug sein, hatte Spee zu einem Vertrauten gesagt. Dazu gehörte, daß man nicht von vornherein bestritt, daß es Zauberer und Hexen überhaupt gebe. Allein die Leugnung dessen wäre bereits ein Delikt gewesen und die Strafe dafür – zumindest – ein aus sechzehn Artikeln bestehender schimpflicher Widerruf (»... weil jeglicher Zweifel am Hexentreiben nach ketzerischer Bosheit riecht«), verbunden mit der schriftlichen Versicherung, jede willkürliche Strafe anzunehmen, falls er rückfällig werden sollte. Pater Spee war nicht nur deshalb bereit zuzugeben, daß die Unholde existierten und ihre Verbrechen von besonderer Scheußlichkeit seien. Er wollte ja nicht den – von vornherein zum Scheitern verurteilten – Kampf gegen den Hexen*glauben* aufnehmen, sondern gegen den Hexen*prozeß*. Seine Taktik war darauf ausgerichtet, erst einmal Gehör zu finden; deshalb auch seine Einlassung, man habe es hier zugegebenermaßen mit einem »crimen exemplum« zu tun, einem Sonderverbrechen (wie Majestätsbeleidigung, Hochverrat, Ketzerei, Verschwörung – Verbrechen alles, die sich gegen den Staat richteten) und den Richtern stünden deshalb nicht ohne Grund außerordentliche Vollmachten zu.

Friedrich von Spee, unerschrockener Streiter gegen die schauerlichste Verirrung der Menschheit: die Hexenjagd.

»Auf den Blocksberg geritten, mit dem Teufel koitiert, ein Kind geschlachtet, Hexensalbe gekocht …«. (unten rechts) Hunderttausende unschuldiger Frauen erlitten im Feuer der Scheiterhaufen einen grausigen Tod. (unten links) Ein Hexenrichter: »Selbst der Papst würde gestehen, ein Teufel zu sein, hätte ich ihn nur erst auf der Folter.«

Umschattet von tiefem Ernst, fragil, sehr kindlich noch – so erschien Sophie ihrem Bruder Hans (rechts Christoph Probst).

Sophies Abschied von ihrem Bruder und den Freunden, die auf den Abtransport an die Front im Osten warten.

Roland Freisler, blutigster Nazirichter, agierte mit den Mitteln des Hohns, der Demütigung, der Einschüchterung.

Die Guillotine, Instrument des Terrors. 17 000 Deutsche wurden unter Hitler aus politischen Gründen hingerichtet.

Darf aber, so fragte er in »Dubium VI« (das Buch ist in einundfünfzig »Dubia«, Zweifel oder Fragen, eingeteilt), bei einem Sonderverbrechen nach Gutdünken vorgegangen werden, mit Verstößen gegen *jede* gesetzliche Bestimmung? Nie und nimmer dürfe das geschehen. Es geschehe aber immer wieder, daß auf diese Weise Unschuldige schuldig gesprochen würden. Hexenunwesen also existiere, wie er bereits zugestanden habe, aber glaubte die Obrigkeit tatsächlich, es ausrotten zu können durch solcherlei Maßnahmen?

»Ich antworte: So viele auch die Fürsten noch verbrennen mögen, sie werden es doch nicht ausbrennen, sofern sie nicht alle verbrennen. Sie verwüsten ihre Länder, mehr, als jemals ein Krieg es tun könnte, und richten doch nichts aus: es ist, um blutige Tränen zu weinen!« Diese Herren machten es sich allzu leicht, wenn sie ihr Gewissen dadurch beruhigten, indem sie sagten: »Meine Beamten, meine Richter werden es schon richtig machen.« Die Beamten aber schöben alles auf ihre Herren: »Der Ermahnungen und der Befehle von oben ist kein Ende. Wenn wir die Sache nicht eifrig betrieben, würden wir selbst des Verbrechens bezichtigt. Wir führen nur ihre Befehle aus.« O nein, das ließ Spee nicht gelten. Diese Richter, die für jeden der Hexerei Überführten ein Kopfgeld von fünf Talern kassierten, sich an beschlagnahmten Gütern bereicherten, sie sollten später nicht sagen dürfen, sie hätten nicht gewußt, was sie taten.

Immer wieder wandte er sich an die Fürsten, weil er wußte, daß sie als einzige in der Lage wären, die Verfolgungen zu beenden. Er litt besonders darunter, so viele Kirchenfürsten unter diesen Herrschern zu finden; sie, die Bischöfe, Erzbischöfe, Fürstbischöfe gehörten zu den fanatischsten Verfolgern. Wenn es viel später einmal, und zwar zu Recht, hieß, unter dem Krummstab ließe es sich in Deutschland gut leben, in jenen Ländern also, in denen der weltliche und der geistliche Herr ein und dieselbe Person seien, zu Spees Zeiten galt das nicht. Bamberg, Würzburg, Paderborn, Köln, Trier – katholische Zentren, die er aus eigenem Augenschein kannte, waren gleichzeitig Zentren grausamer Pogrome.

Aber auch diese Männer würden einst vor dem Jüngsten Gericht sich verantworten müssen; und ihre Schuld würde größer sein als die jedes anderen, denn der Herrgott habe sie mit besonderer Weisheit ausgestattet; sie selbst betonten ja immer wieder, daß sie von Gottes Gnaden seien. Wenn sie aber ohne Not bei Dingen, die über Leben und Tod entscheiden, keinen Gebrauch von ihrer Weisheit machten, so mögen sie nur darauf achten, daß sie sich auch nicht der übrigen Gaben Gottes unwürdig erzeigten. Ja, wenn die Obrigkeiten sich nicht in acht nähmen, würden sie durch ihren *Feuer*eifer im anderen Leben im Höllen*feuer* brennen.

Diese Mischung aus Lob, Warnung und versteckter Drohung sollte, wie sich später herausstellte, ihre Wirkung nicht verfehlen. Es ist überhaupt ein Genuß, der Beweisführung des Paters zu folgen: naiv und listig zugleich stellt er ganz einfache Fragen, die eine auf der anderen scheinbar absichtslos aufbauend, dabei sein Fangnetz knüpfend, dessen Maschen niemand entkam. Ein Meisterwerk der Vernunft, Logik und des Scharfsinns, die »Cautio«. Wie er zum Beispiel eines der verlogensten Argumente entkräftete, mit denen die Verantwortlichen ihr Gewissen zu beruhigen pflegten, nämlich: Gott werde es schon nicht zulassen, daß ein Unschuldiger sterben müsse; hieß es denn nicht in der Heiligen Schrift: »Die Gerechten haben mich angerufen und ich will sie erhören«?

Zahllose Christen, so Spee, seien in den vergangenen Jahrhunderten unter der Beschuldigung, Zauberer oder Hexen zu sein, hingerichtet worden, Menschen, die heute als Märtyrer verehrt werden. Wo hatte sich damals der Grundsatz verkrochen, Gott werde nicht erlauben, daß so entsetzliches Unheil über Christenmenschen hereinbreche? Waren sie Gott nicht aufrichtig ergeben gewesen; hatten sie nicht auch seinen Namen angerufen und all ihre Zuversicht auf ihn gesetzt? Warum sollte Gott in unseren Tagen nicht geschehen lassen, was er in vergangenen Zeiten zuließ? Der Gedanke, Er werde dafür Sorge tragen, daß keinem Unschuldigen ein Leid zustieße, sei ein lächerlicher Gedanke, und man müsse sich verwundern, daß besonnene Männer so etwas haben aussprechen können.

Zu den Höhepunkten gehört *»Dubium XV«*, mit dem Spee fragt, was das eigentlich für Leute seien, die die Obrigkeit zur Hexenjagd anstachelten? Penibel teilt er sie in verschiedene Gruppen ein. Da sind die Kirchenmänner, die geruhsam in ihren Studierstuben säßen und es unter ihrer Würde betrachteten, den Klagen der Unglücklichen Gehör zu schenken; die alles glaubten, was die Folter erpreßte, und dann schrien, man dürfe solche Schandtaten nicht dulden, denn alles sei voller Hexen! Die zweite Gruppe bestehe aus Juristen, die, nachdem sie herausgefunden hätten, daß Hexenprozesse ein einträgliches Geschäft darstellten, der Obrigkeit große Angst machten, wenn sie nicht gegen die Hexen wütete – Schreibtischtäter würde man sie heute nennen. Eine weitere Gruppe setze sich zusammen aus dem Pöbel, der den Besitzenden den Besitz neidete oder sich mit Denunziationen an seinen Feinden zu rächen suchte.

Oh, dieses Deutschland, klagt Spee, der sein Vaterland liebte wie nur wenige damals, die vielen Scheiterhaufen hätten seinen Ruf stinkend gemacht. »Es ist nicht zu glauben, was es bei den Deutschen und – besonders beschämend, darüber zu reden – bei den Katholiken unter dem Volke für Aberglauben, Mißgunst, Verleumdung, Ehrabschneiderei, haltlose Verdächtigungen gibt. Die Obrigkeit bestraft diese Dinge nicht, und die Prediger rügen sie

nicht. *Sie* sind es, die als erste den Verdacht der Hexerei in die Welt setzen.« Er schämte sich für Deutschland, denn in der Tat brannten zwischen der Ostsee und den Alpen, zwischen Oder und Rhein die meisten Scheiterhaufen.
Daß die Feuer nicht erloschen, dafür sorgten die Denunziationen. Sie gingen auch von scheinbar rechtschaffenen Bürgern aus, die, sei es, um sich selbst zu schützen, sei es, um in den Besitz eines nachbarlichen Grundstücks zu kommen oder eine alte Rechnung zu begleichen, andere Menschen wegen Hexerei bei den Behörden anzeigten. Meist jedoch sorgten die Opfer selbst dafür, daß es an neuen Opfern nicht mangelte. Im Protokoll einer Gerichtssitzung, die der wegen seiner Grausamkeit berüchtigte Hexenkommissar Schultheiß leitete, heißt es: »Der Doctor Schultheiß fragete mich im peinlichen examine: ›was weistu von solchen Leuten, die umb den Kirchhoff wohnen?‹ Auß welchen seiner Frage ich wol verstehen konte, welche er gerne wolte besagt haben, so hab ich die und die angegeben aus Furcht der zukünfftigen Peinigung.«
Eine Denunziation, ob sie nun freiwillig erbracht worden war oder auf der Folter, galt juristisch als einwandfrei. Keiner der Hexenjäger wäre auf den Gedanken gekommen, an ihrem Wahrheitsgehalt zu zweifeln. Sie waren von solch einem Fanatismus, daß sie auch jene kleine Episode nicht belehrt hätte, die Spee in seinem Buch erzählt. Bei der Tafel an einem wohlbekannten Fürstenhof in Deutschland fragte der Herrscher den neben ihm sitzenden Geistlichen: »Padre, haltet Ihr es für recht und billig, daß wir jemanden verurteilen, den zehn Hexen auf dem Hexentanzplatz gesehen haben?« Der Pater meinte, während er genüßlich einen Schluck Wein trank: »Was sollte uns da das Gewissen bedrücken, nachdem wir durch so vieler Zeugen Mund Gewißheit gewonnen haben. Nein, es gibt keinen Anlaß, daß der Richter hier zweifeln dürfte an der Schuld des Beklagten.«

Darauf erhob sich der Fürst und sagte: »Es tut mir leid für Euch, Padre, denn Ihr habt Euch soeben selbst das Todesurteil gesprochen. Nicht weniger als fünfzehn Hexen haben auf der Folter gestanden, sie hätten mit Euch auf dem Hexensabbat getanzt.« Zum Beweis dessen ließ er sofort die Akten herbeiholen ...

Spee entwirft ein erschütterndes Bild der Angeklagten – und man spürt an jedem Detail, daß hier ein Augenzeuge spricht –, wie sie in ihren Zellen auf faulem Stroh liegen, neben sich den Aborteimer und den Essensnapf, von der Folter gelähmt und so schwach, daß sie den Ratten nicht wehren können; ohne priesterlichen Zuspruch und ohne Rechtsbeistand.

Anwälte in unserem Sinne gab es noch nicht; wer es sich aber finanziell leisten konnte, durfte einen rechtskundigen Mann mit der Verteidigung beauftragen. Vorausgesetzt, die Richter ließen ihn zu, gewährten ihm Akteneinsicht, nannten ihm die Belastungszeugen; Voraussetzungen, die selten erfüllt wurden. Selbst der von den hochangesehenen Henots bestellte Advokat hatte nicht zu seiner Mandantin vordringen können. Auch nahmen die Richter a priori an, daß jemand, der einen wegen teuflischer Umtriebe Angeklagten verteidigen wolle, selbst mit dem Teufel im Bunde stehe; eine Annahme, die für den Rechtsbeistand lebensgefährlich werden konnte. Spee berichtete von einem gewissen Priester, und das war niemand anderer als er selbst, der den Inquisitoren bis ins Detail eine gesetzwidrige Prozeßführung nachwies; mit dem Ergebnis, daß man ihm Hausverbot erteilte – und die Angeklagten rasch umbrachte.

Leidenschaftlich rief er aus: »Ein Prozeß, in dem man den Beschuldigten ihre rechtmäßige Verteidigung verweigert hat, ist nichtig und ungültig! Sollten die Ratgeber und Beichtväter der Fürsten es hier an der rechten Belehrung fehlen lassen, dann sind *sie* schuldig.«

Wenn Pater Friedrich auf die Beichtväter zu sprechen kam, brach er aus in Klage und Anklage: »O trawrigkeit des hertzens, wan wirstu nehmen ab?« Der Confessarius des Fürsten besaß eine Vertrauensstellung, die ein hohes Verantwortungsbewußtsein bedingte, denn ihm oblag die Gewissensberatung. Nicht selten wurde sie mißbraucht von diesen grauen Eminenzen, weil ihnen weniger das Seelenheil des Beichtkinds am Herzen lag als das Interesse der Kirche; wenn sie nicht gar politischen Intrigen Vorschub leisteten. Jesuiten waren es meist, Brüder seines Ordens, die den Fürsten als Beichtväter dienten, und was die Hexenverfolgung betraf, so dienten sie ihnen schlecht. Sie mahnten nicht, daß es besser sei, zehn Schuldige laufen zu lassen, als einen Unschuldigen zu verurteilen (gemäß dem Wort Christi: »Wenn Gefahr droht, daß zugleich der Weizen mit ausgerauft werde, dann darf auch das Unkraut nicht vertilgt werden«), sie plädierten für das Gegenteil dessen. Sie rieten nicht zur Mäßigung, sondern ermunterten ihre Schutzbefohlenen, ja hetzten sie auf, noch erbarmungsloser im Kampf gegen die Zauberer und Hexen vorzugehen.

Doch was waren die Confessarii der Herrscher gegen jene Pater, die den Delinquenten priesterlichen Beistand zu gewähren bestimmt waren? Sobald ihnen die Kerkertür geöffnet wurde, drangen sie auf die Gefangenen ein, bestürmten sie, endlich ihre Schuld einzugestehen, schimpften sie halsstarrig, verstockt, nannten sie Besessene, Teufelsfratzen, Höllenknechte. Statt Zuspruch und Wärme brachten sie Verdammung und Eiseskälte, statt Mitleid Härte, und wenn sie gingen, hinterließen sie Verzweiflung. Von allen verlassen, hatte die Angeklagten nun auch ihre letzte Hoffnung getrogen: bei ihrem geistlichen Vater Trost und Barmherzigkeit zu finden.

Wie oft mußte Spee bei seinen Kerkerbesuchen hören, man wolle sich lieber einem Scharfrichter anvertrauen als solch einem Priester. Diese Beichtiger arbeiteten eng mit den Gerichtsbeamten zusammen, meldeten ihnen, wenn der Gefangene sein auf der Folterbank erpreßtes Geständnis widerrief – womit ihm neue Qualen drohten –, kümmerten sich nicht um das Beichtgeheimnis, ließen sich, wenn nicht mit Geld, so doch mit Speis und Trank bestechen.

Friedrich von Spee berichtet von einem Unmenschen, der kaum weniger als zweihundert der Magie Beschuldigte zum Scheiterhaufen geleitet hatte. Wenn er ins Gefängnis kam, pflegte er darauf hinzuweisen, daß er niemandem die Beichte abnehmen werde, es sei denn, der Delinquent wiederhole auf der Stelle sein vor den Richtern abgelegtes Schuldbekenntnis. Wer das nicht versprach, den stieß er zurück: er solle dann eben ohne Beichte und Abendmahl verrecken wie ein Hund. Da die Verurteilten aber die ewige Verdammnis fürchteten, wenn sie nicht mit den heiligen Sterbesakramenten versehen waren, gingen sie lieber mit einer Lüge ins Grab, denn sie waren ja in der Tat nicht schuldig an den ihnen zur Last gelegten Verbrechen.

Seine Ohnmacht, nicht helfen zu können, ließ Pater Spee nicht mehr schlafen. »Ich pries die Toten glücklicher als die Lebendigen und hielt für glücklicher als beide den, der noch nicht geboren ward und die Übeltaten nicht gesehen hat, die unter der Sonne geschehen.«

Das Attentat

Mitten in seiner Arbeit an der »Cautio Criminalis« wurde er plötzlich herausgerissen durch einen Befehl seines Vorgesetzten. Dem Pater Bavingh hatte sich endlich Gelegenheit geboten, den lästigen Spee auf eine Art aus Köln zu entfernen, die geradezu ehrenvoll war. Er entsandte ihn in ein Land, wo die neuen Heiden wohnten. Das war nicht

Japan oder Indien, wohin es einst den jungen Spee missionarisch gezogen hatte, es war die unweit von Hildesheim gelegene Stadt Peine mit ihren umliegenden dreißig Ortschaften.

»Cuius regio – eius religio« (Wessen das Land, dessen die Religion) hatte es 1555 im Augsburger Religionsfrieden geheißen, und das bedeutete, die Bürger hatten das zu glauben, was ihr Landesherr glaubte, andernfalls mußten sie auswandern. Die aus Peine waren dem Glaubensbekenntnis ihres Herrn gemäß protestantisch geworden, als jedoch der – katholische – Kurfürst Ernst von Köln Bischof von Hildesheim geworden war, hätten die Peiner wieder katholisch werden müssen. Ernst jedoch verpflichtete sich großzügig, die Augsburger Konfession nicht anzuwenden; eine Verpflichtung, die sein Nachfolger, jener Wittelsbacher Ferdinand, der am liebsten jeden Morgen einen Protestanten gefrühstückt hätte, als drückend empfand. Er ersuchte die Jesuiten, die als Sturmtruppen der Gegenreformation galten, einen qualifizierten Pater nebst einem Laienbruder zu entsenden, um die Peiner zum wahren Glauben zurückzuführen.

Spee bezog am Rathausplatz der kleinen Stadt eine Wohnung und ritt täglich hinaus aufs flache Land, wo die Kirchen nun verwaist waren, denn die protestantischen Pfarrer waren von Ferdinand rigoros aus ihren Ämtern entfernt worden. Mag den Bauern geistlicher Beistand gefehlt haben, am meisten litten sie unter materieller Not. Ihre erste Frage an den Pater lautete deshalb, ob nun die Preise für katholisches »tauffen und kopulieren« teurer würden? Nein, meinte Spee, das würde sie keinen Heller mehr kosten als früher, er würde seine Amtshandlungen um Gottes Lohn verrichten. Der Neue aus Köln war überhaupt nach den Herzen der einfachen Leute. Er predigte, er sang, er sprach zu ihnen in ihrer Sprache, spendete ihnen Rat und Trost, und als es ihnen an Saatgetreide fehlte, wandte er sich nicht nur an den lieben Gott, wie seine Amtsbrüder auf Hilfegesuche zu reagieren pflegten, er erwirkte bei der kurfürstlichen Regierung die Lieferung von vierzig Wagen besten Saatkorns. Mit guten Werken und guten Worten war es Pater Spee bald gelungen, etwa zwanzig Gemeinden in den Schoß der heiligen Kirche zurückzuführen.

Dieser Mann nun, geliebt von den Bauern, respektiert von den Städtern, anerkannt wegen seiner Verdienste von den Ordensoberen, wird an einem Sonntag auf dem Ritt zu einem Dorf, wo er die Messe lesen will, von einem »morderischen Reuter vorgewartet, angesprengt, mit pistollen beschossen, welche aber gefehlet, darauff aber mit dem degen dermaßen zerhacket, daß er sieben wunden ins Haupt, zween in den Rücken bekommen und die Hirnschal unterschiedtliche mahlen hart gespaltet war«.

Erste Hilfe erteilt, ausgerechnet, der abgesetzte evangelische Prädikant Tyle. Er schneidet ihm mit der Schafschere die in Fetzen herabhängende Kopfhaut ab, wäscht ihn mit dem Wasser des Dorfbrunnens, legt ein aus Eiern und Milch bestehendes Pflaster auf. Einem Doktor Eisenbart ähnlich rettet der Protestant so das Leben des Katholiken, läutet, auf dessen Weisung, die Glocken zur Messe und schleppt den »gräßlich Verschimpfiereten« auf die Kanzel, wo Spee sich mit ersterbender Stimme an die Gemeinde wendet: »Meine lieben Kinder, nun urteilet selbst ... Der gute Hirte wagt sein Leben für seine Herde und ...« Während er, seiner Stimme und seiner Sinne nicht mehr mächtig, bewußtlos darniedersinkt, stimmen die Gläubigen mit dem wackeren Tyle als Vorsänger das »Te Deum laudamus« an, und am Schluß des Gottesdienstes vereinen sich die Noch-Protestanten mit den Wieder-Katholiken, um dem Gegenreformator Spee sicheres Geleit zu geben – ein erhebendes Bild religiöser Eintracht im Land der Zwietracht.

Die Suche nach dem Täter blieb, trotz Entsendung eines

Fähnleins Berittener, ohne Erfolg und das Motiv der Tat im dunkeln; was Mutmaßungen, Verdächtigungen, Gerüchten fruchtbaren Boden bot. War das Attentat erfolgt, weil der Kölner Kurfürst die Protestanten in Peine aus dem Rat der Stadt verbannt hatte, eine Maßnahme, die dem Pater Spee zur Last gelegt wurde? Oder hatte sich der Anschlag gezielt gegen einen Mann gerichtet, der als ein furchtloser Gegner der Hexenjäger galt?

Spee konnte es gleich sein: ihm blieben ein dreimonatiges Krankenlager, zwei große Narben an Stirn und Hinterkopf und quälende Kopfschmerzen für den Rest seines Lebens. Verbitterung und Angst als die natürlichen Folgen einer solchen Untat hätten manch anderen resignieren lassen, nicht so den Pater. Der Mann, der so lieblich-süße Verse schreiben konnte und von Nächstenliebe geradezu trunken war, besaß, wie betont, Härte, Zivilcourage und, vor allem, ein durch nichts einzulullendes Gewissen.

Nach der Genesung einem Ruf nach Paderborn folgend, wo er an der Jesuitenhochschule den Lehrstuhl für Moraltheologie einnahm, ließ er in die Vorlesungen, die zum Mißfallen seiner Kollegen ständig überfüllt waren, seinen Protest gegen die Scheiterhaufen einfließen (die in der schönen alten Stadt an der Pader besonders häufig zum Himmel stanken), dergestalt, daß er den Studierenden kurze Auszüge aus seinem zwar noch nicht gedruckten, doch in den Kreisen der Freunde inzwischen fleißig kursierenden »Cautio«-Manuskript vorlas, auch immer wieder von Erlebnissen mit erbarmungslosen Beichtvätern, fanatischen Richtern, verantwortungslosen Fürsten berichtete. Die jungen Menschen, dazu bestimmt, einst die führenden Positionen der Societas Jesu einzunehmen, auf diese Art Moral zu lehren hieße, ihnen die Achtung vor den Institutionen zu nehmen und das eigene Nest zu beschmutzen – meinte der (vom Provinzial zur Wachsamkeit gegenüber dem Pater Spee aufgeforderte) Rektor der Universität und

übermittelte diese Meinung dem Pater Superior Generalis in Rom mit der Bitte, diesem Verderber der Jugend das Lehramt zu entziehen.
Der Pater General – Mutius Vitelleschi hieß er, und diesen Namen zu erwähnen macht Freude – war ein lebensweiser Mann, einer, der die Menschen erkannte, ohne sie persönlich zu kennen; bisweilen genügte ihm Geschriebenes, und da schien ihm das, was dieser Pater Spee zu seiner Verteidigung schrieb (jeder Ordensbruder besaß das Recht, sich persönlich an die höchste Instanz in Rom zu wenden) klüger und vor allem wahrhaftiger als die Beschwerden von Provinzial und Rektor. Er beschied, man möge eingehende Untersuchungen anstellen, die, brächten sie für den Pater Nachteiliges zutage, zur Vermahnung desselben zu führen hätten, andernfalls jedoch diejenigen, die seinem guten Ruf Abbruch getan, nach Gebühr zu strafen seien. Es fand sich nichts, was dem General nachteilig erschien, hatte Rom doch, was die Hexenverfolgungen im Reich betraf, schon des öfteren die dortigen Ordensbrüder um Mäßigung, ja Neutralität anhalten müssen. Denn in Italien, Frankreich, ja selbst in Spanien wurde, wie erwähnt, viel weniger »gebrannt« als bei den sich im Glaubenseifer selbst übertreffenden Deutschen.
»Roma locuta, causa finita« heißt es, aber die Sache war diesmal noch nicht erledigt, auch wenn Rom gesprochen hatte, denn Rom war, nach einem anderen Wort, weit; weit entfernt vom Reich (in das überdies der böseste Feind der Katholiken, Schwedens König Gustav Adolf, immer tiefer eindrang). Als nämlich Pater Bavingh nach der turnusmäßigen Ablösung vom Amt des Provinzials an sein altes Kolleg in Paderborn zurückkehrte, als Rektor, sah er den Tag der Abrechnung mit dem Intimfeind gekommen. Spee wurde mitten im Studienjahr seiner Professur für Moraltheologie enthoben und – eine Demütigung für den von seinen Studenten verehrten Lehrer – mit keinem neuen

Lehrauftrag an einem anderen Kolleg betraut. Spee habe nun, so Rektor Bavingh, viel Zeit, um in sich zu gehen und sich zu bessern. Wozu Pater Friedrich diese Zeit in Paderborn nutzte, davon sollten seine Freunde und seine Feinde bald erfahren …

Ein Buch wie ein Schwert

Im April 1631 erscheint in Rinteln an der Weser ein vierhundert Seiten starkes Buch unter dem, uns schon bekannten, Titel »Cautio Criminalis, seu de processibus contra sagas liber«. Verleger und Drucker ist Peter Lucius, anstelle eines Verfassernamens steht »Auctore incerto theologo orthodoxo« (Von einem unbekannten rechtgläubigen Theologen). In einem Wort an den Leser heißt es: »Weil der Verfasser dieser Schrift sich nicht dazu bewegen ließ, sie drucken zu lassen, glaubte ich zum allgemeinen Nutzen einen frommen Diebstahl begehen zu dürfen: ich tat dies also und schickte die Schrift über Nacht an die Weser zum Druck. Wenn ich mißgetan habe, so antworte ich: er möge es mir verzeihen, wie auch der Leser die Druckfehler und den ungleichmäßigen Satz verzeihen möge.«
Der »unbekannte rechtgläubige Theologe« hat den frommen Diebstahl gewiß verziehen: wenn er ihn auch nicht selbst inszeniert haben wird, wohlwollend geduldet hat er ihn gewiß; oder, zutreffender noch, er hat gehofft, daß einer der Freunde sein stillschweigendes Verlangen nach einer Drucklegung erfüllen würde. Jedenfalls macht es keinen Sinn zu behaupten, wie selbst in neueren Veröffentlichungen noch, dem echten, aufrichtigen Manne Spee wäre eine solche Hinterhältigkeit nicht zuzutrauen, würde er sich auch seinen Oberen gegenüber, denen er Gehorsam gelobt, keine solche Schuld aufgeladen haben.
Ein Autor, der ein Buch schreibt, noch dazu eins, mit dem

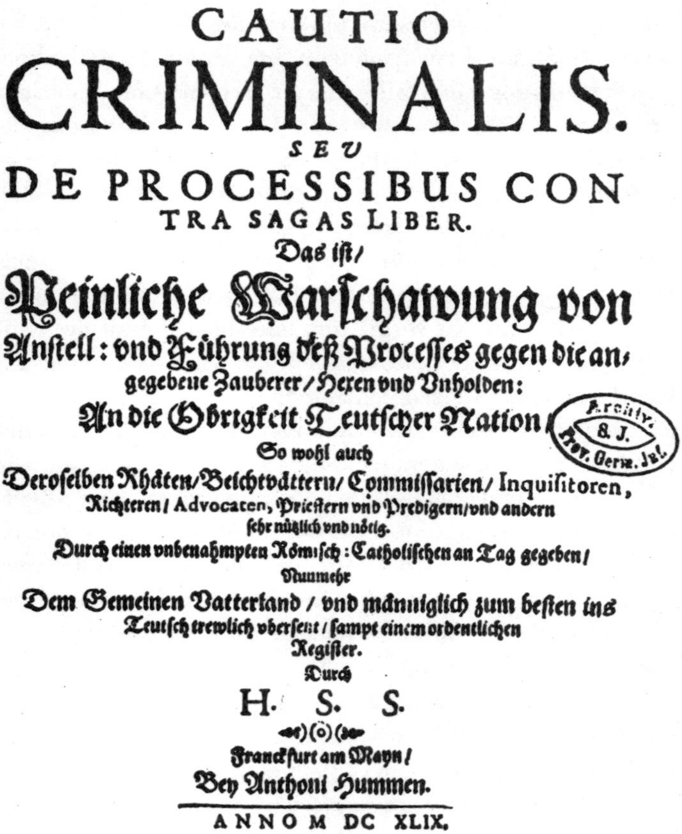
CAUTIO
CRIMINALIS.
SEU
DE PROCESSIBUS CONTRA SAGAS LIBER.
Das ist/
Peinliche Warschawung von Anstell: vnd Führung deß Processes gegen die angegebene Zauberer/ Hexen vnd Vnholden:
An die Obrigkeit Teutscher Nation/
So wohl auch
Deroselben Rhäten/ Beichtvättern/ Commissarien/ Inquisitoren, Richteren/ Advocaten, Priestern vnd Predigern/ vnd andern sehr nützlich vnd nötig.
Durch einen vnbenahmpten Römisch: Catholischen an Tag gegeben/
Nunmehr
Dem Gemeinen Vatterland/ vnd männiglich zum besten ins Teutsch trewlich vbersetzt/ sampt einem ordentlichen Register.
Durch
H. S. S.
Franckfurt am Mayn/
Bey Anthoni Hummen.
ANNOM DC XLIX.

»Fanal der Vernunft« oder »höchst verderbliche Schrift« – die »Cautio«, 1649 zum erstenmal vollständig ins Deutsche übersetzt.

er zumindest versuchen will, die Welt zu verändern, er könnte es gar nicht ertragen, daß dieses Buch nicht erschiene. Jedenfalls hatte Spee seine in Köln geäußerte Meinung längst geändert, er wolle sein Warnungsbuch nicht im Druck veröffentlichen, sondern es lediglich als Manuskript seinen Freunden zugänglich machen.

Wer den frommen Diebstahl begangen hat, wissen wir

nicht und auch nicht, von wem der Zusatz »Auctore incerto« stammt. Er war ohnehin nur eine Art Höflichkeit, die Vermeidung einer allzu harten Provokation, denn der unbekannte Autor war bekannt. Die Freunde hatten das Manuskript gelesen; die Feinde wußten, daß nur *einer* so lästerlich daherreden und nun auch daherschreiben konnte; die Studenten hatten in den Vorlesungen manche Probe zu kosten bekommen von dem, was nun zur Gänze im Druck erschienen war. Das Buch war trotz des stattlichen Preises im Nu vergriffen, und auch die zweite Auflage war rasch verkauft, schließlich wurde es unter der Hand zu Höchstpreisen gehandelt.

Als erster meldete sich der Paderborner Weihbischof Pelcking zu Wort, der, im Namen vieler sprechend, die »Cautio« als eine ungesunde, höchst verderbliche Schrift bezeichnete, deren Autor ein Jesuitenpater sei, Friedrich von Spee mit Namen, und hierzulande viele Gönner besitze, wenn auch allesamt von einer verdächtigen Sorte. Das Buch stecke voller verleumderischer Anwürfe gegen Fürsten und fürstliche Beamte, gegen Obrigkeiten und Richter und sei bereits in so vielen Stücken im ganzen Land verbreitet, daß der angerichtete Schaden schwerlich wiedergutzumachen.

Wortführer des Protestes aus den eigenen Reihen war der Theologieprofessor Peter Roestius. Er intervenierte in Rom, das Buch auf den »Index librorum prohibitorum« zu setzen, auf das Verzeichnis derjenigen Bücher, die zu lesen den Anhängern der katholischen Kirche verboten ist. Diese Intervention geschah übrigens im selben Jahr, in dem Galilei aufgefordert wurde, keine weiteren Exemplare des »Dialogo« zu verbreiten und sich in Rom dem Inquisitionsgericht zu stellen. Galilei hatte der Feuertod gedroht, und er war ihm, wie wir gesehen haben, entgangen. Auch Friedrich von Spee war in dieser Gefahr, bedenkt man, wie viele Priester schon verbrannt worden waren ...

Warum er, der seine eigenen Ordensoberen anklagte, sie würden in sträflicher Verantwortungslosigkeit ihre abergläubischsten Pater zu Beichtvätern der Hexen machen; der den Orden bezichtigte, die von ihm an die Höfe entsandten Beichtiger übten einen unheilvollen Einfluß; der die katholischen Landesfürsten, die großen Freunde der Jesuiten, durch seine Anklagen zu Feinden zu machen drohte; der sein Buch ohne Imprimatur der Societas Jesu veröffentlicht hatte – daß ein solcher Priester ungeschoren blieb, läßt uns fragen: wer waren die Männer, die ihre schützende Hand über Pater Friedrich hielten?
Die Antwort zeigt, daß es töricht ist, etwas in Bausch und Bogen zu verdammen, ob das nun ein Volk ist oder eine Klasse, oder, wie in unserem Fall, eine historische Institution. Es sind immer Menschen, die sie bestimmen: unter ihnen gibt es gute und schlechte, fromme und bigotte, korrupte und unbestechliche, gewissenstreue und gewissenlose, kluge und dumme, aufgeklärte und beschränkte und im allgemeinen, soviel guten Glauben sollte man sich zum eigenen Besten trotz vieler Gegenbeispiele bewahrt haben, überwiegen die besseren. Die Societas Jesu, oft genug verteufelt, bestand nicht nur aus fanatischen Priestern, auf deren Fahne die päpstliche Weltherrschaft stand, deren Erreichung jedes Mittel heilige, selbst die Übertretung sämtlicher Gebote, sondern es gab genug weltkluge, souveräne Männer, die den Hexenspuk für eine gefährliche Verirrung hielten.
Der Orden hat sich zu keiner Zeit von der »Cautio Criminalis« distanziert. Der General in Rom lehnte es ab, die Forderung des Paters Roestius nach Indizierung in Erwägung zu ziehen. Als Lehrer und Schüler des Paderborner Kollegs nach Köln flüchten mußten, denn das Heer des Antichristen namens Gustav Adolf näherte sich unaufhaltsam den Toren, wurde ihm bedenkenlos ein neuer Lehrauftrag erteilt. Der neue Provinzial, Goswin Nickel, und der Regent

des Kollegs, Pater Kasen, verteidigten Friedrich von Spee gegen die hexengläubigen Anhänger der Bavingh-Partei, die den Verfasser des »Gewissensbuchs«, so wurde die »Cautio« auch genannt, am liebsten eigenhändig gefoltert hätten. Einige Patres, darunter ausgerechnet einige seiner früheren Kommilitonen, plädierten sogar für den Scheiterhaufen.

Nickel brachte es sogar fertig, den General in Rom mit den Worten zu beruhigen, solange nicht nachgewiesen werden könne, daß es sich um keinen frommen Diebstahl gehandelt, sondern Spee persönlich die Drucklegung veranlaßt habe, könne man den Pater nicht bestrafen. Und noch einmal mußten die mächtigen Gönner tätig werden. Als nach Erscheinen der zweiten Auflage, die im Inhalt erweitert und im Ton verschärft war, nun auch Vitelleschi die Geduld mit seinem geliebten deutschen Sorgenkind verlor und empfahl, man möge dem Pater, sollte er die letzten Gelübde noch nicht abgelegt haben, die Entlassung aus dem Orden nahelegen, um so »die zu befürchtende Erbitterung« – heute würde man sagen, den Skandal – zu vermeiden, antworteten ihm die rheinischen Oberen salomonisch: darüber solle der beklagte liebe Bruder in Christo selbst entscheiden.

Spee, der als »Auctor incertus« sein Buch nicht selbst hatte verteidigen dürfen und zum Schweigen verurteilt war, schwieg auch jetzt. Doch schien klar, daß er aus einem Orden, dem er in Not und Tod verbunden war, nicht auszutreten bereit war wie aus einem Gesangverein. Er blieb den Jesuiten treu, auch als es seinen Gegnern gelungen war, ihn erneut aus seinem Lehramt zu verdrängen. Spees Schutzengel konnten diesmal wenig dagegen tun, sie waren ohnehin froh, ihm Leib und Leben zu bewahren. Denn in Köln brannten die Feuer nun auch innerhalb der Mauern, und es schien, als sei niemand seines Lebens sicher, wes Amtes oder Standes er immer war.

»So dürfen wir uns den Pater in jenen schicksalsvollen Jahren vorstellen«, schrieb Emmy Rosenfeld über den Rufer in der Wüste, »wie er durch das altvertraute Köln wanderte, durch Krankheit, Leid und Askese frühzeitig gealtert und geschwächt, von jener schon durchsichtigen überirdischen Zartheit und Sanftmut verklärt, die nicht mehr von dieser Welt erschienen: ein Auserwählter, dem menschliche Bosheit nichts mehr anhaben konnte, angebetet von seinen Beichtkindern, von vielen bewundert, die weniger mutig waren als er, aber dennoch wie er selbst dachten, doch beargwöhnt und gemieden von allen, die ihn nicht verstanden und ihm seinen überlegenen Mut nicht verziehen.«

Die Folter ...

Inzwischen war auch die zweite Auflage seines Gewissensbuchs vergriffen. Wer es besaß, lieh es seinen Freunden; wer es nicht hatte, versuchte, es auf allen möglichen Wegen zu bekommen; die es gelesen hatten, kamen zusammen und sprachen darüber mit anderen Lesern. Spee hatte sich, über die Kölner Ur-»Cautio« weit hinausgehend, ausführlich mit dem Folterwesen beschäftigt, Praktiken, die er als Beichtvater erlebt hatte und die nun bei seinen Lesern Fassungslosigkeit und Schrecken bewirkten. Es gab niemanden, der dem Autor nicht zugestimmt hätte, wenn er schrieb: »Von mir selbst muß ich bekennen, ich könnte derartige Mißhandlungen so wenig ertragen, daß ich mich sicherlich gleich von Anfang an jeder Missetat beschuldigen und lieber den Tod als solche Qualen hinnehmen würde, wenn man mich zur peinlichen Frage schleppte.« Genau dasselbe habe er von tapferen, in vielen Kämpfen bewährten Männern gehört, die den Tod auf dem Schlachtfeld nie gefürchtet: sie würden sich der Zauberei schuldig bekennen, obwohl sie wüßten, damit der ewigen Verdammnis zu verfallen und ihr Seelenheil auf ewig zu verlieren. Ein Inquisitor, wie die Untersuchungsrichter hießen, habe neulich beim Trunk mit einem Fürsten sich zu rühmen gewagt, selbst wenn der Papst ihm unter seine Folterwerkzeuge geriete, so würde auch der am Ende gestehen, ein Hexenmeister zu sein.

Wie aber sollte eine schwache Frau solchen Höllenqualen widerstehen? Und hätte sie die übermenschliche Kraft, ihren Peinigern zu trotzen, es hülfe ihr nichts, denn der sonst gültige Grundsatz »Tortura purgat a crimine« (Überstandene Folter reinigt von der Anklage) gelte im Hexenprozeß nicht. Wie überhaupt ständig gegen den Rechtsbrauch der Zeit verstoßen werde: ein unter der Folter erzwungenes Geständnis ist beweiskräftig und bleibt es bei eventuellem Widerruf, auch wenn der Widerruf erst auf dem Richtplatz erfolgt; die Folter, die nur einmal angewandt werden darf beim Verhör, wird mehrfach angewandt, gilt dann eben nicht als Wiederholung, sondern als Fortsetzung; Zeugen, die die Angeklagten zu wirkungsvoll entlasten, geraten in Gefahr, ebenfalls vor Gericht gestellt zu werden; Familienangehörige dürfen aussagen, aber nicht für die Beschuldigten, nur gegen sie; der Richter braucht die Belastungszeugen, sprich Denunzianten, nicht zu nennen. Und damit waren die wenigen Sicherungen, die selbst die mittelalterliche Justiz vorsah, zunichte gemacht.

Lag die Hexe einmal im Turm, so gelang es nur in den allerseltensten Fällen, sie dort wieder herauszuholen: die Richter hätten ihr Kopfgeld verloren, die Denunzianten ihre Glaubwürdigkeit, die Henkersknechte ihren Lohn, der Pöbel sein Vergnügen.

Der Fall der Katharina Kepler, der »lieben, wohlverdienten verwitweten Mutter« des kaiserlichen Hofmathematikers Johannes Kepler, gehörte zu jenen seltenen Ausnahmen. Nach vierzehn Monate währender Haft im Kerker des schwäbischen Städtchens Güglingen, wo man die Dreiundsiebzigjährige in Ketten gelegt hatte, stand sie vor dem Richter. Kepler, der durch Eingaben an die Ämter und Bittschriften an den Württemberger Herzog ihre Freilassung zu erwirken versucht hatte, war von Linz aus herbeigeeilt, quer durch das vom Krieg heimgesuchte Land. Die Anwesenheit eines dem Kaiser in so hoher Position dienenden Mannes verfehlte ihre Wirkung auf die Richter so wenig wie der verzweifelte Mut der alten Frau, die sich weigerte zu gestehen, was man ihr vorwarf – selbst wenn man ihr eine Ader nach der anderen aus dem Körper herausziehen sollte. 1621 freigesprochen von der Anklage der Hexerei und entlassen, starb sie ein halbes Jahr später an den Folgen der Haft.

In der 31. Frage (»Dubium XXXI«) bat Spee den züchtigen Leser um Erlaubnis, vor seinen Ohren etwas besprechen zu dürfen, was sein Schamgefühl verletzen könnte. Es war nämlich üblich, den Frauen vor der Tortur die Haare abzusengen, und zwar nicht nur am Kopf und unter den Achseln, »sondern auch dort, wo sie ein Weib ist. Der Zweck ist der, daß kein Zaubermittel versteckt bleibe, das sie unempfindlich machen könnte.« Die Henkersknechte, durchweg brutale, gefühllose, zum Sadismus neigende Kerle, die neben der an Stricken baumelnden Delinquentin zu frühstücken pflegten, machten sich aus der Feuerschur ein diabolisches Vergnügen, und Spee befand: »Das ist etwas Ekelhaftes, Unflätiges, an das auch nur zu denken die vom Evangelium geforderte Reinheit verbietet.«

Was Folter wirklich hieß, vermittelt dem, der über Vorstellungskraft verfügt, das Kriminalmuseum im mittelalterlichen Rothenburg ob der Tauber: mit seinen Streckbänken, Seilzügen, Zangen, Darmleiern, Stachelstühlen, Tauchgestellen, Daumenschrauben, Spanischen Stiefeln, Folterbökken, Folterbirnen, Fingernägelziehern, Augenstechern, Bleipeitschen, Würgeeisen, Hodenquetschern, Knochen-

brechern – und was der Instrumente menschlichen Wahnwitzes und menschlicher Perversion mehr sind.
Es existiert ein Originalbrief aus jener Zeit, der, falls je das Wort seine Berechtigung gehabt hat, zum Himmel schreit. Der Bürgermeister Johannes Junius von Bamberg hat ihn am Vorabend seiner Hinrichtung an seine Tochter Veronika geschrieben. Die Blutflecken an den Rändern sind noch deutlich zu erkennen. Es ist mit ziemlicher Sicherheit anzunehmen, daß Pater Spee über den Prozeß informiert war, vielleicht sogar die Prozeßakten kannte.
»Zu viel hundert tausend guter nacht hertzliebe dochter Veronica. Unschuldig bin ich in das gefengnus kommen, unschuldig bin ich gemartert worden, unschuldig muß ich sterben. Denn wer in *das* haus kompt, der *muß* ein druttner [Zauberer] werden oder wird so lange gemarttert, biß das er etwas auß seinem Kopff erdachte weiß ... Wil dir erzehlen, wie es mir ergangen ist, war Doctor Braun, Doctor Kötzendörffer und die zween frembde Doctor da.
Da fragt mich Doctor Braun: ›Schwager, wie kompt *ihr* daher.‹ Ich antwortt: ›durch die valsheit, unglück.‹ ›Hört, Ir‹, sagt er, ›Ir seyt ein Drutner, wolt Ir es gutwillig gestehen, wo nit, so wird man euch Zeuge herstellen und den Hencker an die seyten.‹«
Junius betont, mit der Anklage nichts zu schaffen zu haben. Die Zeugen, selbst angeklagt und unter der Drohung der Folter stehend, sagen das Gegenteil aus. Des Bürgermeisters Forderung, sie zu vereidigen, wird abgelehnt.
»Und da kam, Gott erbarm es in höchstem himmel der hencker und hat mir den Daumenstock angelegt, daß das blut zu den negeln heraußgangen und allenthalben daß ich die hendt in 4 wochen niht brauch koennen, wie du da auß dem schreiben seh kannst. So hab ich gesagt, ich wil mein unschuld und alle diese marter und pein in Seine 5 wunden leg. Er wirt mir mein schmertz lindern, daß ich solches aussteh kann. Danach hat man mich erst außgezogen, die

hendt uf den Rücken gebunden und uf die höhe in der fulter gezogen. Da dachte ich, himmel und erden ging under, haben mich achtmahl auffgezogen und wieder fallen lassen.

Als mir nun unser hergot geholfen, hab ich zu Ihnen gesagt: ›Verzeihe euch Got, daß Ir ein ehrlich man, also unschuldig, angreift, Ir wollt ihn nicht allein umb leib und seel, sondern umb hab und guet bring.‹ Sagt Doctor Braun, ›du bist ein schelm.‹ Ich sagt, ›ich bin so ehrlich, als Ir alle seyt, allein weyle es also zugehet, so wird kein ehrlicher man in Bamberg sicher sein, Ir so wenig als ich oder ein anderer.‹ Sagt der Doctor, ›er wer nit vom Teuffel angefochten‹; ich sagt: ›ich auch niht, aber euer falsche Zeugen, das seyn die Teuffel, und eure scharffe marter.‹

Und dieses ist den Freytag, dem 30. Juny geschehen. Als nun der Hencker mich wieder hinweggeführt in das gefengnus, sagt er zu mir: ›Herr, ich bit euch umb gotteswillen, bekennt etwas, es sey gleich war oder nit. Erdenket etwas, dah ir könnt die marter nicht ausstehen, die man euch anthut, und wann ir sie gleich alle ausstehet, so komt ir doch niht hinaus, sondern fangt ein marter wider auf die andre an, bis ir saget, ir seyt ein Truttner.‹

Nun folgt, hertzliebes kindt, was ich hab außgesagt, daß ich der großen marter und harten tortur bin entgangen, welche mir unmöglich lenger also auszustehen geweßen were.«

Junius erfindet eine Begegnung mit dem Teufel, der sich ihm als Geißbock genähert, ihn gezwungen habe, Gott zu leugnen, um ihn schließlich mit zwei Hexen als Paten im Namen Luzifers zu taufen.

»Nun vermeynt, ich wer gar forüber, da fraget man, wo ich uf dentze [Hexentänze] gewesen, da wust ich niht, wo auß oder ein. Darnach soll ich sag, was ich für leut alda gesehen. Ich sage, ich hette sie niht gekennet. – ›Du alter Schelm, ich muß Dir den hencker übern hals schicken.

Sag …, ist der Cantzler niht da gewest?‹ So sagt ich ja. ›Wer mer? Nehme en gaß nach der andern; fahr erstlich den marckt heraus und wieder hinein.‹ Da hab ich etliche persohn müssen nennen – darnach die lange gasse. Ich wuste niemand, hab aber acht persohn daselbsten müssen nennen. Darnach solt ich sag, was ich for uebel gestifft hab. Ich sagt nichts. Het er mich geschlagen. ›Zieht den schelm auf!‹ – So hab ich gesagt, ich hette auf Befehl des Teufels mein Kinder umbbring sollen, hette ich an statt ein pferdt umbbracht. Ich hette auch ein hostien genohmen und die eingegraben.

Nun, hertzliebes kindt, da hastu alle meine Aussag, darauf ich sterben muß, und seint lautter lüg und erdichte sach, so war mir gott helff. Dann dieses hab ich alles auß forcht der ferner angetrohenen marter sag müß. Und wenn gott kein Mittel schickt, daß die sach recht an tag kompt, so wirdt die ganze Schwegerschafft verbrendt. Liebes Kindt, ich bitte dich umb des jüngsten gerichtes willen, halt dies schreiben in guter hut und bet für mich. Lass die Anna Maria auch für mich bet. Das darfst künlich für mich schwören, daß dein vatter kein trudner sondern ein märtirer und sterb hiermit gefast.

Guter nacht denn: dein Vatter Johannes Junius; sieht dich nimmermehr. 24. July ao. 1628.«

In der 29. Frage stellte Spee eine Forderung auf, mit der er seiner Zeit um ein Jahrhundert voraus war, denn erst Preußens großer Friedrich sollte sie 1740 als erster Herrscher Europas erfüllen: »Die Tortur ist völlig abzuschaffen und nicht mehr anzuwenden.«

(Inzwischen haben wir es so weit gebracht, daß die Folter, in technisch perfekterer Form, zur Verhörpraxis in vielen Staaten gehört.)

Friedrich Spee war, was die Wirkung der »Cautio Criminalis« betraf, eher pessimistisch, habe er doch, wie er sibyllinisch in der Vorrede schrieb, sein Buch vor allem jenen gewidmet, die es *nicht* lesen werden, denn die es lesen würden, hätten es nicht nötig. Ob nun aber einer lesen wolle oder nicht lesen wolle, so wünsche er doch, daß jeder wenigstens die letzte Frage lese. »Dubium LI« enthält anhand so anschaulicher wie Entsetzen erregender Beispiele eine Übersicht der in Hexenprozessen gebräuchlichen Verfahren, die es, nach Meinung des Autors, wert wäre, daß der verehrungswürdige Kaiser sie kennenlernte. Er schloß mit den Worten: »Das Seelenheil aller, die da Verantwortung tragen, ist in großer Gefahr, wenn sie nicht nach ihrem Gewissen handeln. Sie mögen sich nicht wundern, wenn ich sie zuweilen heftig und leidenschaftlich ermahnte; aber ich möchte nicht unter denen sein, die der Prophet stumme Hunde heißt, weil sie bei Gefahr nicht zu bellen wissen.«

Was bewirkt wurde

Ob Kaiser Ferdinand II. (jener Habsburger, der Wallenstein ermorden ließ) die »Cautio« kennengelernt hat, wäre denkbar, denn etliche Mitglieder des Reichskammergerichts zu Speyer und Räte des kaiserlichen Hofs zu Wien hätten, so der Herausgeber der Frankfurter Ausgabe Johann Gronaeus, eine zweite Auflage für ratsam gehalten, »... um dadurch den Weg zur Erforschung der Wahrheit zu bereiten«. Nicht nur gelesen, sondern auch danach gehandelt hat Kurfürst Johann Philipp von Schönborn, als er in seinem Herrschaftsbereich Mainz-Würzburg-Worms die Hexenprozesse kurzerhand einstellen ließ. Herzog Wolfgang Wilhelm von Jülich-Berg, so unbedeutend er sonst gewesen sein mag, wies seine Statthalter an, die Prozeßakten in Zukunft zur Prüfung vorzulegen. Der Herzog von Braunschweig befahl seinen Räten Mäßigung. In Offenburg, Nassau, Köln, Bilstein und am Niederrhein fanden

auffallend weniger Prozesse statt. Königin Christine von Schweden gab durch ein Reskript Order, alle wegen Hexerei angeklagten Frauen in Freiheit zu setzen (wie überhaupt die Schweden, hatten sie eine deutsche Stadt erobert, alle Hexen und Zauberer aus der Haft entließen).
Es erschienen Ausgaben in polnischer, französischer, holländischer – und deutscher Sprache. Wie weit die Wirkung der »Cautio Criminalis« auf die Hexenverfolgungen im einzelnen reichte, läßt sich selten so genau nachweisen wie im Falle des Stockholmer Reskripts, doch erwiesen ist, daß die Gedanken Friedrich von Spees – und die seiner Mitstreiter – fruchtbar blieben; die Stimme der Wahrheit und der Menschlichkeit, einmal erhoben, verstummte nicht wieder. Auch wenn es immer wieder zu Rückfällen in die Barbarei kam und neue Feuer aufflammten. Sein Werk wurde, von Gegnern wie von Anhängern, als Quelle benutzt, zitiert oder totgeschwiegen, an ihm schieden sich die Geister in gute und böse, er selbst jedoch geriet allmählich in Vergessenheit.
Bis zu jenem Tag, da die »Cautio Criminalis« dem sächsischen Juristen Christian Thomasius in die Hände fiel, den die Geschichte kennt als den ersten großen deutschen Aufklärer. Ihm war bisher die Lehre von den Hexen und ihrem Unwesen so richtig erschienen, daß er sich dafür hätte totschlagen lassen. Jetzt fielen ihm »die Schuppen von den Augen seines Verstandes«, nachdem er die Lektüre beendet. Den Verfasser hatte er anfangs für einen Protestanten gehalten, einen Glaubensgenossen also, wäre doch einem Papisten soviel Licht der Vernunft kaum zuzutrauen. Christian Thomasius nun veröffentlichte, inspiriert und aufgeklärt durch Spees Buch und auch nicht aufzuhalten, als er erfuhr, daß der Verfasser sogar, mirabile dictu, ein Jesuit gewesen war, seine »Theses inaugurales de crimine magiae« (»Kurtze Lehrsätz von dem Laster der Zauberey«), die alsbald, mit der Kraft seines berühmten Namens, den

ganzen Teufels- und Hexenkram auf den Müllhaufen der Geschichte warfen.
Sein Lieblingsschüler, der königlich-preußische Rat Adolf Meinders von Ravensberg, trug dazu nicht unwesentlich bei. Auf seinen Einfluß war es zurückzuführen, wenn Friedrich Wilhelm I., der Soldatenkönig, 1714 ein Edikt erließ, wonach die Eröffnung eines Hexenprozesses, hierin einem Vorschlag Spees bis ins Detail folgend, den obersten Justizkollegien vorzubehalten sei, und das war praktisch er selbst. Die Folge war, wie Friedrich der Große später mit dem ihm eigenen heiteren Zynismus feststellte, daß die Weiber in Preußen endlich unbesorgt alt werden konnten.
Auch das gegen die Prozesse gerichtete Hexendekret der Kaiserin Maria Theresia war im Grunde eine Frucht der »Cautio«; denn ihr Leibarzt und Ratgeber war ein Verfechter der Speeschen Ideen.
Die letzte deutsche Hexe wurde 1775 in Bayern hingerichtet, in der Fürstabtei Kempten. Sie hieß Anna Maria Schwägelin und war vermutlich schwachsinnig.
Friedrich von Spee gehört zu jenen tragischen Figuren der Geschichte, die ihrer Zeit so weit voraus sind, daß sie die Früchte ihres Wirkens nicht mehr reifen sehen. Der Unbehauste, ewig Gejagte hatte im Jahre 1632 wieder einmal – der ihn immer heftiger befehdenden Gegner wegen – seine Bücherkiste packen, die geringe persönliche Habe verschnüren und das »hillige Köln«, eine Stadt, die er trotz allem liebte, verlassen müssen. Trier hieß die nächste Station, und die Macht seiner Freunde war noch groß genug, um ihm am Trinitätskolleg ein neues Lehramt zu verschaffen, das mit der Prüfung der Priesteramtskandidaten verbunden war. Trotz Lehre, Examinierung und der Tätigkeit als Beichtvater noch Zeit zu finden, die »Trutznachtigall« zu überarbeiten und in Schönschrift abzuschreiben (damit die Zensoren des Ordens sie vor der Veröffentlichung prüfen konnten), gehörte zu den Selbstverständlichkeiten im

Leben des Paters Spee. Wie es überhaupt immer wieder erstaunt, welche ungeheure Arbeitslast Menschen zu bewältigen vermochten, denen technische Hilfsmittel genauso fehlten wie ein Team qualifizierter Mitarbeiter.

Einundvierzig Jahre alt war Pater Friedrich von Spee, als er sein Amt in Trier antrat: gezeichnet durch die Narben an Stirn und Hinterkopf, gequält von Kopfschmerzen und Schwindelanfällen, das Haar grau, fast weiß, wirkte er wie ein Sechzigjähriger, und jedermann hätte ihm nun Ruhe gegönnt, doch Trier war eine Stadt der *Un*ruhe. Die Stadt, von den Franzosen besetzt, mit denen der katholische Kurfürst sympathisierte, ungeachtet dessen, daß der katholische französische Kanzler mit den protestantischen deutschen Fürsten gegen den katholischen deutschen Kaiser komplottierte, dessen allmächtiger Berater ein Jesuit war – eine politische Situation, wie sie in ihrer schlichten Kompliziertheit in der zweiten Hälfte des Großen Krieges üblich war. Als die Kaiserlichen, in der Gestalt spanischer Söldner, nun die Tore berannten, waren daran natürlich die Jesuiten schuld, und der Kurfürst befahl, sie sollten auf der Stelle Trier verlassen unter Aufgabe all ihres Besitzes. Die Feinde waren aber schneller in der Stadt als die Jesuiten hinaus, und wenn jemand sie verlassen mußte, dann waren es die Franzosen.

Während die Straßenkämpfe noch tobten, sah man Pater Spee, wie er Verwundete verband, Sterbende mit den heiligen Sakramenten versah, wehrlose Frauen beschützte. In den Wochen darauf betreute er die in den Hospitälern zurückgebliebenen Kranken, wobei er auch hier keinen Unterschied machte zwischen denen, die als Feinde galten, und denen, die Freunde genannt wurden. Eine pestartige Seuche, von den Spaniern eingeschleppt, begann sich epidemisch zu verbreiten und forderte Hunderte von Opfern. Auch Pater Friedrich von Spee steckte sich an und starb nach kurzem Todeskampf am 7. August 1635.

Die Widmung, die er seinem Gewissensbuch, der »Cautio Criminalis«, vorangestellt hatte, könnte sein Grabspruch sein: »Ich will dir zeigen, was den großen Herren mangelt und was denen fehlt, die alles besitzen: EINER, DER DIE WAHRHEIT SPRICHT.«

8. Kapitel Sophie Scholl oder Das andere Deutschland

Jugend unter dem Hakenkreuz

Die Geschichte vom Leben und Sterben der Sophie Scholl mutet an wie eine Legende aus fernen Zeiten, unwirklich und ganz und gar unvorstellbar für jene, die heute so alt sind, wie es Sophie damals war: Sophie, das Mädchen aus dem Volk, das sich, zusammen mit ihrem Bruder Hans, aufmachte, gegen das Böse zu kämpfen, das Böse in Gestalt eines übermächtigen Tyrannen. Ein schier hoffnungsloses Unterfangen, und doch wurde es gewagt, weil die, die das Wagnis eingingen, davon durchdrungen waren, es tun zu *müssen*.

»Sie fochten gegen das Riesenfeuer mit bloßen Händen, mit ihrem Glauben, ihrem armseligen Vervielfältigungsapparat, gegen die Allgewalt des Staates«, schreibt Golo Mann. »Gut konnte das nicht ausgehen, und ihre Zeit war kurz. Hätte es aber im deutschen Widerstand nur sie gegeben, die Geschwister Scholl und ihre Freunde, so hätten sie allein genügt, um etwas von der Ehre des Menschen zu retten, welcher die deutsche Sprache spricht.«

Zwölf Jahre war Sophie alt, als ihre Schwester Inge eines Tages aus der Schule kam und von einer Klassenkameradin berichtete, die ihr auf der Treppe zugerufen habe, daß jetzt der Hitler an die Regierung gekommen sei. Mit dem Namen konnte sie wenig anfangen. Irgendeiner war halt immer an der Regierung, ob er nun Brüning, Papen oder

Schleicher hieß. Ja, aber der Neue, der würde dafür sorgen, daß die Arbeitslosen von der Straße kämen, sechs Millionen waren es inzwischen, und die nationale Ehre wiederherstellen, und nur noch Deutsche würde es geben, keine Klassen mehr.

»Wir hörten viel vom Vaterland reden, von Kameradschaft, Volksgemeinschaft und Heimatliebe. Das imponierte uns ... Denn unsere Heimat liebten wir sehr ... Das Vaterland, was war es anderes als die größere Heimat all derer, die die gleiche Sprache sprachen und zum selben Volk gehörten. Wir liebten es und konnten kaum sagen warum. Man hatte bisher ja auch nie viele Worte darüber gemacht. Aber jetzt, jetzt wurde es groß und leuchtend an den Himmel geschrieben«, schreibt Inge Scholl, und man wird sie häufiger zu Wort kommen lassen mit ihrem Bericht über »Die Weiße Rose«, einem kleinen, schmalen Buch, das zum Klassiker geworden ist. Sie erzählt darin in einfachen Worten von Jungen und Mädchen, die man verlockte, mißbrauchte und verriet.

Wer diese Zeit im Alter der Geschwister Scholl erlebt hat, weiß, wie schwer es gewesen wäre, sich den Verlockungen zu entziehen. Aber die meisten Jungen und Mädchen wollten das gar nicht. Sie waren fasziniert vom Klang der Fanfaren und Trommeln, dem dröhnenden Marschtritt; waren voller Eifer bei den Heimabenden dabei, auf denen gespielt, gebastelt, vorgelesen wurde; kämpften bei den Sportveranstaltungen um die Medaillen; gingen begeistert »auf Fahrt« in die Umgebung der Städte, wo man wanderte, abkochte, in Zelten schlief, am nächtlichen Lagerfeuer Lieder sang. Kein schöner Land ließ sich für diese Fahrten denken als das Land, wo die Scholls seit dem Jahre 1928 lebten; die alte, ehrwürdige Stadt Ulm, an der Einmündung der Blau in die rasch fließende Donau gelegen, wo sich zwei ganz verschiedene Landschaften begegnen, die Schwäbische Alb und das Alpenvorland.

Die anfängliche Begeisterung ließ später merklich nach, als das Marschieren das Wandern verdrängte, der Drill das Spiel, die großen Aufmärsche die schönen Fahrten. Doch anfangs waren die Kinder der Familie Scholl, fünf waren es, zwei Jungen und drei Mädchen, bemüht, dem vom Führer Adolf Hitler propagierten Ideal möglichst nahe zu kommen, nämlich hart wie Kruppstahl, zäh wie Leder und flink wie Windhunde zu werden. Sie waren aufgehoben in einer Gemeinschaft, der Hitler-Jugend; fühlten sich einer großen Aufgabe verpflichtet, ihrem Vaterland zu dienen mit »Herz und Hand«, schließlich bildeten sie die »Garanten der Zukunft«. Wer von den Erwachsenen ihnen mit Skepsis oder gar Mißtrauen begegnete, der gehörte eben zu den Ewiggestrigen.

Vater Robert Scholl, der sich in Ulm als Steuer- und Wirtschaftsberater niedergelassen hatte, war ein weltoffener, liberaler Mann, eine Geisteshaltung, die den Neuen verhaßt war, ihn aber befähigte, hinter die Dinge zu sehen, und er sah Schlimmes: Nationalismus, Rassismus, Antisemitismus. Immer wieder versuchte er, seinen Kindern die Kehrseite der Medaille zu zeigen, ja er ging so weit, Hitler mit dem Rattenfänger von Hameln zu vergleichen, der mit seinen teuflischen Klängen die Kinder ins Verderben gelockt hatte. Vergeblich. Hans und Sophie glaubten, die besseren Argumente zu haben.

Hatte Hitler nicht die Arbeitslosen von den Straßen gebracht, Millionen Lohn und Arbeit gegeben, das Rheinland befreit (worunter der Einmarsch der Wehrmacht in die entmilitarisierte Zone gemeint war), die Autobahnen gebaut, überall Hoffnung, Zuversicht, Zukunftsglauben verbreitet? Wenn der Vater nicht nachließ mit seinen Warnungen und seiner Schwarzmalerei, dann fuhren sie ihr stärkstes Geschütz auf: die Großen des Auslands. Waren diese Männer, die den Führer auf dem Obersalzberg besuchten, sich Hand in Hand mit ihm auf der Olympiade fotografieren ließen, so blind oder töricht, um in Hitler nicht den Mann zu erkennen, als den ihn der Vater bezeichnete, als einen Kriegstreiber, der sich ganz Europa unterwerfen wollte? Hatte nicht der britische Premier Lloyd George in einem Interview gesagt, er wünschte, England besäße einen solchen Staatsmann wie diesen großen Führer der Deutschen?

Freudig zog Hans Scholl als Fahnenträger des Jungbanns zum Reichsparteitag nach Nürnberg; eine hohe Auszeichnung, um die ihn alle beneideten. Etwas weniger freudig kam er wieder heim: abgestumpft vom ewigen Getrommel, Fanfarengeschmetter, Sieg-Heil-Geschrei; der Hitler-Jugend blieb er dennoch treu. Er begrüßte es, als auch seine Schwester Sophie bei den Jungmädels den Rang erreicht hatte, den er als Fähnleinführer beim Jungvolk bekleidete.

Kleine, fast zufällig erscheinende Erlebnisse waren es dann, die Sophie Scholl irre werden ließen an der verkündeten »neuen Zeit«. Warum hatte dieser hohe HJ-Führer, der zur Besichtigung erschienen war, ihrem Bruder eines seiner Lieblingsbücher weggenommen, »Sternstunden der Menschheit« von Stefan Zweig?

»Warum darf er das Buch nicht mehr lesen?« »Weil es verboten ist.« »Warum ist es verboten?« »Nun, weil ...« ... also wer in der Hitler-Jugend sei, habe nicht soviel zu fragen, er habe zu gehorchen, habe jenen blinden Gehorsam zu leisten, den der Führer von jedem einzelnen fordere. Ihres Bruders bevorzugter Schriftsteller besaß, soviel erfuhr Sophie Scholl schließlich, einen Geburtsfehler: seine Eltern waren Juden.

Unerwünscht war es von nun an auch, daß Hans zum Klang seiner Gitarre slawische, ungarische (Zigeuner!), spanische Volkslieder sang. Es gäbe genug deutsches Liedgut. Dann wäre doch Heinrich Heine gewiß angebracht, in dessen Versen sich Volksliedinnigkeit mit deutschem

Sagenzauber vermählte, deren Vertonung sich die Elite deutscher Komponisten hatte angelegen sein lassen? Den Vorschlag, Heine auf den Heimabenden zumindest zu lesen, machte Sophie jedenfalls, und als sie bei ihren Führerinnen damit auf eisige Ablehnung stieß, meinte sie: »Wer Heinrich Heine nicht kennt, der kennt die deutsche Literatur nicht.«

Die ersten Zweifel

Sophies Schulfreundinnen Luise Nathan und Anneliese Wallersteiner, beide aus alteingesessenen Ulmer Familien stammend, durften nicht das, was sonst von allen Mädchen verlangt wurde – in den Bund Deutscher Mädchen, den BDM, eintreten. Sophie, die ein starkes Gerechtigkeitsgefühl hatte, fragte empört: »Warum darf Luise, die blonde Haare hat und blaue Augen, nicht BDM-Mitglied sein, während ich mit meinen dunklen Haaren und dunklen Augen Mitglied bin?«
Ja, warum ... Eine Führerin hatte eine Antwort zu geben versucht, als während eines Zeltlagers eine Kameradin sagte: »Alles wäre so schön – nur die Sache mit den Juden, die will mir nicht hinunter.« Die Ältere meinte, selbst unsicher geworden: »Wenn euch manchmal etwas unbegreiflich erscheint, also der Führer weiß schon, was er tut.«
Wußte er auch, daß es Konzentrationslager gab, hinter deren mit Stacheldraht bewehrten Mauern politische Gegner verschwanden, viele auf Nimmerwiedersehen? Diese Frage stellten die Geschwister dem Vater. Menschen wurden zusammengeschlagen, der Kaufmann an der Ecke abgeholt, ein junger Lehrer verhaftet. Eines frühen Morgens im November klingelte es auch an der am Münsterplatz gelegenen Wohnung der Familie Scholl. Zwei Herren mit schwarzen Ledermänteln zogen ihre Ausweise –

Gestapo – und begannen die Zimmer zu durchsuchen. Wonach sie suchten, sagten sie nicht, auch nicht, warum sie Inge, Werner und Sophie Scholl mitnahmen. Sophie war bald wieder bei den Eltern; wohl nach Hause geschickt, weil allzu jung noch und kindlich. Die beiden anderen transportierte man noch am selben Abend im offenen Lastwagen über die neu erbaute Autobahn nach Stuttgart und sperrte sie in eine Zelle des Gestapo-Gefängnisses.

Die Scholls warteten acht qualvolle Tage, bis aus Stuttgart der Bescheid kam, sie könnten ihre Kinder wieder abholen. Inge und Werner waren immer wieder verhört worden und machten einen geängstigten, verstörten Eindruck. Ein Zustand, der sich verschlimmerte, als kurz darauf Hans Scholl aus der Kaserne in Cannstatt heraus, wo er bei der Kavallerie seinen Wehrdienst ableistete, verhaftet wurde. Wenn er, nach fünf Wochen, wieder frei kam, dann hatte er das seinem Schwadronchef, einem couragierten Rittmeister, zu verdanken, der den Gestapo-Leuten erklärte: »Scholl ist *unser* Mann. Wenn es etwas zu regeln gibt, dann regeln *wir* das.«

»Bündische Umtriebe« hatte man ihnen und einigen anderen ebenfalls verhafteten Jugendlichen vorgeworfen. Die bündische Jugend war um die Jahrhundertwende als »Wandervogel« entstanden mit dem Ziel, sich in jugendlichen Gemeinschaften bei Fahrt, Volkslied, Lager und Tracht selbst zu erziehen und das Leben selbst zu gestalten; ein Lebensstil, den die Nationalsozialisten nicht dulden konnten, sollte doch die Erziehung der Jugend allein der HJ vorbehalten sein; gleich nach der Machtübernahme gingen sie gegen die Bündischen vor. Es fanden sich jedoch immer wieder Ehemalige zusammen, daheim oder auf gemeinsamen Fahrten, um *die* Bücher zu lesen, *die* Lieder zu singen, *die* Gemälde zu betrachten, *die* Musik zu hören, die auf dem Nazi-Index standen. Solcher Umtriebe hatten sich die Scholl-Kinder in der Tat schuldig gemacht.

»Wie da der Zweifel, der bisher nur ein Funke war, erst zu tiefer Trauer wurde und dann zu einer Flamme der Empörung aufloderte. In uns begann eine gläubige, reine Welt zu zerbrechen, Stück um Stück. Was hatte man in Wirklichkeit aus dem Vaterland gemacht? Nicht Freiheit, nicht blühendes Leben, nicht Gedeihen und Glück jedes Menschen, der darin lebte.«

Nun war es keineswegs so, daß die Nazizeit für alle jungen Deutschen eine Zeit des Schreckens gewesen wäre. Wer sich anpaßte, Hitler einen guten Mann sein ließ, in die HJ oder den BDM eintrat und sich nach Möglichkeit vor dem Dienst drückte, konnte ein einigermaßen normales Leben führen. Auch war Sophie viel zu lebensfroh, zu vital, ein junges Mädchen eben, um auf die Dauer Trübsal zu blasen. Sie tanzte die damals beliebten Tänze Foxtrott, Tango und English-Waltz (»Ich tanze mit Dir in den Himmel hinein ...«). Sie war auf den Faschings- und Künstlerbällen eine begehrte Partnerin, hörte sich bei einer Freundin, die ein Grammophon besaß – eine noch keineswegs selbstverständliche Errungenschaft – den verbotenen Niggerjazz an. Die Margerite in ihrem dunklen Haar wirkte fast wie ein Symbol ihrer Lebensfreude.

Erotik und Sexualität waren in der Familie Scholl kein Tabu. Inge, die mit ihren jüngeren Schwestern ein Zimmer bewohnte, erzählt, wie Sophie eines Abends vor dem Schlafengehen gesagt hatte, daß sie im Biologieunterricht gerade »etwas Tolles« gelernt habe; und das möchte sie ihr gern mal erklären. Sie schlüpfte, bewaffnet mit Block und Bleistift, zu ihr unter die Decke und zeichnete präzise auf, was die Biologielehrerin ihr über die Zeugungsvorgänge beigebracht hatte. Auf diese Weise brachte sie der Älteren etwas bei, was diese in der Schule nicht ganz mitbekommen hatte.

Über Sexualität wurde damals nicht soviel gesprochen wie heute. »Soviel ich mich erinnere«, erzählt Inge Scholl,

»gebrauchte man auch eher das Wort Erotik, und dieses eigentlich immer in Verbindung mit Liebe. ... Dazu gehörte auch die körperliche Zärtlichkeit und das, was heute in erster Linie gewünscht wird, die sexuelle Vereinigung. Das war nichts Negatives, aber es stand nicht am Anfang. Man hat die Lust zum Warten gehabt. Das Warten und das Wissen, daß man zusammenwächst, war ja auch eine Lust.«

Als Sophie sechzehn geworden war, erlebte sie ihre erste Liebe. Sie galt einem jungen Leutnant, der gerade die Kriegsschule in Potsdam absolviert hatte. Er war Offizier geworden aus Überzeugung, ein Patriot im guten Sinne, durchdrungen davon, daß die Tugenden des Soldaten auch dem Nichtsoldaten, dem Bürger, gut anstehen würden, als da wären Haltung, Kameradschaft, Selbstzucht. Er kam aus der – nun verbotenen – traditionell national gesinnten bündischen Jugend, aus der bereits die Reichswehr einen großen Teil ihres Offiziersnachwuchses geholt hatte. Die meisten dieser jungen Offiziere hatten ein schizophrenes Verhältnis zu Hitler. Mit den Nazis wollten sie nichts zu tun haben – die SA zum Beispiel war für sie ein brauner Pöbelhaufen –, waren aber gleichzeitig davon angetan, mit welcher Großzügigkeit dieselben Herren die Wehrmacht ausrüsteten, den Wehrgedanken förderten und dem Soldaten wieder einen gesellschaftlichen Status gaben.

Sophie und Fritz, zwei gegensätzliche Charaktere nach Erziehung und Herkunft, und wenn Gegensätze sich auch anzuziehen pflegen, wie es im Volksmund heißt, es kam, wie aus den Briefen ersichtlich, häufiger zu Differenzen. Besonders nachdem der Krieg ausgebrochen war. Für einen im Feld stehenden Offizier, der davon überzeugt ist, sein Vaterland verteidigen zu müssen, wird es problematisch, einen Brief zu lesen mit dem Satz: »Ich kann es nicht begreifen, daß nun dauernd Menschen in Lebensgefahr gebracht werden von anderen Menschen. Ich kann es nie begreifen, und ich finde es entsetzlich. Sag nicht, es ist fürs Vaterland.« Oder: »Soviel ich Dich kenne, bist Du ja auch nicht sehr für einen Krieg, und doch tust Du nichts anderes als Menschen für den Krieg auszubilden.«

Ein Mann, der gegen die Nazis ist und doch die Waffe für sie führt, war ihr unverständlich. Sie konnte sich nicht vorstellen, daß man zusammenleben könne, wenn man in diesen Fragen verschiedener Ansicht sei. Nur durch eine militärische Niederlage könne Hitler beseitigt, Deutschland die Freiheit wiedergegeben werden.

Der Gedanke, daß nun so viele junge Menschen sterben mußten, belastete Sophie schwer, auch die Tatsache, daß die meisten von ihnen glaubten, einer guten Sache zu dienen, während sie doch für eine schlechte mißbraucht wurden. Geradezu rührend mutet es an, wie sie ihren ins Feld einrückenden Freunden das Versprechen abnimmt, niemals auf Menschen zu schießen. Da sie nicht, wie die meisten ihrer Landsleute, die Augen verschließt und die Ohren verstopft, erfährt sie von den Deportationen jüdischer Mitbürger, den Zwangsaussiedlungen der Polen aus Westpreußen, Posen, Oberschlesien, den Liquidierungen ihrer Führungsschicht durch SS-Kommandos, um, wie Hitler das ausdrückte, »diese rassisch fremden Elemente abzukapseln und nicht das Blut des eigenen Volkes immer wieder zersetzen zu lassen«.

Einem Land zu dienen, das sie liebte, dessen Führung und ihre Mitläufer sie aber haßte, diesem Dilemma wollte sie für sich selbst entgehen. Sie meldete sich beim Ulmer Fröbel-Seminar, um sich als Kindergärtnerin ausbilden zu lassen; in der Hoffnung, dadurch nicht zum Reichsarbeitsdienst zu müssen, denn eine Tätigkeit im sozialen Bereich galt als eine Art Ersatzleistung. Im Krieg galten aber andere Vorschriften. Sophie fand sich nach Examen und Praktikum erst in einem Schwarzwälder Kinderheim, dann als Arbeitsmaid in einem Lager bei Sigmaringen wieder.

Zusammen mit zehn anderen Mädchen teilte sie einen Schlafraum und deren Gespräche über das Thema Nummer eins: Männer. Manchmal schwärmten sie auch nur für *einen* Mann, für den geliebten Führer, der nach den Blitzkriegen gegen Polen und Frankreich nun auch zum größten Feldherrn aller Zeiten erkoren ward. Was konnten sie dafür: man hatte ihnen nichts anderes beigebracht im Elternhaus, auf der Schule, im BDM.

Sophie dagegen kam aus einem Haus, in dem der Vater den Führer als Verführer durchschaut hatte, auch voraussah, daß er zwar noch manche Schlachten gewinnen würde, aber die letzte Schlacht nicht. Ihr mußten die grellen Fanfarentöne der Sondermeldungen, das hysterische »Führer, wir folgen dir«, die gellenden Sprüche bei der Flaggenhissung wie eine greuliche Kakophonie erscheinen. Die RAD-Maiden hielten »die Scholl« wenn nicht für arrogant, so doch für ziemlich sonderbar. Wer abends im Bett beim Licht der Taschenlampe Thomas Manns »Zauberberg« las und die »Bekenntnisse« des Augustinus, brauchte sich darüber nicht zu wundern.

Allen Gewalten zum Trotz

Manchmal überfiel sie abgrundtiefe Traurigkeit. Sie wünschte sich nichts anderes, als eine Ackerkrume zu sein oder ein Stück von einer Baumrinde oder einfach gar nicht mehr zu sein. Trost fand sie immer wieder in der Natur. Die Fahrt mit dem Rad zu dem Bauern, dem sie zugeteilt war, durch den lichten Buchenwald, hügelauf und hügelab, unter hohem tiefblauem Himmel, machte sie so glücklich, daß sie dieses Glück gleich wieder mit anderen teilen wollte.

»... mir ist manchmal danach zu Mute, die Waffen zu strekken. Aber, allen Gewalten zum Trutz ... [sich erhalten,

Sophies goethescher Wahlspruch.] Man muß nur warten können. Ich werde versuchen, mich nicht mit Träumen zufriedenzugeben, mit Schöngeistigkeit und noblen Gesten. Man darf heute nicht sehr weichherzig sein. Auf meinem Nachttisch stehen zwei Rosen. An die Stiele und das Blatt, die ins Wasser hängen, haben sich winzige Perlen gereiht. Wie schön und rein dies aussieht, welch kühlen Gleichmut es ausstrahlt. Daß es dieses gibt! Daß der Wald so einfach weiterwächst, das Korn und die Blumen ... Manchmal kommt mir das mit solcher Macht zu Bewußtsein, daß ich ganz erfüllt davon bin. Dies alles gibt es, trotzdem sich der Mensch inmitten der ganzen Schöpfung so unmenschlich aufführt.«

Sophie wollte so gern an das Gute glauben. Der amerikanische Schriftsteller Richard Hanser schreibt in seinem Buch »A Noble Treasure«, daß ein anderes Mädchen fast zur gleichen Zeit seinem Tagebuch ähnliche Gefühle und Gedanken anvertraut hatte: Anne Frank. Sie schrieb in ihrem Dachversteck im besetzten Amsterdam: »Es ist ein Wunder, daß ich alle meine Hoffnungen noch nicht aufgegeben habe, denn sie erscheinen absurd und unerfüllbar. Doch ich halte daran fest, trotz allem, weil ich noch stets an das Gute im Menschen glaube. Es ist mir nun mal nicht möglich, alles auf Tod und Elend aufzubauen.«

Sophie kehrte Ende August 1941 heim nach Ulm zu den Eltern, froh, sich nun wieder mit anderen Dingen beschäftigen zu können. Zu diesen Dingen gehörte »Das Windlicht«, eine kleine hektographierte Zeitschrift, die an Freunde und gleichgesinnte Bekannte verschickt wurde. Sie enthielt Essays, Aufsätze, Auseinandersetzungen mit religiösen, literarischen, philosophischen Fragen. Die Beiträge waren jenseits der veröffentlichten Meinung angesiedelt, doch so verschlüsselt im jeweiligen historischen Kontext, daß sie kaum als staatsfeindlich hätten eingestuft werden können. Napoleon hatte Rußland überfallen und

damit den Anfang seines Endes eingeleitet, das war eine historische Tatsache; wenn ein unerwünschter Mitleser eine politische Parallele zog, war er selber daran schuld.
Weniger harmlos als ihre »Windlicht«-Texte war das, was der Briefumschlag enthielt, den die Scholls eines Tages in ihrem Briefkasten fanden. »Wir fordern Gerechtigkeit«, stand dort. »Bleibt dieser Ruf ungehört und unerhört, so wird unser deutsches Volk und Vaterland trotz des Heldentums unserer Soldaten und ihrer ruhmreichen Siege an innerer Fäulnis zugrunde gehen.« Mit angehaltenem Atem lasen sie weiter: »Wir sehen und erfahren jetzt deutlich, was hinter den neuen Lehren steht, die man uns seit einigen Jahren aufdrängt. Denen zuliebe man die Religion aus der Schule verbannt, unsere Vereine unterdrückt hat, jetzt die Kindergärten zerstören will: abgrundtiefer Haß gegen das Christentum, das man ausrotten möchte.« Und: »Ein Gehorsam, der die Seele versklavt, der in das innerste Heiligtum menschlicher Freiheit dringt, dorthin, wo das Gewissen wohnt, ist die totale Sklaverei.«
Der Mann, der die Kühnheit besaß, den Machthabern in einem derartigen Ton entgegenzutreten, war der Bischof Clemens August Graf von Galen. »Der Löwe von Münster«, wie man ihn später nannte, hatte seine Stimme von der Kanzel aus erhoben, als die Nazis sich am Kircheneigentum vergriffen, Klöster, Ordenshäuser, Schulen enteignet hatten. Er protestierte von neuem, als im Reich das Euthanasieprogramm anlief, das sich gegen das sogenannte unwerte Leben richtete, »Aktion T4« genannt. Geistig behinderte, verkrüppelte, unheilbar kranke Menschen wurden aus Hospitälern, psychiatrischen Kliniken, Pflegeheimen herausgeholt und an einen Ort verbracht, wo man ihnen »durch einen Gnadentod Erlösung von ihrem Leiden gewährte«. Mindestens hunderttausend Männer, Frauen und Kinder wurden, meist durch eine tödliche Injektion, ermordet.

»Wenn man den Grundsatz aufstellt und anwendet«, sagte der Bischof in einer seiner Predigten, »daß man den unproduktiven Menschen töten darf, dann wehe uns allen, wenn wir alt und altersschwach werden ... Dann wehe unseren braven Soldaten, die als Schwerkriegsverletzte, als Krüppel, als Invaliden in die Heimat zurückkehren.«
Worte, die, obwohl niemand sie veröffentlichen durfte, durch die Mauern der St.-Lamberti-Kirche drangen. Kirchenbesucher hatten sie heimlich mitgeschrieben, vervielfältigt und Freunden geschickt, die sie wiederum ihren Freunden weitergaben. Den Bischof zu verhaften und abzuurteilen, wagte man nicht. Er besaß einen untadeligen Ruf und genoß über seine Diözese hinaus Verehrung. So verschob man die Abrechnung mit ihm, wie mit so manch anderem, für die Zeit nach dem Endsieg.
»Endlich hat einer den Mut zu sprechen«, sagte Hans, als er seiner Schwester den Brief mit den Predigttexten gab. Die Genugtuung war auch deshalb so groß, weil die beiden Kirchen bis dahin geschwiegen, ja den Krieg gegen Rußland sogar als Kreuzzug wider den Antichrist begrüßt hatten. »Man sollte unbedingt einen Vervielfältigungsapparat haben«, meinte Hans Scholl nachdenklich zu seiner Schwester, bevor er den Brief weitersandte.
Anfang Mai 1942 saß Sophie im Zug nach München, wo sie endlich mit ihrem Studium beginnen wollte. Sie hatte sich für die Fächer Biologie und Philosophie entschieden. Nach dem Arbeitsdienst war noch ein halbes Jahr Kriegsdienstverpflichtung hinzugekommen, die sie in einem kleinen Ort unweit von Donaueschingen abgeleistet hatte. Damals war ihr die Nachricht überbracht worden von der Verhaftung des Vaters. In einer Aufwallung maßlosen Zorns hatte er in seinem Büro Hitler als eine Gottesgeißel bezeichnet. Eine Angestellte hatte ihn denunziert, die Gestapo holte ihn, ließ ihn aber, zum Erstaunen aller, wieder frei: einige Firmen, deren Interessen er vor dem Finanzamt vertrat,

waren mit dem Hinweis auf kriegswichtige Belange bei den Behörden vorstellig geworden. Die Entlassung erfolgte lediglich »auf Widerruf«; und das hieß: eines Tages würde es im Morgengrauen wieder an der Tür der Scholls läuten ...

Einundzwanzig Jahre auf den Tag genau war Sophie alt, als sie auf dem Münchner Hauptbahnhof von Hans abgeholt wurde. In ihrem Haar steckte noch die gelbe Margerite vom Geburtstagstisch. Ihr Gesicht heiter, doch umschattet von einem tiefen Ernst, fragil, sehr kindlich noch ihre ganze Erscheinung, auf der Schwelle vom Mädchen zur Frau – so erschien sie ihrem Bruder. Er hatte nach der Ableistung seines Grundwehrdienstes sich zum Medizinstudium verpflichtet und war einer Studentenkompanie zugeteilt worden. Ein Studium, das aus Wehrübungen, Fronteinsatz und Semestern in der Heimat bestand. An diesem Abend in des Bruders Studentenbude in der Lindwurmstraße lernte Sophie die jungen Männer kennen, mit denen sie bald ein Schicksal teilen würde: Alexander Schmorell, Sohn eines Münchner Arztes und einer Russin; Christoph Probst, der aus einer bayrischen Gelehrtenfamilie kam; Willi Graf aus Saarbrücken, als Angehöriger der verbotenen katholischen Jugendbewegung hatte er, 1937, mit den Gestapo-Leuten schon zu tun gehabt. Sie genossen den Kuchen, den Mutter Scholl aus den Sonderzuteilungen gebacken hatte, füllten die Gläser mit dem Geburtstagswein, tranken auf Sophies Wohl, und niemand konnte wissen, daß es ihr letzter Geburtstag war.

Die Universität in München unterschied sich von den anderen deutschen Universitäten vielleicht darin, daß sie versuchte, noch linientreuer und hitlerhöriger zu sein. Ihrem obersten Chef, dem bayrischen Kultusminister Hans Schemm, hatte die Bücherverbrennung in Berlin so gut gefallen, daß er das eigene Autodafé besonders eindrucksvoll zu inszenieren sich bemühte. Auf dem Königsplatz war

das »Brenne! Brenne! Brenne!« ertönt, mit dem man »das Wiedererwachen des deutschen Geistes einläutete«. Der Rektor der Uni, Professor Walter Wüst, ein hoher SS-Führer, las über die Überlegenheit der arischen Rasse. Die Studenten waren, wenn nicht aktiv im Nationalsozialistischen Studentenbund, so doch Mitläufer, und damit sie weiterhin mitliefen, saßen in jeder Vorlesung die Spitzel. Sie überwachten nicht nur ihre Kommilitonen, sondern achteten auch darauf, was die Dozenten sagten und taten.
In diesem vorweggenommenen »1984« konnten Gegner des Nationalsozialismus nur existieren, wenn sie einem Kreis von Gleichgesinnten angehörten. Dazu gehörten Studenten, die sich so lange mit Mißtrauen begegneten, bis sie einander im Sinne des Wortes »erkannt« hatten; und Professoren, bei deren Vorlesungen man das heraushören mußte, was zwischen den Zeilen stand. Als Kriterium galt es, dem anderen unbeschadet einen politischen Witz erzählen zu können. Diese Flüsterwitze waren Ventile für das, was der Tiefenpsychologe »Aggressionsstau« nennt. Sie kompensierten die Unfreiheit und machten die trostlose Situation wenigstens für einen Moment erträglich.
Es war befreiend, wenn man sich nach einer Pflichtvorlesung über Rassenhygiene und nordisches Menschentum zuflüstern konnte: »Wie hat der Edelgermane auszusehen?« »Hochgewachsen wie Goebbels, schlank wie Göring und blond wie Hitler.« Oder wenn man den beiden aus Berlin stammenden Landsern zuhörte, die sich an einem stillen Tag an der Front in den Frieden träumten. »Wenn der Schlamassel hier vorbei ist, mach' ick' 'ne Radtour durch janz Deutschland«, sagte der eine. Meinte der andere: »Und wat machste nachmittags?«
Sophie fühlte sich vom ersten Moment an im Freundeskreis ihres Bruders wie daheim. Auch an der Uni war sie dank zweier neuer Freundinnen, Traute Lafrenz und Gisela Schertling, nicht mehr allein. Selbst in der schlimmsten

Zeit des Krieges gab es noch Inseln, wo man sich traf, diskutierte, philosophierte, las und sich vorlesen ließ. Mal war es das Haus der Schmorells, mal Hansens Bude, mal das Atelier Eickemeyer. Immer häufiger stellte man sich die Frage: Was kann man tun? Genügt es, den Hitler-Gruß zu vermeiden, Zwangsarbeitern Zigaretten zuzustecken, sich um die Angehörigen von KZ-Insassen zu kümmern, kurz, ein anständiger Mensch zu sein?

Sophie saß oft still dabei, redete wenig, aus einer gewissen Unsicherheit heraus im Angesicht so vieler diskussionserfahrener Männer, aber sie spürten alle, wie sie innerlich glühte. »Eine zauberhafte Kindlichkeit und eine tiefe, köstliche Reife sind in ihr einen seltenen Bund eingegangen«, beschrieb einer der Freunde sie.

Manchmal stieß der dreiundsechzigjährige Theodor Haekker zu ihnen und las aus einem seiner Manuskripte, das nach seinem Tod, 1947, unter dem Titel »Tag- und Nachtbücher« herausgekommen ist. Haecker gehörte zu jenen Schriftstellern, die nicht schreiben, Malern, die nicht malen, Dozenten, die nicht lesen durften. Die »Bücher«, in nächtlichen Meditationen entstanden, zeigten den verzweifelten Kampf eines Christen um seinen Glauben, um den Sinn der Geschichte inmitten der Allmacht des Bösen. Er sah in Hitler den Antichrist, den Höllenwolf, ihn zu bekämpfen war die Pflicht eines jeden Christen, aber nicht mit der Waffe, sondern mit dem Schwert des Geistes, denn selbst der Antichrist sei ein Teil von Gottes Plan. Auch Carl Muth, der die – nun verbotene – katholische Zeitschrift »Hochland« herausgegeben hatte, plädierte angesichts der Aussichtslosigkeit eines aktiven Widerstands für einen Kampf mit geistigen Waffen.

Bei aller Verehrung, die die Jungen den Alten entgegenbrachten, eine solche Überzeugung erinnerte sie zu sehr an das Bibelwort, wonach man dem Kaiser geben solle, was des Kaisers, und Gott, was Gottes ist. Da war die Stelle aus dem Jakobus-Brief mehr nach ihrem Herzen: »Seid aber *Täter* des Wortes und nicht Hörer allein!«

Die Weiße Rose

Mitte Juni 1942 findet Sophie in einer Fensternische ihres Hörsaals einen hektographierten Bogen, an dessen Kopf die Überschrift steht DIE FLUGBLÄTTER DER WEISSEN ROSE. Sie lehnt sich gegen die Wand und beginnt zu lesen: »Nichts ist eines Kulturvolkes unwürdiger, als sich ohne Widerstand von einer verantwortungslosen und dunklen Trieben ergebenen Herrscherclique ›regieren‹ zu lassen ... wer von uns ahnt das Ausmaß der Schmach, die über uns und unsere Kinder kommen wird, wenn einst der Schleier von unseren Augen gefallen ist und die grauenvollsten und jegliches Maß überschreitenden Verbrechen ans Tageslicht treten? Wenn das deutsche Volk schon so in seinem tiefsten Wesen korrumpiert und zerfallen ist, daß es, ohne eine Hand zu regen, im leichtsinnigen Vertrauen auf eine fragwürdige Gesetzmäßigkeit der Geschichte das Höchste, das ein Mensch besitzt und das ihn über jede andere Kreatur erhöht, nämlich den freien Willen, preisgibt, die Freiheit des Menschen preisgibt, selbst mit einzugreifen und es seiner vernünftigen Entscheidung unterzuordnen – wenn die Deutschen, so jeder Individualität bar, schon so sehr zur geistlosen und feigen Masse geworden sind, dann, ja dann verdienen sie den Untergang.«
Es gibt Kommilitonen, die das Flugblatt nach den ersten Sätzen sofort fallen lassen; andere zerreißen es oder liefern es auf der Stelle im Rektorat ab; einige wenige versuchen, es unauffällig in ihrer Kollegtasche verschwinden zu lassen.
Sophie liest weiter: »Wenn jeder wartet, bis der andere anfängt, werden die Boten der rächenden Nemesis unauf-

haltsam näher und näher rücken, dann wird auch das letzte Opfer sinnlos in den Rachen des unersättlichen Dämons geworfen sein. Daher muß jeder einzelne, seiner Verantwortung als Mitglied der christlichen und abendländischen Kultur bewußt, in dieser letzten Stunde sich wehren, soviel er kann, arbeiten wider die Geißel der Menschheit, wider den Faschismus und jedes ihm ähnliche System des absoluten Staates. Leistet passiven Widerstand – *Widerstand,* wo immer Ihr auch seid, verhindert das Weiterlaufen dieser atheistischen Kriegsmaschine, ehe es zu spät ist, ehe die letzten Städte ein Trümmerhaufen sind, gleich Köln, und ehe die letzte Jugend des Volkes irgendwo für die Hybris eines Untermenschen verblutet ist.«

Dieses Blatt mit möglichst vielen Durchschlägen abzuschreiben und weiterzuverteilen, worum der unbekannte Autor am Schluß bittet, das nimmt sie sich vor, als sie die Ludwigstraße entlang nach Hause radelt. In ihr ist wieder jene Hochstimmung, die sie bei der Lektüre der Galen-Predigten empfunden hat, diesmal allerdings vermischt mit einem immer stärker werdenden unerklärlichen Angstgefühl. »Einen Vervielfältigungsapparat müßte man haben …« Wer war das doch, der diese Bemerkung vor kurzem erst gemacht hatte?

Daheim angelangt, geht sie in das Zimmer des Bruders hinüber, um auf ihn zu warten. In Gedanken verloren, schaut sie auf die Drucke an den Wänden: Manet, Degas, Renoir, Liebermann, Corinth. Aus dem Bücherstapel auf dem Tisch zieht sie einen ledergebundenen Band hervor, in dem ein Lesezeichen steckt. Schiller, »Die Gesetzgebung des Lykurgus und Solon«, eine Passage trägt feine Bleistiftstriche. »In dem spartanischen Gesetzbuch wurde der gefährliche Grundsatz gepredigt, Menschen als Mittel und nicht als Zwecke zu betrachten …«

Genau dieselben Worte hatte sie gerade gelesen: das Flugblatt, Hans!!! Sie saß da wie betäubt. Entsetzen, Furcht,

dann Zorn auf den Bruder. Mußte gerade er es tun? Genügte es nicht, daß der Vater von der Gestapo verfolgt wurde? Von nun an war er in Lebensgefahr, und sie würden ihn umbringen, so, wie sie alle umgebracht hatten, die es gewagt hatten, Widerstand zu leisten. Dann die Erkenntnis, daß jetzt nur noch eins half – ihm beizustehen. Im Sinne jenes Wortes, das sie einmal einem Freund gegenüber geäußert hatte: »Es fallen so viele für das Regime, es müssen auch einmal einige dagegen fallen.«
Doch wieder Zweifel: Taugten sie überhaupt zu Widerstandskämpfern? Wie zu jeder Tätigkeit brauchte man auch dazu Kenntnisse, Erfahrungen, ja Ausbildung; Mut, Kaltblütigkeit, Todesbereitschaft würden nicht genügen.
Hans Scholl und Alexander Schmorell waren, nachdem sie sich einmal entschlossen hatten, zielbewußt vorgegangen. Eine Schreibmaschine hatten sie relativ rasch aufgetrieben. Papier, Matritzen, Druckerschwärze – kriegswichtige und deshalb rationierte Dinge – zu beschaffen gelang erst nach einigen Schwierigkeiten. Komplizierter war es, an ein Vervielfältigungsgerät heranzukommen. Als das Geld endlich aufgebracht war, ergab sich die nächste Frage: Wo sollte man die Maschine aufstellen? Ein befreundeter Architekt, Manfred Eickemeyer, wegen seiner Tätigkeit in einem Krakauer Baubüro nur selten in München, stellte ihnen sein in einem Hinterhaus in der Leopoldstraße liegendes Atelier zur Verfügung.
Nicht nur in der Universität tauchten die Flugblätter nun auf. Hans und Alex hatten rasch erkannt, daß es gefahrloser war, sie einfach der Reichspost anzuvertrauen. Briefmarken und Kuverts wurden von Sophie, um keinen Verdacht zu erregen, in kleineren Mengen und in immer wechselnden Postämtern erstanden. Bei den Anschriften, die sie aus Telefon- und Adreßbüchern heraussuchten, bevorzugten sie die von Ärzten, Pfarrern, Architekten, Dozenten, Redakteuren, Anwälten, von Menschen also, die

dem sogenannten gebildeten Bürgertum angehörten. Da sie selbst aus dieser Schicht kamen, glaubten sie, mit ihren einen gewissen Bildungsgrad voraussetzenden Texten dort am besten verstanden zu werden. Zu den Adressaten gehörten aber auch Gastwirte, von denen man sich erhoffte, daß sie die Texte mit ihren Gästen diskutieren würden.

Die Reaktion der Empfänger war ähnlich wie die der Studenten in der Universität. Doch kam hier noch die Angst vor einem eventuellen »agent provocateur« hinzu: woher hatte der ungenannte Absender die Adresse? Doch so mancher wurde zum erstenmal nachdenklich. Zum Nachdenken hatte die Kriegslage ohnehin schon beigetragen. Anfang April waren die Lebensmittelzuteilungen wieder ein bißchen kleiner geworden – entgegen den anfänglichen Versprechungen. Die endgültige Zertrümmerung des Kolosses auf tönernen Füßen, wie man das bolschewistische Rußland genannt hatte, wurde, wieder einmal, angekündigt. Nur noch eine letzte große Offensive mit Zielrichtung Krim, Kaukasus wäre dazu nötig. Und es ging im Osten tatsächlich voran, auch in Nordafrika, wo Rommel die britische 8. Armee in Tobruk zur Kapitulation gezwungen hatte.

Doch die Fanfaren der Sondermeldungen konnten die Sirenen des Luftschutzes nicht übertönen. Die angloamerikanischen Bombengeschwader dehnten ihre Angriffe nun auf die Wohngebiete aus. Tausend britische Maschinen verwandelten beim bisher größten Luftangriff der Geschichte die Stadt Köln in ein Inferno. Lübeck, Bremen, Wilhelmshaven, Mainz, Kassel, Düsseldorf brannten, die ersten Bomben fielen auf Nürnberg, Augsburg und – auf München. Manch einer der Flugblattempfänger mag sich der Worte des Reichsmarschalls Hermann Göring erinnert haben, wonach er Hermann Meier heißen wolle, wenn auch nur eine Bombe auf das Ruhrgebiet fiele.

Kommilitoninnen! Kommilitonen!

Erschüttert steht unser Volk vor dem Untergang der Männer von Stalingrad. Dreihundertdreissigtausend deutsche Männer hat die geniale Strategie des Weltkriegsgefreiten sinn- und verantwortungslos in Tod und Verderben gehetzt. Führer, wir danken dir!

Es gärt im deutschen Volk: Wollen wir weiter einem Dilettanten das Schicksal unserer Armeen anvertrauen? Wollen wir den niedrigen Machtinstinkten einer Parteiclique den Rest der deutschen Jugend opfern? Nimmermehr!

Der Tag der Abrechnung ist gekommen, der Abrechnung unserer deutschen Jugend mit der verabscheuungswürdigsten Tyrannis, die unser Volk je erduldet hat. Im Namen der ganzen deutschen Jugend fordern wir von dem Staat Adolf Hitlers die persönliche Freiheit, das kostbarste Gut des Deutschen zurück, um das er uns in der erbärmlichsten Weise betrogen hat.

In einem Staat rücksichtsloser Knebelung jeder freien Meinungsäusserung sind wir aufgewachsen. HJ, SA, SS haben uns in den fruchtbarsten Bildungsjahren unseres Lebens zu uniformieren, zu revolutionieren, zu narkotisieren versucht. „Weltanschauliche Schulung" hiess die verächtliche Methode, das aufkeimende Selbstdenken und Selbstwerten in einem Nebel leerer Phrasen zu ersticken. Eine Führerauslese, wie sie teuflischer und bornierter zugleich nicht gedacht werden kann, zieht ihre künftigen Parteibonzen auf Ordensburgen zu gottlosen, schamlosen und gewissenlosen Ausbeutern und Mordbuben heran, zur blinden, stupiden Führergefolgschaft. Wir „Arbeiter des Geistes" wären gerade recht, dieser neuen Herrenschicht den Knüppel zu machen. Frontkämpfer werden von Studentenführern und Gauleiteraspiranten wie Schuljungen gemassregelt, Gauleiter greifen mit geilen Spässen den Studentinnen an die Ehre. Deutsche Studentinnen haben an der Münchner Hochschule auf die Besudelung ihrer Ehre eine würdige Antwort gegeben, deutsche Studenten haben sich für ihre Kameradinnen eingesetzt und standgehalten. Das ist ein Anfang zur Erkämpfung unserer freien Selbstbestimmung, ohne die geistige Werte nicht geschaffen werden können. Unser Dank gilt den tapferen Kameradinnen und Kameraden, die mit leuchtendem Beispiel vorangegangen sind!

Es gibt für uns nur eine Parole: Kampf gegen die Partei! Heraus aus den Parteigliederungen, in denen man uns politisch weiter mundtot halten will! Heraus aus den Hörsälen der SS- Unter- oder Oberführer und Parteikriecher! Es geht uns um wahre Wissenschaft und echte Geistesfreiheit! Kein Drohmittel kann uns schrecken, auch nicht die Schliessung unserer Hochschulen. Es gilt den Kampf jedes einzelnen von uns um unsere Zukunft, unsere Freiheit und Ehre in einem seiner sittlichen Verantwortung bewussten Staatswesen.

Freiheit und Ehre! Zehn lange Jahre haben Hitler und seine Genossen die beiden herrlichen deutschen Worte bis zum Ekel ausgequetscht, abgedroschen, verdreht, wie es nur Dilettanten vermögen, die die höchsten Werte einer Nation vor die Säue werfen. Was ihnen Freiheit und Ehre gilt, haben sie in zehn Jahren der Zerstörung aller materiellen und geistigen Freiheit, aller sittlichen Substanz im deutschen Volk genugsam gezeigt. Auch dem dümmsten Deutschen hat das furchtbare Blutbad die Augen geöffnet, das sie im Namen von Freiheit und Ehre der deutschen Nation in ganz Europa angerichtet haben und täglich neu anrichten. Der deutsche Name bleibt für immer geschändet, wenn nicht die deutsche Jugend endlich aufsteht, rächt und sühnt zugleich, seine Peiniger zerschmettert und ein neues, geistiges Europa aufrichtet.

Studentinnen! Studenten! Auf uns sieht das deutsche Volk! Von uns erwartet es, wie 1813 die Brechung des Napoleonischen, so 1943 die Brechung des nationalsozialistischen Terrors aus der Macht des Geistes.

Beresina und Stalingrad flammen im Osten auf, die Toten von Stalingrad beschwören uns!

„Frisch auf, mein Volk, die Flammenzeichen rauchen!"

Unser Volk steht im Aufbruch gegen die Verknechtung Europas durch den Nationalsozialismus, im neuen gläubigen Durchbruch von Freiheit und Ehre!

»… mit möglichst vielen Durchschlägen abschreiben und weiterverteilen!« Flugblätter der Weißen Rose.

Daß die Beamten der Gestapo nachdenklich wurden, hatte andere Gründe. Was waren das für Figuren, die ellenlange Sachen von Goethe, Schiller, Aristoteles, Lao-tse, Novalis brachten, die kein Mensch verstand? (Einer der Beamten fragte Sophie später nach der Adresse des Herrn Rilke, Vornamen Rainer Maria.) Kommunistische Wühlarbeit konnte kaum dahinter stecken. Kommunisten machten

andere Texte. Diese Flugblätter hier lagen außerhalb jeder bisherigen Erfahrung mit den Reichsfeinden. Was sollte überhaupt dieser Name »Weiße Rose«?
Diese Frage ist ihnen auch beim späteren Verhör nicht beantwortet worden. Warum sie ihrem todbringenden Geschäft einen so poetischen Namen gegeben haben, blieb bis heute unklar. Wenig wahrscheinlich ist die Vermutung, daß Hans Scholl B. Travens gleichnamigen Roman gekannt hat, in dem mexikanische Bauern sich gegen ausbeuterische Ölmanager zu wehren haben. Eher ist anzunehmen, daß sie, Idealisten, die sie waren, den Namen gewählt haben, weil eine weiße Rose im Deutschen als Symbol der Reinheit gilt – und der Verschwiegenheit.
Von der »im hohen Grade staatsfeindlichen Schrift«, wie die Staatspolizeileitstelle meldete, erschien bald die Numero zwei. Sie befaßte sich unter anderem mit den Ausrottungsmaßnahmen der SS, der Sicherheitspolizei und des SD in den besetzten Gebieten. Informationen, die von einem Gewährsmann stammten, dem bereits erwähnten Architekten Eickemeyer. Seine Tätigkeit hatte ihn von Krakau aus weit herumkommen lassen; was er erlebt, erfahren und gehört hatte, war von seinen bisherigen Gesprächspartnern als Greuelpropaganda abgetan worden, weil sie, wie viele damals, nicht glauben konnten oder glauben wollten, daß Deutsche zu solchen Untaten fähig wären.
Keine Ruhe lassen wollte die »Weiße Rose« jenem, der bewußt seine Augen, seine Ohren, sein Herz verschließe. »... nicht nur Mitleid muß er empfinden, nein, noch viel mehr: Mitschuld. Ein jeder will sich von einer solchen Mitschuld freisprechen, ein jeder tut es und schläft dann wieder mit ruhigstem, bestem Gewissen. Aber er kann sich nicht freisprechen, ein jeder ist *schuldig, schuldig, schuldig!*«
In der dritten Flugschrift wurde die selbstgestellte Frage

beantwortet, was der einzelne denn ausrichten könne gegen die allmächtige Diktatur, wie sie am wirksamsten zu bekämpfen wäre: durch passiven Widerstand, der von der Boykottierung kultureller Veranstaltungen und Kundgebungen über die Weigerung, für die Winterhilfe zu spenden, bis zur Sabotage in kriegswichtigen Betrieben reichen konnte. »Sucht alle Bekannten auch aus den unteren Volksschichten von der Sinnlosigkeit einer Fortführung, von der Aussichtslosigkeit dieses Krieges, von der geistigen und wirtschaftlichen Versklavung durch den Nationalsozialismus, von der Zerstörung aller religiösen und sittlichen Werte zu überzeugen und zum *passiven Widerstand* zu veranlassen.«

Noch ein viertes Flugblatt erschien mit einer Mahnung an die Christen, nicht darauf zu warten, daß ein anderer die Waffen erhebe. »Hat Dir nicht Gott selbst die Kraft und den Mut gegeben zu kämpfen?« Ausdrücklich wurde darauf hingewiesen, daß die »Weiße Rose« nicht im Solde einer ausländischen Macht stehe. Es schloß mit den Worten »... aus Liebe zu kommenden Generationen muß nach Beendigung des Krieges ein Exempel statuiert werden ... Vergeßt auch nicht die kleinen Schurken dieses Systems, merkt Euch die Namen, auf daß keiner entkomme! Es soll ihnen nicht gelingen, in letzter Minute noch nach diesen Scheußlichkeiten die Fahne zu wechseln und so zu tun, als ob nichts gewesen wäre.«

So plötzlich die Flugblätter aufgetaucht waren, so schnell waren sie wieder verschwunden. Am meisten erstaunt waren darüber die Gestapo-Leute, die, von oben unter Druck gesetzt, verstärkt auf die Jagd nach den Hintermännern der Aktion gegangen waren. Nun, die medizinische Studentenkompanie hatte ihren Einsatzbefehl bekommen – Hans Scholl, Alexander Schmorell und Willi Graf gingen als Hilfsärzte nach Rußland.

Sophie erlebte die Freunde am Abend vor der Abfahrt

noch einmal bei Manfred Eickemeyer. Der Architekt war einverstanden, daß sein Atelier weiterhin für die »geselligen Zwecke« verwendet wurde. Der Flugblattaktion stimmte er zu, ihren Texten dagegen nicht. Ihm, dem Praktiker, waren sie zu akademisch: Informationen über die Morde im Generalgouvernement, Aufklärung über die wahren Kriegsziele der Nazis statt Klassikerzitaten, Konkretes anstelle von Abstraktion!! Willi Graf war inzwischen eingeweiht worden und hatte, nach sorgfältiger Überlegung, seine Mitarbeit zugesagt.

»Die Gedanken sind frei ...«

Etwa fünfzehn Personen mögen sich an diesem Abend in dem, wegen der Fliegergefahr, sorgfältig verdunkelten Raum eingefunden haben. Neben dem »inneren Kreis«, den Scholls, Eickemeyer, Graf, Schmorell, noch einige Freunde wie Christoph Probst, Gisela Schertling, Hans Hirzel, Katharina Schüddekopf, Traute Lafrenz. Die Flugblätter kannten sie alle; einige ahnten, wer die Urheber sein könnten, andere wußten es, wieder andere waren ahnungslos. Zu den Ahnungslosen gehörte Kurt Huber, Professor für Tonpsychologie und Philosophie an der Münchner Universität.

Huber gehörte zu den wenigen Professoren, die sich nicht hatten gleichschalten lassen. Zwar dachte manch einer unter den Professoren so wie er, doch nur wenige wagten es, die Wahrheit zwischen den Zeilen aufscheinen zu lassen. Huber beherrschte diese nicht ganz ungefährliche Kunst. Bisweilen aber wurde er auch deutlicher. So, wenn er den Philosophen Spinoza in seiner Vorlesung zitierte und beiläufig bemerkte: »Vorsicht, der Mensch ist ein Jude ...; lassen Sie sich nicht vergiften.« Oder wenn er, dessen Hauptforschungsgebiet das Volkslied war, seinen Studenten mit kabarettreifer Ironie die neuesten (NS-) Erkenntnisse mitteilte: die Dur-Tonart sei der germanischen Rasse angemessener als die Moll-Tonart. Daß Kurt Huber, dem die NSDAP es schriftlich gegeben hatte, daß er im Grunde »parteifeindlich« eingestellt sei, in eben dieser Partei Mitglied war, gehörte zu den Abstrusitäten dieser Zeit.

Was die Flugblätter betraf, so war Huber skeptisch. Ihre Wirkung stünde in keinem Verhältnis zu den Risiken, die die Verfasser eingingen. Überhaupt: welche Möglichkeiten aktiven Widerstands habe man schon? Und doch müsse etwas getan werden, ehe es zu spät war. Zu spät für Deutschlands jahrtausendealte Kulturdenkmäler, von denen eines nach dem anderen in Trümmer fiel: die Dome, die Burgen, die Schlösser, die alten Rathäuser, die Marktplätze, die Brunnen – ein Gedanke, der den Professor nicht mehr schlafen ließ.

Sophies Abschied von den auf dem Bahngelände versammelten marschbereiten Freunden ist in zwei Amateurfotos für die Nachwelt festgehalten. Auf dem einen winkt sie mit weit ausgebreiteten Armen wie ein fröhlicher Harlekin in die Kamera. Auf dem anderen lauscht ein junges Mädchen mit altem Gesicht, die Hände um die Gitterstäbe des Eisenzauns geklammert, der Unterhaltung der Soldaten.

Auch Sophie verließ kurz darauf München, von einer Hiobsbotschaft aus Ulm alarmiert: die Männer in den Ledermänteln waren wiedergekommen und hatten den Vater geholt. Sie schrieb ihm ins Gefängnis: »Von vielen Freunden soll ich Dich grüßen, sie bauen alle an der Mauer von Gedanken, die um Dich sind, Du spürst doch, daß Du nicht allein bist, denn unsere Gedanken, die reißen die Schranken und Mauern entzwei: die Gedanken – – !«

»Die Gedanken sind frei. Wer kann sie erraten? Sie fliegen vorbei wie nächtliche Schatten. Kein Mensch kann sie wissen, kein Jäger erschießen mit Pulver und Blei: Die Gedan-

ken sind frei!« Das schöne Volkslied aus »Des Knaben Wunderhorn«, sie versuchte, es ihrem Vater zu Gehör zu bringen. Mit ihrer Flöte schlich sie sich in die Nähe des Gefängnisses und blies die Melodie wieder und wieder.
Um sich das Anrecht auf die Fortsetzung ihres Studiums zu sichern, ging Sophie für zwei Monate in einen Rüstungsbetrieb. Die stumpfe Tätigkeit bedrückte sie weniger als der Gedanke, mit ihrer Hände Arbeit Dinge herstellen zu müssen, die dem Krieg dienten. Sie versuchte langsam zu arbeiten, wurde gerügt, täuschte Ungeschicklichkeit vor. Ihr Trost in der grauen Öde des Fabriksaals war eine neben ihr werkende Zwangsarbeiterin, eine junge Russin. »... ich versuche, das Bild, das sie von den Deutschen erhalten könnte, ein bißchen zu korrigieren. Aber auch viele der deutschen Arbeiterinnen erweisen sich freundlich und hilfreich, erstaunt darüber, in den Russen Menschen vorzufinden, denen Mißtrauen etwas Fremdes ist.«
Der grau-grausige Alltag des Krieges in der Heimat: mit dem Heulen der Sirenen; der Angst im Luftschutzkeller; dem Hoffen und Bangen beim Erscheinen des Briefträgers; den in immer größerer Zahl erscheinenden Todesanzeigen der für Führer, Volk und Vaterland Gefallenen; den Wehrmachtsberichten, in denen die Wörter »Frontbegradigung«, »strategischer Rückzug«, »heldenhafter Abwehrkampf« immer wiederkehrten; dem Mangel in allem und jedem; diesen Alltag haben Millionen Menschen in Deutschland erlebt. Viele von ihnen, wenn nicht gar die meisten von ihnen, glaubten zu diesem Zeitpunkt, 1942, noch an den Endsieg, und dieser Glaube machte Unerträgliches erträglicher. Wer jedoch erkannt hatte, daß der Weg mit »mathematischer Sicherheit«, ein Lieblingsausdruck Hitlers, in die schlimmste Katastrophe der deutschen Geschichte führen würde – mit Hekatomben von Toten, Verkrüppelten, Vertriebenen, Hinterbliebenen, dem mußte die Zeit zum immerwährenden Alptraum werden.

Im Spätherbst war die Studentenkompanie aus Rußland wieder zurück, Sophie von der Arbeit im Rüstungsbetrieb wieder für das Studium frei. Sie entschlossen sich sofort, den Widerstand fortzusetzen und vor allem – ihn auszuweiten. Der Zeitpunkt dafür schien geeignet: die Ereignisse an den Fronten warfen düstere Schatten, die Zeit der Siege war wohl endgültig vorbei. Rommels Panzervorstoß war vor den Toren Kairos zum Stehen gebracht worden; in einem gigantischen Landeunternehmen brachten die Angloamerikaner Truppen und Nachschub nach Nordafrika; Nacht für Nacht und Tag für Tag zogen die alliierten Bomber ihre tödliche Bahn über Deutschland; auf den Ozeanen mehrte sich die Zahl der amerikanischen Geleitzüge, die sich der deutschen U-Boote dank der Radartechnik immer wirkungsvoller erwehrten; und an der Wolga, unweit der nach Stalin genannten Stadt, schien sich Unheilvolles anzubahnen, ein Krieg, in dem an jedem Tag mehr deutsche Soldaten fielen, mehr Frauen, Kinder, Alte umkamen, mehr Häuser zerstört wurden als je zuvor.
Neue Freunde wurden gewonnen, darunter der Pfarrerssohn Hirzel aus Ulm und zwei seiner Mitschüler; der Buchhändler Soehngen; der Wirtschaftsprüfer Grimminger aus Stuttgart, der Geld für eine weitere Vervielfältigungsmaschine spendete; Kurt Huber schloß sich endgültig an; der Kunsthistoriker Stepanow sollte die Verbindung zu italienischen Widerständlern herstellen; Willi Graf benutzte seinen Weihnachtsurlaub, um seine Freunde in Münster, Saarbrücken, Bonn, Freiburg zur Mitarbeit zu gewinnen; andere nahmen Kontakt auf mit dem Widerstandskreis um Heinz Kurcharski an der Hamburger Universität; sie suchten nach Verbündeten für den Aufbau einer Gruppe an der Uni Berlin. An jeder Universität eine Zelle, von der Flugblattattacken gestartet werden konnten, war ihr Ziel. Doch wichtiger noch war es, Kontakte mit Widerstandskreisen in der Wehrmacht herzustellen.

Daß es sie gab, wußten die Studenten von einem Feindsender, dem BBC, der von der Zerschlagung der Widerstandsgruppe um den Oberleutnant Schulze-Boysen und Arvid Harnack berichtet hatte. Harnacks Bruder Falk, einst Regisseur in Weimar, diente als Obergefreiter bei einer in Chemnitz stationierten Infanteriekompanie, soviel erfuhren sie; ihn dort aufzusuchen schien so notwendig wie gefährlich. Denn wer sich weiter als fünfzig Kilometer von seinem Standort ohne Urlaubsschein entfernte, galt als Deserteur. Alexander Schmorell und Hans Scholl wagten es. Bei einem Treffen im »Sächsischen Hof« erfuhren sie, wenn auch in vorsichtigen Andeutungen, daß es innerhalb der Wehrmacht konkrete Pläne gab, Hitler durch ein Attentat zu beseitigen. Harnack sagte zu, ein Treffen zwischen ihnen und den Berliner Verschwörern zustande zu bringen. Ein Treffen, das nie zustande kommen sollte. Und doch war die Reise nach Chemnitz nicht umsonst. Sie wußten jetzt, daß sie nicht allein standen in ihrem Kampf.
Das fünfte Flugblatt ging erst nach heftigen Diskussionen in die Maschine. Professor Huber, durch und durch konservativ, wandte sich gegen die Absicht, zum Widerstand an der Front und in den Betrieben aufzurufen, fand in Formulierungen wie »Befreiung der Arbeiterschaft aus ihrem Zustand niedrigster Sklaverei«, »Abkehr vom imperialistischen Machtgedanken und preußischen Militarismus« kommunistische Anklänge; ein föderalistisches Deutschland als Staatsform der Zukunft stellte er sich schon gar nicht vor. Die Jungen setzten sich, bei allem Respekt vor ihrem Professor, mit ihren Ansichten durch.
Der Name »Weiße Rose« kam nun nicht mehr vor. »Flugblätter der Widerstandsbewegung in Deutschland« hieß der Titel. Auf die – schon von Eickemeyer und auch von Harnack kritisierten – Klassikerzitate wurde verzichtet. Nicht nur die Gebildeten sollten angesprochen werden, sondern das ganze Volk, *alle Deutschen.* »Freiheit der Rede,

Freiheit des Bekenntnisses, Schutz des einzelnen Bürgers vor der Willkür verbrecherischer Gewalttaten, das sind die Grundlagen eines neuen Europa«, heißt es zum Schluß. »Unterstützt die Widerstandsbewegung, verbreitet die Flugblätter!«

Die Gestapo

In der Gestapo-Leitstelle im Wittelsbacher Palais herrschte in diesen Tagen ständiges Kommen und Gehen. Auf dem Schreibtisch des zuständigen Oberregierungsrates stapelten sich Bögen, der Stapel wurde höher und höher. Es waren Flugblätter, die überall in der Stadt gefunden worden waren: in Telefonzellen, Treppenhäusern, vor Kinokassen, in den Wartesälen der Bahnhöfe, in Hauseingängen, Briefkästen, unter den Scheibenwischern geparkter Autos. Die ganze Angelegenheit hatte, wie von vorgesetzter Stelle verlautete, »größte Beunruhigung« hervorgerufen, was eine Untertreibung war – die Flugblätter hatten gewirkt wie ein Schock!
Das Blatt hier hatte, nach Meinung der Gestapo, ein anderes Kaliber als die verstiegenen Schmierereien dieser »Weißen Rose«, die ja dann plötzlich aufgehört hatten, hier waren gerissene Burschen am Werk, Experten, die über eine gut funktionierende Organisation zu verfügen schienen. In sechs verschiedenen größeren Städten waren die Pamphlete aufgetaucht, selbst in der Ostmark (wie Österreich genannt wurde) waren sie gefunden worden. War das die Heimat, die mit »un-er-schüt-ter-li-cher Treue« hinter ihren Frontsoldaten stand, wie der Doktor (Goebbels) gerade in einer Rede betont hatte, die der Front den Rükken frei hielt und nicht, wie 1918, einen Dolch in diesen Rücken stieß? Die Order aus Berlin war eindeutig: Bildung einer Sonderkommission, Einsatz aller verfügbaren Kräfte;

die Verursacher der hochverräterischen, feindbegünstigenden, wehrkraftzersetzenden Umtriebe aufspüren und verhaften.

Die Scholls und ihre Freunde wären stolz gewesen, wenn sie gehört hätten, daß man sie für Profis hielt mit einem dichten konspirativen Netz und vielen Helfershelfern. Sie hatten nicht viel mehr einzusetzen als ihren Mut, ihre Improvisationsgabe und, nicht zum letzten, ihre Kraft und Zähigkeit. Tausende von Blättern in den Apparat einzulegen, die schwere Handkurbel zu drehen, die Packen zu verschnüren war harte körperliche Arbeit. Beim Transport mit der Bahn kam die Nervenanspannung hinzu.

Mitte Januar 1943 stopft Sophie zweitausend Flugblätter in ihre dicke alte Schultasche und steigt am Münchner Hauptbahnhof in den Zug Richtung Stuttgart. Sie legt die Tasche in das Gepäcknetz des ersten Abteils und setzt sich in das letzte Abteil des Waggons. Wenn der Zug hält, hört sie die Schritte und die Stimmen der routinemäßig kontrollierenden Beamten – von der Schutzpolizei oder der Kriminalpolizei oder der Feldpolizei oder vom Sicherheitsdienst. »Ihren Ausweis, bitte!« »Was haben Sie da im Koffer?!« »Öffnen Sie mal Ihren Rucksack!« »Urlaubsschein und Marschbefehl will ich sehen.«

In Ulm holt Sophie ihre Tasche und wandert den endlos langen Bahnsteig entlang. Eine Kontrolle ihrer Tasche in diesem Moment wäre gleichbedeutend mit einem Todesurteil – für sie und vielleicht für ihre Freunde. In der Martin-Luther-Kirche erwartet sie Hans Hirzel mit zweien seiner Freunde. In einem Verschlag unterhalb der großen Orgel beschriften sie Kuverts mit den aus Telefonbüchern herausgesuchten Adressen. Anderntags stecken sie die Umschläge in Augsburg, Stuttgart, Ulm in die Briefkästen. Sophie übernachtet bei ihren Eltern. Als sie beim Abendbrottisch sitzen, holt sie plötzlich ein Flugblatt hervor und reicht es wortlos dem Vater.

EIN DEUTSCHES FLUGBLATT

DIES ist der Text eines deutschen Flugblatts, von dem ein Exemplar nach England gelangt ist. Studenten der Universität München haben es im Februar dieses Jahres verfasst und in der Universität verteilt. Sechs von ihnen sind dafür hingerichtet worden, andere wurden eingesperrt, andere strafweise an die Front geschickt. Seither werden auch an allen anderen deutschen Universitäten die Studenten „ausgesiebt". Das Flugblatt drückt also offenbar die Gesinnungen eines beträchtlichen Teils der deutschen Studenten aus.

Aber es sind nicht nur die Studenten. In allen Schichten gibt es Deutsche, die Deutschlands wirkliche Lage erkannt haben; Goebbels schimpft sie „die Objektiven". Ob Deutschland noch selber sein Schicksal wenden kann, hängt davon ab, dass diese Menschen sich zusammenfinden und handeln. Das weiss Goebbels, und deswegen beteuert er krampfhaft, „dass diese Sorte Mensch zahlenmässig nicht ins Gewicht fällt". Sie sollen nicht wissen, wie viele sie sind.

Wir werden den Krieg sowieso gewinnen. Aber wir sehen nicht ein, warum die Vernünftigen und Anständigen in Deutschland nicht zu Worte kommen sollen. Deswegen werfen die Flieger der RAF zugleich mit ihren Bomben jetzt dieses Flugblatt, für das sechs junge Deutsche gestorben sind, und das die Gestapo natürlich sofort konfisziert hat, in Millionen von Exemplaren über Deutschland ab.

Manifest der Münchner Studenten

Erschüttert steht unser Volk vor dem Untergang der Männer von Stalingrad. 330.000 deutsche Männer hat die geniale Strategie des Weltkriegsgefreiten sinn- und verantwortungslos in Tod und Verderben gehetzt. Führer, wir danken Dir!

Es gärt im deutschen Volk. Wollen wir weiter einem Dilettanten das Schicksal unserer Armeen anvertrauen? Wollen wir den niedrigsten Machtinstinkten einer Parteiclique den Rest der deutschen Jugend opfern? Nimmermehr!

Der Tag der Abrechnung ist gekommen, der Abrechnung unserer deutschen Jugend mit der verabscheuungswürdigsten Tyrannei, die unser Volk je erduldet hat. Im Namen des ganzen deutschen Volkes fordern wir von dem Staat Adolf Hitlers die persönliche Freiheit, das kostbarste Gut der Deutschen zurück, um das er uns in der erbärmlichsten Weise betrogen hat.

In einem Staat rücksichtsloser Knebelung jeder freien Meinungsäußerung sind wir aufgewachsen.

»Frisch auf, mein Volk, die Flammenzeichen rauchen!« Das sechste Flugblatt, abgeworfen von der Royal Air Force.

»Sie dachte, er würde sich über ein Zeichen des Widerstands freuen, und das tat er auch«, berichtet Inge Scholl. »Doch plötzlich fragt er: ›Sophie, ihr habt doch hoffentlich nichts damit zu tun?!‹ Da schaltete sie ganz schnell und reagierte entrüstet: ›Wie kannst du so etwas überhaupt vermuten? Bei uns in München brodelt es an allen Ecken. Aber bei solchen Dingen machen wir nicht mit.‹«
Sie denkt in diesem Moment an Hans, der mit seinem Rucksack unterwegs ist nach Salzburg; und an Alex, der nach Linz und Wien gefahren ist, um von dort seine Briefe nach Frankfurt zu schicken; und an Willi Graf, den Stillsten und gleichzeitig Verwegensten: er reist mit einem Vervielfältigungsapparat, und dort, wo er Station macht, entstehen am selben Abend Hunderte neuer Flugblätter.
Am Abend des 3. Februar 1943 unterbrach der Großdeutsche Rundfunk sein Programm und kündigte eine Sondermeldung an. Statt des sonst üblichen Fanfarengeschmetters ertönten die schweren, getragenen Klänge des zweiten Satzes von Beethovens Fünfter. Nach einer unheilverkündenden längeren Pause kam die Stimme des Sprechers: »Der Kampf um Stalingrad ist zu Ende. Ihrem Fahneneid bis zum letzten Atemzug getreu ist die 6. Armee unter der vorbildlichen Führung des Generalfeldmarschalls Paulus der Übermacht des Feindes und der Ungunst der Verhältnisse erlegen. Generale, Offiziere, Unteroffiziere und Mannschaften fochten Schulter an Schulter bis zur letzten Patrone. Sie starben, damit Deutschland lebe.«
»Erlegen« bedeutete im Klartext: 146 000 Tote, 14 000 Vermißte, 90 000 Gefangene (von denen 84 000 in sowjetrussischen Lagern umkamen). Das Finale eines der größten Heldenlieder der deutschen Kriegsgeschichte beginnt – hatten die Zeitungen Ende Oktober geschrieben, als die Deutschen zwei Drittel der Stadt erobert hatten. Doch das Finale war zur Wende geworden, zur Wende des Krieges. Hitler, der größte Feldherr aller Zeiten, der »Gröfaz«, hatte

seine besten Soldaten sinnlos geopfert. Sie waren verblutet, verhungert, erfroren. An die Türen der Hinterbliebenen klopften die Parteifunktionäre, übermittelten ihr Beileid und kündigten eine Kleiderkarte an, die zum Bezug von Trauergewändern berechtigte ...

Das nächste Flugblatt – es war das sechste und sollte das letzte sein – begann konsequenterweise mit der Frage: »Es gärt im deutschen Volk: wollen wir weiter einem Dilettanten das Schicksal unserer Armeen anvertrauen? Wollen wir den niedrigen Machtinstinkten einer Parteiclique den Rest unserer Jugend opfern?«

In einer Art Rechenschaftsbericht über eine verlorene, betrogene Jugend heißt es weiter: »In einem Staat rücksichtsloser Knebelung jeder freien Meinungsäußerung sind wir aufgewachsen. HJ, SA, SS haben uns in den fruchtbarsten Bildungsjahren unseres Lebens zu uniformieren, zu narkotisieren versucht. ›Weltanschauliche Schulung‹ hieß die verächtliche Methode, das aufkeimende Selbstdenken in einem Nebel leerer Phrasen zu ersticken.

... Freiheit und Ehre! Zehn lange Jahre haben Hitler und seine Genossen die beiden herrlichen deutschen Worte bis zum Ekel abgedroschen, verdreht. Der deutsche Name bleibt für immer geschändet, wenn nicht die deutsche Jugend endlich aufsteht, rächt und sühnt zugleich, ihre Peiniger zerschmettert und ein neues geistiges Europa aufrichtet. ... Beresina und Stalingrad flammen im Osten auf, die Toten von Stalingrad beschwören uns!«

Der Text dieses Blattes war diesmal von Kurt Huber entworfen worden. Ein Entwurf, der nicht ohne harte Diskussionen abgegangen war. Der Professor war davon überzeugt, daß die Generäle ihren obersten Befehlshaber früher oder später an die Wand stellen würden, und deshalb: kein Wort gegen »unsere ruhmreiche Wehrmacht«; nein, die Jugend solle sich mit ihr, dem einzigen ernst zu nehmenden Konterpart zur Partei, solidarisieren. Für Hans

Scholl und Alexander Schmorell war diese Passage unannehmbar. Sie strichen sie – und sie sahen den von ihnen verehrten tapferen Mann nicht wieder.

Am Abend des 4. Februar saß Sophie in ihrem Zimmer und wartete mit steigender Unruhe auf ihren Bruder. Ihre Freunde schilderten später, daß sie als einzige ihre Unbekümmertheit, ja ihre Heiterkeit bewahrt zu haben schien. Wie es wirklich in ihr aussah, welche Kraft sie hatte aufwenden müssen zu jenem Lächeln, das die Freunde als das glücklichste bezeichneten, dessen sie sich aus jenen finsteren Tagen erinnerten, zeigt ihr Tagebuch. »Sobald ich allein bin, verdrängt eine Traurigkeit jede Lust zu einer Tätigkeit in mir. Wenn ich ein Buch zur Hand nehme, dann nicht aus Interesse, sondern so, als ob es ein anderer täte. Über diesen entsetzlichen Zustand kann nur eines helfen. Die schlimmsten Schmerzen, und wären es bloß körperliche, sind mir tausendmal lieber als diese leere Ruhe.«

Erst spät in der Nacht kam Hans schließlich nach Hause, zusammen mit Willi Graf und Alex. Die drei Männer wirkten so erleichtert, gelöst und berauscht, wie man es sonst nur bei Soldaten beobachtet, die gegen jede Erwartung vom Himmelfahrtskommando zurückkehren. Was sie in dieser Nacht getan hatten, sprang Sophie am anderen Morgen auf ihrem Weg zur Universität förmlich ins Auge. An den Wänden öffentlicher Gebäude, auf Gehwegen und Anschlagsäulen prangten ungeheuerliche Parolen. »NIEDER MIT HITLER!« stand dort. Und »FREIHEIT!«. Und »HITLER DER MASSENMÖRDER!« Und überall das mit einem großen roten X durchgestrichene Hakenkreuz. Neben dem Portal der Uni in Riesenlettern wieder das Wort »FREIHEIT!«

An allen Stellen waren Putzkolonnen dabei, die ein Meter großen Buchstaben zu entfernen. Oft vergeblich. Die Täter hatten Teerfarbe verwendet, von Friedensqualität, wie die Gestapo dem Justizministerium in Berlin berichtete; die

Inschriften seien an insgesamt einundsiebzig Stellen erschienen, am Nationaltheater, am Wirtschaftsministerium, am Schauspielhaus, an der Staatsbibliothek, ja an der Feldherrnhalle, vor der die Ehrenwache stand für die 1923 beim Marsch auf München umgekommenen alten Kämpfer der Partei.
Ein älterer Mann sagte: »Wer das geschrieben hat, dem sollen die Hände verdorren.« Ein Student: »Diese Schweinehunde.« Eine junge Frau: »Der Führer wird sie schon erwischen.« Die meisten Menschen jedoch standen stumm am jeweiligen Tatort, bis sie durch die Polizei zum Weitergehen aufgefordert wurden. Noch zweimal wiederholten die drei ihre Aktion, obwohl sie wußten, daß der Studentenbund inzwischen einen nächtlichen Streifendienst eingerichtet hatte. Mit den schweren Farbeimern, den Pinseln und Schablonen, ohne ein Fluchtauto oder wenigstens ein Fahrrad, mitten in der City einer Großstadt zu agieren, das waren Unternehmungen von unerhörter Kühnheit. Sie glückten, wie auch die gefährlichen Flugblattaktionen, und jenes Gefühl des Uns-kann-nichts-passieren, das sie seit langem erfüllte, verstärkte sich …

»Ach, Mutter, die paar Jährchen …«

Der 18. Februar 1943 ist ein Tag, an dem die Sonne den nahenden Frühling ahnen läßt. Als Hans, einen schweren Handkoffer in der Rechten, mit Sophie das Siegestor in Richtung Universität passiert, zu dieser Stunde wird an der Tür ihrer Wohnung heftig geklopft: ein Mittelsmann will ihnen melden, daß das Buch »Machtstaat und Utopie« von Gerhard Ritter in der Bibliothek vergriffen sei. Eine Warnung, die sie nicht mehr erreicht. An der Uni sind die Vorlesungen noch im Gange und die Gelegenheit günstig, die in dem Koffer verpackten eintausendachthundert Flugblätter in den menschenleeren Gängen, den Fensternischen, auf Treppen, Brüstungen, Mauervorsprüngen zu verteilen. Schon wieder auf der Straße, machen sie plötzlich kehrt, laufen die Treppen noch einmal hinauf bis zur Balustrade des zweiten Stockwerks und lassen die noch übriggebliebenen Flugblätter in den Lichthof hinunterflattern. In diesem Moment öffnen sich die Hörsäle, die Studenten strömen heraus, Hans und Sophie eilen mit dem leeren Koffer die Treppen hinunter zum Ausgang, darauf bedacht, in der Menge unterzutauchen.

Plötzlich steht ein untersetzter Mann vor ihnen, packt Hans Scholl am Arm und ruft: »Sie sind verhaftet!« Es ist der Pedell der Universität, Jakob Schmied, Mitglied der NSDAP und der SA. Er bringt die beiden, die, wie es im Protokoll heißt, einen absolut ruhigen Eindruck machen, in das Amtszimmer des Rektors. Rektor Wüst läßt sofort alle Eingänge schließen und benachrichtigt die Gestapo. Während die Geschwister in Handschellen abgeführt werden, sammeln die Beamten die Flugblätter ein und probieren, ob sie in den Koffer passen.

Nein, mit den Flugblättern hätten sie nichts zu tun, nicht das geringste, sie wollten an diesem Tag, nach einer kurzen Stippvisite in der Uni, weiter nach Ulm, der leere Koffer sei für frische Wäsche bestimmt gewesen, die die Mutter für sie bereitgehalten habe, der Hausmeister müsse sie verwechselt haben – so ihre Aussage in der Gestapo-Zentrale. Der das Verhör führende Beamte, ein ehemaliger Polizist namens Robert Mohr – er tat es sachlich und korrekt –, war einigermaßen irritiert. Die beiden sympathischen jungen Leute glichen so gar nicht subversiven Elementen, gemeinen Landesverrätern, und ihre Aussage wirkte glaubwürdig. »Ich gab Sophie Scholl zu verstehen«, sagte er nach Kriegsende aus, »daß sie wohl am gleichen Abend die Reise nach Ulm, gemeinsam mit ihrem Bruder, antreten könne.«

Später wurde ihm ein Zettel gereicht, er verließ den Raum, und als er zurückkam, war das Schicksal der Geschwister Scholl und ihrer Freunde besiegelt. Bei der Durchsuchung der Schollschen Wohnung hatten die Beamten hundert Acht-Pfennig-Briefmarken gefunden, dazu einige Umschläge, die identisch waren mit denen, die man zum Versand der Flugblätter benutzt hatte. Schwerwiegender noch waren zwei Briefe, deren Handschrift übereinstimmte mit einem Flugblattentwurf, den Hans bei seiner Verhaftung vergeblich zu beseitigen versucht hatte. Er stammte von Christoph Probst. Kurz darauf wurde auch Eickemeyers Atelier entdeckt; der Keller mit dem Hektographierapparat, die Matrizen, das Spezialpapier und alle Utensilien, die für die nächtlichen Malaktionen verwendet worden waren.

Die Beweislast war so erdrückend, daß die Scholls nach vier Tage und Nächte dauernden Verhören die Waffen streckten. Beide verfolgten sie jetzt nur noch ein Ziel – ohne daß sie von des anderen Aussage gewußt hätten –: Christoph und die Freunde mußten gerettet werden. So nahmen sie die Schuld auf sich und betonten in ihrem Geständnis, daß sie allein gearbeitet und keine Helfer gehabt hätten. Einer der Gestapo-Beamten, der erwähnte Mohr, legte Sophie nahe, daß sie ihren Hals aus der Schlinge ziehen könne, wenn sie zugebe, von ihrem Bruder zu den Verbrechen verführt worden zu sein.

Sie antwortete: »Wenn mein Bruder die Todesstrafe verdient hat, dann verdiene ich sie auch.«

Mohr: »Fräulein Scholl, wenn sie alles bedacht hätten, so hätten Sie sich doch nie zu derartigen Handlungen hinreißen lassen?«

»Sie täuschen sich«, meinte Sophie, »ich würde alles genau noch einmal so machen. Nicht ich, *Sie* haben die falsche Weltanschauung.«

Auch wenn man annimmt, daß die Gestapo-Leute bei ihrer

Einvernehmung nach dem Krieg Grund genug hatten, die Geschwister Scholl zu loben, ihr Zeugnis wiegt dennoch: »Sie bewahrten beide bis zum bitteren Ende eine Haltung, die als einmalig bezeichnet werden muß. Übereinstimmend erklärten sie, durch ihr Vorgehen nur eins im Sinn gehabt zu haben: ein noch größeres Unglück für Deutschland zu verhindern und ihren Teil dazu beizutragen, Hunderttausenden von deutschen Soldaten und anderen Menschen das Leben zu retten.«

Einer von ihnen bemerkte, es sei fürchterlich, daß solche Menschen sterben müßten, Menschen, die man in Zukunft notwendig brauchen werde; doch sei die Sachlage so eindeutig gewesen, daß man nichts für sie hätte tun können. Die unglücklichen Opfer hätten den Respekt, ja die Sympathie aller Beteiligten genossen.

Die verzweifelten Bemühungen der Geschwister Scholl, die Freunde zu retten, blieben erfolglos – obwohl sie keinen Namen preisgaben. Die Gestapo hatte ihren Freundeskreis rasch ermittelt. In Willi Grafs Studentenbude warteten zwei Männer, als er aus einer Vorlesung heimkam. Christoph Probst wurde bei seiner Studentenkompanie in Innsbruck verhaftet und nach München gebracht. Alexander Schmorell kehrte nach einem Fluchtversuch, der ihn über Innsbruck bis zum Schloß Elmau bei Mittenwald führte – von hier aus wollte er über die Berge in die Schweiz – nach München zurück. Von den Anschlagsäulen blickte ihn sein Foto an: »Verbrecher gesucht – 1000 Mark Belohnung.« Er irrte durch die Straßen, entsann sich einer Studienkollegin, traf sie, weil die Sirenen zu heulen begonnen hatten, im Luftschutzkeller, zusammen mit den Mitbewohnern des Hauses – und wurde verraten.

Die Nachricht von der Verhaftung der Freunde traf Sophie schwer. Sie tröstete sich damit, daß sie mit einer langen Haftstrafe davonkommen würden. Und in spätestens acht Wochen würden die Alliierten landen! Für sich selbst hoffte sie nach der Lektüre der Anklageschrift, die sie der Vorbereitung zum Hochverrat bezichtigte, nichts mehr. Der Gedanke an die Mutter bedrückte sie zutiefst: zwei Kinder auf einmal zu verlieren und der andere Bruder irgendwo in Rußland (auch Werner Scholl kehrte aus dem Osten nicht zurück). Zu ihrer Zellengenossin Else Gebel, einer »Politischen«, sagte sie nach einem Blick aus dem vergitterten Fenster: »Ein so herrlicher Tag, und ich muß gehen ...«

Nach einer Pause dann: »... wie viele müssen heute sterben, junge hoffnungsvolle Menschen. Was liegt an meinem Tod, wenn durch unser Handeln Tausende aufgerüttelt werden. Unter der Studentenschaft gibt es bestimmt eine Revolte.«

Eine Revolte gab es nicht, sondern eine Treuekundgebung im Auditorium Maximum der Universität, auf der der Gaustudentenführer die Verhafteten beschimpfte, der Hausmeister Jakob Schmied den tosenden Beifall der Studenten mit ausgestrecktem Arm entgegennahm. Schmied wurde für seine Wachsamkeit und Gesinnungstreue mit dreitausend Mark und einer Beamtenstelle belohnt. Von den Amerikanern bekam er später fünf Jahre Arbeitslager, eine Strafe, die er höchst ungerecht fand; er habe nur seine Pflicht getan und für Ordnung gesorgt. Die beiden Studenten hätte er auch dann dem Rektor gemeldet, wenn sie nur Butterbrotpapier geworfen hätten.

Am Donnerstag waren die Scholls verhaftet worden, bereits am Montag standen sie im Justizpalast vor den Richtern des Volksgerichtshofs. Den Vorsitz führte der eigens aus Berlin gekommene Roland Freisler. Die Eile und die Beauftragung des prominentesten Nazirichters zeigte, daß man gewillt war, jeglichen Widerstand im Keim zu ersticken. Wer Freisler aus den Filmen kennt, die die nationalsozialistische Parteiführung während der Prozesse gegen die Männer des 20. Juli 1944 drehen ließ, weiß, wie er Verhandlungen zu führen pflegte: mit den Mitteln des Hohns, der Demütigung, der Einschüchterung. Sein Hang zur Selbstdarstellung, die Vertauschung seiner Rolle als Richter mit der des Anklägers ließ, bei scheinbarer Wahrung des Verfahrensrechts, das Gesetz zur Farce werden.

Wie bei Schauprozessen üblich war das Publikum sorgfältig ausgesucht worden – vom Blockwart bis zum Ritterkreuzträger. Obwohl die drei Angeklagten geständig waren und mit ruhiger, klarer Stimme antworteten, schrie Freisler sie ständig mit sich überschlagender Stimme nieder. Als er Sophie fragte, wie sie eigentlich dazu gekommen sei, so etwas zu tun, eine Frage, auf die er wie gewohnt selbst antworten wollte, nahm sie ihm das Wort und sagte: »Was wir sagten und schrieben, denken ja so viele. Nur wagen sie nicht, es auszusprechen.« Im Laufe der Verhandlung rief sie den Richtern zu: »Sie wissen doch, daß der Krieg verloren ist. Warum haben Sie nicht den Mut, dieser Tatsache ins Auge zu sehen?!«

Für einen weiteren Ausspruch bürgte die Frau eines der Beisitzer, des Staatssekretärs und SA-Gruppenführers Köglmaier. Am Tage des Prozesses erzählte sie in der Mohrenapotheke voller Empörung, daß diese Scholl »ein freches Mädchen« sei, sie habe während der Verhandlungspausen ständig geraucht und gerufen: »Unsere Köpfe rollen heute, aber Ihre rollen auch noch!«

Köglmaier selbst, nach dem Krieg wieder in Amt und Würden, gab Ende 1967 kund, daß die Pläne der »Weißen Rose« ein gemeines Verbrechen gewesen seien, er außerdem erstaunt gewesen sei, »in welch menschlich vornehmer Form Herr Freisler seiner Aufgabe nachgekommen« sei. (Bis zum heutigen Tag ist keiner der Juristen des Volksgerichtshofs von einem bundesdeutschen Gericht rechtskräftig verurteilt worden.)

Sophie Scholl verzichtete auf das letzte Wort. Hans benutzte es, um für Christoph Probst, der an den Flugblattaktionen kaum Anteil gehabt habe, um Gnade zu bitten, wurde aber vom Vorsitzenden unterbrochen. »Wenn Sie für sich selbst nichts vorzubringen haben, schweigen Sie gefälligst.«

Vor der Urteilsverkündung kam es zu einem Zwischenfall. Vater Scholl war es gelungen, in den Gerichtssaal vorzudringen. Seine Versuche, sich durch die Vermittlung des Pflichtverteidigers Gehör zu verschaffen, mißlangen. Er wurde, zusammen mit seiner Frau, von den Gerichtsdienern hinausgebracht. Auf dem Korridor wartend, erfuhren sie kurz darauf das Urteil: Tod durch das Beil. Der Pflichtverteidiger, der auch den geringen Spielraum nicht genutzt hatte, den man den Anwälten für ihr Plädoyer zugestand, trat auf sie zu und machte ihnen Vorwürfe, ihre Kinder nicht besser erzogen zu haben. Paul Giesler, der Gauleiter von München und Oberbayern, wollte die drei zum Tode Verurteilten bei einer Massenveranstaltung auf dem Marienplatz oder vor der Universität – er schwankte noch – an eigens aufgestellten Galgen hängen. Ein Plan, der sich zu seinem Bedauern nicht verwirklichen ließ. Der Reichsführer SS, Heinrich Himmler, fürchtete, daß sie dadurch zu Märtyrern werden würden.

Das Vermächtnis

Sophie, Hans und Christoph wurden sofort nach dem Urteil in das Gefängnis Stadelheim verbracht. Den Eltern der Scholls gelang es, von der Leitung der Justizvollzugsanstalt eine Besuchserlaubnis zu bekommen. Als sie den Besuchsraum gegen 16 Uhr betraten, wußten weder sie noch ihre Kinder, daß der Termin für die Hinrichtung auf 17 Uhr festgesetzt war.

Hans erscheint als erster. Er trägt Sträflingskleidung, beugt

sich über die trennende Schranke und sagt: »Ich habe keinen Haß, ich habe alles, alles unter mir.« Er nennt die Freunde, die die Eltern grüßen sollen, und bei der Erwähnung des letzten Namens rinnt ihm eine Träne über das Gesicht. Der Vater umarmt ihn: »Ihr werdet in die Geschichte eingehen. Es gibt noch eine Gerechtigkeit.«
Anschließend wird Sophie von einer Wachtmeisterin hereingeführt. Sie lächelt und nimmt von den Süßigkeiten, die ihr Bruder verschmäht hat. Der Mutter fällt auf, wie frisch und blühend ihre Haut aussieht, trotz des schmalen, abgehärmten Gesichts. Sie sagt, beinah triumphierend: »Wir haben alles auf uns genommen«, und fügt hinzu: »Das wird Wellen schlagen.« Dann kommt jenes schlichte Wort, hinter dem sich der ganze Schmerz einer Mutter verbirgt und das man so leicht nicht wieder los wird: »Sophie. Nun wirst du also gar nie mehr zur Tür hereinkommen.« Die Tochter versucht sie zu trösten: »Ach, Mutter, die paar Jährchen.«
Bevor sie abgeführt wird, nimmt die Mutter noch einmal ihre Hand und sagt leise: »Gelt, Sophie, Jesus!« Ernst, fast befehlend antwortet die Tochter: »Ja, aber du auch!«
Wieder in der Zelle, beginnt sie zu weinen und sagt zu einem der Beamten: »Ich habe mich gerade von meinen Eltern verabschiedet. Sie verstehen ...«
Die Aufseher, von der Haltung der drei zum Tode Verurteilten so beeindruckt wie vorher die Gestapo-Leute, bringen sie – und das ist ein Verstoß gegen die Vorschrift – zu einer letzten Zigarette zusammen. Scharfrichter Reichardt, der für jede Hinrichtung dreihundert Mark und eine Sonderzuteilung erhält (allein vom April bis zum Dezember 1943 führte er siebenhundertachtunddreißig Hinrichtungen durch), ein Mann ohne sonderliche Gemütsregung, bekannte: »So wie Sophie Scholl habe ich noch niemanden sterben sehen.«
Professor Kurt Huber und Alexander Schmorell wurden am 13. Juli desselben Jahres hingerichtet. Willi Graf

mußte bis zum 12. Oktober auf seinen Tod warten. Eugen Grimminger bekam lebenslange Haft, Hans Hirzel fünf Jahre Gefängnis, Gisela Schertling, Katharina Schüddekopf, Traute Lafrenz ein Jahr Gefängnis, Josef Soehngen und Manfred Eickemeyer drei Monate Gefängnis, Falk Harnack wurde freigesprochen.

Leichtsinn, Dilettantismus, sinnloses Opfertum – das, und noch einiges mehr, hat man den Widerstandskämpfern von der »Weißen Rose« später vorgeworfen. Nach dem Krieg entbrannte die Diskussion um Sinn oder Sinnlosigkeit ihres Wirkens. Sie wurde geführt von linksgerichteten Studenten, die ihren Anspruch auf das Vermächtnis der Gruppe anmeldeten, ihr aber gleichzeitig vorwarfen, daß ein religiös-philosophischer Idealismus die politische Konzeption im Sinne eines (kommunistisch geprägten) antifaschistischen Widerstandskampfes nicht ersetzen könne; und von den Rechten, für die die Scholls und ihre Freunde die gleichen Verräter waren wie die Männer des 20. Juli. Begleitet wurden die Auseinandersetzungen von Störungen der alljährlichen Gedenkfeiern: von Tumulten, Protesten, Entfernung von Kränzen an der Gedenkstätte. Andere wiederum, meist junge, in Sicherheit und Freiheit lebende junge Leute, nicht ahnend, was Verfolgung, Todesangst, Entwürdigung für einen Menschen bedeuteten, bezweifelten den »Vorbildcharakter« der Scholls und sprachen von einem »zu verabschiedenden Mythos«. Dann gab es noch jene, die die Tat der Geschwister Scholl als Opfer bezeichneten, mit denen sie – und das war höchst bequem – für das ganze deutsche Volk die Verbrechen der Nazis gesühnt hätten.

Ein Opfergang war jene letzte Tat in der Universität gewiß nicht. Hans und Sophie wollten nicht sterben. »Wir müssen leben«, hatte Hans wenige Wochen vor seinem Tod gesagt, »leben, um nachher dazusein. Weil man uns brauchen wird. Gefängnis und KZ meinetwegen. Das kann man überstehen. Aber nicht das Leben riskieren.« Die Tollkühnheit, der scheinbare Leichtsinn an jenem 18. Februar, sie hatten wohl andere, sehr menschliche Gründe. Die ständig vorhandene Angst, entdeckt zu werden, der ewige Zwang zur Geheimhaltung, der Mangel an Schlaf, das Gefühl absoluten Alleinseins, ja Ausgestoßenseins, die ständige körperliche und nervliche Anspannung hatten ihre Kräfte verbraucht. Totale Erschöpfung, das weiß die Tiefenpsychologie, raubt den Blick für Risiken und erzeugt eine euphorische Stimmung, die verbunden ist mit der unbewußten (Sehn-)Sucht, möge, egal wie, bald alles zu Ende sein.

»Das wird Wellen schlagen«, hatte Sophie gesagt. Und es schlug Wellen. Wenn auch nicht in dem Sinne, wie sie es wohl gemeint hatte. Es gab andere, weitreichendere Wirkungen. Das letzte Flugblatt der »Weißen Rose« gelangte über die Schwedische Botschaft in Berlin nach Stockholm. Der Widerstandskämpfer Graf von Moltke, eines der Opfer des 20. Juli, brachte ein anderes Blatt nach Norwegen, wo es in der Untergrundpresse erschien. Das nach England geschmuggelte Flugblatt wurde millionenfach vervielfältigt und von britischen Flugzeugen über westdeutschen Industriegebieten abgeworfen. Das in Rußland gegründete Nationalkomitee Freies Deutschland erwähnte in einem Aufruf die Geschwister Scholl und ihre Freunde. Thomas Mann würdigte sie in seiner regelmäßigen Ansprache »An deutsche Hörer«, die der britische Rundfunk BBC sendete.

Es gab also noch ein anderes Deutschland, es gab Menschen, die sich gegen das Hitler-Regime auflehnten – so die Botschaft, die weit ins Ausland drang und besonders den Emigranten half. Aber auch jenen, die zur inneren Emigration gezwungen waren oder verfolgt wurden, vermittelte die »Weiße Rose« etwas in diesen Tagen sehr Wichtiges.

»Ich kannte keinen dieser Namen«, schreibt die Schriftstellerin Ilse Aichinger, die mit ihrer jüdischen Mutter in

Wien überlebte. »Aber ich weiß, daß von ihnen eine unüberbietbare Hoffnung auf mich übersprang. ... Es wirkte auf uns wie ein Fanal. Es hat vielen auch noch zu sterben geholfen, in Hoffnung zu sterben. Und den anderen, zu leben, trotzdem zu leben. Es war wie ein geheimes Licht, das sich über das Land gebreitet hatte, und wie ein Glück.«

Im Februar 1987 kam es zu einer für Amerika ungewöhnlichen Gedenkfeier; ungewöhnlich deshalb, weil sie im Capitol zu Washington stattfand, dem Sitz des amerikanischen Parlaments, und dem Gedächtnis deutscher Widerstandskämpfer galt. Die Studenten der »Weißen Rose« wurden als leuchtendes Beispiel einer heroischen Minderheit geehrt, und Anneliese Knoop-Graf, eine Überlebende der Münchner Gruppe, überreichte einen Satz der historisch gewordenen Flugblätter.

»White Rose Foundation« heißt die Stiftung, die die Initiatoren der Feier gründeten; mit dem Ziel, Verständnis und Freundschaft mit den demokratischen Kräften der Bundesrepublik Deutschland und der Gemeinschaft der amerikanischen Juden zu fördern. Viele Amerikaner erfuhren bei dieser Gelegenheit zum erstenmal, daß es überhaupt einen nennenswerten Widerstand gegen den Nationalsozialismus in Deutschland gegeben hat: siebzehntausend Deutsche sind unter Hitler aus politischen Gründen hingerichtet worden, fünfunddreißigtausend kamen in die Konzentrationslager ...

Anhang

Zeittafel

1. KAPITEL, EMILE ZOLA

1840	*in Paris geboren*	Königin Viktoria von Großbritannien und Irland heiratet Prinz Albert von Sachsen-Coburg
1867	*»Thérèse Raquin«, naturalistischer Roman*	Karl Marx schließt den 1. Band seines Hauptwerkes »Das Kapital« ab
1871	*Das 20bändige Zeitgemälde anhand einer Familiengeschichte »Les Rougons Macquart« beginnt zu erscheinen*	Deutsche Truppen erobern Paris, im Schloß von Versailles wird König Wilhelm I. von Preußen zum Deutschen Kaiser ausgerufen Charles Darwin »Die Abstammung des Menschen«
1874	*»Der Bauch von Paris«*	Richard Wagner vollendet mit der »Götterdämmerung« den »Ring der Nibelungen«
1880	*»Nana«*	Auguste Rodin, »Der Denker«
1885	*»Germinal«*	König Ludwig II. von Bayern muß wegen Geldmangels den Bau von Schloß Herrenchiemsee einstellen
1895	*Hauptmann Dreyfus wird wegen Verrats verurteilt und deportiert*	Faure wird Präsident von Frankreich (–99) Theodor Fontane, »Effie Briest«

1898	*»J'accuse«, anschließend Flucht nach England*	Otto v. Bismarck stirbt Der Karikaturist Th. Th. Heine wird wegen Majestätsbeleidigung zu 6 Monaten Gefängnis verurteilt (in Festungshaft umgewandelt)
1899	*Das Urteil gegen Dreyfus wird gemildert, Zola kehrt zurück*	Der deutsche Reichstag lehnt Zuchthausstrafen für Streikführer ab Rainer Maria Rilke, »Cornet« Arthur Schnitzler, »Reigen«
1902	*stirbt in Paris*	Wladimir I. Lenin, »Was tun?«
1906	*Dreyfus wird endgültig rehabilitiert*	Frankreich trennt Kirche und Staat Als Hauptmann verkleidet, raubt der Schuster Wilhelm Voigt die Kasse aus dem Rathaus von Berlin-Köpenick
1908	*wird ins Pantheon überführt*	Durch das Flottengesetz wird das Deutsche Reich zur zweitstärksten Seemacht Österreich-Ungarn annektiert Bosnien und Herzegowina

2. KAPITEL, THOMAS MORUS

1478	*in London geboren*	
1483		König Eduard V. wird von seinem Neffen ermordet, der als Richard III. den Thron besteigt
1485		Richard III. wird von Heinrich VII. besiegt
1491		Der spätere König Heinrich VIII. wird geboren
1492		Kolumbus entdeckt Amerika

1497		Leonardo da Vinci vollendet das »Abendmahl«
1498		In Florenz wird Savonarola als Ketzer hingerichtet
1504	*Wird Mitglied des Parlaments und vermittelt den Frieden von Cambrai*	Götz von Berlichingen verliert seine rechte Hand und läßt sie durch eine Prothese ersetzen
1509	*Erasmus von Rotterdam veröffentlicht das »Lob der Torheit« und widmet es seinem Freund Thomas Morus*	Heinrich VIII. wird König von England und heiratet Katharina von Aragonien
1512		Kopernikus veröffentlicht seinen Beweis, daß sich die Erde um die Sonne dreht
1514	*veröffentlicht eine Lebensbeschreibung Richards III.*	
1516	*veröffentlicht sein Hauptwerk, »Utopia«*	Luther trägt zum ersten Mal seine neue Gnadenlehre vor
1517		Luther veröffentlicht seine Thesen, Beginn der Reformation
1521		Der Papst ernennt Heinrich VIII. zum »Defensor fidei« (Verteidiger des Glaubens) In Cambridge eröffnen Studenten die Diskussion über Luthers Lehre
1525		Der Bauernführer Thomas Münzer wird hingerichtet
1527	*Hans Holbein malt Thomas Morus*	

1529	*wird zum Groß-kanzler anstelle des Kardinals Wolsey ernannt*	
1531		Heinrich VIII. läßt sich zum Oberhaupt der englischen Kirche ernennen
1533		Heinrich VIII. heiratet Anna Boleyn
1535	*nach längerer Haft hingerichtet*	
1536		Heinrich VIII. läßt Anna Boleyn hinrichten
1935	*heiliggesprochen (Namenstag: 22.6.)*	

3. KAPITEL, SOKRATES
(alle Jahreszahlen liegen vor Christi Geburt)

470	*in Athen geboren*	
um 465		Der Bildhauer Polyklet wird geboren
462		Perikles stellt in Athen eine gerechtere politische Ordnung her
um 460		Der Philosoph Demokrit wird geboren Der Arzt Hippokrates wird geboren Der Historiker Thukydides wird geboren
um 460 –450		Höhepunkt der griechischen Monumentalmalerei

454	Athen erhält die Bundeskasse zur Verwahrung und wird dadurch ein Zentrum griechischer Staaten, neben Sparta
456	Aischylos' Trilogie »Orestie« wird uraufgeführt, Aischylos stirbt 456
450	Der Komödiendichter Aristophanes wird geboren
um 450	Die Sophisten beginnen mit ihrer Kritik an der Religion des Volkes
449	Durch die Doppelschlacht bei Salamis (Zypern) über Perser und Phönizier festigt Athen seine Stellung
448 –438	Das im Krieg zerstörte Parthenon von Athen wird wieder aufgebaut
um 447	Der Lyriker Pindar stirbt
445	Athen und Sparta schließen einen 30jährigen Frieden
443	Perikles wird auf 15 Jahre zum Feldherrn von Athen bestellt
um 443	Sophokles' »Antigone« wird uraufgeführt
432	Athen erläßt ein Gesetz gegen die Gottlosigkeit, um den Einfluß der Sophisten einzudämmen
431 –404	Peloponnesischer Krieg zwischen Athen und Sparta (mit Unterbrechungen)

429		Der athenische Staatsmann Perikles stirbt
427		Der Philosoph Platon wird geboren
um 424	*entwickelt die sokratische Methode*	Der Historiker Herodot stirbt
um 415		Der Sophist Protagoras, wegen »Gottlosigkeit« verfolgt, ertrinkt auf der Flucht
407	*nimmt Plato acht Jahre lang in die Lehre*	
406		Die Tragödiendichter Sophokles und Euripides sterben
404		Die Spartaner erobern Athen, Ende der Blüte Athens
399	*verurteilt und durch Schierlingsgift hingerichtet*	
um 396	*Plato veröffentlicht die Verteidigungsrede des Sokrates*	

4. KAPITEL, GALILEO GALILEI

1543		»De revolutionibus orbium coelestium«, das Hauptwerk des Kopernikus, erscheint
1564	*in Pisa geboren*	
1566		Astrologe Nostradamus stirbt
1571		Der Astronom Johannes Kepler wird geboren
1572		Der dänische Astronom Tycho Brahe entdeckt eine Supernova

1574		Die astronomische Kunstuhr im Münster zu Straßburg wird fertiggestellt
1577		Ein großer Komet erscheint, der sogar am Tag zu sehen ist
1581	*beginnt in Pisa zu studieren*	
1587		Das Volksbuch vom Dr. Faust erscheint
1589	*wird Professor in Pisa*	
1592	*wechselt nach Padua über*	
1596		Kepler veröffentlicht »Mysterium cosmographicum«, seine »Weltharmonie«
1600		Giordano Bruno wird als Ketzer verbrannt, u.a. weil er die kopernikanische Lehre vertritt
1601		Tycho Brahe stirbt, Kepler darf seine Unterlagen benutzen Kepler wird Hofastronom und -astrologe Kaiser Rudolfs II. in Prag
um 1600		Neuer großer Aufschwung der Alchemie
um 1601		Shakespeares »Hamlet« wird geschrieben
1609	*konstruiert das in Holland erfundene Fernrohr nach – verbessert mit 50facher Vergrößerung – und führt es in Venedig vor*	Kepler veröffentlicht »Astronomia nova« mit dem 1. und 2. Keplerschen Gesetz, außerdem seine Kommentare über die Bewegungen des Mars

1610	*geht nach Florenz als Hofastronom entdeckt u.a. die Monde des Jupiter*	
1611	*fällt zum ersten Mal der Inquisition in Rom auf*	
1613	*erklärt, daß die Forschung nicht durch die Bibel gehemmt werden dürfe*	
1616	*wird zum ersten Mal ernsthaft von der Kirche verwarnt*	Die Kirche verbietet die Verbreitung der kopernikanischen Lehre
1618 –1648		Nach dem Prager Fenstersturz bricht in Europa der 30jährige Krieg aus
1618		3 neue Kometen lösen lebhafte astronomische Diskussionen aus
1619		Kepler veröffentlicht »Harmonices mundi ... libri« mit dem 3. Keplerschen Gesetz
1620		Kepler verteidigt seine Mutter gegen den Vorwurf, eine Hexe zu sein
1623	*veröffentlicht »Il Saggiatore«*	
1630		Kepler stirbt
1632	*darf nach 2jährigem Kampf den »Dialogo« über die kopernikanische Lehre mit kirchlichem Imprimatur veröffentlichen; wird trotzdem nach Rom vorgeladen*	Rembrandt malt die »Anatomie des Dr. Tulp«

1633	*widerruft unter Druck*	
1636	*veröffentlicht »Discorsi« und begründet damit die moderne Physik*	
1637		Der französische Philosoph Descartes veröffentlicht »Discours de la Méthode«
1641	*stirbt in Arcetri*	
1835	*sein »Dialogo« wird vom Index gestrichen*	

5. KAPITEL, SPARTACUS

(alle Jahreszahlen liegen vor Christi Geburt)

106		Der Rhetor Cicero wird geboren Der Feldherr Pompeius wird geboren
104		Marius reorganisiert das römische Heer
101		In den Schlachten bei Aquae Sextiae und Vercellae siegen die Römer über die germanischen Cimbern und Teutonen
100		Der Feldherr Caesar wird geboren
82		Sulla erhebt sich zum Diktator von Rom
73	*Die Sklaven unter der Führung von Spartacus erheben sich*	

72	*Das Sklavenheer unter Spartacus besiegt die römischen Legionen unter Lentulus und Gellius, dann die unter Cassius*	
71	*Crassus schlägt das Heer des Spartacus, Pompeius vernichtet den Rest*	

6. KAPITEL, HANS KOHLHASE

1525		Ende des Bauernkrieges; Thomas Münzer wird enthauptet; Luther nimmt gegen die Bauern Stellung
1526		Holbein vollendet den »Totentanz«, Holzschnittfolge
1527		Kaiserliche Söldner plündern Rom, »Sacco di Roma« Luther dichtet »Ein feste Burg ...«
1529		Auf dem 2. Reichstag zu Speyer erhalten die evangelischen Stände den Namen »Protestanten«
1530		Die erste Reichspolizeiordnung wird erlassen
1532	*werden 2 Rösser abgenommen*	Kaiser Karl V. erläßt die Peinliche Halsgerichtsordnung; Geständnisse dürfen noch durch Folter erpreßt werden
1534	*In Jüterbog findet der erste Prozeß statt*	

1535	*nimmt den Kampf erneut auf*	Karl V. besiegt die Seeräuber von Tunis
1536		In Münster wird das »Königreich Zion« der Wiedertäufer grausam niedergeschlagen
1539	*Brandenburg bezieht endlich Stellung gegen Kohlhase*	
1540	*wird hingerichtet*	
ab 1595	*Peter Hafftiz zeichnet die Geschichte des Kohlhase auf*	In Amsterdam wird das erste Zuchthaus eröffnet
1731	*Schöttgen und Kreysig veröffentlichen die Kohlhase-Geschichte*	Der Erzbischof von Salzburg vertreibt 26 000 Protestanten
1810	*Kleist veröffentlicht die Novelle »Michael Kohlhaas«*	Die Franzosen erschießen in Mantua den Tiroler Freiheitskämpfer Andreas Hofer

7. KAPITEL, FRIEDRICH VON SPEE
(siehe auch unter Galilei)

1591	*wird in Kaiserswerth/Niederrhein geboren*	Shakespeare stellt wahrscheinlich »Romeo und Julia« fertig
1600		Der Philosoph Giordano Bruno wird als Ketzer verbrannt
1607		Der evangelische Kirchenlieddichter Paul Gerhardt wird geboren
1610	*tritt in Köln in den Jesuitenorden ein*	

1616		Der Barockdichter Andreas Gryphius wird geboren
1618		Der 30jährige Krieg bricht aus
1620		Der Astronom Kepler verteidigt seine Mutter gegen den Vorwurf, eine Hexe zu sein
1621		Strafgericht Ferdinands II. in Böhmen
1622		Das Jahr gerät u.a. wegen vieler grausamer Hexenprozesse in Verruf
1623	*wird Professor in Paderborn (bis 1626)*	
1627	*am Tricoronatum in Köln*	Wallenstein belagert vergeblich Stralsund
1628	*wird als Missionar nach Peine entsandt*	
1629	*wird durch ein Attentat schwer verletzt*	
um 1630	*stellt die Gedichtsammlung »Trutz-Nachtigal« zusammen (erst posthum 1649 erschienen)*	
1631	*kehrt nach Köln zurück, sein Buch gegen die Hexenverbrennungen »Cautio criminalis« erscheint anonym*	Tilly zerstört Magdeburg
1632	*wird nach Trier geschickt*	Der Schwedenkönig Gustav Adolf II. fällt in der Schlacht bei Lützen

1633		In Oberammergau finden zum ersten Mal Passionsspiele statt
1634		Wallenstein wird ermordet
1635	*stirbt in Trier an der Pest*	
1775		In Kempten wird zum letzten Mal eine Hexe auf deutschem Boden verbrannt
1980	*In Trier wird sein Grab wiederentdeckt*	
1987	*In Trier wird die Friedrich-von-Spee-Gesellschaft gegründet*	

8. KAPITEL, SOPHIE SCHOLL

1921	*in Forchtenberg/Württemberg geboren*	Zum ersten Mal tritt SA in Erscheinung, als Schlägertruppe Der ehemalige Reichsfinanzminister Matthias Erzberger/Zentrum wird ermordet, er hat 1918 den Waffenstillstand unterzeichnet
1926		Die Hitler-Jugend/HJ wird gegründet Joseph Goebbels wird Gauleiter von Berlin
1937	*Huber wird nach Berlin berufen, um die Abteilung Volkslied im Archiv für deutsche Musikforschung (–38) aufzubauen*	Albert Speer wird Generalbauinspektor von Berlin (Neue Reichskanzlei usw.) Josef Thorak wird Professor an der Akademie für bildende Künste in München (monumentale Heldenplastiken) Der Berliner Pfarrer Martin Niemöller (Bekennende Kirche) wird verhaftet und kommt später ins KZ (–45)

1940	*macht Abitur, wird Kindergärtnerin, anschließend Reichsarbeitsdienst/ RAD und Kriegshilfsdienst*	Hitler annektiert Dänemark, Norwegen und Frankreich, verliert jedoch die Luft-»Schlacht um England« Der berüchtigtste antisemitische Film »Jud Süß« hat Premiere
1942	*beginnt in München Biologie und Philosophie zu studieren*	Hitlers Truppen erreichen den Kaukasus und Stalingrad Speer (Technik) und Fritz Sauckel (Arbeitskräfte) beginnen, den »totalen Krieg« zu organisieren Der Schriftsteller Jochen Klepper (»Der Vater«) wählt mit seiner Familie den Freitod, um sich nicht von seiner jüdischen Stieftochter trennen zu müssen
1943	*wird hingerichtet, ebenso Huber und andere Mitglieder der »Weißen Rose«*	Hitler verliert die Schlacht um Stalingrad Der Aufstand der Juden im Warschauer Ghetto wird blutig niedergeschlagen
1987	*In den USA wird die »White Rose Foundation« gegründet*	

Zitierte Literatur

Einleitung

D. Sternberger, Rede über das Gewissen, gehalten bei der Eröffnung des 27. ärztlichen Fortbildungskongresses am 16. 5. 1978 in Berlin
J. F. Kennedy, Profiles in Courage, New York 1955
W. Dirks, Couragiert in der Diktatur? in: Anstiftung zur Zivilcourage, hg. v. K. Schunk und R. Walter, Freiburg/Br. 1983
R. Huch, in: Der lautlose Aufstand, hg. v. G. Weisenborn, Hamburg 1952

1. Kapitel, Emile Zola

G. Dickler, Man on Trial, New York o. J.
S. Thalheimer, Macht und Gerechtigkeit, ein Beitrag zur Geschichte des Falles Dreyfus, München 1957
–, Die Affäre Dreyfus, München 1963
A. France, Vers les temps meilleurs, 2 Bde., Paris 1949–53

2. Kapitel, Thomas Morus

R. W. Chambers, Thomas Morus, London 1953
B. Basset, Born for Friendship, London 1965
P. Berglar, Die Stunde des Thomas Morus, Freiburg/Br. 1978
Trost im Leid. Ein Dialog, ausgewählt, übersetzt und eingeleitet v. M. Freundleib, München 1951
Utopia. Übersetzt v. G. Ritter, mit einem Nachwort v. E. Jäckel, Stuttgart 1976

3. Kapitel, Sokrates

W. Durant, The Story of Philosophy, New York 1926
B. Samson, Der Prozeß Sokrates, in: Festschrift f. W. Schmidt, Berlin 1959
Platon, Sämtliche Werke, übersetzt v. F. Schleiermacher, hg. v. W. F. Otto u. a., 6 Bde., Hamburg 1957
Xenophon, Die sokratischen Schriften, hg. v. E. Bux, Stuttgart 1956
H. Maier, Sokrates, Tübingen 1913
G. Martin, Sokrates, Hamburg 1967

4. Kapitel, Galileo Galilei

Nikolaus Kopernikus' erster Entwurf eines Weltsystems sowie eine Auseinandersetzung Johannes Keplers mit Aristoteles über die Bewegung der Erde, nach den Handschriften hg., übersetzt und erläutert v. F. Rossman, München 1948
J. Kepler, Gesammelte Werke, hg. v. W. v. Dyk u. M. Caspar, 1937
E. Wohlwill, Galilei und sein Kampf für die copernikanische Lehre, 2 Bde., Leipzig 1909–26
R. Krämer-Badoni, Galileo Galilei, Berlin 1983

5. Kapitel, Spartacus

S. Lauffer, Spartacus, in: Die Großen, hg. v. K. Fassmann, Bd. 1, Zürich 1971
A. W. Mischulin, Spartacus, Berlin (Ost) 1952

6. Kapitel, Hans Kohlhase

C. A. H. Burkhardt, Der historische Hans Kohlhase und Heinrich von Kleist's Michael Kohlhaas, Leipzig 1864
R. Schlösser, Die Quellen zu Heinrich v. Kleists Michael Kohlhaas, Bonn 1913
D. Martin Luthers Werke, Kritische Gesamtausgabe, hg. v. O. Clemen, Weimar 1937
Erläuterungen und Dokumente. Heinrich von Kleist, Michael Kohlhaas, hg. v. G. Hagedorn, Stuttgart 1970
Nachricht von Hans Kohlhasen, einem Befehder der Chur-

Sächsischen Lande, aus Peter Haftitii geschriebener Märckischen Chronik, abgedruckt bei Schöttgen/Kreysig, Dresden und Leipzig 1731

7. Kapitel, Friedrich von Spee

A. Arens, Friedrich Spee von Langenfeld. Zur Wiederauffindung seines Grabes im Jahre 1980, Trier 1981
G. Grass, Das Treffen in Telgte, Reinbek 1981
F. v. Spee, Güldenes Tugend-Buch, in: F. Spee, Sämtliche Schriften, hist.-krit. Ausgabe, hg. v. E. Rosenfeld, 2. Bd., hg. v. Th. van Oorschot, München 1968
F. v. Spee, Trutz-Nachtigal oder Geistlichs-Poetisch Lustwäldlein, in: Neudrucke deutscher Literaturwerke des XVI. und XVII. Jahrhunderts, hg. v. G. O. Arlt, Halle 1936
F. v. Spee, Cautio Criminalis oder Rechtliches Bedenken wegen der Hexenprozesse, aus dem Lateinischen übertragen u. eingeleitet v. J.-F. Ritter, München 1985
E. Rosenfeld, Friedrich Spee von Langenfeld, Berlin 1958
Ch. Thomasius, Christian Thomasii kurtze Lehrsätze von dem Laster der Zauberey, überarbeitet u. hg. v. R. Lieberwirth, Weimar 1967
J.-F. Ritter, Friedrich von Spee (1591–1635), Trier 1977
H. Zweetsloot, Friedrich von Spee und die Hexenprozesse, Trier 1954

8. Kapitel, Sophie Scholl

R. Hanser, A Noble Treason, New York 1979
I. Scholl, Die Weiße Rose, Frankfurt 1955
H. Vincke, Das kurze Leben der Sophie Scholl, Ravensburg 1980
Ch. Petry, Studenten aufs Schafott, München 1968
G. Kirchberger, Die »Weiße Rose«, München 1980
H. Scholl, Sophie Scholl, Briefe und Aufzeichnungen, hg. v. I. Jens, Frankfurt 1984

Register

Bildnachweis

40/41	Bildarchiv Preuss. Kulturbesitz,
57	Bildarchiv Preuss. Kulturbesitz,
60/61	Ullstein
73	Bildarchiv Preuss. Kulturbesitz,
83/83	AKG
97	AKG
98	AKG, Ullstein
99	Historia, Ullstein, Bildarchiv Preuss. Kulturbesitz
100	Thomas Morus, mit Genehmigung des Herder Verlages, Freiburg
108/109	AKG
140/141	AKG
155	Interfoto
165	Historia
166	Historia, AKG
167	Interfoto
168	Bildarchiv Preuss. Kulturbesitz, AKG
185	AKG
194/195	Interfoto
208/209	Historia
221	Interfoto
227	Historia
233	AKG
233 ob.	?
234	AKG
235	AKG, Historia,
236	AKG
277	Ullstein
301	Interfoto
302	Bildarchiv Preuss. Kulturbesitz, Interfoto
303	Bildarchiv Preuss. Kulturbesitz, Inge Aicher-Scholl
304	Bildarchiv Preuss. Kulturbesitz, Ullstein
317	Norddeutsche Provinz
353	Bildarchiv Preuss. Kulturbesitz
363	Bildarchiv Preuss. Kulturbesitz